International Financial Reporting Standards Accounting Principles

# IFRS 회계원리

제2판

박선영 · 황성현 · 배한수

도서출판 청람

## | 제2판 머리말 |

학생들이 회계 수업을 가장 어려운 수업 중 하나로 인식하는 상황에서 본서는 주로 회계에 입문하는 학생들의 기초 회계학 강의교재로 활용하기 위해 출간되었다. 따라서 초판은 학생들이 느끼는 학습량 부담을 경감시키기 위해 핵심적인 내용을 간단명료하고, 이해하기 쉽게 기술하고자 노력하였다.

그러나 여전히 회계 과목은 다른 과목에 비해 수강생들 간 학습내용 이해도의 편차가 큰 편이다. 따라서 강의를 진행하면서 학생들의 이해도를 수시로 파악하고, 그에 맞추어 수업의 난이도와 속도를 조절하여야 한다. 이러한 노력에도 불구하고 여전히 일부 학생들은 수업 속도가 빠르다고 얘기하고, 일부 학생들은 더 많은 연습문제를 다루어 달라고 요청한다. 이에 제2판에서는 초판의 오류를 수정하고, 설명이 부족한 부분을 보완하였다. 또한 학생들의 응용력을 높이기 위해 개념을 이해하는 수준의 문제부터 다양한 난이도의 문제를 연습문제로 추가하였다. 앞으로도 학생들과 교수님들의 의견을 반영하여 교재의 완성도를 높여나갈 것이다.

그동안 본서를 교재로 채택하시고, 여러 가지 유익한 수정 및 보완의견을 주신 교수님들과 본서로 회계 공부를 시작하시는 모든 분들께 깊은 감사를 드린다. 그리고 제2판을 개정하면서 아낌없는 수고를 해주신 도서출판 청람의 이수영 대표님과 임직원분들에게도 감사드린다. 본서가 회계 과목 수강생뿐만 아니라 회계를 처음 접하는 모든 이들의 길라잡이가 되길 바란다.

2023년 2월

박선영 · 황성현 · 배한수

# | 제1판 머리말 |

경제환경의 변화에 따라 개인투자자들이 국내 · 외 주식시장으로 활발하게 진출하고 있다. 그리고 투자양상도 개인의 직감이나 운에 맡기는 묻지마 투자에서 다양한 매체에서 획득한 회계정보를 활용하는 방식으로 바뀌고 있다. 이러한 패러다임의 변화에 발맞추어 회계학은 경영학 전공 학생들이나 회계업무 담당자뿐만 아니라 회계 비전공자들도 일상생활 속에서 빈번하게 활용하는 진정한 실용 학문으로 거듭나고 있다. 따라서 누구나 쉽게 회계학을 배우고 활용할 수 있는 기초 서적의 필요성이 높아지고 있다. 본서는 회계학을 처음으로 공부하는 학생들을 위해 저술되었으나, 회계정보를 기업 분석에 활용하려는 회계 비전공자들에게도 도움이 될 것이다.

새로운 언어를 습득하기 위해서는 기본적으로 단어의 의미 등을 알아야 한다. 마찬가지로 회계는 기업의 언어이기 때문에 회계 용어와 재무제표를 작성하기 위한 회계기준 등을 이해해야 한다.

대부분의 학생들이 회계원리부터 학습을 시작하는데 중급과정에 들어가면 학습을 포기할 만큼 회계학 과목을 어렵게 생각한다. 그러나 회계원리 수준에서 기초를 잘 다진다면 중급회계 등의 심화 과목도 무난하게 이해할 수 있을 것이다.

이 책은 모두 4부(13장)로 구성되어 있다. 제1부는 회계의 기초개념, 제2부는 회계의 순환과정, 제3부는 계정과목별 회계처리, 제4부는 회계정보의 활용을 다루고 있다. 제1부 회계의 기초개념에서는 회계의 의의와 재무회계의 기초에 대해 설명하고, 제2부 회계순환과정에서는 회계순환과정을 기중과 기말로 나누어 설명한다. 제3부는 자산, 부채 및 자본에 속하는 각 계정과목별 회계처리에 대해 자세히 다루고, 제4부에서는 실제 기업분석에 회계정보를 활용하는 방법에 대해 설명한다.

이 책의 특징은 다음과 같다.

첫째, 각 장의 첫 페이지에는 학습할 내용이 재무제표상 어디에 해당하는지, 무엇을 배워야 하는지를 제시하였다. 즉 먼저 학습할 내용을 전체적으로 파악한 후 세부적인 내용을 살펴볼 수 있도록 구성하였다.

둘째, 본문의 내용은 개념과 그 개념이 회계처리에 어떻게 적용되는지를 간단히 설명하고, 관련 예제에 대한 풀이를 제시하였다. 그리고 연습문제를 통해 학습한 내용을 복습 및 응용할 수 있도록 구성하였다.

셋째, 본문의 내용 중 한 주제가 끝날 때마다 내용을 정리하고, 각 장의 마지막에는 각 장의 전체적인 내용을 정리할 수 있는 그림과 핵심내용을 제시하였다. 즉, 반복학습을 통해 이해력을 높이고자 하였다.

넷째, 마지막 장에서는 재무제표분석을 통해 회계정보를 의사결정에 활용하는 방법을 설명하여 다양한 기업의 상황에 대해 분석하고, 문제를 해결할 수 있도록 하였다.

본서가 회계의 기초를 다지고, 향후 중급회계 등을 학습하는데 도움이 되기를 바란다. 앞으로도 학생들이 조금 더 쉽게 회계를 공부할 수 있도록 미흡한 점을 보완해 나갈 예정이다.

본서의 교정작업에 도움을 준 경북대 권오섭 박사과정과 우광우, 최민주 석사과정에게 감사의 뜻을 표한다. 그리고 저자들을 배려하여 오랜 시간 기다려주시고, 책을 출판하여 주신 도서출판 청람의 이수영 대표님과 직원분들의 노고에 감사드린다.

2021년 8월

박선영 · 황성현 · 배한수

# 차례

## Part 1 회계의 기초개념

**Part 2**
**회계 순환과정**

## Chapter 3 회계순환과정 1: 기중회계처리



## Chapter 4 회계순환과정 2: 기말회계처리

## Chapter 7 재고자산

## Chapter 8 유형자산과 무형자산



## Chapter 9 지분투자와 채권투자

## Chapter 10 부채

## Chapter 11 자본



## Part 4 회계정보의 활용

## Chapter 12 현금흐름표

## Chapter 13 재무제표분석

PART 01



# 회계의 기초개념

CHAPTER

# 01 회계의 의의

"회계는 기업의 언어이다"

(Accounting is the Language of Business)

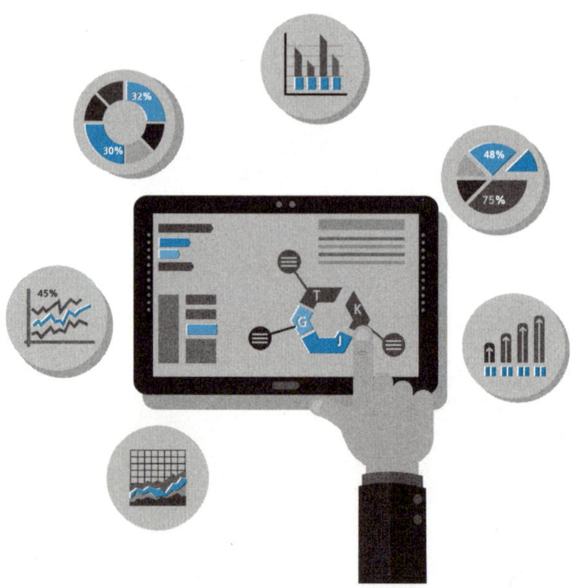

## 학습목표

1. 회계의 필요성을 설명할 수 있다.
2. 회계의 정의를 설명할 수 있다.
3. 회계의 분류를 설명할 수 있다.

# 제1절 회계의 필요성과 정의

## 1. 회계의 필요성

기업은 우리가 소비하는 재화와 용역을 생산하는 중요한 역할을 담당하며, 이러한 역할을 하기 위해서는 지속적으로 이익을 창출해야 한다. 그래서 기업의 본질적인 목적은 이익의 창출이며, 궁극적으로는 이익 창출에 기여한 여러 집단에게 이익을 환원하고, 경제를 발전시키는 것까지도 기업의 목적이라 할 수 있다. 그렇다면, 기업이 지속적으로 이익을 창출하기 위해서는 어떠한 조건이 충족되어야 하고, 이러한 조건이 충족될 수 있도록 도움을 주는 집단은 무엇이 있는지 생각해보자.

첫째, 기업이 재화나 용역을 생산하기 위해서는 막대한 규모의 자금이 필요하다. 기업이 재화나 용역을 생산하기 위해서는 다양한 경제적 자원을 구매하여 생산 과정에 투입해야 하기 때문이다. 이러한 자본은 대체로 소유주(주주)들이 투자를 통해 충당하거나 은행 등의 채권자로부터 차입하는 것이 일반적이다.

둘째, 생산한 재화나 용역을 구매할 소비자가 필요하다. 기업은 다양한 영업활동을 통해 이익을 창출할 수 있다. 예를 들면, 스마트폰 제조업체는 스마트폰을 판매하거나, 부동산을 처분하거나, 여유자금으로 다른 기업의 주식에 투자하여 이익을 창출할 수 있다. 다만, 이 기업이 이익을 지속적으로 창출하기 위해서는 본연의 영업활동인 스마트폰을 판매하는 영업활동을 계속해서 수행하여 스마트폰 생산원가를 초과하는 대가를 소비자로부터 받아야 한다. 부동산 처분, 다른 기업에 대한 주식투자 등은 비경상적으로 발생하는 거래이기 때문이다.

셋째, 자금 제공자들과 소비자들이 있다고 하더라도 영업을 시작하거나, 영업을 계속할 수 없을 만큼 정치적·경제적 여건이 좋지 않다면 기업의 정상적인 영업활동은 불가능하다. 예를 들면, 전쟁이 발발할 위험이 존재하거나, 도로, 항만 등의 인프라가 충분하지 않다면 사실상 영업활동은 불가능하다. 이러한 여건은 보통 정부가 제공한다.
이와 같이 기업은 소유주(주식회사는 주주), 채권자(은행 등), 소비자, 정부 등의 이해관계자들과 밀접한 관계를 맺고 있다.

그런데 이해관계자들은 무상으로 기업이 필요한 조건을 제공하는 것이 아니라 기업으로부터 그들이 제공하는 조건에 대한 반대급부를 요구한다. 은행이 기업에게 자금을 대여하면, 기업은 은행에게 원금과 이자를 지급한다. 주식을 매입한 주주에게는 배당금을 지급하며, 정부가 제공한 각종 인프라와 여건에 대해 세금을 납부한다. 소비자에게는 지불한 대가에 상응하는 재화와 용역을 제공한다. 그렇다면 기업이 이해관계자들에게 제공하는 이러한 반대급부의 원천은 무엇인가? 당연히 이익이다. 즉, 기업은 이해관계자들이 제공하는 여러 조건들을 활용하여 영업활동을 수행하고, 이를 통해 창출한 이익의 일부를 이해관계자에게 환원한다. 이러한 상황에서 이해관계자들은 유한한 이익에 대한 자신들의 몫을 높이려 할 것이며, 이해관계가 상충되는 문제가 발생한다.

결국 이해관계 상충의 원인이 이익이기 때문에 이해관계를 원만히 조정하기 위해서는 이익의 창출과정을 이해관계자들에게 제공해야 한다. 이러한 역할을 수행하는 것이 회계이다. 즉, 회계는 기업이 영업활동에 필요한 자금을 어디에서 조달하였는지, 조달한 자금을 어떻게 사용하였는지, 영업활동의 결과인 이익은 얼마가 발생하였는지 등 이익의 산출과정 전반에 대한 정보를 이해관계자에게 제공한다. 결과적으로, 이해관계자들은 회계정보를 통해 기업의 영업활동 전반에 대해 이해할 수 있고, 상충된 이해관계는 원만히 조정될 수 있다.

이러한 이유로 **회계**(accounting)를 **기업의 언어**라고 한다. 언어가 문법에 따라 말과 글로 정보를 전달하는 수단인 것과 같이 회계는 기업회계기준에 따라 작성된 재무제표를 통해 이해관계자들에게 기업의 이익 산출과정 전반에 대한 정보를 제공한다.

**회계의 필요성: 기업의 언어**

재무제표를 통해 이익 산출과정에 대한 정보를 제공하여 이해관계자들의 상충되는 이해관계를 조정하는 언어의 역할을 담당

## 2. 회계의 정의

회계는 사회과학에 속하기 때문에 사회의 패러다임이 바뀌면 회계의 정의도 변한다. 몇 가지 회계에 대한 정의를 살펴보면 다음과 같다. 먼저, 1941년 미국공인회계사회에서 회계를 정의한 내용이다. 이를 번역하면, "회계는 적어도 부분적으로 재무적 성격을 가지고 있는 거래와 사건을 의미 있는 방법으로 화폐단위에 의해 기록·분류·요약하고, 그 결과를 해석하는 기술이다"가 된다. 이 정의에서 중요한 점은 회계를 회계정보를 생산하는 기술로 정의하며, 회계정보의 생산자 측면을 강조한다는 것이다.[1)]

> Accounting is the art of recording, classifying and summarizing in a significant manner and in terms of money, transactions and events which are, in part at least, of a financial character, and interpreting the results there of. (AICPA, 1941)

한편 최근에는 회계를 정보시스템으로 정의하는데 이는 1966년 미국회계학회의 정의에 잘 나타나 있다. 이를 번역하면, "회계는 정보이용자가 사정을 잘 알고서 의사결정을 할 수 있도록 경제적인 정보를 식별하고 측정하여 전달하는 과정이다"가 된다. 미국공인회계사회 정의가 회계정보의 생산 측면을 강조하였다면, 미국회계학회에서는 회계정보가 정보이용자의 의사결정에 유용해야 한다는 점을 명시하여 정보이용자 측면을 강조하고 있다.

> Accounting is the process of identifying, measuring and communicating economic information to permit informed judgements and decisions by users of the information. (AAA, 1966)

요약하면 오늘날 회계는 **회계정보이용자**(information users)의 경제적 의사결정에 유용한 정보를 제공하는 시스템으로 정의된다. 이 정의에 포함된 주요 용어에 대해서 살펴보면 다음과 같다.

---

1) 회계의 이러한 기능을 장부에 기록한다는 의미의 '부기(bookkeeping)'라고 한다.

## 1) 회계정보이용자

회계정보이용자는 기업의 내부와 외부에서 회계정보를 의사결정에 활용하는 모든 사람이나 조직을 의미하며, 사실상 모든 사람과 조직이 회계정보이용자이다. **외부정보이용자**는 투자자, 채권자, 정부 등이며, **내부정보이용자**는 경영자, 종업원 등이다.

### (1) 외부정보이용자

#### ① 투자자

**투자자**(investors)는 기업이 발행한 주식 등에 투자한 개인이나 기업, 기관 등으로 소유주, 주주 등으로 부른다. 투자자는 기업이 창출한 이익의 일부를 배당으로 받거나 보유한 주식의 처분으로 시세차익을 도모할 수 있다. 투자자는 크게 현재 및 잠재적 투자자로 구분된다. 현재 투자자는 기업의 주식을 현재 보유하고 있는 주주이며, 잠재적 투자자는 아직 주식을 매수하지 않아 미래에 주식을 매수할 가능성이 있는 주주를 의미한다. 현재 및 잠재적 투자자 모두 투자의 목적은 제한된 투자자원으로 투자이익을 극대화하는 것이며, 회계정보는 현재 및 잠재적 투자자의 다양한 투자의사결정에 유용하게 이용된다. 예를 들면, 현재 투자자가 보유 중인 주식을 처분할지 또는 계속 보유할지를 의사결정하거나 잠재적 투자자가 여유자금으로 어떤 기업의 주식을 매수할지를 선정하는 의사결정에 회계정보가 활용된다.

#### ② 채권자

기업에 현금을 대여한 개인, 금융기관 등을 **채권자**(creditors)라고 한다. 채권자는 회계정보를 이용하여 기업의 채무상환능력을 평가한 후 자금의 대여 여부, 대여 기간, 이자율 책정 등의 의사결정에 회계정보를 활용한다.

#### ③ 정부

정부는 회계정보를 이용하여 다양한 경제정책을 수립한다. 예를 들면, 금융감독원이 투자자와 채권자 보호를 위해 기업이 회계장부를 조작하지는 않았는지, 회계기준을 준수하였는지 등을 감독할 때 회계정보를 활용한다. 또한, 세무당국은 기업이 세법에 따라 적절한 법인세를 납부하였는지 판단하기 위해서는 회계정보가 필요하다.

### (2) 내부정보이용자

① 경영자

경영자는 기업이 보유한 다양한 자원을 효율적으로 활용하여 기업가치를 극대화하기 위해 다양한 경영의사결정(경영전략, 연구개발, 재무관리, 인사관리, 마케팅, 생산관리 등)을 수행한다. 회계정보는 이러한 다양한 경영의사결정에 유용한 정보를 제공한다. 예를 들면, 1,000만원이 소요되는 신제품 광고의 진행 여부를 의사결정할 경우 경영자는 회계장부에서 여유자금이 얼마나 있는지를 확인할 것이다. 만약 여유자금이 1,500만원이 있더라도 급히 상환할 은행 대출금이 500만원이라면 경영자는 광고를 진행하지 않거나, 부족한 자금을 추가 조달하거나, 보유 중인 자산을 처분하여 현금을 마련하는 등의 대안을 마련하게 된다. 또한 경영자는 경영활동의 결과인 경영성과가 목표치에 얼마나 도달하였는지를 평가하는데도 회계정보를 활용한다.

② 종업원

종업원들은 회계정보를 이용해 재직 중인 기업의 재무적 상태를 파악한 후 이직 여부를 결정하거나 임금협상 등의 의사결정을 시도할 수 있다.[2)]

## 2) 경제적 의사결정

경제적 의사결정이란 희소한 자원을 효율적으로 배분할 수 있는 최적의 대안을 선정하는 과정이다. 예를 들면, 여유자금으로 투자수익이 가장 높은 기업의 주식을 매수하는 것이 경제적 의사결정이다. 이는 투입(여유자금) 대비 산출(투자수익)의 극대화라는 점에서 효율적 의사결정과 유사한 의미이다.

## 3) 유용한

과거에 이미 일어난 사건에 대해서는 의사결정하지 않는다. 즉, 의사결정은 미래지향적이며, 미래는 불확실하고, 위험하다. 즉, '유용한'은 의사결정 상황에 존재하는 불확실성이나 위험을 감소시킨다는 의미이다.

---

2) 단체 임금협상이나 근로조건 개선 등을 위해 회계정보를 이용할 때에는 외부정보이용자로 분류한다.

### 4) 정보를 제공하는 시스템

시스템은 투입 → 처리 → 산출의 일련의 흐름인데, 투입, 처리, 산출을 시스템의 기본 3요소라 한다. 회계는 기업에서 발생하는 여러 사건 중 회계상 거래만을 식별(인식)하고, 이렇게 식별된 회계상 거래를 분석하여 화폐단위로 측정(처리)한다. 이후 측정한 기록을 요약·정리하여 작성한 재무제표를 통해 회계정보를 정보이용자들에게 전달(산출)한다. 이와 같이 회계가 시스템의 3요소인 투입, 처리, 산출을 식별, 측정, 재무제표 작성으로 충족하기 때문에 정보시스템이라 할 수 있다.

| 회계의 정의 |
| --- |
| 회계정보이용자의 경제적 의사결정에 유용한 정보를 제공하는 시스템 |

## 제2절 회계의 분류

회계는 외부정보이용자를 위한 재무회계와 내부정보이용자를 위한 관리회계로 구분할 수 있다.

### 1. 재무회계

**재무회계**(financial accounting)는 기업에 대한 외부정보이용자의 의사결정에 유용한 정보를 재무제표를 통해 제공한다. 그런데, 외부정보이용자는 투자자, 채권자, 정부 이외에도 소비자, 학생, 감사법인, 경쟁기업 등 매우 다양하다. 재무회계에서 정보를 제공하는 가장 이상적인 방법은 각각의 외부정보이용자들이 정보를 요구하는 시점에 정보를 제공하는 것이겠지만, 이는 정보를 제공하는 기업에게 막대한 시간과 비용을 발생시키기 때문에 현실적으로 불가능하다. 이에 재무회계에서는 외부의 다양한 이용자들이 공통적으로 가지고 있는 정보에 대한 기본 욕구를 충족시킬 수 있도록 과거에 발생한 거래를 일반적으로 인정된 회계원칙에 따라 준비한 회계정보를 제공한다. 이를 일반목적의 재무보고라고 하며, 재무보고의 수단이 **재무제표**이다.

### 1) 일반적으로 인정된 회계원칙

**일반적으로 인정된 회계원칙**(GAAP: Generally Accepted Accounting Principles)이란 기업에서 발생한 거래를 재무제표 등에 보고하는 방법을 의미한다. '일반적으로 인정된'의 의미는 실질적으로 권위 있는 다수의 지지를 받았다는 뜻이다. GAAP는 시대의 정치적, 경제적 환경의 결과물이기 때문에 시대가 변하면 GAAP도 변하게 된다. 즉, 회계는 하나의 사회적 제도로 존속하기 때문에 경제사회의 변화 또는 시대의 변천에 따라 그 사회가 요청하는 회계원칙의 내용도 달라진다.

### 2) 국제회계기준

기업의 경영이 세계화되고 자본 자유화의 물결이 거세지면서 회계기준의 국제적 통일을 위해 1973년에 유럽연합(EU)이 중심이 된 IASC(International Accounting Standards Committee)가 설립되었고, 국제회계기준서로서 International Accounting Standards(IAS)를 제정하였다. 이후 2001년에 IASC의 모든 권한과 책임을 인수한 IASB(International Accounting Standards Board)가 설립되어 **국제회계기준**의 명칭을 IFRS(International Financial Reporting Standards)로 변경하였다.

우리나라는 한국회계기준원(KAI: Korea Accounting Institute)에서 2007년에 국제회계기준 전면 도입을 위한 로드맵을 발표하였으며, 이 로드맵에 따라 IAS와 IFRS를 근거로 **한국채택국제회계기준**(K-IFRS: Korean International Financial Reporting Standards)을 제정하였다. 우리나라는 2009년과 2010년에 K-IFRS의 조기 도입이 허용되었으며, 2011년부터는 모든 상장기업에 K-IFRS가 적용되었기 때문에 현재 우리나라의 GAAP는 K-IFRS이다. 한편, K-IFRS와 K-IFRS 도입 이전에 우리나라에서 사용하던 기업회계기준을 구분하기 위해 후자를 K-GAAP라고 부른다.

## 2. 관리회계

**관리회계**(managerial accounting)는 경영자 등의 내부정보이용자에게 유용한 정보를 제공하기 때문에 일정한 양식에 구애받지 않는다. 또한 정보이용자의 성격이 다르므로 재무회계와 관리회계는 보고되는 정보의 내용에 차이가 있다. 기본적으로 관리회계는 경영자들의 영업, 투자, 재무활동과 관련된 의사결정을 내리는 데 주로 사용되기 때문에 관리회계 정보는 과거지향적인 측면과 함께 미래지향적인 특징이 나타난다. 구체적으로 관리회계 정보에는 제품의 원가계산, 손익분기점분석, 신규 프로젝트에 대한 투자 여부 결정, 수익성이 저조한 사업부의 처분 여부 결정, 예산편성 등이 포함된다.

**[재무회계와 관리회계 비교]**

| | 재무회계 | 관리회계 |
|---|---|---|
| 정보이용자 | 외부정보이용자 | 내부정보이용자 |
| 보고형식 | 일반목적 재무제표: 객관적, 신뢰성 강조 | 특수목적 보고서: 목적적합성 강조 |
| 작성기준 | 일반적으로 인정된 회계원칙 | 특정한 기준 없음 |
| 보고기간 | 정기적으로 보고: 적시성 | 필요할 때마다 수시로: 유연성 |
| 정보범위 | 기업전체의 정보 | 기업전체, 사업부문별, 제품별 정보 |
| 정보특성 | 과거지향적 | 과거, 미래지향적 |

## 3. 세무회계

앞의 재무회계와 관리회계 이외에도 회계에는 세무회계, 회계감사 분야가 있다. **세무회계**(tax accounting)는 세법에 따라 세액을 산출하는 절차를 다루는 회계분야이다. 세무당국은 객관적인 기준에 의해 기업에서 세금을 징수해야 한다. 이러한 징수 기준은 회계정보를 통해 수립된다. 사실 넓게 보면 세무회계는 재무회계에 포함되지만, 세무회계는 재무회계와는 다소 다른 원칙을 적용하는데 이를 세법에서 규정한다. 그래서 세무회계에서는 재무회계기준과 세법과의 차이를 조정하는 세무조정이 중요하다.

## 4. 회계감사

회계감사(auditing)란 회계에 대한 전문지식을 겸비한 독립된 전문가가 객관적이고 공정한 입장에서 기업이 작성한 재무제표와 기업회계기준의 일치 정도에 대한 의견을 제시하는 것으로 볼 수 있다. 외부감사를 담당하는 전문인을 공인회계사라고 하며, 회계감사는 기업 내부나 외부에서 감사업무를 수행하기 위한 지침, 원칙 및 기법 등이 포함된다.

**세무회계와 회계감사**

- 세무회계: 세법에 따라 정확하게 세액을 산출하는 절차에 관한 회계
- 회계감사: 외부감사인이 기업이 작성한 재무제표에 대해 감사의견을 표명하는 것

## 핵심정리

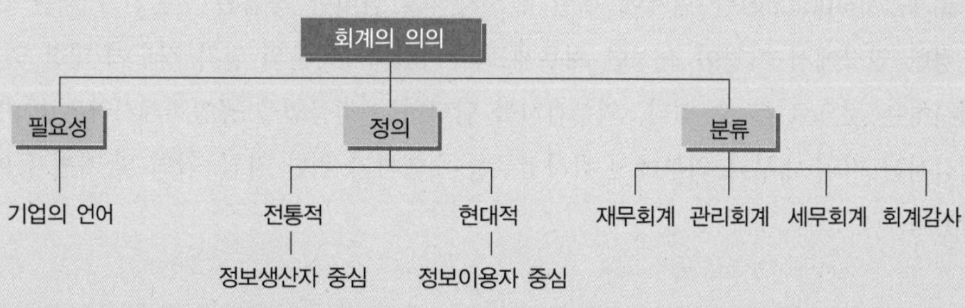


1. 회계는 기업의 언어로 이익 산출과정에 대한 정보를 재무제표를 통해 이해관계자에게 제공하는 역할을 담당한다.

2. 회계는 회계정보이용자의 경제적 의사결정에 유용한 정보를 제공하는 시스템이다.

3. 회계는 크게 주주, 채권자 등의 외부정보이용자를 위한 재무회계와 경영자 등의 내부정보이용자를 위한 관리회계로 분류할 수 있다. 또한, 세법에 따라 정확하게 세액을 산출하는 절차에 관한 세무회계와 외부감사인이 기업이 작성한 재무제표에 대해 감사의견을 표명하는 회계감사를 포함한다.

## 연습문제

### ✪ 객관식 문제

**01.** 회계와 정보이용자에 대한 다음 설명 중 적절하지 않은 것은?

① 채권자는 채무기업의 회계정보를 통해 채무상환능력을 평가한다.
② 종업원은 임금 협상 체결을 위해 회계정보를 이용하기도 한다.
③ 경영자는 경영목표에 대한 경영성과 달성도를 평가하기 위해 회계정보를 필요로 한다.
④ 현재 기업의 주식을 보유하지 않은 잠재적 투자자는 정보이용자에 포함되지 않는다.
⑤ 세무당국은 회계정보를 이용하여 기업이 적절한 수준의 법인세를 납부하였는지 평가한다.

**02.** 다음 중 기업의 내부이해관계자는?

① 주주 ② 채권자 ③ 경영자
④ 정부기관 ⑤ 경쟁기업

**03.** 회계의 분류에서 내부보고목적의 회계는?

① 회계감사 ② 세무회계 ③ 재무회계
④ 관리회계 ⑤ 정답 없음

**04.** 기업 외부이해관계자에게 유용한 정보를 제공하기 위한 회계는?

① 재무회계 ② 회계감사 ③ 원가회계
④ 관리회계 ⑤ 정답 없음

**05.** 경영자의 경영계획과 통제를 위해 필요한 회계정보를 제공하는 회계분야는?

① 회계감사 ② 관리회계 ③ 재무회계
④ 세무회계 ⑤ 정답 없음

06. 일반적으로 인정된 회계원칙(GAAP)에 대한 설명 중 적절하지 않은 것은?
① 거래를 재무제표에 보고하는 일반적인 방법이다.
② 재무제표를 작성하기 위해 적용한 회계개념, 회계관습, 회계절차 등을 종합한 것이다.
③ 현재는 기업회계기준을 지칭하는 용어로 통용된다.
④ '일반적으로 인정된'의 의미는 실질적으로 권위 있는 다수의 지지를 받았다는 의미이다.
⑤ 기업이 처한 시대가 변해도 GAAP는 변하지 않는다.

### ✪ 주관식 문제

01. 회계의 필요성에 대해 기술하시오.

02. 회계의 정의에 대해 기술하시오.

03. 재무회계와 관리회계에 대해 비교 설명하시오.

## 정답 및 해설

### 객관식 문제

**01.** ④

현재 및 잠재적 투자자 모두 회계정보이용자이다.

**02.** ③

내부회계정보이용자는 경영자이다.

**03.** ④

내부보고목적의 회계를 관리회계라 한다.

**04.** ①

외부보고목적의 회계를 재무회계라고 한다.

**05.** ②

관리회계는 경영계획과 통제를 위한 것이다.

**06.** ⑤

기업이 처한 시대가 변하면 GAAP도 변한다.

## ✪ 주관식 문제

01. 재무제표를 통해 이익 산출과정에 대한 정보를 제공하여 이해관계자들의 상충되는 이해관계를 조정하는 언어의 역할이 필요하며 이를 회계가 담당한다.

02. 회계정보이용자의 경제적 의사결정에 유용한 정보를 제공하는 시스템이다.

03. 재무회계와 관리회계의 비교

| | 재무회계 | 관리회계 |
|---|---|---|
| 정보이용자 | 외부정보이용자 | 내부정보이용자 |
| 보고형식 | 일반목적 재무제표: 객관적, 신뢰성 강조 | 특수목적 보고서: 목적적합성 강조 |
| 작성기준 | 일반적으로 인정된 회계원칙 | 특정한 기준 없음 |
| 보고기간 | 정기적으로 보고: 적시성 | 필요할 때마다 수시로: 유연성 |
| 정보범위 | 기업전체의 정보 | 기업전체, 사업부문별, 제품별 정보 |
| 정보특성 | 과거지향적 | 과거, 미래지향적 |

CHAPTER



# 02 재무회계의 기초

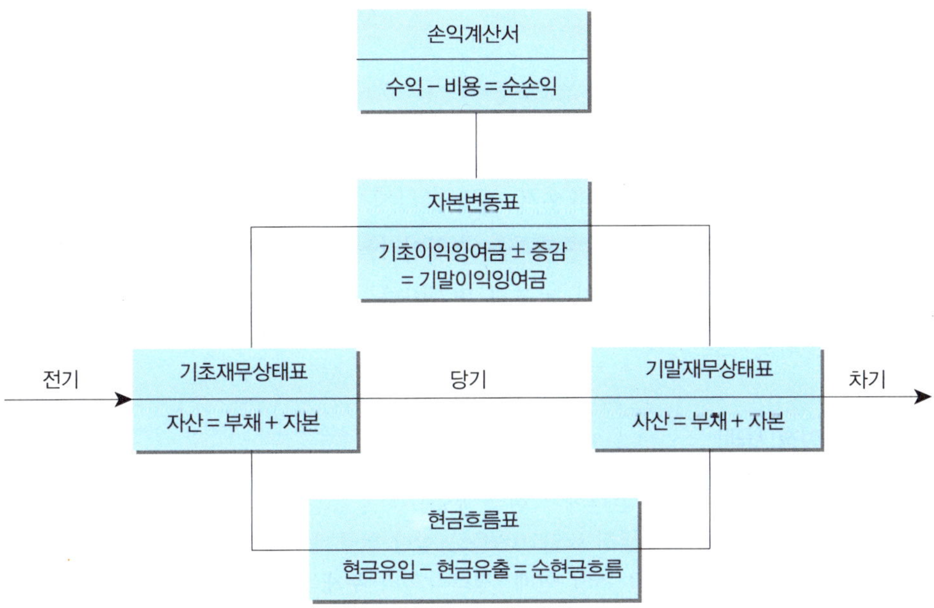


## 학습목표

1. 회계의 기본가정을 설명할 수 있다.
2. 회계등식의 의미와 구성요소를 설명할 수 있다.
3. 재무제표의 종류를 설명할 수 있다.
4. 각 재무제표의 특징을 설명할 수 있다.

## 제1절 회계의 기본가정

회계의 기본가정은 여러 회계이론과 회계처리를 논리적으로 전개하기 위한 회계의 대상(보고 단위), 측정방법, 보고기간에 대한 공준이다.

### 1. 기업실체의 가정

기업실체의 가정은 기업이 소유주(주식회사의 주주)와는 별도로 존재하는 실체라는 가정이다. 즉, 회계의 대상은 소유주가 아니며(회계가 소유주의 재산변동을 기록하지 않으며), 소유주와는 독립적으로 존재하는 기업이라는 실체의 경영활동을 측정하여 재무제표로 보고한다는 회계의 가장 기본적 명제이다. 아래 사례를 통해 기업실체의 가정에 대해 살펴보기로 한다.

**[기업실체의 가정 사례]**

20X1년 12월 1일에 김산격은 은행에서 현금 ₩500,000을 대출하였다. 이후 20X2년 1월 15일, 20X1년 12월에 은행에서 빌린 ₩500,000을 포함한 현금 ₩1,500,000을 출자하여 경북상회를 설립하였다. 20X2년 1월 15일 현재, 경북상회의 부채는 얼마인가?

김산격이 출자한 ₩1,500,000에 대출금 ₩500,000이 포함되어 있으니 경북상회의 부채는 ₩500,000인가? 대출금은 김산격 개인의 채무일 뿐 경북상회의 부채가 아니다. 회계는 기업실체의 가정에 따라 기업실체의 거래를 기록한다. 그런데 경북상회가 영업을 최초 개시한 20X2년 1월 15일 이전에는 경북상회라는 기업실체가 존재하지 않았기 때문에 회계의 대상도 없다. 즉, 영업개시일 현재 경북상회의 부채는 ₩0이다.

| 기업실체의 가정 |
| --- |
| 회계는 소유주와는 독립적으로 존재하는 기업실체의 경영활동을 측정함 |

## 2. 계속기업의 가정

경영자는 재무제표를 작성할 때 계속기업으로서의 존속가능성을 평가해야 하며, 외부감사인은 계속기업으로서의 존속능력에 대한 중요한 불확실성이 존재하는지를 판단하여야 한다.

경영진이 기업을 청산하거나 경영활동을 중단할 의도를 가지고 있지 않거나, 청산 또는 경영활동의 중단 외에 다른 현실적 대안이 없는 경우가 아니라면 계속기업을 전제로 재무제표를 작성한다는 것이 계속기업의 가정이다. 쉽게 말하면, 일단 설립된 기업은 반대의 증거가 없는 한 예상가능한 미래기간 동안 청산, 도산 등을 하지 않고 영업을 계속한다는 의미이다. 일부 기업은 자금부족, 경영성과 악화 등으로 도산할 수 있다. 그러나 이해관계자들에게 유용한 회계정보를 제공하려면 대부분 기업은 현재의 목적을 달성할 때까지 경영활동을 계속할 것이라고 가정하는 것이 바람직하다. 계속기업의 가정은 여러 가지 회계처리의 근간이 되는 중요한 가정이다.

| 계속기업의 가정 |
| --- |
| 기업은 예상가능한 기간 동안 경영활동을 계속할 것이라고 가정 |

## 3. 기간계산의 가정

계속기업의 가정에 의해 기업은 예상가능한 미래기간 동안 경영활동을 계속하며, 회계는 인위적으로 구분한 기간(회계기간)별로 재무제표를 작성·공한다는 것이 기간계산의 가정이다.

즉, 기업이 재무제표를 1년에 1번 작성하여 공시하면 회계기간은 1년이다. 예를 들면, 12월말에 결산을 실시하는 기업의 회계연도가 20X1년이라는 의미는 20X1년 1월 1일부터 20X1년 12월 31일까지의 기간에 대해 재무제표를 작성한다는 것이며, 이 재무제표를 20X1 회계연도(fiscal year)의 재무제표라고 한다.

우리나라는 상법에서 회계기간이 1년을 초과할 수 없도록 규정하고 있기 때문에 대부분 기업은 적어도 1년에 1번은 재무제표를 작성하게 된다. 그리고, 1년에 1번 이상

공시하는 것은 문제가 되지 않기 때문에 분기나 반기 재무제표를 작성하는 기업도 많다.

**기간계산의 가정**

회계는 인위적으로 설정한 회계기간(회계연도)별로 재무제표를 작성함

한편 회계기간이 1년이라고 해서 반드시 1월 1일부터 12월 31일까지를 회계기간으로 설정할 필요는 없다. 즉, 기업이 소속된 업종의 특성 등에 따라 경영자는 자유롭게 기간을 설정할 수 있다.

회계기간을 그림으로 나타내면 다음과 같다. 현재의 회계기간을 당기, 이전 회계기간은 전기, 다음 회계기간은 차기라고 한다. 또한 한 회계기간이 시작되는 시점을 기초, 마무리되는 시점을 기말이라고 하고, 기초에서 기말까지의 회계기간을 기중이라고 한다.

| 회계기간 (회계연도, 재무제표 작성 대상기간) | | | | 회계기간 (회계연도, 재무제표 작성 대상기간) | | | | 회계기간 (회계연도, 재무제표 작성 대상기간) | | | |
|---|---|---|---|---|---|---|---|---|---|---|---|
| 상반기 | | 하반기 | | 상반기 | | 하반기 | | 상반기 | | 하반기 | |
| 1분기 | 2분기 | 3분기 | 4분기 | 1분기 | 2분기 | 3분기 | 4분기 | 1분기 | 2분기 | 3분기 | 4분기 |
| 전기 | | | | 당기 | | | | 차기 | | | |

전기초 (X1/1/1)

당기초 (X2/1/1) ‖ 전기말 (X1/12/31)

당기말 (X2/12/31) ‖ 차기초 (X3/1/1)

차기말 (X3/12/31)

**회계연도의 구분**

현재의 회계연도인 당기를 기준으로 이전 회계기간은 전기, 다음 회계기간은 차기

### 4. 화폐측정의 가정

화폐측정의 가정이란 회계는 기업의 경영활동을 화폐단위로 측정한다는 의미이다. 측정이란 대상에 수를 부여하는 것이며, 측정방법은 여러 가지가 있으나 회계에서는 화폐단위를 사용한다. 따라서 화폐단위로 측정할 수 없는 대상은 회계의 대상에서 제외된다.

## 제2절 회계등식과 거래분석

### 1. 회계등식

회계등식은 거래를 측정할 때 사용하는 기본개념이다. 즉, 어떠한 거래를 인식·측정하여 재무제표를 작성하는 일련의 과정은 회계등식에 근거한다. 회계등식의 오른쪽은 투자재원의 조달원천을 나타내고, 왼쪽은 조달한 재원의 투자내역을 나타낸다.

회계등식: 자산=지분

이 등식은 어느 시점에서, 어떠한 거래가 발생하더라도 화폐단위로 측정한 자산의 총계와 지분의 총계는 항상 일치한다는 의미이다. 예를 들면, 현금 ₩2,000,000을 가지고(출자하여) 회사를 설립했다고 가정하자. 바로 이 시점에서 재원의 조달원천인 출자자는 기업의 소유주가 되는 동시에 기업은 ₩2,000,000의 현금이라는 자산을 가지게 된다. 이 자산은 기업실체의 가정에 따라 출자자의 소유가 아니라 기업의 자산이 된다. 그러나 출자자는 기업의 소유자이므로 이 자산에 대한 청구권을 가지고 있다. 회사를 설립한 시점의 회계등식은 다음과 같다.

자산(₩2,000,000)=지분(₩2,000,000에 대한 소유자의 몫 ₩2,000,000)

다음 날 기업이 은행에서 현금 ₩1,000,000을 차입하였다. 기업실체의 가정에 따라 차입금은 소유자의 빚이 아니라 기업의 빚이 된다. 이 시점에서 기업이 보유하고 있는 현금은 ₩3,000,000(=₩2,000,000+₩1,000,000)이다. 그런데 현금 ₩3,000,000이 모두 소유주의 몫은 아니다. 왜냐하면 현금 ₩3,000,000 중 ₩1,000,000은 은행의 몫이기 때문이다. 즉, ₩3,000,000에서 은행의 몫인 ₩1,000,000을 차감한 ₩2,000,000이 소유주의 몫이다. 따라서 은행에서 현금을 빌린 시점의 회계등식은 다음과 같다.

자산(현금 ₩3,000,000)=지분(₩3,000,000에 대한 은행 몫 ₩1,000,000+나머지 소유주의 몫 ₩2,000,000)

이와 같이 회계등식은 어느 시점에서도 항상 성립한다. 요약하면, 회계등식의 의미는 특정 시점에서 기업의 모든 자산은 타인의 몫과 소유자의 몫으로 구성되며, 타인의 몫을 뺀 나머지가 소유자의 몫이라는 의미이다. 회계에서 소유자의 몫은 자기지분 혹은 자본, 은행의 몫과 같이 소유자 이외의 몫은 타인지분 또는 부채로 표현한다. 한편 회계에서는 회계등식의 등호를 기준으로 왼편을 **차변**(debit), 오른쪽을 **대변**(credit)이라고 한다.

자산=지분(몫, 청구권)
=타인지분+자기지분
=타인자본+자기자본
=부 채+자 본

**회계등식(자산=부채+자본)**

회계는 거래를 회계등식에 입각하여 기록하며, 어떠한 거래에 대해서도 회계등식은 항상 성립

1) 회계등식을 세분화하면 다음과 같다. 자산=부채+[자본금+(기초이익잉여금+수익−비용−배당금)]

## 2. 회계등식의 구성요소

### 1) 자산

자산(assets)이란 과거사건의 결과로 기업이 통제하는 현재의 경제적 자원이며, 여기서 경제적 자원은 경제적 효익을 창출할 잠재력을 지닌 권리이다. 즉, 미래에 경제적 효익을 창출할 것으로 기대되는 경제적 자원이나 권리 정도로 이해할 수 있다. 다만, 화폐측정의 가정에 의해 화폐 단위로 측정할 수 없는 경제적 자원, 예를 들면 종업원의 기술숙련도, 경영자의 경영능력, 브랜드 가치 등은 자산이 될 수 없다.

자산은 다음과 같이 분류할 수 있다. 자산은 현금, 기계, 건물, 상품, 재료 등 물리적 형태가 있는 것도 있지만, 외상판매대금을 받을 수 있는 권리를 표시하는 외상매출금이나 빌려준 현금을 회수할 수 있는 권리인 대여금 등 물리적 형태가 없는 채권형태의 자산도 있다.

자산은 여러 가지 기준으로 분류할 수 있으나 기본적으로 현금화 기간에 따라 유동자산과 비유동자산으로 나눌 수 있다. 유동자산이란 결산일로부터 12개월 이내에 현금화되거나 사용 등으로 소멸하는 자산이며, 이외의 자산을 비유동자산이라고 한다. 보통 기업이 자산에 관한 회계정보를 제공할 때 현금화 기간이 짧은(유동성이 높은) 자산에서 긴(유동성이 낮은) 자산의 순으로 배열한다. 이를 유동성배열법이라 한다.

자산의 세부항목들을 살펴보면 다음과 같다.

#### ① 현금및현금성자산

현금및현금성자산은 현금이나 취득일로부터 3개월 이내 현금으로 전환할 수 있는 단기금융상품을 의미한다. 회계상 현금에는 주화와 지폐뿐만 아니라 쉽게 현금으로 전환될 수 있는 통화대용증권(자기앞수표, 당좌수표, 우편환증서, 만기가 도래한 공사채의 이자표 등)이 포함된다. 현금성자산은 현금은 아니지만 3개월 이내 현금으로 전환할 수 있는 각종 채권과 예금 등을 의미한다.

#### ② 매출채권

매출채권은 기업의 주된 영업의 목적물(재고자산)을 외상으로 판매하여 대금을 회수할 수 있는 권리(채권)로 외상매출금과 받을어음으로 구분한다. **외상매출금**은 재고자산을 전적으로 신용에만 의존하여 판매한 경우에 발생하는 권리이며, 이러한 권리를 문서로 받는다면 **받을어음**으로 처리한다.

③ 대여금

타인에게 현금을 빌려주면 나중에 빌려준 현금만큼을 되돌려 받을 권리가 생성되는데, 이 권리를 대여금이라 한다. 현금을 빌려주었을 경우에는 **대여금**이라는 자산으로 처리하며, 빌려왔을 경우에는 **차입금**이라는 부채로 처리한다.

④ 재고자산

**재고자산**은 기업의 주된 영업의 목적물로 주로 판매를 위해 보유 중인 상품, 제품 등이다. 한편, 재고자산의 종류는 영업의 형태에 따라 달라지는데, 예를 들면, TV 판매회사가 판매를 위해 보유 중인 TV는 **상품**이라는 재고자산으로 처리한다. 그런데 TV 제조회사가 판매를 위해 제조하여 보유 중인 TV는 **제품**으로 분류된다.

⑤ 유형자산

**유형자산**은 영업에 사용할 목적으로 보유 중인 물리적 실체가 있는 토지, 건물, 기계, 차량운반구, 비품 등을 의미한다.

이상에서 살펴본 현금및현금성자산, 매출채권, 재고자산은 유동자산으로 분류하며, 대여금은 원금을 회수하는 기간에 따라 유동자산과 비유동자산으로 분류될 수 있다.

| 자산 |
| --- |
| 자산은 과거사건의 결과로 기업이 통제하는 현재의 경제적 자원으로 미래 경제적 효익을 창출할 잠재력을 지닌 권리, 일반적으로 현금화 기간에 따라 유동자산과 비유동자산으로 분류 |

### 2) 부채

**부채**(liabilities)는 과거사건의 결과로 기업이 미래에 경제적 자원을 이전해야 하는 현재의 의무이다. 기업이 경영활동을 수행하는 과정에서 타인의 돈을 빌리거나(차입) 상품을 외상으로 구입(외상매입)하면 미래에 현금이나 다른 재화나 용역으로 갚아야 할 의무가 발생한다. 즉, 기업의 빚 혹은 의무가 부채이며, 부채도 자산과 마찬가지로 화폐 단위로 측정할 수 없는 경제적 의무는 부채가 될 수 없다.

부채도 자산과 같이 일반적으로 유동부채와 비유동부채로 분류하며, 결산일로부터 상환기간이 1년 이내이면 유동부채, 초과하면 비유동부채로 분류한다.

#### ① 매입채무

매입채무는 기업의 주된 영업의 목적물(재고자산)을 외상으로 매입하여 대금을 상환해야 하는 의무로 외상매입금과 지급어음으로 구분한다. 즉, 향후 대금을 상환할 의무(채무)이기 때문에 자산 중 매출채권과 대조되는 항목이다. 외상매입금은 재고자산을 전적으로 신용에만 의존하여 매입한 경우에 발생하는 의무이며, 이러한 의무를 문서로 지급한다면 지급어음으로 처리한다.

#### ② 차입금

타인에게 현금을 빌려오면(차입하면) 나중에 빌려온 현금만큼을 상환할 의무가 생성되며, 이 의무를 차입금이라 한다. 차입금은 자산 중 대여금과 대조되는 항목이다.

**부채**

과거사건의 결과로 미래에 기업이 경제적 자원을 이전해야 하는 현재의무이며, 일반적으로 상환기간에 따라 유동부채와 비유동부채로 분류

### 3) 자본

자본(capital)은 기업의 자산에서 모든 부채를 차감한 후의 잔여지분으로 자산에 대한 소유자의 지분을 의미한다. 회계등식에서 설명한 바와 같이 소유자지분은 자산에서 부채를 차감한 나머지이므로 순자산, 잔여지분, 자기지분, 자기자본이라고도 한다.

자산－부채＝자본(순자산, 잔여지분, 자기지분, 자기자본)

자본은 자본이 변동하는 원인에 따라 납입자본, 기타자본구성요소, 이익잉여금으로 구분하고 세부적으로 자본금, 자본잉여금, 자본조정, 기타포괄손익누계액 및 이익잉여금으로 구분하고 있다.[2] 다만, 현재 회계를 처음 학습하는 수준에서는 자본금과 이익잉여금에 대해서만 간략히 살펴보기로 하고, 자세한 내용은 뒤에서 학습하기로 한다.

① 자본금

**자본금**은 회사의 설립을 위해 소유자가 납입한 금액(주주가 납입한 법정자본금)이다.

② 이익잉여금

**이익잉여금**은 영업활동을 통해 발생된 이익 중에서 소유주에게 배당한 금액을 제외한 후 남은 금액을 여러 회계기간에 걸쳐 누적시킨 금액이다.

예를 들면, 20X1년에 자본금 ₩100,000을 출자하여 영업을 개시한 ㈜경북상회의 20X1년 이익이 ₩30,000이며, 이 중 ₩10,000을 배당으로 지급하였다면 남은 ₩20,000이 20X1년의 이익잉여금이다. 물론 자본은 ₩120,000(=소유주가 출자한 자본금 ₩100,000과 이익잉여금 ₩20,000)이 된다. 다음 해인 20X2년 이익이 ₩70,000이고, 이 중 ₩30,000을 배당으로 지급하였다면 20X2년 이익잉여금은 당해 유보액 ₩40,000과 20X1년 이익잉여금 ₩20,000을 합친 ₩60,000이 된다.

$$\underset{(₩60,000)}{\text{기말이익잉여금}} = \underset{(₩20,000)}{\text{기초이익잉여금}} + \underset{(₩70,000)}{\text{당기순이익}} - \underset{(₩30,000)}{\text{배당금}}$$

| 자본 |
| --- |
| 기업의 자산에서 모든 부채를 차감한 후의 잔여지분<br>자본금, 자본잉여금, 자본조정, 기타포괄손익누계액, 이익잉여금 등으로 구분 |

2) 한국채택국제회계기준에서는 자본의 분류에 대해 자세히 규정하고 있지 않으나, 규정내용을 종합하여 일반적으로 구분하는 내용이다.

## 3. 거래분석

하나의 거래가 발생하면 반드시 회계등식을 변동시키며, 모든 거래에서 회계등식이 항상 성립하려면 거래는 자산, 부채, 자본을 구성하고 있는 두 가지 이상의 항목에 영향을 미쳐야 한다(**거래의 상대성** 혹은 **거래의 이중성**).

예를 들면, ₩5,000의 상품을 외상으로 매입하였다면, 기업은 상품이라는 자산이 ₩5,000 증가하는 동시에 외상매입금이라는 부채도 ₩5,000 증가한다. 하나의 거래이지만, 자산(상품)과 부채(외상매입금)의 두 항목에 영향을 미친다. 이상과 같이 **거래분석**은 거래가 회계등식에 어떠한 영향을 미치는지 분석하는 것을 의미한다.

**거래분석**

거래가 회계등식을 구성하는 자산, 부채, 자본에 미치는 영향을 분석하는 것

다음 ㈜경북TV의 3월중 거래를 이용하여 거래분석을 연습해보자.

**예제 - 거래분석**

㈜경북TV는 20X1년 3월 1일에 영업을 개시하였으며, 회계기간은 1개월이다. 아래는 ㈜경북TV의 3월중 거래이다. 각 거래를 거래분석표를 통해 분석하라.

• 3월 1일: 현금 ₩100,000을 출자하여 '경북TV'라는 상호로 TV 판매업을 개시하다.
→ ㈜경북TV의 현금(자산)이 ₩100,000 증가하고, 소유자지분 중 자본금(자본)이 ₩100,000 증가한다.

• 3월 10일: 현금 ₩50,000을 지급하고 건물을 매입하다.
→ 건물(자산)이 ₩50,000 증가하고, 현금(자산)이 ₩50,000 감소한다.

• 3월 11일: TV를 ₩20,000에 현금으로 매입하다.
→ 상품(자산)이 ₩20,000 증가하면서 현금(자산)이 ₩20,000 감소한다.

• 3월 12일: TV를 ₩30,000에 외상으로 매입하다.
→ 상품을 외상으로 매입하였기 때문에 외상매입금(부채)으로 기록한다. 따라서 상품(자산)이 ₩30,000 증가하면서 외상매입금(부채)이 ₩30,000 증가한다.

• 3월 15일: 원가 ₩20,000의 TV를 ₩30,000에 판매하고, 판매대금은 전액 현금으로 받다.

→ 현금(자산)이 ₩30,000 증가하고, 상품(자산)이 ₩20,000 감소했으며, 차이 ₩10,000이 상품매출에 의한 이익이다. 그리고 이 이익은 당연히 소유자의 몫이기 때문에 소유자지분 중 이익잉여금(자본)이 ₩10,000 증가한다.
이 거래를 자세히 분석하면 다음과 같다. 상품을 판매하면 상품이라는 자산이 기업 외부로 유출되고, 그 대가로 새로운 자산이 기업으로 유입된다. 그리고 유입된 자산과 유출된 자산의 차이가 상품매출로부터 창출된 이익이다. 즉, 상품이 감소한 ₩20,000만큼 자본이 감소하며, 그 대가로 현금이 ₩30,000 증가한 만큼 자본이 증가한다.
따라서 결과적으로 자본이 ₩10,000이 증가한다. 이와 같이 상품 판매 등의 영업활동에 의한 자본의 증가를 **수익**, 판매로 인한 자본의 감소를 **비용**이라고 한다.

• 3월 20일: 원가 ₩30,000인 상품을 ₩40,000에 외상으로 매출하다.
→ 상품(자산)이 ₩30,000 감소하고 외상매출금(자산)이 ₩40,000 증가한다. 차이 ₩10,000이 상품매출에 의한 이익이며, 이익잉여금(자본)을 그만큼 증가시킨다.

• 3월 25일: TV를 구입하고 현금 ₩20,000을 지급하다.
→ 현금(자산)이 ₩20,000 감소하고, 상품(자산)이 ₩20,000 증가한다.

• 3월 29일: 거래처의 외상매입금 중 ₩20,000을 현금으로 상환하다.
→ 현금(자산)이 ₩20,000 감소하고, 외상매입금(부채)이 ₩20,000 감소한다.

• 3월 30일: 종업원의 임금 ₩5,000을 현금으로 지급하다.
→ 현금(자산)이 ₩5,000 감소하고, 그 대가로 ㈜경북TV로 유입된 것은 없다. 따라서 이익잉여금(자본)이 ₩5,000만큼 감소하기 때문에 급여라는 비용이 ₩5,000 발생한다.

• 3월 31일: 월말이 되어 전기료 ₩3,000과 수도료 ₩2,000을 현금으로 지급하고, 거래처의 외상매출금 중 ₩30,000을 현금으로 회수하다.
→ 거래가 여러 번 발생하면 발생순서에 따라 차례대로 분석한다. 먼저 전기료와 수도료를 현금으로 지급하였으며, 이는 위의 급여를 지급한 것과 동일한 이유로 전기료와 수도료라는 비용이 발생한 것이다. 따라서 현금이 ₩5,000 감소하고 이익잉여금(자본)이 ₩5,000 감소한다. 다음으로 외상매출금을 회수하였기 때문에 현금(자산)이 ₩30,000 증가하는 동시에 외상매출금(자산)이 ₩30,000 감소한다.

| 일자 | 자산 | | | | 부채 | 자본 | |
|---|---|---|---|---|---|---|---|
| | 현금 | 건물 | 상품 | 외상매출금 | 외상매입금 | 자본금 | 이익잉여금 |
| 3월 1일 | 100,000 | | | | | 100,000 | |
| 잔액 | 100,000 | | | | | 100,000 | |
| 3월 10일 | −50,000 | 50,000 | | | | | |

| | | | | | | | |
|---|---|---|---|---|---|---|---|
| 잔액 | 50,000 | 50,000 | | | | 100,000 | |
| 3월 11일 | −20,000 | | 20,000 | | | | |
| 잔액 | 30,000 | 50,000 | 20,000 | | | 100,000 | |
| 3월 12일 | | | 30,000 | | 30,000 | | |
| 잔액 | 30,000 | 50,000 | 50,000 | | 30,000 | 100,000 | |
| 3월 15일 | | | −20,000 | | | | −20,000 |
| | 30,000 | | | | | | 30,000 |
| 잔액 | 60,000 | 50,000 | 30,000 | | 30,000 | 100,000 | 10,000 |
| 3월 20일 | | | −30,000 | | | | −30,000 |
| | | | | 40,000 | | | 40,000 |
| 잔액 | 60,000 | 50,000 | 0 | 40,000 | 30,000 | 100,000 | 20,000 |
| 3월 25일 | −20,000 | | 20,000 | | | | |
| 잔액 | 40,000 | 50,000 | 20,000 | 40,000 | 30,000 | 100,000 | 20,000 |
| 3월 29일 | −20,000 | | | | −20,000 | | |
| 잔액 | 20,000 | 50,000 | 20,000 | 40,000 | 10,000 | 100,000 | 20,000 |
| 3월 30일 | −5,000 | | | | | | −5,000 |
| 잔액 | 15,000 | 50,000 | 20,000 | 40,000 | 10,000 | 100,000 | 15,000 |
| 3월 31일 | −5,000 | | | | | | −5,000 |
| | 30,000 | | | −30,000 | | | |
| **잔액** | **40,000** | **50,000** | **20,000** | **10,000** | **10,000** | **100,000** | **10,000** |

거래분석 결과로부터 어떠한 거래에 대해서도 회계등식은 항상 성립한다는 것을 확인할 수 있다. 한편 자본 중 이익잉여금에서 ㈜경북TV의 3월 한 달 동안의 이익이 ₩10,000이라는 점을 간단하게 확인할 수 있다.

구체적으로 설명하면 3월 31일 현재 기업의 총자산은 ₩120,000이며, 이 중에서 타인지분(부채) ₩10,000을 차감한 나머지 ₩110,000이 소유자지분(자본)이다. 또한 자본은 영업을 시작할 때 소유자들이 출자한 원금(자본금) ₩100,000과 한 달 동안 자본의 증가분 ₩10,000(=₩110,000−₩100,000)으로 구분된다. 즉, **이익**은 회계기간 동안 자본의 순증가분이며, 반대로 **손실**은 자본의 순감소분이다.

# 제3절 재무제표

재무제표는 재무상태표, 손익계산서, 현금흐름표, 자본변동표, 주석의 5가지이다. 본 장에서는 재무상태표와 손익계산서에 대해서는 자세히 학습하고, 나머지 재무제표들은 간단히 소개한다.

## 1. 재무상태표

### 1) 재무상태와 재무상태표

거래분석 결과는 어느 시점에서 기업의 자산총액에 대한 청구권이 어떻게 구성되어 있는가를 나타낸다. 이와 같이 특정 시점 현재의 자산총액과 이에 대한 지분과의 관계를 기업의 **재무상태**라 한다. 재무상태 정보는 이해관계자들의 의사결정에 유용하게 활용된다.

예를 들어, 은행이 어떤 기업에 대한 대출심사를 한다고 가정하자. 그런데 기업이 다른 기업에 비해 상대적으로 자본 대비 부채가 아주 많다면 원금과 이자의 회수가능성이 낮게 평가되어 대출심사에서 탈락할 확률이 높아진다. 마찬가지로 기업이 주주나 채권자로부터 자금을 조달하려면 특정 시점의 재무상태 정보를 제공해야 한다. 재무상태를 거래분석표로도 제공할 수도 있지만, 이해관계자들이 거래분석표보다 더욱 이해하기 쉽게 일정한 형식에 맞게 재무상태를 보고한 표를 **재무상태표**(B/S: balance sheet 혹은 F/P: statement of financial position)라고 한다.

즉, 재무상태표는 일정 **시점**의 재무상태를 나타내는 재무제표이며, 하나의 거래가 발생할 때마다 작성할 수 있다. 다만 이는 시간과 비용 측면에서 비효율적이기 때문에 기간계산의 가정에 따라 정기적으로(최소 1년에 1번) 회계연도말 혹은 월말 등의 특정시점에서 재무상태표를 작성 및 공시한다.

| 재무상태표 |
| --- |
| 특정 시점의 자산에 대한 지분(부채, 자본)의 구성을 나타내는 재무제표 |

재무상태표 작성 연습을 위해 ㈜경북TV의 20X1년 3월 1일 재무상태표를 작성하면 아래와 같다.

재무상태표

㈜경북TV 20X1년 3월 1일 현재 (단위: 원)

| 자 산 | 금 액 | 부채와자본 | 금 액 |
|---|---|---|---|
| 현금 | ₩100,000 | 자본금 | ₩100,000 |
| **자산총계** | **₩100,000** | **부채와자본총계** | **₩100,000** |

먼저 재무상태표의 구조를 살펴보자. 표의 가장 위에는 재무상태표라는 재무제표의 명칭을 표시하고, 아래에 보고기업명, 재무상태표 작성일, 금액 단위를 표시한다. 그리고 회계등식에 따라 자산을 차변에, 부채와 자본을 대변에 기록한다. 이에 따라 ㈜경북TV의 3월 12일 재무상태표를 작성하면 다음과 같다.

재무상태표

㈜경북TV 20X1년 3월 12일 현새 (단위: 원)

| 자 산 | 금 액 | 부채와자본 | 금 액 |
|---|---|---|---|
| 현금 | ₩30,000 | 외상매입금 | ₩30,000 |
| 건물 | 50,000 | 자본금 | 100,000 |
| 상품 | 50,000 | | |
| **자산총계** | **₩130,000** | **부채와자본총계** | **₩130,000** |

위 3월 12일 재무상태표를 3월 1일 재무상태표와 비교해보자. 현금이 ₩100,000에서 ₩30,000으로 ₩70,000 감소하였고, 건물과 상품이라는 새로운 자산이 각각 ₩50,000씩 증가했다. 그리고 자본은 변동이 없으며, 외상매입금이 ₩30,000 증가하였다. 두 재무상태표를 통해 현금의 사용내역을 추적할 수 있다.

즉, 자본의 변동이 없기 때문에 현금 ₩70,000으로 건물 구입에 ₩50,000을 지급하고 나머지 ₩20,000은 상품매입에 사용하였다. 그리고 상품의 경우 현금 ₩20,000으로 매입한 부분을 차감한 나머지 ₩30,000은 외상으로 매입하였으며, 이는 외상매입금이 ₩30,000이기 때문에 쉽게 확인할 수 있다.

이 재무상태표는 3월 12일 거래분석 결과에서 재무제표의 명칭(즉, 재무상태표), 보고기업명, 작성일, 금액 단위의 4가지 사항만 추가한 것이다. 결국 재무상태표란 회계등식을 이해하기 쉽게 표로 나타난 것에 불과하기 때문에 거래분석을 잘 이해하면 재무상태표는 쉽게 이해할 수 있다.

### 2) 재무상태표를 이용한 이익의 측정

재무상태표를 이용하여 이익을 계산하는 방법을 이해하기 위해 ㈜경북TV의 3월 31일 재무상태표를 작성하면 다음과 같다.

| 3/31 | 자산 | | | | 부채 | 자본 | |
|---|---|---|---|---|---|---|---|
| | 현금 | 건물 | 상품 | 외상매출금 | 외상매입금 | 자본금 | 이익잉여금 |
| 잔액 | 40,000 | 50,000 | 20,000 | 10,000 | 10,000 | 100,000 | 10,000 |

재무상태표

㈜경북TV　　20X1년 3월 31일 현재　　(단위: 원)

| 자 산 | 금 액 | 부채와자본 | 금 액 |
|---|---|---|---|
| 현금 | ₩40,000 | 외상매입금 | ₩10,000 |
| 건물 | 50,000 | 자본금 | 100,000 |
| 상품 | 20,000 | **이익잉여금(당기순이익)** | **10,000** |
| 외상매출금 | 10,000 | | |
| **자산총계** | **₩120,000** | **부채와자본총계** | **₩120,000** |

이 재무상태표에 당기순이익이라는 새로운 단어가 사용되었다. 당기순이익은 3월 31일 현재 경영활동을 통해 창출한 이익이 ₩10,000이라는 의미이다. 여기서 당기라는 말은 이익을 계산하는 회계연도를 뜻하며, 이 경우에는 3월 1일부터 3월 31일까지이다.

재무상태표에서 당기순이익이란 소유자지분의 증가를 의미하며, 기말의 소유자지분에서 기초의 소유자지분을 차감하여 측정한다. 이상의 내용을 식으로 표현하면 다음과 같다.

기말자산＝기말부채＋기말자본(＝기초자본＋당기순이익)

₩120,000＝₩10,000＋₩110,000(＝₩100,000＋₩10,000)

### 3) 재무상태표의 종류

재무상태표는 계정식 재무상태표와 보고식 재무상태표의 두 종류가 있다. 회계등식에 따라 차변에는 자산, 대변에는 부채와 자본을 표시한 것이 계정식 재무상태표이다. 회계등식을 모르는 정보이용자는 차변에 자산이 표시되고, 대변에 부채와 자본이 표시되는지를 이해할 수 없다. 그래서 회계등식을 모르는 정보이용자도 이해할 수 있도록 작성한 것이 보고식 재무상태표이다. ㈜경북TV의 3월 31일 보고식 재무상태표는 다음과 같다.

재무상태표

| ㈜경북TV | 20X1년 3월 31일 현재 | (단위: 원) |
|---|---|---|
| 자 산 | | |
| 현 금 | ₩40,000 | |
| 외상매출금 | 10,000 | |
| 상 품 | 20,000 | |
| 건 물 | 50,000 | |
| **자산총계** | **₩120,000** | |
| 부 채 | | |
| 외상매입금 | ₩10,000 | |
| **부채총계** | **10,000** | |
| 자 본 | | |
| 자 본 금 | 100,000 | |
| 이익잉여금 | 10,000 | |
| **자본총계** | **110,000** | |
| **부채와자본총계** | **₩120,000** | |

### 4) 재무상태표의 주요 항목

| 자산계성 | | | 내용 |
|---|---|---|---|
| 유동자산 | 당좌자산 | 현금및현금성자산 | 현금은 통화(지폐와 동전)와 통화대용증권(타인발행수표 등), 요구불예금을 포함, 현금성자산은 취득일로부터 만기가 3개월 이내인 단기금융상품(단, 지분상품 제외) |
| | | 단기금융상품 | 주식이나 채권 또는 금융기관이 취급하는 금융상품 등에 단기투자목적으로 투자한 것 |

| | | | |
|---|---|---|---|
| | 재고자산 | 매출채권 | 외상으로 상품 등을 판매하거나 용역을 제공하고 아직 회수하지 않은 금액으로 외상매출금과 받을어음 포함 |
| | | 미수금 | 상품 이외의 자산을 외상으로 처분하고 아직 회수하지 않은 금액 |
| | | 단기대여금 | 12개월 이내에 회수하기로 하고 타인에게 빌려준 금액 |
| | | 선급금 | 재고자산의 구입을 위하여 미리 지급한 금액 |
| | | 선급비용 | 현금을 지급하고 비용으로 계상하였으나 아직 소멸되지 않은 부분 |
| | | 미수수익 | 당기에 발생한 수익으로 미회수한 금액 |
| | | 원재료 | 원료, 재료 등 |
| | | 재공품 | 판매를 위하여 생산중인 자산 등 |
| | | 제품 | 제조기업이 생산과정을 완료하여 판매 가능한 상태로 보유하고 있는 것 |
| | | 상품 | 상기업이 정상적인 영업활동에서 판매 목적으로 보유 중인 재고자산 |
| | | 소모품 | 사무용품, 문구용품 등 대부분 소모하여 사라지는 물품 |
| 비유동자산 | 유형자산 | 토지 | 영업활동에 사용할 목적으로 취득하여 보유하고 있는 대지, 임야, 전답 등 |
| | | 건물 | 영업활동에 사용할 목적으로 구입하거나 건설하여 보유하고 있는 건축물 |
| | | 기계장치 | 기계장치, 운송설비와 기타의 부속설비 |
| | | 차량운반구 | 기업이 영업활동을 위하여 보유 중인 물류수단으로 상품의 배달을 위한 트럭이나 원료의 운송을 위한 운반기계 등 |
| | | 비품 | 업무용으로 보유하고 있는 책상, 전화, 컴퓨터 등과 사원복지용으로 보유하고 있는 냉장고, 정수기, 운동기구 등 |
| | | 선박 | 선박과 기타의 수상운반구 등 |
| | | 건설중인자산 | 유형자산의 건설을 위한 재료비, 노무비 및 경비, 건설을 위하여 지출한 도급금액 또는 취득한 기계 등을 포함 |
| | 무형자산 | 영업권 | 합병, 영업양수 및 전세권 취득 등의 대가로 지급한 금액이 합병 등으로 취득한 자산과 부채의 공정가치를 초과하는 부분 |
| | | 산업재산권 | 법률에 의하여 일정기간 동안 독점적 · 배타적으로 이용할 수 있는 권리로 특허권, 실용신안권, 디자인권, 상표권 등 |
| | | 개발비 | 개발단계에서 발생한 지출액으로 자산인식요건을 충족시킨 것 |

| | | |
|---|---|---|
| | 저작권 | 저작자가 자기 저작물의 복제·번역·방송·강연 등을 독점적으로 이용할 수 있는 권리 |
| 투자자산 | 장기금융상품 | 유동자산에 속하지 아니하는 금융상품 |
| | 투자부동산 | 임대수익이나 시세차익 또는 두 가지 모두를 얻기 위하여 보유하고 있는 부동산 |
| | 장기대여금 | 유동자산에 속하지 않는 장기의 대여금 |
| **부채계정** | | **내용** |
| 유동부채 | 매입채무 | 일반적인 상거래에서(상품 등) 외상으로 매입한 금액으로 외상매입금과 지급어음 포함 |
| | 단기차입금 | 12개월 이내에 상환하기로 하고 타인이나 다른 기업으로부터 차입한 채무 |
| | 미지급금 | 일반적인 상거래 이외에서 토지, 건물, 비품 등을 외상으로 매입하고 아직 지급하지 않은 금액 |
| | 미지급비용 | 발생된 비용으로서 지급되지 아니한 금액 |
| | 선수금 | 기타 일반적인 상거래에서 발생한 미리 받은 금액 |
| | 선수수익 | 받은 수익 중 차기 이후에 속하는 금액 |
| | 예수금 | 일반적 상거래 이외에서 발생한 일시적 제예수액 |
| 비유동부채 | 사채 | 12개월 후에 상환되는 사채의 가액 |
| | 장기차입금 | 12개월 후에 상환되는 차입금 |
| **자본계정** | | **내용** |
| 자본금 | | 주주가 납입한 법정자본금으로 액면금액에 발행주식총수를 곱한 금액 |
| 자본잉여금 | | 증자나 감자 등 주주와의 거래로 인해 자본을 증가시키는 잉여금 |
| 자본조정 | | 자본거래에 해당하지만 최종 납입된 자본으로 볼 수 없거나 자본잉여금으로 분류할 수 없는 금액 |
| 기타포괄손익누계액 | | 기타포괄손익의 잔액 |
| 이익잉여금 | | 매기 영업활동으로 인한 이익이 사외로 유출되지 않고 사내에 유보된 금액 |

## 2. 손익계산서

### 1) 경영성과와 손익계산서

기업의 목적은 이익의 창출이며, 이해관계 상충의 원인이 이익이기 때문에 이해관계자들은 이익이 어떻게 산출되었는지에 대한 관심이 매우 높다. 그래서 회계기간의 이익 산출내역에 대한 정보를 제공하는 재무제표가 **손익계산서**(I/S: income statement 혹은 P/L: profit and loss statement)이다.

이익은 수익에서 비용을 차감하여 계산되기 때문에 손익계산서에는 수익과 비용 및 당기순손익(당기순이익 혹은 당기순손실)이 표시된다. 한국채택국제회계기준에서는 기타포괄손익이 있으면 이를 가감하여 **포괄손익계산서**(statement of comprehensive income)를 작성하도록 하고 있다. 기타포괄손익은 보고기간말 현재 미실현된 손익으로 경제환경의 변화에 따라 변동하므로 당기순손익에 포함될 경우 성과가 왜곡 표시될 수 있기 때문에 당기순손익과 구분 표시하도록 하고 있다.

**손익계산서**

회계기간 동안 이익의 산출내역에 관한 정보(수익과 비용)를 제공하기 위해 작성하는 재무제표

**포괄손익계산서**

총포괄손익=당기순손익(=당기수익−당기비용)±기타포괄손익

㈜경북TV의 3월 1일부터 3월 31일까지의 손익계산서를 살펴보면 다음과 같다. 먼저 '손익계산서'라는 재무제표의 명칭이 있다. 다음으로 어느 기업의 손익계산서인가를 나타내는 '회사명'이 기록되어 있다. 이 두 가지는 재무상태표의 경우와 같다. 그러나 재무상태표는 특정 시점을 기준으로 작성되는 반면, 손익계산서는 경영활동을 수행한 **기간**(이익을 계산한 기간)이 나타나 있다. 그리고 금액 단위가 표시되어 있다.

계정식 손익계산서는 차변에 비용을 집계하고 대변에 수익을 모아서 서로 비교하는 형식으로 되어 있다. 다시 말하면 수익은 자본의 증가이며, 자본의 증가는 회계등식의 대변에 기록되기 때문에 손익계산서도 대변에 수익을 집계한다. 반면 비용을 차변에 기록한 것은 손익계산서에서 수익과 비용을 서로 비교하는 형식으로 나타내기 위함이다. 즉, 수익과 비용은 반대의 성격을 가지기 때문에 수익을 대변에 나타낸 이상 비용은 당연히 왼편에 기록된다.

손익계산서(계정식)

㈜경북TV 20X1년 3월 1일부터 20X1년 3월 31일까지 (단위: 원)

| 비 용 | 금 액 | 수 익 | 금 액 |
|---|---|---|---|
| 매출원가 | ₩50,000 | 매출액 | ₩70,000 |
| 급여 | 5,000 | | |
| 전기료 | 3,000 | | |
| 수도료 | 2,000 | | |
| 당기순이익 | 10,000 | | |
| **합계** | **₩70,000** | **합계** | **₩70,000** |

회계등식을 모르는 회계정보이용자는 왜 손익계산서의 대변에 수익이, 차변에 비용이 표시되는지 이해하기 어렵다. 그래서 회계등식을 모르는 회계정보이용자도 이해하기 쉽도록 작성한 것이 보고식 손익계산서이다. 계정식 손익계산서에서는 수익과 비용이 대변과 차변으로 구분 표시되어 수익항목과 비용항목을 쉽게 구분할 수 있다. 반면 보고식 손익계산서에는 수익과 비용이 한 열에 표시되기 때문에 회계정보이용자가 수익항목과 비용항목을 쉽게 구분할 수 있도록 비용항목은 금액을 괄호로 표시한다.

손익계산서(보고식)

㈜경북TV 20X1년 3월 1일부터 20X1년 3월 31일까지 (단위: 원)

| | |
|---|---|
| 매출액 | ₩70,000 |
| 매출원가 | (50,000) |
| 급여 | (5,000) |
| 전기료 | (3,000) |
| 수도료 | (2,000) |
| **당기순이익** | **₩ 10,000** |

## 2) 수익과 비용

손익계산서에서는 경영성과를 측정하기 위해 수익과 비용을 따로 모아서 수익총액과 비용총액을 계산하고, 그 차이를 당기순손익으로 표시한다. 여기에서는 수익과 비용에 대해 자세히 설명한다.

### (1) 수익

수익(revenues)은 자본의 증가이며, 구체적으로는 회계기간 동안 기업이 영업활동을 통해 벌어들인 돈과 획득한 자원의 총액이다. 즉, 회계등식에 의해 [자본=자산−부채]이기 때문에 수익은 자산이 증가하거나 부채가 감소하는 형태로 나타난다. 단, 소유주와의 거래에 의한 자본의 증가(예로, 유상증자)는 수익이 아니다.

예들 들면, 상품을 판매하면서 현금 10만원을 받았다면 증가한 자산(현금) 10만원이 수익이 된다. 만약 10만원을 현금으로 받지 않고, 매출 상대방에게 진 10만원의 빚을 상계하였다면 감소한 부채(차입금) 10만원이 수익이 된다. 결국 수익은 기업의 영업활동의 결과 기중에 발생한 자산의 증가 혹은 부채의 감소로 볼 수 있다.

한편 위 손익계산서의 수익란에 매출액이라는 항목이 있다. 매출액이란 기업이 영업의 목적물인 상품을 타인에게 매출하고 그 대가로 받은 자산을 의미한다. ㈜경북TV의 경우 상품의 매출은 두 번이며, 그 합계인 ₩70,000(현금 ₩30,000+외상매출금 ₩40,000)이 매출액이다.

그런데 기업은 영업의 목적물을 판매하는 활동만으로 수익을 창출하는 것이 아니라 영업외 활동을 통해서도 수익을 창출할 수 있다. 이러한 수익항목을 영업외수익(기타수익)이라고 하며, 여기에는 아래와 같이 이자수익, 배당금수익 등이 있다.

① 이자수익: 은행에 현금을 예치하거나 현금을 대여하여 발생하는 이자수익
② 배당금수익: 다른 기업의 주식에 투자하여 배당받은 현금수익
③ 임대료수익: 부동산 임대에 의한 수익
④ 유형자산처분이익: 유형자산 처분 시점의 장부금액을 상회하는 대가를 받고 유형자산을 처분할 경우, 그 초과액에 의한 수익

### (2) 비용

비용(expenses)은 자본의 감소이며, 구체적으로는 회계기간 동안 기업이 영업활동을 통해 지출한 돈과 소비된 자원의 총액이다. 즉, 회계등식에 의해 [자본=자산−부채]이기 때문에 비용은 자산이 감소하거나 부채가 증가하는 형태로 나타난다. 단, 소유주와의 거래에 의한 자본의 감소(예로, 현금배당)는 비용이 아니다.

예를 들면, 위 손익계산서 비용란의 제일 위에는 매출원가라는 항목이 있다. 매출원가는 매출로 인해 감소한 자산을 의미한다. ㈜경북TV의 경우 매출액 ₩70,000에 대한

매출원가는 ₩50,000(상품 ₩20,000+상품 ₩30,000)이다.

그런데 기업은 영업의 목적물을 판매하는 활동에 의해서만 비용이 발생하는 것이 아니라 판매활동, 관리활동, 영업외 활동 등을 통해서 위 손익계산서의 급여, 전기료, 수도료 등의 비용이 발생될 수 있다. 이러한 비용항목을 각각 판매비와관리비, 영업외비용(기타비용)이라 하고, 예는 아래와 같다.

① 판매비와관리비: 급여(노동력 사용의 대가로 지급한 월급이나 보너스 등), 임차료(부동산을 빌려 쓰고 지급한 월세 등), 보험료(공장 건물에 대한 화재보험 등의 각종 보험료) 등

② 영업외비용: 이자비용(차입금 조달로 발생한 이자) 등

### 3) 비용의 분류와 손익계산서의 표시

비용은 급여, 감가상각비 등과 같이 성격(원천)별로 구분할 수도 있으며, 매출원가, 판매비와관리비 등과 같이 기능별로도 구분할 수 있다. 금융감독원 전자공시시스템(DART), 포털검색사이트 등에서 확인할 수 있는 손익계산서는 대부분 비용을 기능별로 공시한 경우이다. 따라서 본서에서는 비용을 기능별로 분류한 ㈜경남전자의 손익계산서를 통해 손익계산서의 형식을 간단히 설명하기로 한다.

손익계산서의 맨 위에는 매출액과 매출원가가 표시되며, 매출액에서 매출원가를 차감하여 매출총이익을 계산한다. 매출총이익은 순수하게 상품이나 제품의 매출로 창출된 이익이며, 상품이나 제품의 부가가치에 대한 정보를 제공하기 때문에 고부가가치 상품일수록 매출총이익이 높게 나타난다. 매출총이익에서 기업의 판매활동과 관리활동으로 발생된 판매비와관리비를 차감하면 영업이익이 계산된다. 즉, 영업이익은 제품 혹은 상품의 매출활동을 위해 정상적으로 필요한 판매활동과 관리활동으로 발생하는 비용을 매출총이익에서 차감하여 계산하기 때문에 기업의 영업성과를 나타낸다. 이러한 영업이익에 영업외 활동으로 발생한 영업외수익(기타수익과 금융수익)[3]을 더하고 영업외비용(기타비용과 금융비용)을 차감하면 법인세비용차감전이익이 계산된다. 법인세비용차감전이익은 법인세비용의 효과를 제외한 이익이며, 당기순이익은 법인세비용까지 반영한 기업의 최종성과를 나타낸다.

3) 한국채택국제회계기준에서는 기타수익 및 금융수익과 기타비용 및 금융비용 등으로 구분하여 표시하고 있다. 이는 사실상 영업외수익과 영업외비용에 해당한다.

손익계산서

㈜경남전자 제2기 20X2년 1월 1일부터 20X2년 12월 31일까지
제1기 20X1년 1월 1일부터 20X1년 12월 31일까지 (단위: 원)

| | | 2기 | 1기 |
|---|---|---|---|
| | 매출액 | ₩230,400,881 | ₩243,771,415 |
| − | 매출원가 | 147,239,549 | 132,394,411 |
| = | **매출총이익** | **83,161,332** | **111,377,004** |
| − | 판매비와관리비 | 55,392,823 | 52,490,335 |
| = | **영업이익** | **27,768,509** | **58,886,669** |
| + | 영업외수익 | 12,353,258 | 12,024,203 |
| − | 영업외비용 | 9,689,578 | 9,750,914 |
| = | **법인세비용차감전이익** | **30,432,189** | **61,159,958** |
| − | 법인세비용 | 8,693,324 | 16,815,101 |
| = | **당기순이익** | **₩21,738,865** | **₩44,344,857** |

## 4) 손익계산서의 주요 항목

| 손익계산서 | | 내용 |
|---|---|---|
| 매출액(용역수익) | | 고객에게 상품 등을 인도하거나 용역을 제공한 대가로 수취한(할) 금액 |
| 매출원가(용역원가) | | 판매된 제품이나 상품 등에 대한 제조원가 또는 매입원가 |
| 매출총이익 | | 매출액−매출원가 |
| 판매비와 관리비 | 급여 | 임직원의 근로제공에 대한 대가로 지급한 금액을 말하며, 임원급여, 급료와 임금 및 제수당을 포함 |
| | 퇴직급여 | 임직원이 퇴직하는 경우 퇴직금 지급규정에 의하여 지급할 금액을 비용으로 인식한 금액 |
| | 복리후생비 | 임직원의 복리후생을 위하여 지출하는 비용으로 직장체육비, 피복비, 회식비, 임직원 축의금 등 |
| | 통신비 | 전화요금, 팩스사용료, 우편요금 등의 사용료 및 인터넷사용료 등 |
| | 차량유지비 | 회사업무를 위하여 운행하는 차량의 유지·관리를 위하여 소요되는 비용 |
| | 임차료 | 건물 또는 토지 등을 소유주와 임대차계약에 의해 임차하고 이에 대한 사용료로서 지급하는 비용 |

| | | |
|---|---|---|
| | 보험료 | 기업이 소유하는 건물, 기계장치 등의 유형자산과 상품, 제품 등의 재고자산에 대하여 화재보험, 기타의 손해보험, 보증보험 등에 가입한 경우 보험계약에 의하여 일정기간 단위로 보험자에게 지급하는 비용 |
| | 세금과공과 | 국가 또는 지방자치단체가 부과하는 조세와 각종 공공단체의 부과금 및 벌금 등의 지출액 |
| | 수도광열비 | 수도료, 전기료, 전력기금, 가스비 등 연료비에 소용되는 비용 |
| | 광고선전비 | 재화나 용역 혹은 기업 이미지 개선 등의 목적으로 지출하는 비용 |
| | 감가상각비 | 유형자산의 취득원가 중 내용연수에 걸쳐 합리적으로 비용화한 금액 |
| **영업이익** | | **매출총이익 − 판매비와관리비** |
| 영업외 수익 | 이자수익 | 타인에게 금전을 대여하거나 금융상품 등에 가입하여 수취하는 이자 |
| | 배당수익 | 기업의 지분상품에 투자하여 받은 현금배당 |
| | 임대료 | 보유 중인 토지와 건물 등을 타인에게 임대하고, 그 대가로 받은 금액 |
| | 유형자산처분이익 | 토지와 건물 등 유형자산을 처분한 대가가 장부금액을 초과한 금액 |
| 영업외 비용 | 이자비용 | 은행이나 타인에게 차입한 금전에 대해 지급하는 이자 |
| | 유형자산처분손실 | 토지와 건물 등 유형자산을 처분한 대가가 장부금액에 미달한 금액 |
| **법인세차감전순이익** | | **영업이익 + 영업외수익 − 영업외비용** |
| 법인세비용 | | 법인세비용차감전순이익에 대응되는 법인세비용을 말함 |
| **당기순이익** | | **법인세비용차감전순이익 − 법인세비용** |
| 기타포괄손익 | | 당기손익에 영향이 없는 수익과 비용항목(재분류조정 포함) |
| **총포괄이익** | | **당기순이익±기타포괄손익** |

**수익과 비용**

- 수익: 영업활동을 통한 자본의 증가(자산의 증가 혹은 부채의 감소)
- 비용: 영업활동을 통한 자본의 감소(자산의 감소 혹은 부채의 증가)

## 3. 재무상태표와 손익계산서의 관계

수익과 비용은 자본을 변동시키기 때문에 앞의 거래분석에서는 수익과 비용이 발생하면 즉시 자본(이익잉여금)에서 직접 가감하였다. 그런데 기업의 목적이 이익을 창출하는 것이기 때문에 기업에서는 수익과 비용이 발생하는 거래가 가장 빈번하다. 따라서 앞의 거래분석에서와 같이 이익거래가 발생할 때마다 수익과 비용을 일일이 자본에서 가감한다는 것은 효율적이지 않다.

또한 기업은 주주들이 출자한 자본금을 이용하여 생산과 판매활동을 수행한 결과, 이익을 창출한다. 따라서 이해관계자들은 최초에 납입된 자본금이 얼마이며, 영업활동을 통해 이익이 얼마나 창출되었는지에 대한 관심이 높다. 이해관계자들의 이러한 요구를 만족시키기 위해서는 주주들이 납입한 자본과 그것을 이용하여 이익을 창출하는 활동을 분리하여 이들 각각에 관한 회계정보를 제공하는 것이 바람직하다.

이를 위해 재무상태에 관한 정보는 재무상태표에 포함시키며, 손익계산서는 경영성과에 관한 회계정보를 제공하기 위해 기말에 회계기간 중 발생한 수익항목과 비용항목을 일괄 집계한 다음, 수익총액에서 비용총액을 차감한 순효과(당기순손익)만을 측정한다. 당기순손익은 경영활동을 통한 소유자지분의 순변동이므로 재무상태표의 자본항목 중 이익거래를 통한 자본의 변동을 의미하는 이익잉여금으로 대체된다.

### 재무상태표와 손익계산서의 관계

회계연도: 20X1년 3월

3/1(=기초) ~ 3/31(=기말)

**재무상태표**

㈜경북TV 20X1.3.1 현재 (단위: 원)

| | | | |
|---|---|---|---|
| 자산 | 100,000 | 부채 | 0 |
| | | 자본 | 100,000 |

**재무상태표**

㈜경북TV 20X1.3.31 현재 (단위: 원)

| | | | |
|---|---|---|---|
| 자산 | 120,000 | 부채 | 10,000 |
| | | 자본 | 110,000 |

**손익계산서**

㈜경북TV 20X1.3.1~20X1.3.31 (단위: 원)

| | | | |
|---|---|---|---|
| 비용 | 60,000 | 수익 | 70,000 |
| 당기순이익 | 10,000 | | |

기말자산=기말부채+기초자본+당기순이익(=수익−비용)

손익계산서는 위 그림과 같이 재무상태표의 기초자본(₩100,000)과 기말자본(₩110,000)의 차이(당기순이익 ₩10,000)가 발생한 이유(수익 ₩70,000 - 비용 ₩60,000)를 설명한다. 요약하면 손익계산서는 경영성과, 즉 특정 회계기간 동안 기업이 어떠한 과정을 통해서 얼마만큼의 이익을 창출했는가에 관한 회계정보를 제공한다.

**재무상태표와 손익계산서의 관계**

손익계산서는 재무상태표의 자본이 회계기간 중 영업활동으로 인해 변동한 원인에 대한 정보를 제공

## 4. 자본변동표, 현금흐름표, 그리고 주석

자본변동표(C/E: statement of changes in equity)는 자본 납입, 이익잉여금 변동, 배당금 지급 등 자본의 변동내역에 대한 구체적인 정보를 제공하는 재무제표이다. 재무상태표에는 자본의 기말잔액이 보고되기 때문에 자본의 변동내역에 대한 정보가 필요한 회계정보이용자에게 자본변동표는 매우 유용한 정보를 제공한다.

자본변동표

㈜경북TV 20X1년 3월 1일부터 20X1년 3월 31일까지 (단위: 원)

| | 자본금 | 이익잉여금 | 총계 |
|---|---|---|---|
| 20X1년 1월 1일 | ₩100,000 | ₩0 | ₩100,000 |
| 당기순이익 | | 10,000 | 10,000 |
| 배당금 | | 0 | 0 |
| 20X1년 3월 31일 | ₩100,000 | ₩10,000 | ₩110,000 |

자본변동표가 기중의 자본 변동내역을 나타내는 반면, 현금흐름표(C/F: cash flow statement)는 기업의 활동을 영업활동, 투자활동, 재무활동으로 구분하여 회계기간 중 발생한 현금의 유입과 유출에 대한 구체적인 정보를 제공한다. 영업활동은 상품의 매입과 판매 등의 이익창출 활동을 의미하며, 투자활동은 영업활동 수행에 필요한 자산의 취득과 처분 등의 활동이다. 재무활동은 현금의 차입과 상환, 소유주의 출자, 배당 등의

활동을 의미한다.

현금흐름표

| ㈜경북TV | 20X1년 3월 1일부터 20X1년 3월 31일까지 | (단위: 원) |
|---|---|---|
| **영업활동 현금흐름** | | |
| 매출 등 수익활동으로 인한 유입액 | ₩60,000 | |
| 매입 및 종업원에 대한 유출액 | (65,000) | |
| 기타 | (5,000) | (₩10,000) |
| **투자활동 현금흐름** | | |
| 토지의 취득으로 인한 현금유출 | (50,000) | (50,000) |
| **재무활동 현금흐름** | | |
| 출자로 인한 현금유입 | 0 | 0 |
| **현금및현금성자산의 순증가** | | (60,000) |
| **기초 현금및현금성자산** | | 100,000 |
| **기말 현금및현금성자산** | | ₩40,000 |

주석(notes)은 재무제표 본문에 표시한 내용에 대해 부가한 설명으로 재무제표 본문에는 표시하지 않지만 기업에 대한 중요한 정보를 제공한다. 재무제표 작성기준, 중요한 회계정책 등을 나타낸다.

주석을 포함한 5가지 재무제표는 모두 동등하게 중요하기 때문에 기업은 한 회계기간에 5가지 재무제표를 모두 작성하여 공시해야 한다.

**자본변동표, 현금흐름표, 주석**

- 자본변동표: 회계기간 중 자본의 변동내역에 대한 정보를 제공하는 재무제표
- 현금흐름표: 회계기간 중 현금의 유입과 유출내역에 대한 정보를 제공하는 재무제표
- 주석: 재무제표 본문에 표시한 내용에 대한 부가적인 설명

## 5. 재무제표 간의 관계

위에서 살펴본 재무제표는 아래 그림과 같이 상호 연계되어 있다. 구체적으로 살펴보면 다음과 같다.

손익계산서, 현금흐름표 그리고 자본변동표는 기초 재무상태표와 기말 재무상태표를 연결시켜주는 역할을 한다. 손익계산서에서 기중에 산출된 당기순이익은 기말 재무상태표의 이익잉여금으로 대체된다. 현금흐름표의 현금증감액은 기말 재무상태표의 현금 및현금성자산에 반영되고, 자본변동표의 기중 자본 변동내역이 기말 재무상태표에 반영된다. 이처럼 재무제표는 서로 연관되어 있으므로 기업의 전반적인 상태를 파악하기 위해서는 네 가지 재무제표를 정확히 이해해야 한다.

**기간손익계산서**

㈜경북 TV　20X1.3.1~20X1.3.31　(단위 : 원)

| 차변 | 금액 | 대변 | 금액 |
|---|---|---|---|
| 매출원가 | 50,000 | 매출액 | 70,000 |
| 급여 | 5,000 | | |
| 전기료 | 3,000 | | |
| 수도료 | 2,000 | | |
| 당기순이익 | 10,000 | | |
| 합계 | 70,000 | 합계 | 70,000 |

**기간자본변동표**

㈜경북 TV　20X1.3.1~20X1.3.31　(단위 : 원)

| | 자본금 | 이익잉여금 | 총계 |
|---|---|---|---|
| 기초 | 100,000 | 0 | 100,000 |
| 당기순이익 | | 10,000 | 10,000 |
| 배당금 | | 0 | 0 |
| 기말 | 100,000 | 10,000 | 110,000 |

**기초재무상태표**

㈜경북 TV　20X1.3.1 현재　(단위 : 원)

| 차변 | 금액 | 대변 | 금액 |
|---|---|---|---|
| 현금 | 100,000 | 자본금 | 100,000 |
| 합계 | 100,000 | 합계 | 100,000 |

**기말재무상태표**

㈜경북 TV　20X1.3.1 현재　(단위 : 원)

| 차변 | 금액 | 대변 | 금액 |
|---|---|---|---|
| 현금 | 40,000 | 외상매입금 | 10,000 |
| 건물 | 50,000 | 자본금 | 100,000 |
| 상품 | 20,000 | 이익잉여금 | 10,000 |
| 외상매출금 | 10,000 | | |
| 합계 | 120,000 | 합계 | 120,000 |

**기간현금흐름표**

㈜경북 TV　20X1.3.1~20X1.3.31　(단위 : 원)

|  |  |
|---|---|
| 영업활동으로인한현금흐름 | (10,000) |
| 투자활동으로인한현금흐름 | (50,000) |
| 재무활동으로인한현금흐름 | 0 |
| 현금의증가 | (60,000) |
| 기초현금 | 100,000 |
| 기말현금 | 40,000 |

전기　|　당기　|　차기

## 핵심정리

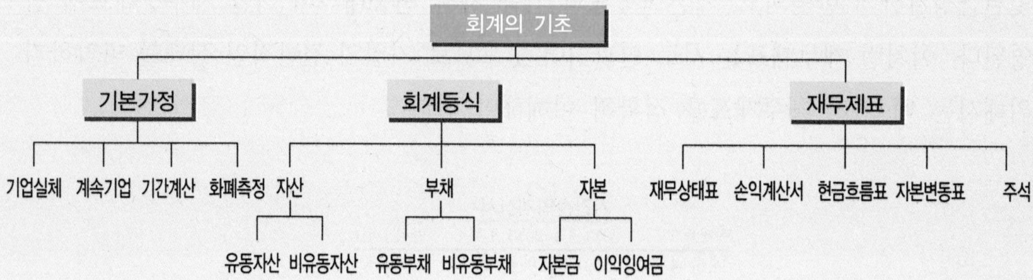


1. 기업실체의 가정은 회계가 소유주와는 독립적으로 존재하는 기업실체의 경영활동을 측정한다는 가정이다.

2. 화폐측정의 가정은 회계가 기업실체의 경영활동을 화폐단위로 측정한다는 가정이다.

3. 계속기업의 가정은 기업이 예상가능한 기간 동안 영업을 계속한다는 가정하에 재무제표를 작성한다는 가정이다.

4. 기간계산의 가정은 회계가 인위적으로 설정한 회계기간별로 재무제표를 작성한다는 가정이며, 현재의 회계연도를 당기, 직전 회계연도를 전기, 다음 회계연도를 차기라고 한다.

5. 회계등식은 자산=부채+자본이며 어떠한 거래가 발생하더라도 자산의 총계와 지분의 총계는 항상 일치한다는 의미이다. 회계는 회계등식에 의해 거래를 측정한다.

6. 거래분석이란 거래로 인한 회계등식 구성요소(자산, 부채, 자본)의 변화를 분석하는 것이다.

7. 자산은 과거사건의 결과 기업이 현재 통제하고 있는 미래 경제적 효익을 창출할 잠재력을 지닌 권리로 현금화 기간에 따라 유동자산과 비유동자산으로 분류한다.

8. 부채는 과거사건의 결과 기업이 경제적 자원을 이전해야 하는 현재의무로 상환기간에 따라 유동부채와 비유동부채로 분류한다.

9. 자본은 자산에서 부채를 차감한 후의 잔여지분으로 일반적으로 자본금, 이익잉여금 등으로 구분한다.
10. 수익은 영업활동을 통한 자본의 증가이며, 자산 증가나 부채 감소의 형태로 나타난다.
11. 비용은 영업활동을 통한 자본의 감소이며, 자산 감소나 부채 증가의 형태로 나타난다.
12. 재무제표는 회계정보이용자에게 기업의 재무상태와 경영성과 등을 제공하기 위해 작성되며, 종류는 재무상태표, 손익계산서, 현금흐름표, 자본변동표, 주석의 5가지이다.
13. 재무상태표는 특정 시점의 자산에 대한 지분(부채, 자본)의 구성에 대한 정보를 제공하는 재무제표이다.
14. 손익계산서는 회계기간 동안 이익의 산출내역에 관한 정보, 즉 수익, 비용, 이익에 대한 정보를 제공하는 재무제표이다.
15. 자본변동표는 회계기간 중 자본의 변동내역에 대한 정보를 제공하는 재무제표이다.
16. 현금흐름표는 회계기간 중 현금의 유입과 유출내역에 대한 정보를 제공하는 재무제표이다.
17. 주석은 재무제표 본문에 표시한 내용에 대한 부가적인 설명이다.

## 연습문제

### ✪ 객관식 문제

**01.** 회계등식으로 맞는 것은?

① 자산+부채=자본
② 자본=자산-부채
③ 자본=자본금+자본잉여금
④ 자본금-이익잉여금=자본
⑤ 자본=부채-자산

**02.** 다음 중 자산에 대한 설명으로 적절하지 않은 것은?

① 자산은 미래에 경제적 효익을 창출할 것으로 기대되는 경제적 자원이나 권리 등을 의미한다.
② 기업이 보유한 모든 경제적 자원은 자산이다.
③ 자산은 과거사건의 결과로 취득한 것이다.
④ 물리적 형태가 없는 자산도 있다.
⑤ 자산은 일반적으로 현금화 기간에 따라 유동자산과 비유동자산으로 분류할 수 있다.

**03.** 교육 서비스 제공업체의 다음 거래 중 자본을 증가시키는 것은?

① 교육 서비스를 제공하고 대금을 청구하다.
② 교육 서비스 제공 계약을 체결하면서 계약금을 받다.
③ 교육 서비스 제공 계약을 체결하면서 계약금을 받지 않다.
④ 교육 서비스 제공에 필요한 기자재를 현금으로 구입하다.
⑤ 다른 회사에게 현금을 대여하다.

**04.** 국제회계기준상의 재무제표가 아닌 것은?

① 재무상태표 ② 현금흐름표
③ 이익잉여금처분계산서 ④ 포괄손익계산서
⑤ 주석

**05.** 다음 중 재무제표에 대한 설명으로 옳지 않은 것은?

① 손익계산서는 수익, 비용, 이익에 대한 정보를 제공한다.
② 현금흐름표는 기업의 활동을 영업활동, 투자활동, 재무활동으로 구분하여 각 활동에 의한 현금의 유입과 유출에 대한 정보를 제공한다.
③ 자본변동표는 자본의 변동에 대한 내역을 제공한다.
④ 재무제표는 재무상태표, 손익계산서, 현금흐름표, 자본변동표의 4가지이다.
⑤ 주석도 다른 재무제표와 동등하게 중요하다.

**06.** 다음 중 재무상태표에 대한 설명으로 옳은 것은?

① 차변에는 자산, 대변에는 지분에 대한 정보가 표시된다.
② 자산, 부채, 자본에 대한 정보를 제공하는 기간재무제표이다.
③ 회계기간의 자본의 변동에 대한 정보를 제공한다
④ 회계기간의 이익 창출내역에 대한 정보를 제공한다.
⑤ 수익과 비용에 대한 정보를 제공한다.

**07.** 다음 재무상태표의 오류에 대한 내용으로 적절하지 못한 것은?

재무상태표

20X1년 1월 1일부터 20X1년 12월 31일까지 (단위: 원)

| | | | |
|---|---:|---|---:|
| 현금 | ₩80,000 | 외상매출금 | ₩20,000 |
| 차입금 | 35,000 | 대여금 | 15,000 |
| 건물 | 250,000 | 자본금 | 300,000 |
| 상품 | 100,000 | 이익잉여금 | 90,000 |
| 외상매입금 | 20,000 | | |
| **자산총계** | **₩485,000** | **부채와자본총계** | **₩425,000** |

① 보고기간을 보고일자(20X1년 12월 31일)로 수정한다.
② 보고기업명을 추가한다.
③ 차입금과 외상매입금은 대변으로 옮긴다.
④ 외상매출금과 대여금은 차변으로 옮긴다.
⑤ 위 ①~④의 오류를 모두 수정하면 재무상태표에 오류는 존재하지 않는다.

**08.** 다음 중 포괄손익계산서 계정이 아닌 것은?

① 매출액
② 판매비와관리비
③ 이익잉여금
④ 법인세비용
⑤ 기타수익

**09.** 영업이익을 산출하는 방법은?

① 매출총이익－판매비와관리비
② 기초상품＋순매입액－기말상품
③ 순매출액－매출원가
④ 매출원가＋매입원가
⑤ 매출총이익－판매비와관리비＋영업외수익－영업외비용

**10.** 재무상태표에 대한 내용 중 적절하지 않은 것은? 단, 자본거래는 발생하지 않았다.

| | 20X1년말 | 20X2년말 | 20X3년말 |
|---|---|---|---|
| 자산 | 1,250,000 | 1,600,000 | (C) |
| 부채 | 900,000 | (B) | 830,000 |
| 자본 | (A) | 480,000 | 400,000 |

① (A)는 ₩350,000이다.
② (B)는 ₩1,120,000이다.
③ (C)는 ₩1,230,000이다.
④ 20X2년 당기순이익은 ₩130,000이다
⑤ 20X3년 당기순이익은 ₩80,000이다.

**11.** 다음 ㈜서울의 거래자료를 통해 1월 31일의 현금 잔액을 구하면?

1월 1일: 주식 발행으로 현금 ₩100,000을 조달하여 상품 판매업을 시작하다.
1월 8일: 상품 20개를 개당 ₩2,000에 외상으로 매입하다.
1월 16일: 1월 8일에 매입한 상품 중 10개를 ₩30,000에 판매하면서 대금 중 ₩20,000은 현금으로 받다.
1월 20일: 다른 회사에게 현금 ₩5,000을 대여하다. 이자는 없다.
1월 29일: 1월분 수도료 ₩2,000을 현금 결제하다.
1월 31일: 1월분 전기료 ₩4,000에 대한 납부 고지서를 받았다. 납부일은 2월 9일이다.

① ₩79,000
② ₩83,000
③ ₩93,000
④ ₩113,000
⑤ ₩123,000

**12.** 위 문제에서 ㈜서울의 1월 순이익을 계산하면?

① ₩4,000
② ₩6,000
③ ₩18,000
④ ₩24,000
⑤ ₩28,000

## ✪ 주관식 문제

**01.** 다음의 거래를 〈예〉와 같이 계정과목으로 표시하시오.

| | 거래상황 | 계정과목 | 자산 · 부채 · 자본<br>수익 · 비용 |
|---|---|---|---|
| **〈예〉** | **지폐** | **현금** | **자산** |
| (1) | 상품을 판매하고 대금을 받지 못한 경우 | | |
| (2) | 상품을 구입하고 대금을 지급하지 못한 경우 | | |
| (3) | 사업을 시작하기 위해 설립시 출자한 돈 | | |
| (4) | 1년 이내 회수하기로 하고 빌려준 돈 | | |
| (5) | 1년 이내 상환하기로 하고 빌려온 돈 | | |
| (6) | 업무용 지동차 | | |
| (7) | 판매를 위해 매입한 물품 | | |
| (8) | 업무용 자동차를 중고로 판매하고 대금을 받지 못한 경우 | | |
| (9) | 비품을 구매하고 대금을 지급하지 못한 경우 | | |
| (10) | 상품 구매에 대한 계약금을 지급한 경우 | | |
| (11) | 상품 판매에 대한 계약금을 받은 경우 | | |
| (12) | 사무실을 임차하고 지급한 월세 | | |
| (13) | 건물을 빌려주고 받은 월세 | | |
| (14) | 회사 홍보를 위한 홍보물제작비 | | |
| (15) | 업무용 차량에 대한 주유대금 | | |
| (16) | 상품의 판매대금 | | |
| (17) | 현금을 대여하고 받은 이자 | | |
| (18) | 차입금에 대한 이자 | | |
| (19) | 직원 월급 | | |

**02.** 다음은 ㈜경북의 재무상태표와 손익계산서에 나오는 계정과목들이다. 자산에 속하는 항목은 'A', 부채에 속하는 항목에는 'L', 수익에 속하는 항목에는 'R', 그리고 비용에 속하는 항목에는 'E'를 괄호안에 기입하시오.

| | | | | | |
|---|---|---|---|---|---|
| (1) | 차입금 | (　) | (5) | 사채 | (　) |
| (2) | 대여금 | (　) | (6) | 감가상각비 | (　) |
| (3) | 매출원가 | (　) | (7) | 건물 | (　) |
| (4) | 이자수익 | (　) | (8) | 매출액 | (　) |

**03.** 다음은 각각 별개의 상황들이다. (1)~(4)에 알맞은 금액을 계산하시오.

| 상황 | 현금 | 외상매출금 | 상품 | 외상매입금 | 단기차입금 | 자본금 |
|---|---|---|---|---|---|---|
| A | 60,000 | 40,000 | 30,000 | 20,000 | 40,000 | (1) |
| B | (2) | 40,000 | 90,000 | 80,000 | 30,000 | 60,000 |
| C | 80,000 | 50,000 | 30,000 | (3) | 40,000 | 80,000 |
| D | 70,000 | (4) | 50,000 | 30,000 | 20,000 | 100,000 |

**04.** 회계등식을 이용하여 아래의 독립된 사례에 대하여 빈칸에 들어갈 금액을 계산하시오. 단, 기중에 유상증자나 현금배당은 없었음.

| 사례 | 기초 | | | 기말 | | | 수익 | 비용 | 순손익 |
|---|---|---|---|---|---|---|---|---|---|
| | 자산 | 부채 | 자본 | 자산 | 부채 | 자본 | | | |
| A | 45,000 | (1) | 35,000 | 47,000 | (2) | (3) | (4) | 90,000 | 5,000 |
| B | 10,000 | 3,000 | (5) | (6) | 2,800 | (7) | 16,010 | 14,210 | (8) |

| 사례 | 기말자산 | 기말부채 | 자본 | | 수익 | 비용 | 순손익 |
|---|---|---|---|---|---|---|---|
| | | | 기초 | 기말 | | | |
| C | (9) | 36,230 | 49,750 | 52,800 | 8,350 | (10) | (11) |
| D | 85,500 | 28,500 | 54,500 | (12) | (13) | 28,500 | (14) |

| 사례 | 기초자본 | 기말 | | | 수익 | 비용 | 순손익 |
|---|---|---|---|---|---|---|---|
| | | 자산 | 부채 | 자본 | | | |
| E | 100,000 | (15) | 30,000 | (16) | 85,000 | (17) | 6,500 |
| F | (18) | 80,000 | (19) | 30,000 | (20) | 10,000 | 4,000 |

# 정답 및 해설

## ✪ 객관식 문제

**01.** ②

자본은 기업의 자산에서 부채를 차감한 금액을 말한다.

**02.** ②

화폐단위로 측정할 수 없는 경제적 자원은 자산이 아니다.

**03.** ①

①만이 매출액을 증가시켜 자본을 증가시킨다. 참고로 ③은 회계상 거래가 아니다.

**04.** ③

재무제표는 재무상태표, 포괄손익계산서, 자본변동표, 현금흐름표, 주석의 5가지이다.

**05.** ④

주석도 주된 재무제표에 포함된다.

**06.** ①

② 재무상태표는 일정 시점의 재무제표이다.

③은 자본변동표, ④와 ⑤는 손익계산서에 대한 설명이다.

**07.** ⑤

①~④의 오류를 모두 수정하더라도 차변합계(₩465,000)와 대변합계(₩445,000)가 일치하지 않는 오류가 존재한다.

**08.** ③

이익잉여금은 재무상태표의 자본계정이다.

**09.** ①

영업이익=매출총이익(=매출액−매출원가)−판매비와관리비

**10.** ⑤

20X3년초 자본(₩480,000) − 20X3년말 자본(₩400,000) = 당기순손실(₩80,000)

**11.** ④

1월 거래 중 현금이 변동한 일자는 1일(+₩100,000), 16일(+₩20,000), 20일(−₩5,000), 29일(−₩2,000)이다.

**12.** ①

당기순이익(₩4,000) = 수익(매출액 ₩30,000) − 비용(매출원가 ₩20,000 + 수도료 ₩2,000 + 전기료 ₩4,000)

## ✪ 주관식 문제

**01.**

| | | | |
|---|---|---|---|
| (1) 외상매출금, 자산 | (2) 외상매입금, 부채 | (3) 자본금, 자본 | (4) 단기대여금, 자산 |
| (5) 단기차입금, 부채 | (6) 차량운반구, 자산 | (7) 상품, 자산 | (8) 미수금, 자산 |
| (9) 미지급금, 부채 | (10) 선급금, 자산 | (11) 선수금, 부채 | (12) 임차료, 비용 |
| (13) 임대료, 수익 | (14) 광고선전비, 비용 | (15) 차량유지비, 비용 | (16) 매출, 수익 |
| (17) 이자수익, 수익 | (18) 이자비용, 비용 | (19) 급여, 비용 | |

**02.**

| | | | |
|---|---|---|---|
| (1) L | (2) A | (3) E | (4) R |
| (5) L | (6) E | (7) A | (8) R |

**03.**

| | | | |
|---|---|---|---|
| (1) 70,000 | (2) 40,000 | (3) 40,000 | (4) 30,000 |

**04.**

| | | | |
|---|---|---|---|
| (1) 10,000 | (2) 7,000 | (3) 40,000 | (4) 95,000 |
| (5) 7,000 | (6) 11,600 | (7) 8,800 | (8) 1,800 |
| (9) 89,030 | (10) 5,300 | (11) 3,050 | (12) 57,000 |
| (13) 31,000 | (14) 2,500 | (15) 136,500 | (16) 106,500 |
| (17) 78,500 | (18) 26,000 | (19) 50,000 | (20) 14,000 |

PART 02



# 회계순환과정

CHAPTER

# 03 회계순환과정 1: 기중회계처리

회계기간중 회계처리 절차

거래의 식별 · 분석

↓

분개(기록)

↓

전기(분류)

## 학습목표

1. 회계순환과정의 의미와 각 단계를 설명할 수 있다.
2. 회계상 거래를 식별할 수 있다.
3. 회계상 거래를 분개할 수 있다.
4. 분개한 결과를 전기할 수 있다.

## 제1절 회계순환과정의 의미

회계는 회계정보이용자의 의사결정에 유용한 정보를 제공하기 위해 회계기간마다 거래를 식별하고, 화폐단위로 측정하여 재무제표를 공시한다. 즉, 회계상 거래를 식별하여 기록 및 분류하고 요약하여 재무제표를 작성하는 일련의 회계처리과정이 매 회계기간마다 반복하여 순환하기 때문에 이를 **회계순환과정**이라 한다.

> **회계순환과정**
>
> 매 회계기간마다 회계상 거래를 식별, 기록, 분류, 요약하여 재무제표를 작성하는 반복적 과정

거래의 형태가 단순하고 발생 빈도가 낮다면 거래가 발생할 때마다 거래분석표를 작성하고 회계기간말에 재무제표를 작성해도 큰 무리는 없을 것이다. 그런데 실제로 기업에서는 하루에도 다양한 형태의 거래가 빈번히 발생한다. 이러한 상황에서 거래가 발생할 때마다 거래분석을 수행하는 것은 매우 번거롭고 회계처리에 오류가 발생할 수 있다. 그래서 기업 실무에서는 회계처리 과정에서 발생 가능한 오류를 최소화하기 위해 매 회계기간마다 회계상 거래를 식별, 기록, 분류, 요약하여 재무제표를 작성하는 일관된 과정을 반복하는데 이를 **회계순환과정**이라고 한다.

회계순환과정은 크게 두 부분으로 구분된다. 하나는 회계기간 중에 실시하는 **기중회계처리**로 거래를 기록하는 분개와 분개한 결과를 총계정원장으로 옮기는 전기로 구성된다. 나머지 하나는 회계기간말에 재무제표를 작성하기 위해 실시하는 **기말회계처리**(**결산**)이다.

결산절차는 기말수정분개 전 기중에 실시한 분개와 전기의 오류를 검토하기 위한 수정전시산표의 작성, 결산시점에 장부를 수정하기 위한 기말수정분개와 전기, 기말수정분개에 대한 전기의 오류를 검토하기 위한 수정후시산표의 작성(선택), 재무제표 작성, 마지막으로 다음 회계기간을 준비하기 위한 장부의 마감으로 구성된다. 그리고 선택적으로 정산표를 이용해서 수정전시산표, 기말수정분개와 전기, 그리고 재무제표를 하나

의 표로 작성할 수도 있다.

**회계순환과정의 구분**

- 기중회계처리: 회계기간 중 거래가 발생할 때마다 거래를 식별, 분개, 전기하는 과정
- 기말회계처리(결산): 회계기간말에 재무제표를 작성하기 위해 실시하는 과정

요컨대 회계순환과정은 거래분석과 재무제표 작성과정을 보다 효율적으로 실시하기 위한 실무적인 방법이다. 이하에서는 회계순환과정의 각 단계를 자세히 학습한다.

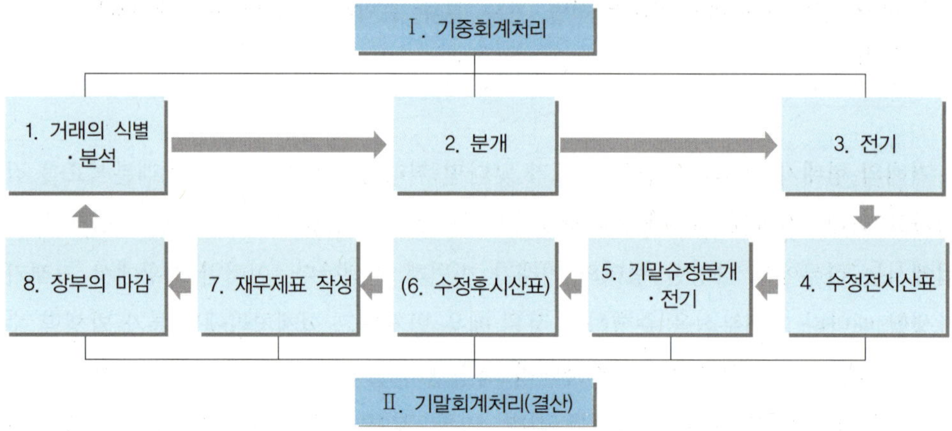


## 제2절 거래의 식별과 분석

회계순환과정의 시작은 거래의 식별과 분석이다. 이는 기업에서 발생하는 많은 사건 중 회계상 거래만을 식별한 후 회계등식을 구성하는 자산, 부채, 자본에 미치는 영향을 분석하는 과정이다. 거래분석은 앞에서 학습하였기 때문에 이하에서는 회계상 거래의 식별에 대해 살펴본다.

### 거래의 식별과 분석

- 거래의 식별: 기업에서 발생한 경제적 사건 중 회계상 거래만을 식별하는 것
- 거래의 분석: 회계상 거래가 자산, 부채, 자본에 미치는 영향을 분석하는 것

회계는 기업에서 발생한 모든 경제적 사건을 기록할까? 다시 말하면, 모든 거래가 회계상 거래일까? 화폐측정의 가정에 의해 화폐 단위로 측정할 수 없는 사건은 회계의 대상이 될 수 없다. 그러나 화폐측정의 가정만으로 회계상 거래 여부를 완벽하게 식별할 수 없으며, 기업에서 발생하는 사건 중 회계등식을 변동시키는 사건, 즉 회계등식을 구성하는 자산, 부채, 자본을 변동시키는 사건만을 회계상 거래로 인식한다. 이로 인해 일상생활에서 흔히 거래라고 보는 사건이 회계상 거래가 아닐 수도 있고, 반대로 회계에서는 거래로 인식하는 사건이 일상생활에서는 그렇지 않은 경우도 있다.

### 회계상 거래

회계등식을 구성하는 자산, 부채, 자본을 변동시키는 사건

아래 자료를 사용하여 회계상 거래를 식별해보자.

### 예제 ○ 회계상 거래의 식별

(1) 화재로 장부가치 ₩20,000의 건물이 소실되었다. (　　)
(2) 도난으로 ₩3,000의 상품이 유실되었다. (　　)
(3) ₩1,000에 영업용 차량운반구를 구매하기로 계약하였다.
　① 계약금 지급 없이 구두계약만 한 경우 (　　)
　② 계약금 ₩50을 지급하고 구두계약을 한 경우 (　　)
(4) 올해 취득한 건물의 가치가 ₩30 감소하였다. (　　)
(5) 거래처로부터 현금 ₩200을 차입하기로 약정하였다. (　　)
(6) 보유하고 있던 다른 회사의 주식가치가 ₩2,000 감소하였다. (　　)
(7) 연봉 ₩3,000에 종업원과 고용계약을 체결하였다. (　　)
(8) 거래처와 상품 2,000개를 ₩10,000에 구매하기로 계약하였다. (　　)
(9) ₩700의 채무를 면제받았다. (　　)
(10) 거래처의 부도로 거래처에서 받을 ₩1,200의 채권이 소실되었다. (　　)

예제의 거래 중 (3)-①, (5), (7), (8)은 우리가 일상생활에서는 흔히 거래라고 표현한다. 그러나 이 거래로 인해 회계등식을 구성하는 자산, 부채, 자본이 변동하지는 않기 때문에 회계에서는 이를 거래로 인식하지 않는다.

반면 이들 거래를 제외한 나머지 거래들은 일상생활에서는 거래라고 부르지 않지만 모두 회계등식을 변동시키는 회계상 거래이다. (1), (2), (4), (6), (10)의 거래는 모두 자산이 감소되면서 소유주지분(자본)이 감소하는, 즉 비용이 발생하는 거래이다. (10)번 거래를 살펴보면, 기업은 거래처의 부도로 거래처로부터 ₩1,200의 돈을 받을 권리(채권)가 사라졌다. 따라서 이 거래는 채권(자산)이 감소하는 동시에 비용(혹은 손실)이 발생하는 회계상 거래이다.

한편 (3)-② 거래는 계약금으로 ₩50을 지급함에 따라 현금(자산)이 감소한다. 동시에 향후 차량운반구를 취득할 권리(자산)가 증가한다. 물론 이 권리는 차량운반구를 구매하지 않을 경우 미리 지급한 ₩50의 전액이나 일부를 돌려받을 권리이기도 하다.

마지막으로 (9) 거래의 경우에는 채무 ₩700을 면제받았으니 그만큼의 부채가 감소한다. 동시에 ₩700의 수익이 창출된 것과 의미상 동일하기 때문에 회계상 거래로 인식된다.

회계상 거래와 일상생활 거래들을 정리해보면 다음과 같다.

**[일상생활 거래와 회계상 거래의 예]**

| 일상생활 거래 | 일상생활 거래이면서 회계상 거래 | 회계상 거래 |
|---|---|---|
| 상품 주문, 종업원 채용 계약, 업무제휴 계약 등 | 상품 및 부동산매매, 사무실임대(차)료, 채권(무)의 발생과 소멸 등 | 도난 및 분실, 감가상각, 손상, 재해손실 등 |

# 제3절 계정

## 1. 계정의 의의

재무제표를 정확히 작성하기 위해서는 먼저 거래를 오류 없이 체계적으로 기록해야 한다. 이를 위해 회계에서는 계정을 사용한다. 앞서 작성한 ㈜경북TV의 20X1년 3월 31일 재무상태표를 살펴보자. 여기서 3월 31일 현재 ㈜경북TV가 보유한 자산항목은 어떠한 것이 있는가? 자산의 세부항목은 현금, 건물, 상품, 외상매출금이며, 이러한 자산의 세부항목들을 회계에서는 현금계정, 건물계정, 상품계정, 외상매출금계정이라고 한다. 즉, 거래가 발생하면 회계등식을 구성하는 자산, 부채, 자본, 수익, 비용이 변동하는데, 이들 변동을 기록하는 장소가 계정(account)이며, 현금, 건물 등 각 계정의 명칭을 계정과목이라고 한다.

**계정과 계정과목**

- 계정: 회계상 거래를 기록하는 장소
- 계정과목: 계정의 명칭

거래를 계정에 기록하면 아무리 복잡한 거래가 발생하더라도 각 계정을 검토하여 거래내역과 현재 잔액을 쉽게 파악할 수 있다. 앞서 작성한 ㈜경북TV의 3월 1달간 거래분석표에서 현금계정을 예로 들어보자. 3월 1일 현재(기초) 현금계정 잔액은 ₩100,000이었으나 1달간 현금수입이 ₩60,000이며, 지출이 ₩120,000으로 3월 31일 현재 현금계정 잔액은 ₩40,000임을 쉽게 알 수 있다.

실무에서는 거래를 거래분석표로 기록하지는 않기 때문에 계정의 형태는 거래분석표와 다르다. 실제 계정은 아래 그림과 같이 영문 T자 형태를 띄고 있어 T계정이라고도 부르며, 중앙을 기준으로 왼쪽인 차변과 오른쪽인 대변으로 구분된다. 거래를 분석하여 계정에 기입할 때에는 일정한 원칙(계정기입의 원칙)을 따라야 한다.

현금 ⬅ 계정과목

| 차변 | 대변 |
|---|---|
| 현금의 증가(+) | 현금의 감소(−) |

## 2. 계정기입의 원칙

계정기입의 원칙이란 아래 그림과 같이 회계등식의 차변에 있는 자산이 증가(감소)하면 자산계정의 차변(대변)에 기록하고, 회계등식의 대변에 있는 부채와 자본이 증가(감소)하면 부채계정과 자본계정의 대변(차변)에 기록한다는 것이다. 참고로 수익은 자본의 증가이므로 수익이 발생하면 대변에 기록하고, 반대로 비용은 자본의 감소이므로 비용이 발생하면 차변에 기록한다.

[계정기입의 원칙]

| 자산 (차변) | 부채+자본 (대변) |
|---|---|
| 자산의 증가(+) | 자산의 감소(−) |
| 부채의 감소(−) | 부채의 증가(+) |
| 자본의 감소(−) | 자본의 증가(+) |
| 비용의 발생 | 수익의 발생 |

예로, 자산 중 현금계정을 살펴보면 자산은 회계등식의 차변에 위치한다. 따라서 현금이 ₩100 증가하는 거래가 발생하면 아래 그림의 현금계정과 같이 차변에 ₩100을 기록하며, 현금이 ₩30 감소하면 계정의 대변에 기록한다. 이때 차변에 기록하는 것을 차기(debiting), 대변에 기록하는 것을 대기(crediting)라고 한다.

마찬가지로 부채 중 단기차입금계정을 살펴보면 부채는 원래 회계등식의 대변에 위치한다. 따라서 단기차입금이 ₩50 증가하는 거래가 발생하면 단기차입금계정에 ₩50을 대기하고, 반대로 단기차입금이 ₩10 감소하면 ₩10을 차기한다.

| 현금 | |
|---|---|
| 100 | 30 |

| 단기차입금 | |
|---|---|
| 10 | 50 |

**계정기입의 원칙**

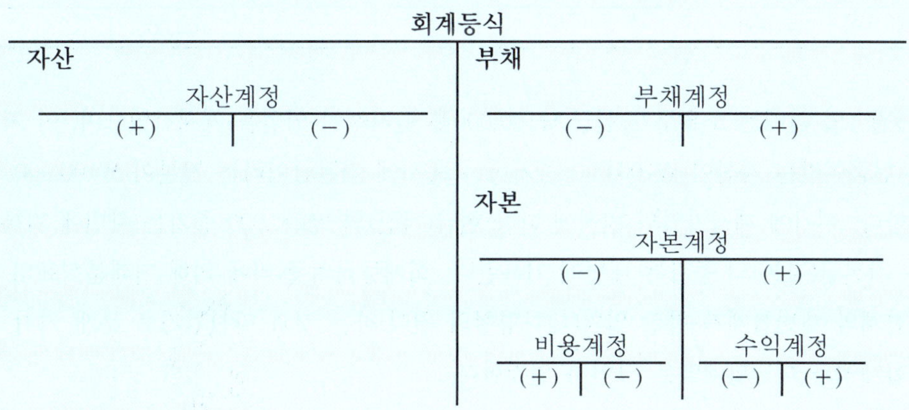


# 제4절 분개

## 1. 분개의 의의

회계상 거래가 발생하면 회계등식을 구성하는 자산, 부채, 자본, 수익, 비용이 변동한다. 분개(journalizing)는 각 거래가 회계등식의 구성요소를 어떻게 변동시키는지를 회계등식의 원리에 따라 차변과 대변으로 구분하여 계정과목과 금액으로 기록하는 것이다.

**분개**

발생한 거래를 차변과 대변으로 구분하여 계정과목(식별)과 금액으로 기록(측정)하는 것

분개의 원리를 이해하기 위해 ㈜경북TV의 3월 1일 거래분석표를 살펴보자.

| 일자 | 자산 | | | | 부채 | 자본 | |
|---|---|---|---|---|---|---|---|
| | 현금 | | | | | 자본금 | |
| 3월 1일 | 100,000 | | | | | 100,000 | |

3월 1일 거래는 소유주가 현금 ₩100,000을 출자하여 영업을 개시하였으며, 이 거래로 현금이라는 자산이 ₩100,000 증가하는 동시에 자본금이라는 자본이 ₩100,000 증가한다. 여기에 계정기입의 원칙에 따라 현금(자산)의 ₩100,000 증가는 차변에 기록하고, 자본금(자본)의 증가는 대변에 기록한다. 회계등식의 원리에 의해 거래분석표의 차변합계와 대변합계가 항상 일치(대차평형의 원리)하는 것과 마찬가지로 분개 역시 차변합계액과 대변합계액은 당연히 일치한다.

(차) 현금 100,000 (대) 자본금 100,000

위 사례를 통해 분개는 다음 3가지를 판단한 후 실시한다는 점을 알 수 있다.

① 거래로 인해 변동하는 계정은 무엇인가(식별)? 현금과 자본금이 증가한다.
② 금액은 얼마로 기록할 것인가(측정)? ₩100,000이다.
③ 차변과 대변 중 어느 쪽에 기록할 것인가? 현금의 증가는 차변에, 자본금의 증가는 대변에 기록한다.

회계처리 담당자는 거래가 발생하는 즉시 머릿속으로 거래를 식별하고 분석하여 분개한다. 그래서 분개를 잘못하면 이후의 모든 회계처리에서 오류가 발생한다.

분개의 의의를 살펴보면 다음과 같다.

첫째, 분개는 거래의 원인과 결과이다. 즉, 위 분개에서 현금이라는 자산이 차변에 기록되어 현금이 ₩100,000 증가하였음은 쉽게 알 수 있다. 그런데 현금이 증가한 이유는 무엇인가? 이유는 대변에 자본금이 증가하였기 때문이다.

둘째, 분개는 거래의 식별이다. 만약 회계상 거래가 아니라면 회계등식의 구성요소가 변동하지 않기 때문에 당연히 계정에도 아무 영향이 없다. 다시 말하면 회계처리 담당자는 이 사건에 대해 계정과목을 설정할 수 없다. 즉, 계정과목을 설정하는 것 자체가 거래의 식별에 해당한다.

셋째, 분개는 거래의 측정이다. 위 분개는 현금과 자본금 증가 정도를 ₩100,000의

화폐단위로 측정하였기 때문이다.

계정기입의 원칙을 학습하였기 때문에 위 거래를 현금계정 차변에 ₩100,000, 자본금계정 대변에 ₩100,000으로 바로 기록할 수 있다. 그러나 회계에서는 위 거래를 계정에 바로 기록하지 않고, 분개 후 각 계정으로 옮겨 적는데 이유는 다음과 같다. 기업의 총계정원장에는 다양한 계정이 존재하며, 이를 체계적으로 관리하기 위해 자산계정은 자산계정끼리, 부채계정은 부채계정끼리 서로 페이지를 달리하여 기록한다. 거래를 분개하지 않고 바로 계정에 기록하면 특정 계정에 기록할 내용이 누락될 수 있다. 더구나 거래의 형태가 복잡하여 여러 계정을 동시에 변동시키거나 단일 거래로 인해 변동하는 계정들이 총계정원장의 각각 다른 페이지에 있는 경우라면 이러한 위험은 더 커질 수 있기 때문이다.

## 2. 거래의 8요소

회계는 회계등식으로 거래를 기록(분개)한다. 즉, 회계는 복식부기의 논리에 의해 거래를 차변과 대변에서 거래의 8요소 간 결합관계로 기록하며(거래의 이중성), 차변합계와 대변합계는 항상 일치하게 된다(대차평형의 원리).

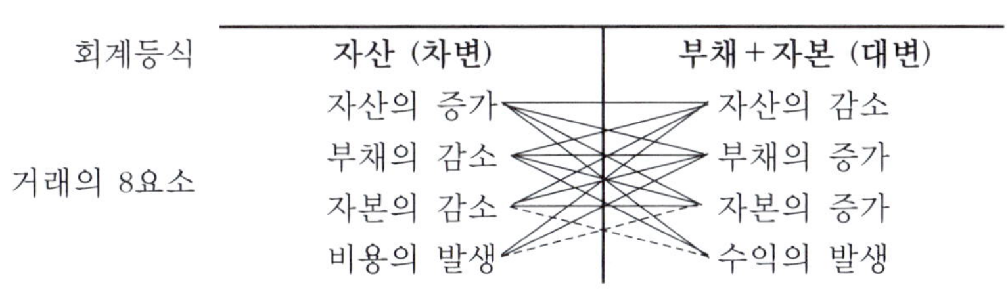


㈜경북TV의 3월 12일과 15일의 거래분석 결과로부터 각 거래를 거래의 8요소 간 결합 관계로 나타내면 다음과 같다.

| 일자 | 자산 | | | | 부채 | 자본 | |
|---|---|---|---|---|---|---|---|
| | 현금 | 건물 | 상품 | 외상매출금 | 외상매입금 | 자본금 | 이익잉여금 |
| 3월 12일 | | | 30,000 | | 30,000 | | |
| 3월 15일 | | | −20,000 | | | | −20,000 |
| | 30,000 | | | | | | 30,000 |

위 거래분석 결과를 거래의 8요소 간 결합 관계로 나타낸 후 분개하면 다음과 같다.

3/12

| 차변 | 대변 |
|---|---|
| 자산의 증가 | 자산의 감소 |
| 부채의 감소 | 부채의 증가 |
| 자본의 감소 | 자본의 증가 |
| 비용의 발생 | 수익의 발생 |

3/15

| 차변 | 대변 |
|---|---|
| 자산의 증가 | 자산의 감소 |
| 부채의 감소 | 부채의 증가 |
| 자본의 감소 | 자본의 증가 |
| 비용의 발생 | 수익의 발생 |

| | | | | |
|---|---|---|---|---|
| 3/12 | (차) 상품 | 30,000 | (대) 외상매입금 | 30,000 |
| 3/15 | (차) 현금 | 30,000 | (대) 매출 | 30,000 |
| | 매출원가 | 20,000 | 상품 | 20,000 |

위와 같이 회계상 거래는 반드시 차변과 대변의 최소 1가지 이상의 거래요소를 변화시킨다. 따라서 거래를 분개하면 반드시 차변합계액과 대변합계액이 항상 일치하는 대차평형이 이루어진다.

그런데 거래가 발생하면 반드시 차변(혹은 대변)의 1가지 거래요소와 대변(혹은 차변)의 1가지 거래요소만이 결합하는 것은 아니다. 예를 들면, 상품 ₩30,000을 매입하면서 ₩10,000만 현금 결제하고, 나머지 ₩20,000은 외상으로 한 거래를 분개해보자. 이 거래는 차변의 자산(상품) 증가라는 1가지 거래요소가 대변의 자산(현금) 감소와 부채(외상매입금) 증가라는 2가지 거래요소와 결합한다. 따라서 이 거래는 다음과 같이 분개한다.

| 차변 | 대변 |
|---|---|
| 자산의 증가 | 자산의 감소 |
| 부채의 감소 | 부채의 증가 |
| 자본의 감소 | 자본의 증가 |
| 비용의 발생 | 수익의 발생 |

| | | | |
|---|---|---|---|
| (차) 상품 | 30,000 | (대) 현금 | 10,000 |
| | | 외상매입금 | 20,000 |

**거래의 8요소**

회계가 거래를 기록할 때 사용하는 8가지 거래요소 즉 자산, 부채, 자본의 증가와 감소, 수익과 비용의 발생을 의미함

## 3. 거래의 분개

기업에서는 복잡하고 다양한 형태의 거래가 빈번히 발생하며, 거래에 대해 가장 먼저 실시하는 회계처리가 분개이다. 다음 ㈜대구의 거래를 분개해보자. 이후에 학습하는 회계순환과정은 모두 이 자료를 이용한다.

> ㈜대구는 20X1년초 자전거 판매업을 개시하였으며, 결산일은 12월말이다.
>
> 1월 1일, ㈜대구를 설립하고, 주식 500주(주당 액면가 @₩200)를 액면발행하여 현금 ₩100,000(=@₩200×500주)을 납입하다.
>
> 1월 30일, 업무에 사용할 목적으로 토지를 현금 ₩5,000에 취득하다.
>
> 3월 1일, 경수은행에서 현금 ₩60,000을 12개월간 차입하였다. 12개월분 이자는 원금의 10%이며, 이자는 월할계산하여 매년 7월말과 2월말에 현금으로 지급한다. 원금은 만기에 일시 상환한다.
>
> 5월 15일, ㈜경남에서 ₩30,000의 자전거(@₩1,000, 30대)를 매입하면서 매입대금 중 ₩12,000만 현금으로 지급하고, 나머지 대금 ₩18,000은 외상으로 하다.
>
> 6월 3일, ㈜복현에게 원가 ₩20,000의 자전거를 ₩50,000에 판매하면서 판매대금 중 ₩10,000만 현금 수령하고, 나머지 대금 ₩40,000은 외상으로 하다.
>
> 7월 31일, 3월 1일의 차입금에 대한 이자 ₩2,500을 현금으로 지급하다.
>
> 10월 1일, 토지를 향후 6개월간 임대하면서 임대료 ₩12,000을 미리 현금으로 수취하다. 매월 임대료는 ₩2,000이다.
>
> 11월 1일, 향후 12개월분 화재보험에 가입하면서 보험료 ₩6,000을 미리 현금으로 지급하다. 매월 보험료는 ₩500이다.

각 일자별 거래를 분석하고 분개하면 다음과 같다.

1/1 자산(현금)이 ₩100,000 증가하면서 자본(자본금)이 ₩100,000 증가한다.

| | | | |
|---|---:|---|---:|
| (차) 현금 | 100,000 | (대) 자본금 | 100,000 |

1/30 자산(현금)이 ₩5,000 감소하는 동시에 자산(토지)이 ₩5,000 증가한다.

| | | | |
|---|---:|---|---:|
| (차) 토지 | 5,000 | (대) 현금 | 5,000 |

3/1 자산(현금)이 ₩60,000 증가하면서 부채(단기차입금)가 ₩60,000 증가한다.

| | | | |
|---|---|---|---|
| (차) 현금 | 60,000 | (대) 단기차입금 | 60,000 |

5/15 자산(상품)이 ₩30,000 증가한다. 동시에 자산(현금)이 ₩12,000 감소하고, 부채(외상매입금)가 ₩18,000 증가한다.

| | | | |
|---|---|---|---|
| (차) 상품 | 30,000 | (대) 현금 | 12,000 |
| | | 외상매입금 | 18,000 |

6/3 현금과 외상매출금이라는 자산이 각각 ₩10,000, ₩40,000씩 총 ₩50,000 증가한 만큼 수익(매출)이 발생하였다. 자산(상품)이 감소한 ₩20,000만큼 비용(매출원가)이 발생하였다.

| | | | |
|---|---|---|---|
| (차) 현금 | 10,000 | (대) 매출 | 50,000 |
| 외상매출금 | 40,000 | | |
| (차) 매출원가 | 20,000 | (대) 상품 | 20,000 |

7/31 차입일(3/1)부터 이자 결제일(7/31)까지 5개월분 비용(이자비용) ₩2,500이 발생하고, 자산(현금)이 감소한다.

※ 이자비용(₩2,500) = 차입원금(₩60,000) × 이자율(10%) × 5/12

| | | | |
|---|---|---|---|
| (차) 이자비용 | 2,500 | (대) 현금 | 2,500 |

10/1 자산(현금)이 ₩12,000 증가하면서 부채(선수임대료[선수수익])가 ₩12,000 증가한다.

※ 미리 받은 임대료 ₩12,000은 향후 6개월간 임대 서비스를 제공할 의무이며, 이후 기말수정분개에서 기간 경과분만큼 수익(임대료)으로 인식하기 때문에 현금을 미리 받은 시점에서는 선수수익(부채)으로 회계처리 한다.

| | | | |
|---|---|---|---|
| (차) 현금 | 12,000 | (대) 선수임대료<br>(선수수익) | 12,000 |

11/1 자산(현금)이 ₩6,000 감소하면서 자산(선급보험료[선급비용])이 ₩6,000 증가한다.

※ 미리 지급한 보험료 ₩6,000은 향후 12개월간 보험 서비스를 받을 권리이며, 이후 기말수정분개에서 기간 경과분만큼 비용(보험료)으로 인식하기 때문에 현금을 미리 지급한 시점에서는 선급비용(자산)으로 회계처리 한다.

| | | | |
|---|---|---|---|
| (차) 선급보험료<br>(선급비용) | 6,000 | (대) 현금 | 6,000 |

## 제5절 전기

앞에서 거래가 발생하면 이를 바로 각 계정에 기록하는 것이 아니라 분개한 후 각 계정으로 옮겨 적는다고 설명하였다. **전기**(posting)는 분개한 기록을 총계정원장의 각 계정으로 옮겨 적는 기계적인 작업이며, 전기하는 요령은 다음과 같다.

① 분개 결과를 통해 총계정원장에서 전기할 계정을 찾는다.

② 차변(대변) 분개 내용을 해당계정 차변(대변)에 옮겨 적는다. 이때 계정의 적요란에 상대 계정이 무엇인지도 함께 적는다.

위의 전기요령에 따라 ㈜대구의 사례 중 1월 1일의 거래를 총계정원장에 전기하면 다음과 같다. 분개장에서 원장으로 전기할 때 원장 각 계정의 분면에는 분개장의 페이지(1)를 기록하는데, 거래가 분개장 1페이지에서 왔음을 의미한다. 그리고 분개장에는 원장의 페이지 1과 9를 기록하면 된다.

분개장 1

| 일자 | 적요 | 분면 | 차변 | 대변 |
|---|---|---|---|---|
| 20X1/1/1 | 현금 | 1 | 100,000 | |
| | 자본금 | 9 | | 100,000 |
| | (현금 출자하여 개업) | | | |

현금 1

| 일자 | 적요 | 분면 | 차변 | 대변 | 잔액 |
|---|---|---|---|---|---|
| 20X1/1/1 | 자본금 | 1 | 100,000 | | 100,000 |

자본금 9

| 일자 | 적요 | 분면 | 차변 | 대변 | 잔액 |
|---|---|---|---|---|---|
| 20X1/1/1 | 현금 | 1 | | 100,000 | 100,000 |

그러나 수업용으로는 총계정원장 대신 T자형 계정을 사용하여 다음과 같이 전기한다.

| 현금 | |
|---|---|
| 1/1 자본금 100,000 | |

| 자본금 | |
|---|---|
| | 1/1 현금 100,000 |

㈜대구의 사례 중 5월 15일 거래를 전기하면 다음과 같다.[1]

| | | | | |
|---|---|---|---|---|
| 5/15 | (차) 상품 | 30,000 | (대) 현금 | 12,000 |
| | | | 외상매입금 | 18,000 |

| 상품 | |
|---|---|
| 5/15 제좌 30,000 | |

| 현금 | |
|---|---|
| | 5/15 상품 12,000 |

| 외상매입금 | |
|---|---|
| | 5/15 상품 18,000 |

**전기**

분개한 기록을 총계정원장의 각 계정으로 옮겨 적는 작업

㈜대구의 모든 기중 거래를 전기한 결과는 다음과 같은데, 원장에 기록된 내용을 통해 현재 계정과목의 잔액을 파악할 수 있다.

1) 상품계정과 같이 상대 계정과목이 2가지 이상인 경우 상대 계정과목을 모두 적는 대신 적요란에 '제좌'로 기록한다.

〈자산계정〉

**현금**

| 차변 | | 대변 | |
|---|---|---|---|
| 1/1 자본금 | 100,000 | 1/30 토지 | 5,000 |
| 3/1 단기차입금 | 60,000 | 5/15 상품 | 12,000 |
| 6/3 매출 | 10,000 | 7/31 이자비용 | 2,500 |
| 10/1 선수임대료 | 12,000 | 11/1 선급보험료 | 6,000 |

**토지**

| 차변 | | 대변 | |
|---|---|---|---|
| 1/30 현금 | 5,000 | | |

**상품**

| 차변 | | 대변 | |
|---|---|---|---|
| 5/15 제좌 | 30,000 | 6/3 매출원가 | 20,000 |

**외상매출금**

| 차변 | | 대변 | |
|---|---|---|---|
| 6/3 매출 | 40,000 | | |

**선급보험료(선급비용)**

| 차변 | | 대변 | |
|---|---|---|---|
| 11/1 현금 | 6,000 | | |

〈부채계정〉

**단기차입금**

| 차변 | | 대변 | |
|---|---|---|---|
| | | 3/1 현금 | 60,000 |

**외상매입금**

| 차변 | | 대변 | |
|---|---|---|---|
| | | 5/15 상품 | 18,000 |

**선수임대료(선수수익)**

| 차변 | | 대변 | |
|---|---|---|---|
| | | 10/1 현금 | 12,000 |

〈자본계정〉

**자본금**

| 차변 | | 대변 | |
|---|---|---|---|
| | | 1/1 현금 | 100,000 |

〈수익계정〉

**매출**

| 차변 | | 대변 | |
|---|---|---|---|
| | | 6/3 제좌 | 50,000 |

〈비용계정〉

**매출원가**

| 차변 | | 대변 | |
|---|---|---|---|
| 6/3 상품 | 20,000 | | |

**이자비용**

| 차변 | | 대변 | |
|---|---|---|---|
| 7/31 현금 | 2,500 | | |

## 핵심정리

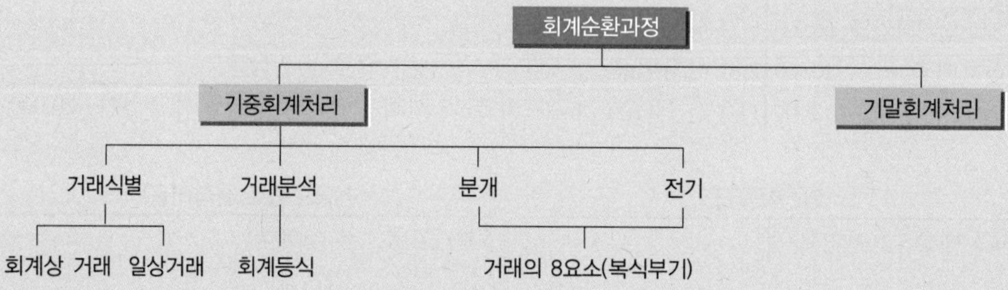


1. 회계순환과정이란 매 회계기간마다 발생한 거래를 기록하고 측정하여 재무제표를 작성하는 반복적 과정이며, 기중회계처리는 거래의 식별, 분개, 전기로 구분한다.

2. 회계상 거래는 회계등식을 구성하는 자산, 부채, 자본을 변동시키는 사건이다.

3. 계정이란 회계상 거래를 기록하는 장소이며, 계정의 명칭을 계정과목이라고 한다.

4. 거래의 8요소란 회계가 거래를 기록할 때 사용하는 8가지 거래요소, 즉 자산, 부채, 자본의 증가와 감소, 수익과 비용의 발생을 의미한다.

5. 분개란 발생한 거래를 회계등식의 원리에 따라 계정과목과 금액으로 차변과 대변에 기록하는 것이다.

6. 전기란 분개한 기록을 총계정원장의 각 계정으로 옮겨 적는 과정이다.

## 연습문제

### ✪ 객관식 문제

**01.** 회계순환과정의 절차로 맞는 것은?

① 거래식별 → 분개 → 전기 → 수정전시산표 → 기말수정분개와 전기 → 재무제표
② 거래식별 → 분개 → 전기 → 수정후시산표 → 기말수정분개 → 재무제표
③ 분개 → 수정전시산표 → 재무제표 → 수정후시산표 → 정산표
④ 전기 → 분개 → 수정분개 → 정산표 → 재무제표
⑤ 분개 → 수정전시산표 → 전기 → 기말수정분개 → 재무제표

**02.** 다음 중 회계상 거래가 아닌 것은?

① ₩800,000의 상품을 외상으로 매입하다.
② 도난으로 ₩900,000의 상품이 유실되다.
③ 건물을 ₩1,200,000에 구입하기로 계약을 체결하면서 계약금 ₩10,000을 지급하다.
④ 은행에 현금 ₩130,000을 예금하다.
⑤ 은행에서 현금 ₩400,000을 차입하기로 결정하다.

**03.** 다음 중 회계상 거래인 것은?

① 영업용 차량을 ₩10,000에 구매하기로 하다.
② 차기에 매월 ₩200씩 임차료를 지급하는 조건으로 토지를 임차하다.
③ 우수경영기업으로 선정되어 상금 ₩30,000을 받다.
④ 연봉 ₩50,000에 종업원과 채용계약을 체결하다.
⑤ 은행과 ₩40,000의 차입 약정을 체결하다.

**04.** 다음 중 자산, 부채, 자본 총액이 변동하지 않는 거래는 무엇인가?

① 종업원에게 당기분 급여를 현금으로 지급
② 소유주의 현금 출자
③ 다른 기업에서 현금을 차입
④ 다른 기업에게 무이자로 현금을 대여
⑤ 외상매입금의 현금 상환

**05.** 다음 중 자산으로 기록할 수 없는 것은?

① 상품을 구입하기 위해 미리 지급한 계약금
② 외상으로 비품을 구입하고 아직 지급하지 못한 대금
③ 상품을 판매하고 아직 회수하지 못한 판매대금
④ 판매 목적으로 보유 중인 상품
⑤ 상품 이외의 자산을 판매하고 아직 받지 못한 대금

**06.** 수익이 발생하는 회계거래를 분개할 때 상대 계정에 올 수 없는 회계처리는?

① 동일한 금액만큼 외상매출금의 증가
② 동일한 금액만큼 선수수익의 감소
③ 동일한 금액만큼 현금의 증가
④ 동일한 금액만큼 외상매입금의 감소
⑤ 동일한 금액만큼 차입금의 증가

**07.** 토지를 매입하는 거래와 동시에 발생할 수 없는 거래요소는?

① 자본이 동일한 금액만큼 증가
② 부채가 동일한 금액만큼 증가
③ 비용이 동일한 금액만큼 발생
④ 다른 자산 계정이 동일한 금액만큼 감소
⑤ 현금이 동일한 금액만큼 감소

**08.** 다음 내용 중 적절한 것은?

① 현금으로 채권을 회수하면 자본은 증가한다.
② 회계상 거래는 항상 2가지 이상의 서로 다른 총계정원장 계정에 기록된다.
③ 자산과 수익이 증가하면 대변에 기록한다.
④ 계정의 종류와 무관하게 차기는 그 계정이 증가함을 의미한다.
⑤ 회계기간 중 분개한 내용을 총계정원장으로 전기하는 과정에서 오류가 없었는지 확인하기 위해 정산표를 작성한다.

**09.** ㈜경기는 외상으로만 상품을 판매하며, 당기 중 상품의 매입과 매출에 대한 원장 기록은 다음과 같다. ㈜경기가 당기 중 상품 판매를 통해 창출한 이익은 얼마인가? 당기 중 거래처의 부도 등에 의한 외상매출금의 손상과 외상매입금의 면제는 발생하지 않았다.

상품

| | | | |
|---|---|---|---|
| 1/3 현금 | 10,000 | 7/5 매출원가 | 8,000 |
| 6/4 제좌 | 2,500 | 12/9 매출원가 | 3,000 |
| 12/5 외상매입금 | 1,500 | | |

외상매출금

| | | | |
|---|---|---|---|
| 7/5 매출 | 12,000 | 8/8 현금 | 13,000 |
| 12/9 매출 | 4,500 | | |

외상매입금

| | | | |
|---|---|---|---|
| 7/5 현금 | 400 | 6/4 상품 | 2,200 |
| | | 12/5 상품 | 1,500 |

① ₩2,300 ② ₩3,500 ③ ₩5,500
④ ₩13,000 ⑤ ₩16,500

**10.** 위 문제에서 ㈜경기의 당기 중 현금 순수입액(=현금유입−현금유출)은?

① ₩0 ② ₩2,300 ③ ₩2,700
④ ₩10,300 ⑤ ₩28,000

## ✪ 주관식 문제

**01.** 다음 거래를 분개하시오. 단, 아래 거래는 상호 독립적이다.

(1) 현금 ₩50,000,000을 출자하여 상품매매업을 시작하다.

(차) (대)

(2) 상품 ₩3,000,000을 구입하고 대금은 현금으로 지급하다.

(차) (대)

(3) 상품 ₩2,600,000을 매출하고 대금은 외상으로 하다.

(차) (대)

(4) 외상매출금 중 ₩2,000,000을 현금으로 회수하다.

(차) (대)

(5) 현금 ₩10,000,000을 경북상점에 6개월간 대여하다.

(차) (대)

(6) 대구상점으로부터 현금 ₩15,000,000을 장기차입하다.

(차) (대)

(7) 외상매출금 ₩6,000,000을 현금으로 회수하다.

(차) (대)

(8) 영업용 책상 ₩3,000,000을 구입하고 대금은 외상으로 하다.

(차) (대)

(9) 당월분 종업원 급여 ₩5,000,000을 현금으로 지급하다.

(차) (대)

(10) 단기대여금 ₩6,000,000과 당기분 이자 ₩500,000을 현금으로 받다.

(차) (대)

(11) 당월분 사무실 임차료 ₩1,500,000을 현금으로 지급하다.

(차) (대)

(12) 장기차입금 중 ₩7,000,000을 상환하다.

(차) (대)

(13) 업무용 차량운반구 ₩12,000,000을 구입하고 ₩7,000,000은 현금으로 나머지는 외상으로 하다.

(차) (대)

(14) 광고비 ₩3,000,000을 현금으로 지급하다.

(차) (대)

(15) 상품 ₩2,500,000을 구입하고 대금은 외상으로 하다.

(차) (대)

**02.** 다음 분개를 통해 거래를 추정하라.

| | 차변 | 금액 | 대변 | 금액 |
|---|---|---|---|---|
| (1) | (차) 외상매입금 | 70,000 | (대) 현금 | 70,000 |
| (2) | (차) 상품 | 20,000 | (대) 외상매입금 | 20,000 |
| (3) | (차) 매출원가 | 25,000 | (대) 상품 | 25,000 |
| | 현금 | 12,000 | 매출 | 30,000 |
| | 외상매출금 | 18,000 | | |
| (4) | (차) 단기차입금 | 30,000 | (대) 현금 | 32,000 |
| | 이자비용 | 2,000 | | |
| (5) | (차) 상품 | 35,000 | (대) 현금 | 10,000 |
| | | | 외상매입금 | 25,000 |

**03.** 다음 계정에 전기한 내용을 보고, 분개를 추정하라.

현금

| | | | |
|---|---|---|---|
| ① 단기대여금 | 1,000 | ③ 단기대여금 | 500 |
| ② 단기차입금 | 3,000 | ④ 선급이자 | 800 |
| | | ⑤ 상품 | 1,200 |

단기대여금

| | | | |
|---|---|---|---|
| ③ 현금 | 500 | ① 현금 | 1,000 |

선급이자

| | | | |
|---|---|---|---|
| ④ 현금 | 800 | | |

상품

| | | | |
|---|---|---|---|
| ⑤ 제좌 | 2,500 | | |

단기차입금

| | | | |
|---|---|---|---|
| | | ② 현금 | 3,000 |

외상매입금

| | | | |
|---|---|---|---|
| | | ⑤ 상품 | 1,300 |

① (차) (대)

② (차) (대)

③ (차) (대)

④ (차) (대)

⑤ (차) (대)

**04.** 아래 재무상태표에서 유동자산이 유동부채의 4배라면 자본은 얼마인가?

재무상태표

(단위: 원)

| | | | |
|---|---|---|---|
| 유동자산 | ? | 유동부채 | ? |
| 비유동자산 | 640,000 | 비유동부채 | 100,000 |
| | | 자본 | ? |
| 자산총계 | ? | 부채와자본총계 | 1,500,000 |

**05.** ㈜대구클린은 청소용역 업체이다. 아래 분개의 오류를 정정하라.

① 청소용역 ₩1,000,000을 외상으로 제공한다.

(차) 미수금 1,000,000 (대) 용역매출 1,000,000

② 사무실에 비치하기 위한 ₩50,000 상당의 복사기를 외상으로 구입하다.

(차) 상품 50,000 (대) 외상매입금 50,000

③ 비품의 외상처분대금 중 ₩100,000을 현금으로 회수하다.

(차) 현금 100,000 (대) 외상매출금 100,000

④ 여유자금 ₩200,000을 단기대여하면서 이자 ₩3,000을 미리 받다

(차) 단기차입금 200,000 (대) 현금 197,000

선수이자(선수수익) 3,000

## 정답 및 해설

### ✪ 객관식 문제

**01.** ①

거래식별과 분석, 분개, 전기, 수정전시산표, 기말수정분개와 전기, 재무제표 작성, 장부마감(마감분개와 전기) 순으로 이루어지고, 수정후시산표와 정산표는 선택적으로 이용가능하다.

**02.** ⑤

계약금을 지급하지 않은 상품매매계약, 현금대차계약, 고용계약 등은 회계등식에 영향이 없기 때문에 회계상 거래가 아니다.

**03.** ③

③은 자산(현금)의 증가, 수익(영업외수익)의 발생, 나머지는 모두 회계등식에 영향이 없기 때문에 회계상 거래가 아니다.

**04.** ④

④는 자산(현금)의 감소와 자산(대여금)의 증가로 자산총계는 변하지 않는다. ①은 자산(현금)의 감소와 비용의 발생, ②는 자산(현금)의 증가와 자본(자본금)의 증가, ③은 자산(현금)의 증가와 부채(차입금)의 증가, ⑤는 자산(현금)의 감소와 부채(외상매입금)의 감소이다.

**05.** ②

① 선급금, ② 미지급금(부채), ③ 외상매출금, ④ 상품, ⑤ 미수금

**06.** ⑤

수익 발생은 대변에 기록, 차변에 올 수 있는 거래요소는 자산증가, 부채감소, 자본감소, 차입금의 증가는 부채의 증가이다.

**07.** ③

토지를 매입하면 차변에 기록, 비용의 발생 역시 차변에 오게 되므로 거래가 될 수 없다.

**08.** ②

① 현금으로 채권을 회수하면 자본은 변동하지 않는다. ③ 자산은 증가하면 차기한다. ④ 부채, 자본, 수익은 감소하면 차기한다. ⑤ 분개에 대한 전기의 오류를 검토하기 위해 시산표를 작성한다.

**09.** ③

전기한 내용을 통해 분개를 추정하면 다음과 같다.

| | | | | | |
|---|---|---|---|---|---|
| 1/3 | (차) 상품 | 10,000 | (대) 현금 | 10,000 |
| 6/4 | (차) 상품 | 2,500 | (대) 현금 | 300 |
| | | | 외상매입금 | 2,200 |
| 7/5 | (차) 매출원가 | 8,000 | (대) 상품 | 8,000 |
| | 외상매출금 | 12,000 | 매출 | 12,000 |
| | 외상매입금 | 400 | 현금 | 400 |
| 8/8 | (차) 현금 | 13,000 | (대) 외상매출금 | 13,000 |
| 12/5 | (차) 상품 | 1,500 | (대) 외상매입금 | 1,500 |
| 12/9 | (차) 매출원가 | 3,000 | (대) 상품 | 3,000 |
| | 외상매출금 | 4,500 | 매출 | 4,500 |

따라서 상품매출을 통한 이익(₩5,500)＝매출액 ₩16,500(＝₩12,000＋₩4,500)－매출원가 ₩11,000(＝₩8,000＋₩3,000)

**10.** ②

위 문제 1의 해설에서 현금 순수입 ₩2,300＝현금유입 ₩13,000－현금유출 ₩10,700(＝₩10,000＋₩300＋₩400)

### ✪ 주관식 문제

**01.**

(1) 현금 ₩50,000,000을 출자하여 상품매매업을 시작하다.

| | | | | | |
|---|---|---|---|---|---|
| (차) | 현금<br>(자산증가) | 50,000,000 | (대) | 자본금<br>(자본증가) | 50,000,000 |

(2) 상품 ₩3,000,000을 구입하고 대금은 현금으로 지급하다.

| | | | | | |
|---|---|---|---|---|---|
| (차) | 상품<br>(자산증가) | 3,000,000 | (대) | 현금<br>(자산감소) | 3,000,000 |

(3) 상품 ₩2,600,000을 매출하고 대금은 외상으로 하다.

| | | | | | |
|---|---|---|---|---|---|
| (차) | 외상매출금<br>(자산증가) | 2,600,000 | (대) | 매출<br>(수익발생) | 2,600,000 |

(4) 외상매출금 중 ₩2,000,000을 현금으로 회수하다.

| | | | | | |
|---|---|---|---|---|---|
| (차) | 현금<br>(자산증가) | 2,000,000 | (대) | 외상매출금<br>(자산감소) | 2,000,000 |

(5) 현금 ₩10,000,000을 경북상점에 6개월간 대여하다.

| | | | | | |
|---|---|---|---|---|---|
| (차) | 단기대여금<br>(자산증가) | 10,000,000 | (대) | 현금<br>(자산감소) | 10,000,000 |

(6) 대구상점으로부터 현금 ₩15,000,000을 장기차입하다.

| | | | | | |
|---|---|---|---|---|---|
| (차) | 현금<br>(자산증가) | 15,000,000 | (대) | 장기차입금<br>(부채증가) | 15,000,000 |

(7) 외상매출금 ₩6,000,000을 현금으로 회수하다.

| | | | | | |
|---|---|---|---|---|---|
| (차) | 현금<br>(자산증가) | 6,000,000 | (대) | 외상매출금<br>(자산감소) | 6,000,000 |

(8) 영업용 책상 ₩3,000,000을 구입하고 대금은 외상으로 하다.

| | | | | | |
|---|---|---|---|---|---|
| (차) | 비품<br>(자산증가) | 3,000,000 | (대) | 미지급금<br>(부채증가) | 3,000,000 |

(9) 당월분 종업원 급여 ₩5,000,000을 현금으로 지급하다.

| | | | | | |
|---|---|---|---|---|---|
| (차) | 급여<br>(비용발생) | 5,000,000 | (대) | 현금<br>(자산감소) | 5,000,000 |

(10) 단기대여금 ₩6,000,000과 당기분 이자 ₩500,000을 현금으로 받다.

| (차) | | | (대) | | |
|---|---|---|---|---|---|
| (차) | 현금<br>(자산증가) | 6,500,000 | (대) | 단기대여금<br>(자산감소) | 6,000,000 |
| | | | | 이자수익<br>(수익발생) | 500,000 |

(11) 당월분 사무실 임차료 ₩1,500,000을 현금으로 지급하다.

| (차) | | | (대) | | |
|---|---|---|---|---|---|
| (차) | 임차료<br>(비용발생) | 1,500,000 | (대) | 현금<br>(자산감소) | 1,500,000 |

(12) 장기차입금 중 ₩7,000,000을 상환하다.

| (차) | | | (대) | | |
|---|---|---|---|---|---|
| (차) | 장기차입금<br>(부채감소) | 7,000,000 | (대) | 현금<br>(자산감소) | 7,000,000 |

(13) 업무용 차량운반구 ₩12,000,000을 구입하고 ₩7,000,000은 현금으로 나머지는 외상으로 하다.

| (차) | | | (대) | | |
|---|---|---|---|---|---|
| (차) | 차량운반구<br>(자산증가) | 12,000,000 | (대) | 현금<br>(자산감소) | 7,000,000 |
| | | | | 미지급금<br>(부채증가) | 5,000,000 |

(14) 광고비 ₩3,000,000을 현금으로 지급하다.

| (차) | | | (대) | | |
|---|---|---|---|---|---|
| (차) | 광고선전비<br>(비용발생) | 3,000,000 | (대) | 현금<br>(자산감소) | 3,000,000 |

(15) 상품 ₩2,500,000을 구입하고 대금은 외상으로 하다.

| (차) | | | (대) | | |
|---|---|---|---|---|---|
| (차) | 상품<br>(자산증가) | 2,500,000 | (대) | 외상매입금<br>(부채증가) | 2,500,000 |

## 02.

(1) 외상대금 ₩70,000을 현금으로 지급하였다.

(2) 상품 ₩2,000을 외상 매입하였다.

(3) 원가 ₩25,000의 상품을 ₩30,000에 매출하면서 ₩12,000은 현금으로 받고, 나머지 ₩18,000은 외상으로 하였다.

(4) 단기차입금 ₩30,000을 상환하면서 발생이자 ₩2,000도 함께 지급하였다.

(5) 상품 ₩35,000을 매입하면서 ₩10,000은 현금으로 지급하고, ₩25,000은 외상으로 하였다.

## 03.

| | | | |
|---|---:|---|---:|
| ① (차) 현금 | 10,000 | (대) 단기대여금 | 10,000 |
| ② (차) 현금 | 3,000 | (대) 단기차입금 | 3,000 |
| ③ (차) 단기대여금 | 500 | (대) 현금 | 500 |
| ④ (차) 선급이자 | 800 | (대) 현금 | 800 |
| ⑤ (차) 상품 | 2,500 | (대) 현금 | 1,200 |
| | | 외상매입금 | 1,300 |

## 04.

자산총계와 부채와자본의 총계가 ₩1,500,000으로 일치하기 때문에 유동자산은 ₩860,000(=총자산 ₩1,500,000－비유동자산 ₩640,000)이다. 유동부채는 유동자산의 1/4로 ₩215,000(=유동자산 ₩860,00 /4)이기 때문에 총부채는 ₩315,000(=유동부채 ₩215,000＋비유동부채 ₩100,000)이 된다. 따라서 자본은 ₩1,185,000(=부채와자본총계 ₩1,500,000－총부채 ₩315,000)이다.

## 05.

| | | | |
|---|---:|---|---:|
| ① (차) 외상매출금 | 1,000,000 | (대) (용역)매출 | 1,000,000 |
| ② (차) 비품 | 50,000 | (대) 미지급금 | 50,000 |
| ③ (차) 현금 | 100,000 | (대) 미수금 | 100,000 |
| ④ (차) 단기대여금 | 200,000 | (대) 현금 | 197,000 |
| | | 선수이자(선수수익) | 3,000 |

CHAPTER

# 04 회계순환과정 2: 기말회계처리

회계기간말 결산절차

수정전시산표(요약)

↓

기말수정분개와 전기

↓ (수정후시산표)

재무제표의 작성(보고)

↓

장부마감(마감분개와 전기)

정산표 (선택)

## 학습목표

1. 수정전시산표의 의의를 이해하고 작성할 수 있다.
2. 기말수정분개의 의의를 설명할 수 있다.
3. 기말수정분개를 정확하게 실시할 수 있다.
4. 수정후시산표를 작성할 수 있다.
5. 정산표를 작성하여 재무제표를 공시할 수 있다.
6. 손익계정과 재무상태표계정 마감의 의미를 이해하고, 마감분개를 할 수 있다.

# 제1절 기말회계처리(결산)의 의의

## 1. 결산의 의미

회계기간 중에 발생하는 거래는 발생순서에 따라 분개하고 전기한다. 그러나 분개와 전기만으로는 기업의 경영성과와 재무상태를 나타내는 손익계산서와 재무상태표를 작성할 수 없다. 따라서 결산과정이 필요한데, **결산**(closing)이란 인위적으로 설정한 회계기간말에 기중에 작성한 회계장부를 정리·마감하고, 재무제표를 작성하는 일련의 절차이다. 이러한 의미에서 회계기간말을 **기말**, **회계연도말**, **결산일**, **재무상태표일** 등으로 표현한다.

## 2. 결산의 절차

회계처리 관점에서 결산은 결산 예비절차(수정전시산표 작성, 기말수정분개와 전기), 결산 본절차(재무제표 작성, 장부마감 및 전기)의 순으로 진행된다. 수정후시산표와 정산표는 선택적으로 이용가능하다.

# 제2절 수정전시산표

## 1. 시산표의 원리

**시산표**(T/B: trial balance)는 대차평형의 원리에 의해 기중에 분개한 기록을 각 계정으로 오류 없이 전기했는지를 확인하기 위해 작성하는 표이다. 단, 기말수정분개를 하기 전에 작성하는 시산표를 **수정전시산표**라고 하며, 기말수정분개와 전기 후에 작성하는 시산표를 **수정후시산표**라고 한다.

회계는 거래로 인한 회계등식의 변동을 복식부기에 의해 차변과 대변에 분개한 후 차변과 대변의 금액을 해당 계정의 차변과 대변으로 각각 전기한다. 따라서 분개와 전기가 모두 정확하다면,

① 모든 계정의 차변합계액과 대변합계액은 어느 시점에서나 일치하며,

② 동시에 모든 계정의 차변잔액합계액과 대변잔액합계액 역시 일치한다.

이것이 시산표의 원리이며, 어떤 거래를 분개, 전기하였는데 만약 모든 계정의 차변합계액과 대변합계액이 일치하지 않는다면 회계처리에 오류가 존재함을 의미한다. 이를 회계의 **자기검증기능**이라고 한다.

**시산표**

분개한 내용을 오류 없이 전기하였는지 검증하기 위해 작성하는 보고서로 모든 계정의 차변합계액과 대변합계액이 일치하고, 모든 계정의 차변잔액합계액과 대변잔액합계액이 일치하는지를 검증 가능

## 2. 시산표의 작성방법

앞의 ㈜대구가 12월말에 결산을 실시하기 전에 수정전시산표를 작성해보면 다음과 같다. 먼저 총계정원장의 모든 계정에 대해 차변합계액과 대변합계액을 수정전시산표로 옮겨 적는다. 예로, 현금계정의 경우 차변합계액 ₩182,000과 대변합계액은 ₩25,500을 옮겨 적은 후 잔액을 계산하면 ₩156,500(=₩182,000−₩25,500)이 된다. 물론 수정전시산표를 작성하기 전 각 계정에 잔액을 미리 계산한 후 시산표로 옮겨도 된다.

이후 모든 계정의 차변합계액과 대변합계액은 ₩285,500으로 일치하며, 모든 계정의 차변잔액합계액과 대변잔액합계액 역시 ₩240,000으로 일치하는지를 확인한다.

**수정전합계잔액시산표**

| 계정 | 차변합계 | 대변합계 | 차변잔액 | 대변잔액 |
|---|---|---|---|---|
| 현금 | ₩182,000 | ₩25,500 | ₩156,500 | |
| 토지 | 5,000 | | 5,000 | |
| 상품 | 30,000 | 20,000 | 10,000 | |
| 외상매출금 | 40,000 | | 40,000 | |
| 선급보험료 | 6,000 | | 6,000 | |
| 단기차입금 | | 60,000 | | ₩60,000 |
| 외상매입금 | | 18,000 | | 18,000 |
| 선수임대료 | | 12,000 | | 12,000 |
| 자본금 | | 100,000 | | 100,000 |
| 매출 | | 50,000 | | 50,000 |
| 매출원가 | 20,000 | | 20,000 | |
| 이자비용 | 2,500 | | 2,500 | |
| **합계** | **₩285,500** | **₩285,500** | **₩240,000** | **₩240,000** |

위 시산표를 식으로 표현하면 아래와 같으며, 이를 시산표 등식이라고 표현한다.

기말자산+비용=기말부채+기초자본+수익

위 시산표 등식에서 비용을 대변으로 이항하면 아래와 같다.

기말자산=기말부채+기초자본+수익−비용

위 식에서 수익과 비용의 차이는 당기순손익이므로 이 식은 아래와 같이 변형되어 기말재무상태표의 형태가 된다.

기말자산=기말부채+기초자본±당기순손익

한편 위 시산표의 각 계정잔액을 이용하면 아래와 같이 결산 전 손익계산서와 재무상태표를 쉽게 작성할 수 있다. 단, 앞에서 학습한 바와 같이 당기순이익(당기순손실)

이 계정식 손익계산서에서는 차변(대변)에 기록되며, 재무상태표에서는 대변(차변)에 기록되는 점을 기억해야 한다.

**수정전잔액시산표를 통한 재무제표 작성**

| 계정 | 수정전잔액시산표 | | 손익계산서 | | 재무상태표 | |
|---|---|---|---|---|---|---|
| | 차변잔액 | 대변잔액 | 차변잔액 | 대변잔액 | 차변잔액 | 대변잔액 |
| 현금 | ₩156,500 | | | | ₩156,500 | |
| 토지 | 5,000 | | | | 5,000 | |
| 상품 | 10,000 | | | | 10,000 | |
| 외상매출금 | 40,000 | | | | 40,000 | |
| 선급보험료 | 6,000 | | | | 6,000 | |
| 단기차입금 | | ₩60,000 | | | | ₩60,000 |
| 외상매입금 | | 18,000 | | | | 18,000 |
| 선수임대료 | | 12,000 | | | | 12,000 |
| 자본금 | | 100,000 | | | | 100,000 |
| 매출 | | 50,000 | | ₩50,000 | | |
| 매출원가 | 20,000 | | ₩20,000 | | | |
| 이자비용 | 2,500 | | 2,500 | | | |
| 당기순이익 | | | 27,500 | | | 27,500 |
| 합계 | ₩240,000 | ₩240,000 | ₩50,000 | ₩50,000 | ₩217,500 | ₩217,500 |

시산표는 크게 3가지로 작성할 수 있는데 각 계정의 차변합계액과 대변합계액 및 모든 계정의 잔액까지 표시한 위 시산표를 **합계잔액시산표**, 모든 계정의 잔액만을 기록한 시산표를 **잔액시산표**, 모든 계정의 잔액은 기록하지 않고, 차변합계액과 대변합계액만을 기록한 시산표를 **합계시산표**라고 한다.

한편 시산표의 모든 차변합계액과 대변합계액이 일치한다고 해서 기중 분개와 전기에 전혀 오류가 없다고는 할 수 없다. 시산표는 단지 차변합계액과 대변합계액이 일치하는지를 검증하기 위한 수단으로 다음의 오류는 발생하더라도 시산표의 차변합계액과 대변합계액이 일치하기 때문에 시산표로는 발견할 수 없다.

① 발생한 거래를 분개하지 않거나 분개 후 전기하지 않은 경우
② 분개를 할 때 차변과 대변에 동일하게 금액을 잘못 기록한 경우
③ 바르게 분개하였으나 다른 계정의 차변과 대변으로 전기한 경우

**시산표등식**

기말자산+비용=기말부채+기초자본+수익
기말자산 =기말부채+기초자본+수익-비용
기말자산 =기말부채+기초자본±당기순손익

## 제3절 기말수정분개

### 1. 발생주의 기말수정분개의 의미와 목적

수정전시산표에 오류가 없다면 결산조정사항(기말수정사항)에 대해 기말수정분개를 실시한다. 기말수정분개(결산정리분개, 결산조정분개, 수정분개)는 결산일에 계정의 기말잔액을 수정하기 위한 분개이다.

기중에 발생한 수익계정과 비용계정의 기말잔액을 기간계산의 가정 하에서 발생주의 금액으로 수정(확정)하는 것이다. 따라서 기간계산의 가정에 따라 수익과 비용을 정확히 측정하려면 현금의 수입, 지출 시점과 상관없이 수익과 비용은 회계기간(기중)에 발생한 만큼만 인식해야 하는데 이를 발생주의라고 한다.

사례를 통해 좀 더 구체적으로 살펴보기로 하자.

**[발생주의 사례 1]**

현금 ₩1,200,000을 지불하고, 20X1년 7월초부터 20X2년 6월말까지 12개월간 헬스장에 등록하였다. 헬스장 등록비는 1달에 ₩100,000이다. 헬스장이 기간계산의 가정에 따라 1년 단위로 12월말에 수익을 계산한다면 20X1년 수익은 얼마인가?

운동을 다니는 기간 동안 헬스장의 총수익은 ₩1,200,000이다. 그런데 20X1년 수익은 얼마로 인식해야 하는가? 현금 ₩1,200,000이 20X1년에 헬스장으로 유입되었지만

20X1년 수익은 ₩1,200,000이 아니다. 20X1년 수익은 총수익 발생기간 12개월 중 20X1년에 귀속되는 6개월분(20X1년 7월초~12월말)인 ₩600,000만 인식해야 한다.

다른 사례를 살펴보기로 하자.

**[발생주의 사례 2]**

20X1년초 ₩3,000,000에 스쿠터를 구입하여 2년간 음식 배달업을 수행한 결과 매년 ₩2,000,000의 수익이 발생하였다. 이외 다른 수익과 비용이 발생하지 않은 경우 배달업체의 각 연도별 당기순이익은 얼마인가?

앞에서 수익과 비용의 차이가 이익이라는 점을 학습하였다. 따라서 2년간 총이익을 계산하면 ₩1,000,000(=2년간 총수익 ₩4,000,000−2년간 총비용 ₩3,000,000)이 된다. 다만, 연도별 당기순손익 계산을 위해서는 스쿠터를 구매하기 위해 지출한 ₩3,000,000을 각 연도에 얼마씩 비용으로 인식할지를 결정해야 한다.

먼저, 현금 ₩3,000,000이 지출된 20X1년도에 ₩3,000,000을 전액 비용으로 처리하는 경우를 생각해보자. 20X1년에는 당기순손실 ₩1,000,000(=수익 ₩2,000,000−비용 ₩3,000,000)을 기록하게 된다. 한편, 20X2년에는 스쿠터 구매로 인한 현금 지출이 발생하지 않았기 때문에 수익 ₩2,000,000이 전액 당기순이익이 된다.

이와 같이 현금이 유입된 만큼을 수익, 유출된 만큼을 비용으로 인식하는 회계처리를 **현금주의**라고 한다. 그런데 현금주의로 이익을 측정하면 논리적으로 맞지 않다. 왜냐하면 스쿠터라는 자산의 가치가 2개 연도에 걸쳐 감소하면서 수익 창출에 기여하였으므로 스쿠터 구매 비용도 2개 연도에 걸쳐 비용으로 처리하는 것이 논리적이기 때문이다.

따라서 20X1년과 20X2년에 발생한 수익의 크기가 ₩2,000,000으로 동일하기 때문에 비용 ₩3,000,000도 2개 연도에 걸쳐 ₩1,500,000씩 동일한 금액으로 인식하는 것이 바람직하다. 이렇게 비용을 처리할 경우 당기순이익이 20X1년에는 ₩500,000, 20X2년에는 ₩500,000으로 계산된다.

| | | 수익 | 비용 | 당기순손익 | |
|---|---|---|---|---|---|
| 현금주의 | 20X1년 | ₩2,000,000 | ₩3,000,000 | (₩1,000,000) | 2년간 당기순이익 ₩1,000,000 |
| | 20X2년 | 2,000,000 | – | 2,000,000 | |
| 발생주의 | 20X1년 | 2,000,000 | 1,500,000 | 500,000 | |
| | 20X2년 | 2,000,000 | 1,500,000 | 500,000 | |

위 사례를 통해 현금주의에 의해 수익과 비용을 현금의 수입과 지출시점에서 인식하는 것보다 발생한 기간에 대응시켜 수익과 비용을 인식하는 발생주의가 더욱 논리적임을 알 수 있다. 또한 위와 같이 비용을 관련 수익의 발생 형태에 따라 인식하는 것을 **수익·비용 대응의 원칙**이라고 한다. 비용의 인식기준이 되는 수익-비용 대응의 원칙에 대해서는 앞으로 자세히 학습하게 된다.

**현금주의와 발생주의**

- 현금주의는 현금이 유입되었을 때 수익을 인식하고, 현금이 유출되었을 때 비용을 인식
- 발생주의는 현금의 유입과 유출시점이 아니라 이를 발생시키는 거래나 사건이 발생한 기간에 수익과 비용을 인식

기말수정분개는 현금의 수입, 지출 시점과 상관없이 발생주의에 의해 수익과 비용을 발생한 기간에 대응하여 정확히 측정하기 위해 기말에 추가로 실시하는 수정분개이다. 수익과 비용을 정확히 측정하면 이익(경영성과)을 정확히 측정할 수 있기 때문에 기말수정분개의 궁극적인 목적은 회계기간의 이익을 정확히 측정하는 것이다.

**기말수정분개**

발생주의에 의해 당기순이익을 정확히 측정하기 위하여 기말에 수익계정과 비용계정의 기말잔액을 수정하기 위한 분개

## 2. 기말수정분개의 종류

기업 실무에서는 결산조정사항이 매우 많기 때문에 기말수정분개의 빈도는 기업의 영업성격에 따라 다르다. 여기에서는 기말수정분개의 대표적인 형태인 발생에 대한 분개, 이연에 대한 분개, 그리고 추정배분에 대한 분개에 대해 학습한다.

기말수정분개는 발생주의에 입각하여 현금의 수입, 지출시점과 상관없이 수익과 비용을 발생한 기간에 대응하여 측정하기 위해 실시하는 분개이다.

구체적으로 현금의 수입과 지출이 없었는데 기말에 수익과 비용의 발생을 인식하기 위해서 추가로 계상하는 항목이 발생항목(accrued items)이며, 수익과 비용의 상대계정으로 미수수익(자산), 미지급비용(부채) 등을 인식해야 한다.

반대로 기중에 현금의 수입과 지출이 있었으나 관련 수익과 비용을 이후로 이연하여 인식하기 위해서 수정하는 항목을 이연항목(deferred items)이라 한다. 수익과 비용의 상대계정으로 이미 수취한 현금을 차기의 수익으로 인식하기 위한 선수수익(부채), 이미 지급한 현금을 차기의 비용으로 인식하기 위한 선급비용(자산) 등이 있다.

마지막으로 건물, 기계 등의 비유동자산(유형자산)은 보통 취득 후 여러 회계기간에 걸쳐 영업활동에 사용할 목적으로 보유한다. 그래서 기업은 자산의 취득과정에서 발생한 원가(취득원가)를 사용기간 동안 매 회계기간별로 자산의 사용에 따른 가치 감소분을 추정하여 비용(감가상각비)으로 배분해야 한다. 그리고 매출채권을 포함한 각종 채권의 손상(대손상각비) 등의 추정에 대해 회계처리 해야 한다. 이와 같이 기말에 기중의 자산 소멸분을 추정하여 비용으로 인식하는 항목을 추정배분항목(allocated items)이라고 한다.

**[기말수정분개의 종류와 관련 계정]**

| 종류 | 내용 | 회계처리 |
|---|---|---|
| 발생항목 | 당기에 발생하였으나 아직 현금을 수취하지 않은 수익 | (차) 미수수익(자산) XXX (대) 수익 XXX |
| | 당기에 발생하였으나 아직 현금을 지급하지 않은 비용 | (차) 비용 XXX (대) 미지급비용(부채) XXX |

<table>
<tr><td rowspan="2">이연<br>항목</td><td>당기에 이미 현금을 수취하였으나 아직 발생하지 않은 수익</td><td>(차) 현금 XXX (대) 선수수익(부채) XXX</td></tr>
<tr><td>당기에 이미 현금을 지급하였으나 아직 발생하지 않은 비용</td><td>(차) 선급비용(자산) XXX (대) 현금 XXX</td></tr>
<tr><td>추정<br>배분<br>항목</td><td>기말에 자산의 가치 감소분을 추정하여 비용으로 인식</td><td>(차) 대손상각비 XXX (대) 대손충당금 XXX<br>(차) 감가상각비 XXX (대) 감가상각누계액 XXX</td></tr>
</table>

이제 다음의 현금 대차거래를 통해 발생과 이연에 대한 기말수정분개를 연습해보자.

---

20X1년 4월 1일, ㈜대전이 ㈜서울에게 현금 ₩1,000,000을 1년(12개월)간 대여하였다. 원금은 만기(20X2년 3월 31일)에 일시 상환하며, 연이자는 원금의 6%이며, 월할계산한다. 이자의 수취 혹은 지급시점이 1) 만기일인 경우와 2) 대차일인 경우 각각에 대해 ㈜대전과 ㈜서울이 대차일, 20X1년말, 만기일에 수행하는 회계처리를 살펴보자.

---

사례에서 대차기간은 20X1년에서 20X2년의 2개 회계기간에 걸쳐 있다. 전체 대차기간의 이자수익(혹은 이자비용)은 ₩60,000(=₩1,000,000×6%)인데, 이자의 현금 수취(혹은 지급) 시점에 따라 기말수정분개의 종류가 달라진다. 즉, 만기(20X2.3.31)에 이자를 수취(혹은 지급)하는 경우에는 발생항목에 대한 기말수정분개가 필요하고, 대차일(20X1년 4월초)에 이자를 수취(혹은 지급)하는 경우에는 이연항목에 관한 기말수정분개를 실시한다. 이하에서 구체적으로 살펴보도록 하자.

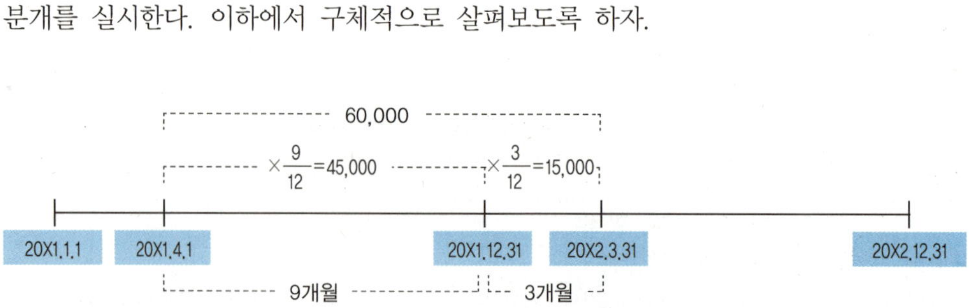

## 1) 발생항목

### (1) 수익의 발생: 미수수익

㈜대전은 20X1년 4월초에 ㈜서울에게 ₩1,000,000을 대여하고, 원금과 이자 ₩60,000은 만기에 현금으로 받는다. 따라서 20X1년에 현금으로 수취한 이자는 없지만 그림과 같이 이자수익은 이자의 현금 수취여부와 관련 없이 이자가 발생한 기간에 대응하여 인식한다. 즉, 20X1년말에는 20X1년에 발생한 이자수익 ₩45,000(=60,000×9/12)을 인식하기 위한 기말수정분개를 실시한다. 나머지 이자수익 ₩15,000(=₩60,000×3/12)은 20X2년에 인식한다. 대여일, 20X1년말, 만기일의 분개는 다음과 같다.

① 대여일(20X1/4/1)

- 거래분석: ₩1,000,000의 단기대여금(자산)이 증가하고 현금(자산)이 감소하였다.

| 20X1/4/1 | (차) 단기대여금 | 1,000,000 | (대) 현금 | 1,000,000 |
|---|---|---|---|---|

② 20X1년말(20X1/12/31)

- 거래분석: 20X1년분 이자수익(수익) ₩45,000을 인식하기 위해 대변에 기록한다. 그러나 이자를 현금으로 받지 않았으며(미수하였으며), 이는 곧 미래(만기일)에 현금을 받을 권리가 확정된 것이기 때문에 상대계정은 미수이자(자산)의 증가로 처리한다.

기말수정분개

| 20X1/12/31 | (차) 미수이자(미수수익) | 45,000 | (대) 이자수익 | 45,000 |
|---|---|---|---|---|

③ 만기일(20X2/3/31)

- 거래분석: ㈜대전은 만기일에 총 ₩1,060,000(=20X1년분 이자수취액 ₩45,000+20X2년분 이자수취액 ₩15,000+원금수취액 ₩1,000,000)의 현금을 수취한다. 이 금액 중 20X1년분 이자 수취액 ₩45,000은 20X1년말에 인식한 미수이자라는 채권(자산)을 회수한 것이다. 따라서 현금(자산)을 증가시키고, 미수이자를 감소시킨

다. 한편, 만기일에 수취한 현금 중 ₩15,000은 20X2년 3개월분(20X2년 1월 1일부터 20X2년 3월 31일까지)의 이자수익(수익의 발생)이다. 따라서 이자수익 발생과 현금(자산)의 증가로 회계처리 한다. 마지막으로 만기일에 수취한 현금 중 ₩1,000,000은 원금을 회수한 것(자산의 증가)이기 때문에 현금(자산)을 증가시키고, 단기대여금(자산)을 감소시킨다.

20X2/3/31

20X1년분 이자 현금 수취

| | (차) 현금 | 45,000 | (대) 미수이자(미수수익) | 45,000 |
|---|---|---|---|---|

20X2년분 이자 현금 수취

| | (차) 현금 | 15,000 | (대) 이자수익 | 15,000 |
|---|---|---|---|---|

원금회수

| | (차) 현금 | 1,000,000 | (대) 단기대여금 | 1,000,000 |
|---|---|---|---|---|

### (2) 비용의 발생: 미지급비용

㈜서울은 20X1년 4월초에 ㈜대전으로부터 ₩1,000,000을 차입하고, 원금과 이자 ₩60,000을 만기에 지급한다. 따라서 20X1년말에 현금으로 지급한 이자는 없지만 20X1년분 이자비용 ₩45,000을 인식하기 위한 기말수정분개를 실시한다. 나머지 이자비용 ₩15,000은 20X2년에 인식한다.

① 차입일(20X1/4/1)

- 거래분석: 차입으로 인한 현금(자산) ₩1,000,000을 증가시키고, 단기차입금(부채) ₩1,000,000을 증가시킨다.

| 20X1/4/1 | (차) 현금 | 1,000,000 | (대) 단기차입금 | 1,000,000 |
|---|---|---|---|---|

② 20X1년말(20X1/12/31)

- 거래분석: 20X1년분 이자비용 ₩45,000을 인식(비용의 발생)한다. 그러나 이자를 현금으로 지급하지 않았으며(미지급하였으며), 이는 곧 미래(만기일)에 현금을 지급할 의무가 확정된 것이기 때문에 미지급이자(부채)의 증가로 처리한다. 따라서 차변에 이자비용(비용)의 발생, 대변에 미지급비용(부채)을 증가시킨다.

기말수정분개

| | | | | |
|---|---|---|---|---|
| 20X1/12/31 | (차) 이자비용 | 45,000 | (대) 미지급이자(미지급비용) | 45,000 |

### ③ 만기일(20X2/3/31)

■ 거래분석: ㈜서울은 만기일에 총 ₩1,060,000(=20X1년분 이자지급액 ₩45,000+20X2년분 이자지급액 ₩15,000+원금상환액 ₩1,000,000)을 현금으로 지급한다. 그런데 이 중 20X1년분 이자지급액 ₩45,000은 20X1년말에 미지급이자라는 의무(부채)로 회계처리 하였다. 만기일에 20X1년분 이자를 지급하였기 때문에 당연히 이 부채는 소멸(부채의 감소)된다. 따라서 미지급이자(부채)와 현금(자산)을 감소시킨다. 한편, 만기일에 지급한 현금 중 ₩15,000은 20X2년분(20X2년 1월 1일부터 20X2년 3월 31일까지) 이자비용(비용의 발생)이다. 따라서 이자비용(비용)의 발생과 현금(자산)의 감소를 회계처리 한다. 마지막으로 만기일에 지급한 현금 중 ₩1,000,000은 원금을 현금으로 상환한 것(자산의 감소)이기 때문에 차입금(부채)을 소멸시킨다. 따라서 차변에 차입금(부채)을 감소시키고, 대변에 현금(자산)을 감소시킨다.

20X2/3/31

| | | | | |
|---|---|---|---|---|
| 20X1년분 이자 현금 지급 | | | | |
| | (차) 미지급이자(미지급비용) | 45,000 | (대) 현금 | 45,000 |
| 20X2년분 이자 현금 지급 | | | | |
| | (차) 이자비용 | 15,000 | (대) 현금 | 15,000 |
| 원금상환 | | | | |
| | (차) 단기차입금 | 1,000,000 | (대) 현금 | 1,000,000 |

## 2) 이연항목

### (1) 수익의 이연: 선수수익

㈜대전은 20X1년 4월초에 ₩1,000,000을 대여하고, 이자 ₩60,000을 전액 현금으로 미리 받았다. 발생 기말수정분개에서 설명한 바와 같이 이자수익의 인식시점은 이자를 현금으로 수취하는 시점과는 관련이 없다. 따라서 20X1년분 이자수익 발생액은

₩45,000이며, 나머지 이자수익 ₩15,000은 20X2년에 인식한다. 즉, 20X1년 4월초에 12개월분 이자 전액을 현금으로 미리 받았지만 이자수익은 20X1년말과 20X2년 만기일로 이연하여 인식한다.

수익과 비용의 크기는 현금의 수입과 지출시점과 관련 없이 회계기간에 대응하여 인식하기 때문에 발생이든 이연이든 각 회계기간에 인식할 이자수익(이자비용)의 크기는 당연히 동일하다. 대여일, 20X1년말, 만기일의 분개는 다음과 같다.

### ① 대여일

- 거래분석: 현금 ₩1,000,000을 대여하여 단기대여금(자산)이 증가하는 동시에 현금(자산)이 감소한다. 다만, 12개월분 이자 ₩60,000을 미리 받았기(선수) 때문에 이를 선수이자(부채)로 회계처리 한다. 이는 향후 12개월간 현금을 대여할 의무가 발생하였기 때문이다. 따라서 현금(자산)과 선수이자(부채)를 증가시킨다.

| | | | | |
|---|---|---|---|---|
| 20X1/4/1 | (차) 단기대여금 | 1,000,000 | (대) 현금 | 1,000,000 |
| | (차) 현금 | 60,000 | 선수이자(선수수익) | 60,000 |

### ② 20X1년말: 기말수정분개(이연)

- 거래분석: 20X1년분 이자수익 ₩45,000을 인식(수익의 발생)한다. 대여일에는 향후 12개월간의 대여 의무(선수이자) ₩60,000이 존재하였다. 그러나 20X1년말 기준으로 보면, 9개월(20X1년 4월 1일부터 20X1년 12월 31일까지)간의 대여 의무를 이행하였기 때문에 그 만큼의 대여 의무(선수이자) ₩45,000을 소멸시킨다. 즉, 선수이자(부채)를 감소시키고, 이자수익(수익)의 발생으로 회계처리 한다.

기말수정분개

| | | | | |
|---|---|---|---|---|
| 20X1/12/31 | (차) 선수이자(선수수익) | 45,000 | (대) 이자수익 | 45,000 |

### ③ 만기일

- 거래분석: 20X2년분 이자수익 ₩15,000을 인식한다. 만기에는 20X2년분 3개월의 대여 의무(선수이자)를 모두 이행하였기 때문에 남아있는 선수이자 ₩15,000을 소멸시킨다. 따라서 선수이자(부채)를 감소시키고, 이자수익(수익)의 발생으로 회계

처리 한다. 한편, 원금 ₩1,000,000을 현금으로 수취하여 단기대여금(채권)이 소멸하기 때문에 현금(자산)을 증가시키고, 대여금(자산)을 감소시키면 된다.

20X2/3/31
20X2년분 이자수익

| | | | | |
|---|---|---|---|---|
| (차) | 선수이자(선수수익) | 15,000 | (대) 이자수익 | 15,000 |

원금 회수

| | | | | |
|---|---|---|---|---|
| (차) | 현금 | 1,000,000 | (대) 단기대여금 | 1,000,000 |

### (2) 비용의 이연: 선급비용

㈜서울은 20X1년 4월초에 ₩1,000,000을 차입하고, 12개월분 이자 ₩60,000을 전액 현금으로 미리 지급하였다. 이자비용은 이자를 현금으로 지급하는 시점과는 관련이 없기 때문에 20X1년분 이자비용은 ₩45,000이며, 나머지 이자비용 ₩15,000은 20X2년에 인식한다. 즉, 20X1년 4월초에 12개월분 이자 전액을 현금으로 미리 지급하였지만 이자비용은 20X1년말과 20X2년 만기일로 이연하여 인식한다.

대여일, 20X1년말, 만기일의 분개는 다음과 같다.

#### ① 차입일

- 거래분석: 현금 ₩1,000,000을 차입하여 현금(자산)이 증가하는 동시에 단기차입금(부채)이 증가한다. 다만, 12개월분 이자 ₩60,000을 미리 지급(선급)하였기 때문에 이를 선급이자라는 자산으로 회계처리 한다. 향후 12개월간 차입한 현금을 사용할 수 있는 권리가 확정되기 때문이다. 따라서 선급이자(자산)를 증가시키고, 현금(자산)을 감소시킨다.

| | | | | | | |
|---|---|---|---|---|---|---|
| 20X1/4/1 | (차) | 현금 | 1,000,000 | (대) | 단기차입금 | 1,000,000 |
| | | 선급이자(선급비용) | 60,000 | | 현금 | 60,000 |

#### ② 20X1년말

- 거래분석: 20X1년분 이자비용 ₩45,000을 인식(비용의 발생)하기 위한 기말수정분개를 실시한다. 한편, 차입일에는 향후 12개월간 차입한 현금을 사용할 권리(선급이자)가 ₩60,000 존재하였다. 그러나 20X1년말에는 9개월(20X1년 4월 1일부터

20X1년 12월 31일까지)간 현금을 사용할 권리(선급이자) ₩45,000이 소멸한다. 따라서 이자비용(비용) 발생을 인식하고, 선급이자(자산)를 감소시킨다.

기말수정분개

| 20X1/12/31 | (차) 이자비용 | 45,000 | (대) 선급이자(선급비용) | 45,000 |
|---|---|---|---|---|

③ 만기일

- 거래분석: 20X2년분 이자비용 ₩15,000을 인식한다. 다만, 20X2년분 이자는 20X1년에 미리 현금으로 지급하였기 때문에 20X2년말에 현금으로 지급할 이자는 없다. 따라서 차변에 이자비용(비용)을 인식하고 선급이자(자산)를 감소시킨다. 한편 원금 ₩1,000,000을 현금으로 상환하여 차입금이 소멸된다. 따라서 단기차입금(부채)과 현금(자산)을 감소시킨다.

20X2/3/31

20X2년 이자비용

| (차) 이자비용 | 15,000 | (대) 선급이자(선급비용) | 15,000 |
|---|---|---|---|

원금 상환

| (차) 단기차입금 | 1,000,000 | (대) 현금 | 1,000,000 |
|---|---|---|---|

이상의 회계처리를 통해 발생과 이연 기말수정분개를 학습하였다. 기말수정분개에서 중요한 내용은 회계기간에 대응하여 수익과 비용을 인식한다는 점이다. 즉, 위 사례에서 가장 중요한 내용은 20X1년과 20X2년 두 회계기간에 걸친 이자수익(혹은 이자비용) ₩60,000 중 ₩45,000은 20X1년에 귀속되며, 나머지 ₩15,000이 20X2년에 귀속된다는 점이다.

### 3) 소모품계정

사무용품, 문구류, 제품 생산에 사용한 윤활유 등 대부분 사용하여 사라지는 물품을 소모품이라 한다. 소모품에 대해 기중에 어떠한 회계처리를 하느냐에 따라 기말수정분개가 달라진다.

예로, 기중에 ₩100,000 상당의 소모품(자산)을 현금으로 구입하여 영업활동에 사용하였으며, 기말에 남은 소모품의 재고가 ₩20,000이면 아래와 같이 분개한다. 따라서 12월 31일 재무상태표에는 소모품이라는 자산으로 ₩20,000 보고되고, 손익계산서에는 소모품비라는 비용으로 ₩80,000이 보고된다.

| | | | | | | |
|---|---|---|---|---|---|---|
| 기중분개 | (차) | 소모품 | 100,000 | (대) | 현금 | 100,000 |
| 기말수정분개 | (차) | 소모품비 | 80,000 | (대) | 소모품 | 80,000 |

만약 소모품을 구입하면서 소모품비라는 비용계정을 사용하였다면 기말수정분개는 다음과 같다.

| | | | | | | |
|---|---|---|---|---|---|---|
| 기중분개 | (차) | 소모품비 | 100,000 | (대) | 현금 | 100,000 |
| 기말수정분개 | (차) | 소모품 | 20,000 | (대) | 소모품비 | 20,000 |

따라서 12월 31일 재무상태표에는 소모품이라는 자산으로 ₩20,000 보고되고, 손익계산서에는 소모품비라는 비용으로 ₩80,000이 보고된다. 최초 분개에 따라 기말수정분개는 달라지지만, 어떠한 방법을 사용하더라도 자산으로 보고되는 금액과 비용으로 보고되는 금액은 동일하게 된다.

## 4) 추정배분항목

### (1) 대손상각비

기업이 상품을 외상으로 매출하는 경우 매입처의 자금 악화나 중도 파산 등 여러 이유로 외상대금 중 일부나 전부를 회수하지 못할 수 있다. 이로 인하여 발생하는 손실을 회계 실무에서는 대손이라고 한다. 만약 이러한 점을 무시하고, 재무상태표에 예상되는 대손상각비를 전부 포함하여 외상매출금 기말잔액을 표시하면 외상매출금이 과대평가 된다. 그래서 기업은 기말에 외상매출금 기말잔액 중 회수 불가능액을 미리 추정하여 대손상각비와 대손충당금으로 회계처리 한다. 대손상각비는 비용항목이고, 대손충당금은 외상매출금에서 차감하여 외상매출금의 장부금액을 평가하는 계정(차감적 평가계정)이다.

예로, 기업이 외상대금 ₩10,000 중 향후 ₩200의 대손이 추정된다면 아래의 기말수정분개를 실시한다.

| 기말수정분개 | (차) 대손상각비 | 200 | (대) 대손충당금 | 200 |
|---|---|---|---|---|

이 수정분개로 인해 재무상태표에는 아래와 같이 외상매출금의 장부금액이 ₩9,800 (=₩10,000－₩200)으로 표시된다.

| | | |
|---|---|---|
| 외상매출금 | ₩10,000 | |
| 대손충당금 | (200) | ₩9,800 |

## (2) 감가상각비

건물, 기계, 비품 등의 비유동자산(유형자산)은 보통 취득 후 여러 회계기간에 걸쳐 영업활동에 사용할 목적으로 보유한다. 그래서 기업은 자산의 취득원가를 사용기간 동안 매 회계기간별로 자산의 사용에 따른 가치 감소분을 추정하여 **감가상각비**라는 비용으로 배분하며, 해당자산에서 감액한다. 그러나 해당 자산에서 직접 감가상각비만큼을 감액하면 재무상태표에서 해당자산의 취득원가를 알 수 없기 때문에 해당자산의 차감적 평가계정인 **감가상각누계액**을 사용한다. 감가상각누계액은 해당자산의 취득시점부터 기말까지의 매년 감가상각비를 누계한 금액이다.

예로, 기업이 20X1년 초에 향후 5년간 영업활동에 사용하기 위한 목적으로 건물을 현금 ₩1,000,000에 취득하면 취득원가는 ₩1,000,000이다. 건물의 가치가 5년간 매년 동일하게 ₩200,000씩 감소한다면 20X1년말에는 기말수정분개를 통해 감가상각비 ₩200,000을 비용으로 보고한다.

| 기말수정분개 | (차) 감가상각비 | 200,000 | (대) 감가상각누계액 | 200,000 |
|---|---|---|---|---|

그리고 20X1년말 재무상태표에는 아래와 같이 건물의 장부금액이 ₩800,000(=₩1,000,000－₩200,000)으로 보고된다.

| | | |
|---|---|---|
| 건　　　물 | ₩1,000,000 | |
| 감가상각누계액 | (200,000) | 800,000 |

**채권의 구분**

- 대여금: 현금을 대여하여 발생한 채권
  예) TV 판매회사가 다른 기업에게 현금을 대여한 경우
- 매출채권: 주된 영업활동의 목적물인 상품을 외상으로 판매하여 발생한 채권
  예) TV 판매회사가 TV를 외상으로 판매한 경우
- 미수금: 상품 이외의 자산을 외상으로 처분하여 발생한 채권
  예) TV 판매회사가 보유한 건물을 외상으로 처분한 경우
- 미수수익: 손익계산서에 보고될 주된 영업활동 이외의 수익을 현금으로 받지 못하여 발생하는 채권
  예) TV 판매회사가 보유한 건물의 임대료 수익을 받지 못한 경우
- 선급금: 상품이나 자산을 제공받기 전에 현금을 지출하여 발생한 일종의 계약금 성격을 가진 채권
  예) TV 판매회사가 TV 혹은 건물을 제공받기로 하고 대금의 일부를 미리 지급한 경우
- 선급비용: 손익계산서에 보고될 주된 영업활동 이외의 비용을 바르게 인식하기 위한 채권
  예) TV 판매회사가 향후 임차할 건물의 임차료 중 일부를 미리 지급한 경우

### 3) 기말수정분개와 전기

이제 ㈜대구의 20X1년 거래 중 3월 1일, 7월 31일, 10월 1일, 11월 1일의 거래에 대한 기말수정분개를 연습해보자.

| 일자 | 기중 거래내용[2)] |
|---|---|
| 3/1 | 경주은행에서 현금 ₩60,000을 12개월간 차입하였다. 12개월분 이자는 원금의 10%이며, 이자는 월할계산하여 매년 7월말과 1월말에 지급한다. 원금은 만기에 일시 상환한다. |
| 7/31 | 3월 1일의 차입금에 대한 이자 ₩2,500을 현금으로 지급하다. |
| 10/1 | 토지를 향후 6개월간 임대하면서 임대료 ₩12,000을 미리 현금으로 수취하다. 매월 임대료는 ₩2,000이다. |
| 11/1 | 향후 12개월분 화재보험에 가입하면서 보험료 ₩6,000을 미리 현금으로 지급하다. 매월 보험료는 ₩500이다. |

### ① 3월 1일 거래에 대한 기말수정분개

차입기간 12개월에 대한 이자비용 ₩6,000(=₩60,000×10%) 중 20X1년에 귀속되는 금액은 ₩5,000(=₩6,000×10/12), 나머지 ₩1,000이 20X2년분이다. 그런데 20X1년분 이자비용 ₩5,000 중 ₩2,500은 이미 7월 31일에 현금으로 지급하면서 비용으로 인식하였다. 따라서 20X1년말에는 나머지 이자비용 ₩2,500을 인식한다. 동시에 20X1년말 현재 이 이자비용은 아직 현금으로 지급하지 않았으며, 차입 약정에 따라 ㈜대구가 만기(20X2년 2월말)에 지급할 현재의무이기 때문에 미지급이자(부채의 증가)로 처리한다. 따라서 아래와 같이 분개한다.

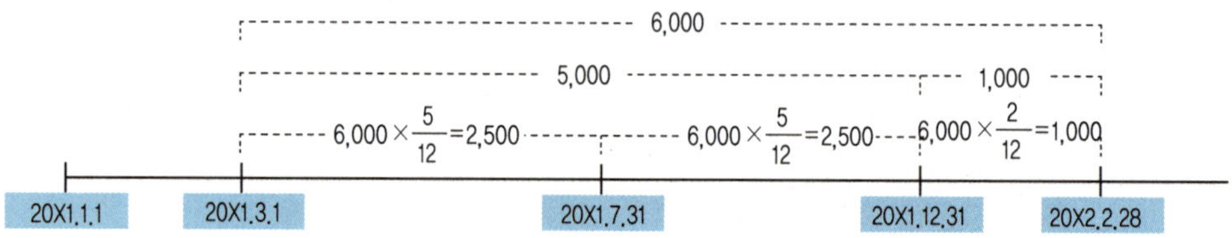


12/31 ① (차) 이자비용 2,500 (대) 미지급이자(미지급비용) 2,500

### ② 10월 1일 거래에 대한 기말수정분개

10월 1일에 6개월분 임대의무 ₩12,000을 선수임대료(부채)로 회계처리 하였다.

---

**2)** 기중분개

| | | | | |
|---|---|---|---|---|
| 7/31 | (차) 이자비용 | 2,500 | (대) 현금 | 2,500 |
| 10/1 | (차) 현금 | 12,000 | (대) 선수임대료(선수수익) | 12,000 |
| 11/1 | (차) 선급보험료(선급비용) | 6,000 | (대) 현금 | 6,000 |

20X1년말을 기준으로 보면 10월 1일에서 12월 31까지 3개월의 임대의무 ₩6,000(=₩12,000×3/6)을 이행하였기 때문에 선수임대료(부채)를 감소시키는 동시에 임대료(수익 발생)를 인식한다.

| | | | | | |
|---|---|---|---|---|---|
| 12/31 ② | (차) 선수임대료(선수수익) | 6,000 | (대) 임대료 | | 6,000 |

한편, 10월 1일 미리 받은 6개월분 임대료 ₩12,000을 아래와 같이 전액 수익으로 분개할 수도 있다. 이 경우 임대료(수익)는 3개월분 ₩6,000이기 때문에 당기말에는 차기분 임대료 ₩6,000을 취소하는 동시에 선수임대료(부채)로 인식하는 기말수정분개를 실시한다.

| | | | | |
|---|---|---|---|---|
| 10/1 | (차) 현금 | 12,000 | (대) 임대료 | 12,000 |
| 12/31 | (차) 임대료 | 6,000 | (대) 선수임대료(선수수익) | 6,000 |

기중에 위 2가지 분개 중 어떠한 방법으로 분개하든 기말에는 20X1년분 임대료(수익)를 ₩6,000 인식하며, 선수임대료(부채)계정의 기말잔액을 ₩6,000으로 조정하는 기말수정분개가 필요하다.

### ③ 11월 1일 거래에 대한 기말수정분개

11월 1일에 12개월 동안 보험 서비스를 받을 권리 ₩6,000을 선급보험료로 회계처리하였다. 12월 31일을 기준으로 보면, 11월 1일에서 12월 31일까지 2개월의 보험 서비스를 받았으니 ₩1,000(=₩6,000×2/12)의 선급보험료(자산)를 감소시키고, 비용(보험료)의 발생으로 회계처리 한다.

| | | | | |
|---|---|---|---|---|
| 12/31 ③ | (차) 보험료 | 1,000 | (대) 선급보험료(선급비용) | 1,000 |

한편, 11월 1일 미리 지급한 12개월분 보험료 ₩6,000을 아래와 같이 전액 비용으로 분개할 수도 있다. 이 경우, 20X1년에 인식할 보험료(비용)는 2개월분 ₩1,000이기 때문에 12월 31일에는 기중에 인식한 보험료 중 차기분 ₩5,000을 취소하는 동시에 선급

보험료(자산)로 인식하는 기말수정분개를 실시한다.

| | | | | |
|---|---|---|---|---|
| 11/1 | (차) 보험료 | 6,000 | (대) 현금 | 6,000 |
| 12/31 | (차) 선급보험료(선급비용) | 5,000 | (대) 보험료 | 5,000 |

기중에 위 2가지 분개 중 어떠한 방법으로 분개하든 20X1년분 보험료(비용)는 ₩1,000이며, 선급보험료(자산) 계정의 기말잔액은 ₩5,000이다.

실제 기업에서는 다양한 기말수정사항이 있으나 여기에서는 위 3가지 이외 기말수정사항이 없는 것으로 가정한다. 3가지 기말수정분개가 실시되었으니 이를 각 계정으로 전기하면 아래와 같다. 다만, 아래에서는 지면상 기말수정분개로 기말잔액이 변동한 계정(이자비용, 선수임대료, 선급보험료) 및 새롭게 추가된 계정(미지급이자, 임대료, 보험료)만을 표시하였다.

**[기말수정분개에 대한 전기]**

이자비용

| 차변 | | | 대변 | | |
|---|---|---|---|---|---|
| 7/31 | 현금 | 2,500 | | | |
| 12/31① | 미지급이자 | 2,500 | | | |

미지급이자

| 차변 | | | 대변 | | |
|---|---|---|---|---|---|
| | | | 12/31① | 이자비용 | 2,500 |

선수임대료

| 차변 | | | 대변 | | |
|---|---|---|---|---|---|
| 12/31② | 임대료 | 6,000 | 10/1 | 현금 | 12,000 |

임대료

| 차변 | | | 대변 | | |
|---|---|---|---|---|---|
| | | | 12/31② | 선수임대료 | 6,000 |

선급보험료

| 차변 | | | 대변 | | |
|---|---|---|---|---|---|
| 11/1 | 현금 | 6,000 | 12/31③ | 보험료 | 1,000 |

보험료

| 차변 | | | 대변 | | |
|---|---|---|---|---|---|
| 12/31③ | 선급보험료 | 1,000 | | | |

## 제4절 수정후시산표의 작성

기말수정분개에 대한 전기가 마무리되면, 수정후시산표를 작성하여 기말수정분개한 내용을 각 계정으로 오류 없이 전기하였는지를 확인한다. 수정후시산표 작성은 선택사항으로 작성하지 않아도 되고, 시산표에 대한 설명은 이미 앞에서 충분히 하였기 때문에 본 절에서는 기말수정분개가 반영된 **수정후시산표**만을 제시하였다. 기말수정분개 후에도 모든 계정의 차변합계액과 대변합계액이 일치해야 한다.

**수정후합계잔액시산표**

| 계정 | 차변합계 | 대변합계 | 차변잔액 | 대변잔액 |
|---|---|---|---|---|
| 현금 | ₩182,000 | ₩25,500 | ₩156,500 | |
| 토지 | 5,000 | | 5,000 | |
| 상품 | 30,000 | 20,000 | 10,000 | |
| 외상매출금 | 40,000 | | 40,000 | |
| 선급보험료 | 6,000 | 1,000 | 5,000 | |
| 단기차입금 | | 60,000 | | ₩60,000 |
| 외상매입금 | | 18,000 | | 18,000 |
| 선수임대료 | 6,000 | 12,000 | | 6,000 |
| 미지급이자 | | 2,500 | | 2,500 |
| 자본금 | | 100,000 | | 100,000 |
| 매출 | | 50,000 | | 50,000 |
| 임대료 | | 6,000 | | 6,000 |
| 매출원가 | 20,000 | | 20,000 | |
| 이자비용 | 5,000 | | 5,000 | |
| 보험료 | 1,000 | | 1,000 | |
| **합계** | **₩295,000** | **₩295,000** | **₩242,500** | **₩242,500** |

수정후시산표가 작성되면 아래와 같이 손익계산서와 재무상태표를 작성할 수 있다.

**수정후잔액시산표에 의한 손익계산서와 재무상태표 작성**

| 계정 | 수정후잔액시산표 | | 손익계산서 | | 재무상태표 | |
|---|---|---|---|---|---|---|
| | 차변잔액 | 대변잔액 | 차변잔액 | 대변잔액 | 차변잔액 | 대변잔액 |
| 현금 | ₩156,500 | | | | ₩156,500 | |
| 토지 | 5,000 | | | | 5,000 | |
| 상품 | 10,000 | | | | 10,000 | |
| 외상매출금 | 40,000 | | | | 40,000 | |
| 선급보험료 | 5,000 | | | | 5,000 | |
| 단기차입금 | | ₩60,000 | | | | ₩60,000 |
| 외상매입금 | | 18,000 | | | | 18,000 |
| 선수임대료 | | 6,000 | | | | 6,000 |
| 미지급이자 | | 2,500 | | | | 2,500 |
| 자본금 | | 100,000 | | | | 100,000 |
| 이익잉여금 | | | | | | 30,000 |
| 매출 | | 50,000 | | ₩50,000 | | |
| 임대료 | | 6,000 | | 6,000 | | |
| 매출원가 | 20,000 | | ₩20,000 | | | |
| 이자비용 | 5,000 | | 5,000 | | | |
| 보험료 | 1,000 | | 1,000 | | | |
| 당기순이익 | | | 30,000 | | | |
| **합계** | ₩242,500 | ₩242,500 | ₩56,000 | ₩56,000 | ₩216,500 | ₩216,500 |

**수정후시산표**

기말수정분개한 내용을 각 계정으로 오류 없이 전기하였는지 검토하기 위해 작성

## 제5절 정산표의 작성

정산표도 기업에서 반드시 작성해야 하는 필수 보고서는 아니다. 다만, 수정전시산표부터 재무제표 작성까지 오류 없이 진행하기 위해 사용되고 있다.

아래 ㈜대구의 정산표를 보면서 정산표 작성절차를 살펴보도록 하자.

**정산표**

| 계정과목 | 수정전잔액시산표 | | 기말수정분개 | | 수정후잔액시산표 | | 손익계산서 | | 재무상태표 | |
|---|---|---|---|---|---|---|---|---|---|---|
| | 차변 | 대변 | 차변 | 대변 | 차변 | 대변 | 차변 | 대변 | 차변 | 대변 |
| 현금 | ₩156,500 | | | | ₩156,500 | | | | ₩156,500 | |
| 토지 | 5,000 | | | | 5,000 | | | | 5,000 | |
| 상품 | 10,000 | | | | 10,000 | | | | 10,000 | |
| 외상매출금 | 40,000 | | | | 40,000 | | | | 40,000 | |
| 선급보험료 | 6,000 | | | ₩1,000 | 5,000 | | | | 5,000 | |
| 단기차입금 | | ₩60,000 | | | | ₩60,000 | | | | ₩60,000 |
| 외상매입금 | | 18,000 | | | | 18,000 | | | | 18,000 |
| 선수임대료 | | 12,000 | 6,000 | | | 6,000 | | | | 6,000 |
| 미지급이자 | | | | 2,500 | | 2,500 | | | | 2,500 |
| 자본금 | | 100,000 | | | | 100,000 | | | | 100,000 |
| 이익잉여금 | | | | | | | | | | 30,000 |
| 매출 | | 50,000 | | | | 50,000 | | ₩50,000 | | |
| 임대료 | | | | 6,000 | | 6,000 | | 6,000 | | |
| 매출원가 | 20,000 | | | | 20,000 | | ₩20,000 | | | |
| 이자비용 | 2,500 | | 2,500 | | 5,000 | | 5,000 | | | |
| 보험료 | | | 1,000 | | 1,000 | | 1,000 | | | |
| 당기순이익 | | | | | | | 30,000 | | | |
| **합계** | ₩240,000 | ₩240,000 | ₩9,500 | ₩9,500 | ₩242,500 | ₩242,500 | ₩56,000 | ₩56,000 | ₩216,500 | ₩216,500 |

### 1) 수정전잔액시산표의 작성

먼저 각 계정과목을 시산표의 맨 왼쪽에 옮겨 적고, 각 계정의 잔액도 차변과 대변으로 각각 옮긴다. 이때 계정잔액이 0인 계정도 보통 옮겨 적는데 이는 기말수정분개에서 금액이 기록될 가능성이 있기 때문이다. 이후 차변잔액 합계액과 대변잔액 합계액이 일치하는지 확인한다.

### 2) 기말수정분개 기록

기말수정분개 내용을 기말수정분개란에 기입한 후 기말수정분개란의 차변합계액과 대변합계액이 일치하는지 확인한다. 정산표에서 기말수정분개를 하더라도 원장에 반드시 전기해야 한다.

### 3) 수정후잔액시산표 작성

수정전잔액시산표란의 금액과 기말수정분개란의 금액을 통해 수정후잔액시산표란에 기록한다. 이때 두 금액이 같은 변에 있으면 합계액을 적고, 서로 다른 변에 기록되어 있으면 큰 금액이 기록되었던 변에 잔액을 적는다. 이후 차변합계액과 대변합계액을 적는다. 혹은 기말수정분개 내용을 각 계정으로 전기한 후 각 계정별 잔액을 수정후 잔액시산표란에 옮겨 적는다.

### 4) 수정후시산표의 각 계정잔액을 손익계산서와 재무상태표로 이동

수익과 비용계정은 손익계산서로, 자산·부채·자본계정은 재무상태표로 옮겨 적는다. 이때 당기순손익이 계산되지 않았기 때문에 손익계산서란과 재무상태표란 모두 차변합계액과 대변합계액은 당기순손익만큼 일치하지 않는다.

### 5) 손익계산서에서 당기순손익 계산

손익계산서의 차변합계와 대변합계의 차이로 당기순손익을 계산한다. 당기순이익일 경우에는 차변에 기록되고, 당기순손실일 경우에는 대변에 기록한다. 이후 차변합계액과 대변합계액이 일치하는지를 검토한다.

### 6) 재무상태표에서 당기순이익을 계산

재무상태표란의 차변합계액과 대변합계액의 차이가 손익계산서란의 당기순손익과 일치하는지를 확인한다. 일치한다면 당기순이익일 경우에는 재무상태표 이익잉여금란의 대변에 기록하고, 당기순손실일 경우에는 차변에 기록한다. 이후 차변합계액과 대변합계액이 일치하는지를 검토한다.

그리고 정산표상의 손익계산서와 재무상태표는 항목을 분류해 놓은 것에 불과하므로 반드시 기업회계기준서에 따라 재무제표를 별도로 작성하여야 한다.

**정산표**

수정전시산표부터 재무제표 작성까지의 절차를 오류없이 진행하기 위해 작성

## 제6절 재무제표의 작성

정산표에서 손익계산서계정과 재무상태표계정의 금액을 모두 확인할 수 있기 때문에 양식에 맞게 손익계산서와 재무상태표를 작성하면 된다.

손익계산서

㈜대구 20X1년 1월 1일부터 20X1년 12월 31일까지 (단위: 원)

|  |  |
|---|---|
| 매출액 | ₩50,000 |
| 매출원가 | (20,000) |
| 매출총이익 | 30,000 |
| 판매비와일반관리비(보험료) | (1,000) |
| 영업이익 | 29,000 |
| 기타수익(임대료) | 6,000 |
| 금융비용(이자비용) | (5,000) |
| **당기순이익** | **₩30,000** |

재무상태표

㈜대구 20X1년 12월 31일 현재 (단위: 원)

| 자산 | | 부채 | |
|---|---|---|---|
| 현금 | ₩156,500 | 매입채무(외상매입금) | ₩18,000 |
| 매출채권(외상매출금) | 40,000 | 선수수익(선수임대료) | 6,000 |
| 선급비용(선급보험료) | 5,000 | 미지급비용(미지급이자) | 2,500 |
| 재고자산(상품) | 10,000 | 단기차입금 | 60,000 |
| 토지 | 5,000 | **부채총계** | **86,500** |
| | | **자본** | |
| | | 자본금 | 100,000 |
| | | 이익잉여금 | 30,000 |
| | | **자본총계** | **130,000** |
| **자산총계** | **₩216,500** | **부채와자본총계** | **₩ 216,500** |

## 제7절 장부의 마감

재무제표를 작성한 후에는 당기에 기록한 모든 계정들을 마무리하고, 다음 회계기간의 거래를 기록할 준비를 하는 절차가 진행된다. 이를 **장부의 마감**이라고 하며, 손익계산서계정을 마감한 후 재무상태표계정을 마감한다.

### 1. 손익계산서계정의 마감

기중에 발생한 수익과 비용을 별도의 계정(집합손익)에 기록한 후 기말에 자본의 순변동분(당기순손익)을 계산하고, 이를 재무상태표의 이익잉여금 계정으로 대체한다. 따라서 수익계정과 비용계정은 기말에 당기순손익을 산출한 후 사라지기 때문에 **임시계정**이라고 한다. 다음과 같은 절차에 따라 기말에 수익과 비용계정을 모두 사라지게 하면서 당기순손익을 이익잉여금계정으로 대체시키는 방법을 사용하는데 이를 **손익계산서계정의 마감**이라고 한다.

① 집합손익이라는 별도계정을 설정한다. 집합손익계정도 임시계정이다.

② 기중 발생한 모든 수익계정과 비용계정의 기말잔액을 '0'으로 만들면서 집합손익계정으로 대체시킨다. 이를 위해서 다음과 같은 마감분개를 실시한다.

| | | | | |
|---|---|---|---|---|
| 수익계정: | (차) 수익 | XXX | (대) 집합손익 | XXX |
| 비용계정: | (차) 집합손익 | XXX | (대) 비용 | XXX |

③ 집합손익계정 마감을 통해 당기순손익을 재무상태표의 이익잉여금계정으로 대체한다. 당기순이익(당기순손실) 보고기업은 당기수익(비용)이 비용(수익)보다 순이익(순손실)만큼 크기 때문에 집합손익계정 대변(차변)도 차변(대변)보다 순이익(순손실)만큼 커진다. 이후 차변(대변)에 순이익(순손실)만큼 집합손익으로 기록하고, 대변(차변)에 동일한 금액만큼 이익잉여금으로 기록하여 집합손익계정 잔액을 '0'으로 만들면서 순이익(순손실)을 이익잉여금 대변(차변)으로 대체한다. 결과적으로 집합손익계정 마감을 통해 당기순이익(당기순손실)만큼 이익잉여금이 증가(감소)하게 된다.

| | | | | |
|---|---|---|---|---|
| 당기순이익 발생: | (차) 집합손익 | XXX | (대) 이익잉여금 | XXX |
| 당기순손실 발생: | (차) 이익잉여금 | XXX | (대) 집합손익 | XXX |

[당기순손익 보고기업의 손익계산서계정 마감]

**비용**

| 차변 | 대변 |
|---|---|
| OO | 12/31 OO (①) |

**집합손익**

| 차변 | 대변 |
|---|---|
| 12/31 OO (①) | 12/31 XX (②) |
| 12/31 XX−OO (③−1) | 12/31 OO−XX (③−2) |

**수익**

| 차변 | 대변 |
|---|---|
| 12/31 XX (②) | XX |

**이익잉여금**

| 차변 | 대변 |
|---|---|
| 12/31 OO−XX (③−2) | 12/31 XX−OO (③−1) |

※ ③−1: 당기순이익 발생기업의 집합손익계정 마감
③−2: 당기순손실 발생기업의 집합손익계정 마감

지금까지 살펴본 손익계산서 마감절차에 따라 ㈜대구의 수익계정과 비용계정을 마감해보자.

수익계정 중 매출계정의 기말 대변잔액은 ₩50,000이다. 매출계정을 마감하기 위해서는 아래 마감분개를 통해 매출계정의 기말잔액을 '0'으로 만드는 동시에 기말잔액을 집합손익계정 대변으로 대체하면 된다.

| (차) 매출 | 50,000 | (대) 집합손익 | 50,000 |
|---|---|---|---|

따라서 차변의 매출 ₩50,000을 전기하면 매출계정 차변에 ₩50,000이 기록되어 매출계정 기말잔액은 '0'이 되어 사라진다. 또한 대변의 집합손익 ₩50,000을 전기하면 집합손익계정 대변에 ₩50,000이 기록된다. 결과적으로 매출계정이 사라지면서 매출계정의 기말잔액이 집합손익계정 대변으로 대체된다. 임대료계정 역시 동일한 마감 절차로 기말잔액이 집합손익 대변으로 대체된다.

다음으로 비용계정 중 매출원가계정의 기말 차변잔액은 ₩20,000이다. 매출원가계정을 마감하기 위해서 다음과 같은 분개를 통해 매출원가계정의 잔액을 '0'으로 만드는 동시에 기말잔액을 집합손익계정 차변으로 대체한다.

| (차) 집합손익 | 20,000 | (대) 매출원가 | 20,000 |
|---|---|---|---|

매출원가계정의 마감분개 중 대변의 매출원가 ₩20,000을 전기하면 매출원가계정 대변에 ₩20,000이 기록되어 매출원가계정 기말잔액은 '0'이 되어 사라진다. 또한 차변의 집합손익 ₩20,000을 전기하면 집합손익계정 차변에 ₩20,000이 기록된다. 결과적으로 매출원가계정이 사라지면서 매출원가계정의 기말잔액이 집합손익계정 차변으로 대체된다. 이자비용계정과 보험료계정 역시 마감 절차로 기말잔액이 집합손익계정 차변으로 대체된다.

따라서 마감분개를 통해 기중에 발생한 모든 수익계정과 비용계정은 사라지고, 집합손익계정 역시 손익계정이므로 마감분개를 수행한다. 집합손익계정에 모든 수익계정과 비용계정의 기말잔액이 대체되었기 때문에 집합손익계정의 기말잔액 ₩30,000이 당기순이익이 된다. 다음과 같이 집합손익계정 마감을 통해 당기순이익 ₩30,000을 재무상태표의 이익잉여금계정으로 대체하면 손익계산서계정의 마감이 완료된다.

| (차) 집합손익 | 30,000 | (대) 이익잉여금 | 30,000 |
|---|---|---|---|

즉, 차변의 집합손익 ₩30,000을 전기하면 집합손익계정의 기말잔액은 '0'이 된다. 또한 대변의 이익잉여금 ₩30,000을 전기하면 이익잉여금계정 대변으로 당기순이익 ₩30,000이 대체된다. 이는 당기 영업활동의 결과로 이익잉여금이 ₩30,000 증가하였다는 의미이다.

위 절차에 따라 ㈜대구의 손익계산서계정을 모두 마감하면 다음과 같다.

**[손익계산서계정의 장부마감]**

〈수익계정〉

매출

| 차변 | | 대변 | |
|---|---|---|---|
| 12/31㉠ 집합손익 | 50,000 | 6/3 제좌 | 50,000 |
| | 50,000 | | 50,000 |

* 12/31㉠ (차) 매출 50,000 (대) 집합손익 50,000

임대료

| 차변 | | 대변 | |
|---|---|---|---|
| 12/31㉢ 집합손익 | 6,000 | 12/31② 선수임대료 | 6,000 |
| | 6,000 | | 6,000 |

* 12/31㉢ (차) 임대료 6,000 (대) 집합손익 6,000

〈비용계정〉

매출원가

| 차변 | | 대변 | |
|---|---|---|---|
| 6/3 상품 | 20,000 | 12/31㉡ 집합손익 | 20,000 |
| | 20,000 | | 20,000 |

* 12/31㉡ (차) 집합손익 20,000 (대) 매출원가 20,000

이자비용

| 차변 | | 대변 | |
|---|---|---|---|
| 7/31 현금 | 2,500 | 12/31㉣ 집합손익 | 5,000 |
| 12/31① 미지급이자 | 2,500 | | |
| | 5,000 | | 5,000 |

* 12/31㉣ (차) 집합손익 5,000 (대) 이자비용 5,000

보험료

| 차변 | | 대변 | |
|---|---|---|---|
| 12/31③ 선급보험료 | 1,000 | 12/31㉤ 집합손익 | 1,000 |
| | 1,000 | | 1,000 |

* 12/31㉤ (차) 집합손익 1,000 (대) 보험료 1,000

〈집합손익계정〉

집합손익

| 차변 | | 대변 | |
|---|---|---|---|
| 12/31㉡ 매출원가 | 20,000 | 12/31㉠ 매출 | 50,000 |
| 12/31㉤ 보험료 | 1,000 | 12/31㉢ 임대료 | 6,000 |
| 12/31㉣ 이자비용 | 5,000 | | |
| 12/31㉥ 이익잉여금 | 30,000 | | |
| | 56,000 | | 56,000 |

* 12/31㉥ (차) 집합손익 30,000 (대) 이익잉여금 30,000

## 2. 재무상태표계정의 마감

손익계산서계정을 마감하면 당기순손익이 재무상태표의 이익잉여금계정으로 대체된다. 따라서 손익계정을 마감한 후 재무상태표계정을 마감해야 한다. 그런데 여기서 한 가지 유의할 점은 손익계정은 마감을 통해 모든 계정의 기말잔액이 '0'이 되며 사라지는 반면, 재무상태표계정은 영구계정(실질계정)으로 기말잔액이 차기로 이월되어 존속한다는 점이다. 즉, **재무상태표계정 마감**의 본질은 당기말 잔액을 차기의 기초잔액으로 이월하는 것이다.

재무상태표계정의 마감절차는 다음과 같다. 먼저 특정 계정의 잔액을 계산한 후 잔액이 위치한 반대편 적요란에 '차기이월'이라고 기록하고, 금액란에는 잔액과 동일한 금액을 기록한다. 이렇게 하면 특정 계정의 차변합계액과 대변합계액이 같아진다. 다음으로 합계란 하단에 두 줄로 마감선을 표시한다. 마지막으로, 다음 회계연도 개시일에 원래 잔액이 남아 있던 변의 적요란에 전기이월로 기록한 후 관련거래를 계속해서 기록하면 된다.

**장부 마감**

- 손익계산서계정의 마감은 당기중 기록한 모든 수익, 비용계정의 잔액을 '0'으로 만들고, 자본의 순변동분(당기순손익)을 이익잉여금계정으로 대체하는 과정
- 재무상태표계정의 마감은 모든 자산, 부채, 자본계정의 당기말 잔액을 차기로 이월하는 과정

지금까지 살펴본 절차에 따라 ㈜대구의 재무상태표 계정을 모두 마감하면 다음과 같다.

〈자산계정〉

**현금**

| | | | | | |
|---|---|---|---|---|---|
| 1/1 | 자본금 | 100,000 | 1/30 | 토지 | 5,000 |
| 3/1 | 단기차입금 | 60,000 | 5/15 | 상품 | 12,000 |
| 6/3 | 매출 | 10,000 | 7/31 | 이자비용 | 2,500 |
| 10/1 | 선수임대료 | 12,000 | 11/1 | 선급보험료 | 6,000 |
| | | | 12/31 | 차기이월 | 156,500 |
| | | 182,000 | | | 182,000 |
| 1/1 | 전기이월 | 156,500 | | | |

**토지**

| | | | | | |
|---|---|---|---|---|---|
| 1/30 | 현금 | 5,000 | 12/31 | 차기이월 | 5,000 |
| | | 5,000 | | | 5,000 |
| 1/1 | 전기이월 | 5,000 | | | |

**상품**

| | | | | | |
|---|---|---|---|---|---|
| 5/15 | 제좌 | 30,000 | 6/3 | 매출원가 | 20,000 |
| | | | 12/31 | 차기이월 | 10,000 |
| | | 30,000 | | | 30,000 |
| 1/1 | 전기이월 | 10,000 | | | |

**외상매출금**

| | | | | | |
|---|---|---|---|---|---|
| 6/3 | 매출 | 40,000 | 12/31 | 차기이월 | 40,000 |
| | | 40,000 | | | 40,000 |
| 1/1 | 전기이월 | 40,000 | | | |

**선급보험료**

| | | | | | |
|---|---|---|---|---|---|
| 11/1 | 현금 | 6,000 | 12/31 | ③ 보험료 | 1,000 |
| | | | 12/31 | 차기이월 | 5,000 |
| | | 6,000 | | | 6,000 |
| 1/1 | 전기이월 | 5,000 | | | |

〈부채계정〉

**단기차입금**

| | | | | | |
|---|---|---|---|---|---|
| 12/31 | 차기이월 | 60,000 | 2/1 | 현금 | 60,000 |
| | | 60,000 | | | 60,000 |
| | | | 1/1 | 전기이월 | 60,000 |

**외상매입금**

| | | | | | |
|---|---|---|---|---|---|
| 12/31 | 차기이월 | 18,000 | 5/15 | 상품 | 18,000 |
| | | 18,000 | | | 18,000 |
| | | | 1/1 | 전기이월 | 18,000 |

**선수임대료**

| | | | | | |
|---|---|---|---|---|---|
| 12/31 | ② 임대료 | 6,000 | 9/1 | 현금 | 12,000 |
| 12/31 | 차기이월 | 6,000 | | | |
| | | 12,000 | | | 12,000 |
| | | | 1/1 | 전기이월 | 6,000 |

**미지급이자**

| | | | | | |
|---|---|---|---|---|---|
| 12/31 | 차기이월 | 2,500 | 12/31 | ① 이자비용 | 2,500 |
| | | 2,500 | | | 2,500 |
| | | | 1/1 | 전기이월 | 2,500 |

〈자본계정〉

**자본금**

| | | | | | |
|---|---|---|---|---|---|
| 12/31 | 차기이월 | 100,000 | 1/1 | 현금 | 100,000 |
| | | 100,000 | | | 100,000 |
| | | | 1/1 | 전기이월 | 100,000 |

**이익잉여금**

| | | | | | |
|---|---|---|---|---|---|
| 12/31 | 차기이월 | 30,000 | 12/31 | ㉥ 집합손익 | 30,000 |
| | | 30,000 | | | 30,000 |
| | | | 1/1 | 전기이월 | 30,000 |

## 핵심정리

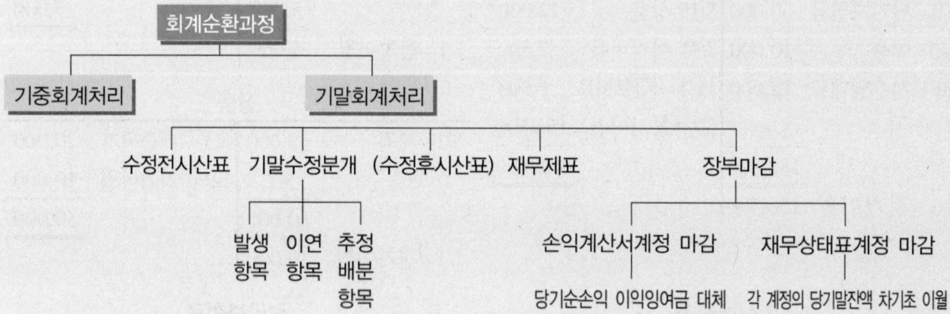


1. 수정전시산표는 결산을 실시하기 전 시산표 등식(자산계정잔액+비용계정잔액=부채계정잔액+자본계정잔액+수익계정잔액)에 의해 기중에 분개한 내용을 각 계정으로 오류 없이 전기하였는지 검토하기 위해 작성하는 표이다.

2. 기말수정분개는 기업의 재무상태와 경영성과를 정확히 측정하기 위하여 기말에 계정잔액을 발생주의 금액으로 수정하기 위한 분개이다.

3. 기말수정분개의 종류에는 당기에 발생하였으나 아직 현금을 수취 혹은 지출하지 않은 수익과 비용을 인식하기 위한 발생 분개와 당기에 이미 현금을 수취 혹은 지출하였으나 아직 발생하지 않은 수익과 비용을 인식하기 위한 이연 분개가 있다.

4. 수정후시산표는 시산표 등식에 의해 기말수정사항에 대해 분개한 내용을 각 계정으로 오류 없이 전기하였는지 검토하기 위해 작성하는 표로 선택사항이다.

5. 정산표는 수정전시산표의 작성부터 재무제표 작성까지 오류 없이 진행하기 위해 작성하는 표이다.

6. 재무제표는 손익계산서를 먼저 작성하고 재무상태표를 작성한다. 당기순이익과 배당금을 고려하여 이익잉여금을 산출하고 이를 재무상태표의 이익잉여금으로 보고하기 때문이다.

7. 손익계산서계정 마감분개는 당기중 기록한 모든 수익과 비용계정의 잔액을 '0'으로 만들고, 자본의 순변동분(당기순손익)을 이익잉여금계정으로 대체하기 위한 분개이다. 전기 후 장부를 마감한다.

8. 재무상태표계정 마감분개는 모든 자산, 부채, 자본계정의 당기말 잔액을 차기로 이월하기 위한 분개이다.

## 연습문제

### ✪ 객관식 문제

**01.** 시산표의 차변잔액과 대변잔액의 불일치를 발생시키는 오류는?

① 동일한 거래의 분개를 오류 없이 2번 전기한 경우
② 분개한 후 차변계정은 전기하고, 대변계정은 전기하지 않은 경우
③ 분개를 할 때 차변과 대변에 동일하게 금액을 잘못 기록한 경우
④ 현금계정 차변에 기록할 금액을 외상매출금계정 차변에 기록한 경우
⑤ 분개 자체를 누락한 경우

**02.** 시산표에 관한 설명 중 적절하지 않은 것은?

① 회계상 거래가 원장상의 각 계정에 정확하게 기록되었는지를 검토하기 위해 모든 계정의 잔액 또는 총액을 집계한 표이다.
② 대변은 부채, 자본, 비용이 기재되고, 차변에는 자산, 수익이 기재된다.
③ 시산표 작성을 통해 재무상태표를 작성할 수 있다.
④ 전기과정에서의 모든 오류를 완벽히 찾아내지는 못한다.
⑤ 기말수정분개 전에 작성하는 시산표를 수정전시산표라고 한다.

**03.** 다음 수정분개 중 누락되었을 때 부채와 비용이 과소계상되는 경우는?

① 기중에 발생한 종업원의 급여를 기말까지 지급하지 않은 경우
② 기말이 되어 소멸된 선급비용을 인식하는 경우
③ 기말이 되어 소멸된 선수수익을 인식하는 경우
④ 기중에 발생한 이자수익을 기말까지 수취하지 않은 경우
⑤ 차기에 발생할 이자비용을 당기에 지급한 경우

**04.** 결산시점에서 선수수익 중 기간 경과로 인하여 소멸된 부분에 대한 수정분개를 누락한 경우 부채와 당기순이익에 미치는 영향을 올바르게 설명한 것은?

① 당기순이익과 부채 모두 과대계상
② 당기순이익과 부채 모두 과소계상
③ 당기순이익은 과대계상, 부채는 과소계상
④ 당기순이익은 과소계상, 부채는 과대계상
⑤ 당기순이익과 부채에 영향을 미치지 않음

**05.** 지급기일이 도래하지 않은 채무에 대해 기간 경과분을 비용으로 인식할 경우 동일한 금액의 미지급비용을 인식한다. 이와 같이 현금 지급액 전액을 비용으로 인식하지 않고, 기간 경과분만 비용으로 인식하는 회계처리의 근간이 되는 이론은 무엇인가?

① 현금주의 ② 보수주의 ③ 발생주의
④ 기업실체의 가정 ⑤ 정답 없음

**06.** 다음 거래에 대한 회계처리 중 적절하지 않은 것은?

| | 거래 | 회계처리 | |
|---|---|---|---|
| | | 차변 | 대변 |
| ① | 향후 12개월분 임대료를 미리 받음 | 현금 | 선수수익 |
| ② | 당기 이자수익이 발생하였으나 차기 이후 현금으로 받기로 함 | 미수이자 | 이자수익 |
| ③ | 차량을 구매하기로 하고 계약금을 미리 지급함 | 선급금 | 현금 |
| ④ | 당기 임차료가 발생하였으나 차기에 현금을 지급하기로 함 | 임차료 | 미지급임차료 |
| ⑤ | 과거에 미리 현금으로 받은 이자 중 당기분 이자수익을 인식함 | 이자수익 | 선수이자 |

**07.** 아래 등식 중 맞는 것은?

① 자산+부채=자본
② 기말자산-기말부채+자본금=이익잉여금
③ 기말자본=기초자본−당기순이익
④ 기말자본=기초자본+비용−수익
⑤ 기초자본=기말자본−수익+비용

**08.** 회계상 수익 혹은 비용의 인식이 의미하는 바로 적절한 것은?

① 수익이나 비용의 발생 과정을 설명한다.

② 수익이나 비용에 대한 현금을 받거나 지출한다.

③ 수익이나 비용에 대한 현금의 수입과 지출을 회계장부에 기록한다.

④ 수익이나 비용이 귀속되는 회계기간을 확정한다.

⑤ 정답 없음

**09.** ㈜제주는 20X1년 10월 1일부터 12개월간 청소용역을 제공하기로 하였으며, 12개월분 청소대금 ₩150,000은 20X2년중 받기로 하였다. ㈜제주가 20X1년말에 수익을 인식하기 위한 회계처리로 적절한 것은?

| | | | | |
|---|---|---|---|---|
| ① | (차) 미수수익 | 37,500 | (대) 수익 | 37,500 |
| ② | (차) 현금 | 37,500 | (대) 수익 | 37,500 |
| ③ | (차) 선수수익 | 37,500 | (대) 수익 | 37,500 |
| ④ | (차) 현금 | 150,000 | (대) 선수수익 | 150,000 |
| ⑤ | (차) 미수수익 | 150,000 | (대) 수익 | 150,000 |

**10.** ㈜대구는 12월말 결산기업이며, 20X1년 9월 1일 은행에서 현금 ₩1,200,000을 차입하였다. 이자율은 연 10%이며, 원금과 이자 모두 20X2년 8월 31일에 일시 지급하기로 하였다. 20X1년 12월 31일에 당기분 이자비용을 인식하기 위해 실시할 분개는?

| | | | | |
|---|---|---|---|---|
| ① | (차) 이자비용 | 40,000 | (대) 미지급이자 | 40,000 |
| ② | (차) 미지급이자 | 40,000 | (대) 이자비용 | 40,000 |
| ③ | (차) 이자비용 | 40,000 | (대) 현금 | 40,000 |
| ④ | (차) 미수이자 | 40,000 | (대) 이자수익 | 40,000 |
| ⑤ | 분개 필요 없음 | | | |

**11.** 12월말 결산기업인 ㈜경북은 20X1년 3월말에 당기 임대료 3개월분 ₩60,000을 현금으로 수령하면서 수익으로 인식하였다. 매달 임대료가 ₩20,000이라면 20X1년 임대료를 인식하기 위한 기말수정분개는?

| | | | | |
|---|---|---|---|---|
| ① | (차) 임대료 | 180,000 | (대) 미수임대료 | 180,000 |
| ② | (차) 현금 | 180,000 | (대) 임대료 | 180,000 |
| ③ | (차) 미수임대료 | 180,000 | (대) 임대료 | 180,000 |
| ④ | (차) 임대료 | 180,000 | (대) 현금 | 180,000 |
| ⑤ | 분개 필요 없음 | | | |

**12.** 12월말 결산기업인 ㈜부산이 20X1년 10월 1일에 향후 24개월분 보험료 ₩160,000을 지급하면서 전액 비용으로 처리하였다. 20X1년 12월 31일에 당기분 보험료를 인식하기 위해 실시할 분개는?

| | | | | |
|---|---|---|---|---|
| ① | (차) 보험료 | 20,000 | (대) 선급보험료 | 20,000 |
| ② | (차) 선급보험료 | 140,000 | (대) 보험료 | 140,000 |
| ③ | (차) 보험료 | 20,000 | (대) 현금 | 20,000 |
| ④ | (차) 보험료 | 140,000 | (대) 선급보험료 | 140,000 |
| ⑤ | 분개 필요 없음 | | | |

**13.** 12월말 결산기업인 ㈜대전이 20X1년 8월 1일에 향후 30개월분 임대료 ₩300,000을 수취하면서 전액 부채로 처리하였다. 20X1년 12월 31일에 당기분 임대료를 인식하기 위해 실시할 분개는?

| | | | | |
|---|---|---|---|---|
| ① | (차) 선수임대료 | 240,000 | (대) 임대료 | 240,000 |
| ② | (차) 현금 | 240,000 | (대) 임대료 | 240,000 |
| ③ | (차) 선수임대료 | 50,000 | (대) 임대료 | 50,000 |
| ④ | (차) 현금 | 50,000 | (대) 임대료 | 50,000 |
| ⑤ | 분개 필요 없음 | | | |

## ✪ 주관식 문제

**01.** ㈜경남의 미지급임차료 기초잔액은 ₩10,000이다. 기중에 현금 ₩50,000을 임차료로 지급하였으며, 미지급임차료 기말잔액은 ₩3,000이다. 물음에 답하라.

(1) 당기 임차료는 얼마인가?

(2) 임차료 현금 지급일과 기말에 필요한 분개를 제시하라.

① 임차료 지급일: (차) (대)

② 기말수정분개: (차) (대)

**02.** ㈜전남의 선수이자 기초잔액은 ₩5,000이다. 기중에 현금 ₩12,000을 이자로 수취하였으며, 선수이자 기말잔액은 ₩8,000이다. 물음에 답하라.

(1) 당기 이자수익은 얼마인가?

(2) 이자 현금 수취일과 기말에 필요한 분개를 제시하라.

① 이자 현금 수취일: (차) (대)

② 기말수정분개: (차) (대)

**03.** 12월말 결산법인 ㈜경상은 자전거를 판매한다. 아래 자료를 이용하여 물음에 답하시오.

〈20X2년초 재무상태표 잔액〉

현금: ₩150,000, 상품: ₩20,000, 외상매입금: ₩12,000, 자본금: ₩150,000,
이익잉여금: ₩8,000

〈20X2년중 거래〉

| 일자 | 거래내용 |
|---|---|
| 1/2 | 상품 ₩50,000을 매입하면서 대금 중 ₩20,000만 현금으로 지급하였다. |
| 3/8 | 소모품 ₩30,000을 외상으로 구입하였다. 단, 해당 거래에 대한 수익 혹은 비용은 기말수정분개를 통해 인식할 것. |
| 5/1 | 현금 ₩24,000을 12개월간 대여하였다. 원금은 만기일에 전액 일시 상환받고, 원금의 10%에 해당하는 연이자는 대여일에 전액 현금으로 미리 받았다. 단, 해당 거래에 대한 수익 혹은 비용은 기말수정분개를 통해 인식할 것. |
| 6/8 | 원가 ₩30,000의 상품을 ₩45,000에 매출하면서 대금 중 ₩25,000만 현금으로 받았다. |
| 7/1 | 영업용 건물을 현금 ₩12,000에 취득하였다. |
| 9/1 | 향후 6개월분 종업원 급여 ₩600(매월 ₩100)을 미리 현금으로 지급하였다. 단, 해당거래에 대한 수익 혹은 비용은 기말수정분개를 통해 인식할 것. |
| 11/1 | 은행에서 ₩50,000을 1년간 차입하였다. 연이자는 원금의 12%이며, 원금과 이자 모두 만기일에 지급하기로 하였다. 단, 해당거래에 대한 수익 혹은 비용은 기말수정분개를 통해 인식할 것. |
| 12/9 | 건물에 대한 임차료 ₩800을 미리 지급하였다. 단, 해당 거래에 대한 수익 혹은 비용은 기말수정분개를 통해 인식할 것. |

〈20X2년말 수정사항〉

| | |
|---|---|
| ① | 3/8 거래와 관련하여 당기 소모품 사용분은 ₩10,000이다. |
| ② | 5/1 거래의 수정분개(이자수익은 월할계산) |
| ③ | 9/1 거래의 수정분개(급여는 월할계산) |
| ④ | 11/1 거래의 수정분개(이자비용은 월할계산) |
| ⑤ | 12/9 거래와 관련하여 기말 현재 선급임차료계정의 기간 비경과분은 ₩300이다. |
| ⑥ | 7/1 취득한 건물의 20X2분 감가상각비는 ₩1,500으로 추정된다. |
| ⑦ | 6/8 거래의 외상매출금 중 ₩200은 회수 불가능할 것으로 추정된다. |

(1) 기중거래와 기말수정분개를 실시하고, 전기하시오.

(2) 정산표(수정전잔액시산표, 기말수정분개, 수정후잔액시산표, 손익계산서, 재무상태표)를 작성하시오.

(3) 손익계산서와 재무상태표를 작성하시오.

(4) 모든 손익계정(집합손익계정 포함)에 대한 마감분개를 실시하고, 전기하시오.

(5) 모든 장부를 마감하시오.

## 정답 및 해설

### ✪ 객관식 문제

**01.** ②

차변계정은 전기하였으나 대변계정은 전기하지 않으면 차변합계액이 대변합계액보다 커진다.

**02.** ②

시산표 차변에는 자산, 비용이 기록된다.

**03.** ①

①이 분개가 누락되면 부채와 비용이 과소계상, 급여/미지급비용, ②의 분개는 보험료/선급비용, ③의 분개는 선수수익/임대료, ④의 분개는 미수수익/이자수익이 된다. ⑤의 분개는 선급비용/현금

**04.** ④

기말수정분개 중 선수수익(부채 감소) / 수이(수익의 발생)의 분개를 누락하였다는 의미. 따라서 부채는 과대계상되고, 수익이 취소(자본이 감소)되어 당기순이익은 과소계상된다.

**05.** ③

발생주의는 현금의 수입, 지출과 관련 없이 관련 수익과 비용이 발생한 기간에 인식하는 것이다.

**06.** ⑤

과거에 이자의 현금수입이 발생한 시점에서 (차) 현금 (대) 선수이자로 회계처리하였다면 기말에 당기분 이자수익을 인식하기 위해서는 당기분 이자수익만큼 수익을 인식(대변)하는 동시에 선수이자를 감소(차변)시키는 회계처리를 실시한다.

**07.** ⑤

자본=자산−부채, 기말자본=기초자본+당기순이익(=수익−비용)

**08.** ④

수익 혹은 비용은 발생한 기간에 대응하여 인식한다.

**09. ①**

20X1년말에는 12개월분 용역대금 ₩150,000 중 20X1년에 귀속되는 3개월분 ₩37,500(=₩150,000×3개월÷12개월)을 수익으로 인식(대변)한다. 동시에 20X1년분 대금 ₩37,500은 20X2년중 받기 때문에 20X1년말에는 채권(미수수익)으로 회계처리(차변) 한다.

**10. ①**

20X1년분 이자비용: 1,200,000×12%×4/12=₩40,000

기말에는 이자비용으로 ₩40,000을 인식(비용의 발생)하면서 동시에 미지급이자를 인식(부채의 증가)한다. 따라서 회계처리는 다음과 같다.

| (차) 이자비용 | 40,000 | (대) 미지급비용 | 40,000 |
|---|---|---|---|

**11. ③**

20X1년분 임대료 ₩240,000(=₩20,000×12개월) 중 3개월분 ₩60,000은 3월말에 아래와 같이 회계처리 한다.

| (차) 현금 | 60,000 | (대) 임대료 | 60,000 |
|---|---|---|---|

따라서 당기말에는 아래와 같이 9개월분 임대료 미수령액 ₩180,000을 수익으로 인식하면서 동시에 미수임대료(자산)를 증가시킨다.

| (차) 미수임대료 | 180,000 | (대) 임대료 | 180,000 |
|---|---|---|---|

**12. ②**

| 20X1년 10월 1일: (차) 보험료 | 160,000 | (대) 현금 | 160,000 |
|---|---|---|---|

20X1년 3개월분 보험료는 ₩20,000(=₩160,000x3÷24)이기 때문에 10월 1일에 인식한 보험료 중 20X2년분 ₩140,000을 취소하면서 선급보험료(자산)를 인식한다,

| 20X1년 12월 31일: (차) 선급보험료 | 140,000 | (대) 보험료 | 140,000 |
|---|---|---|---|

**13. ③**

| 20X1년 8월 1일: (차) 현금 | 300,000 | (대) 선수임대료 | 300,000 |
|---|---|---|---|

20X1년 5개월분 임대료는 ₩50,000(=₩300,000x5÷30)이기 때문에 8월 1일에 인식한 선수임대료(부채) 중 20X1년분 ₩50,000을 감소시키면서 임대료(수익)를 인식한다.

| 20X1년 12월 31일: (차) 선수임대료 | 50,000 | (대) 임대료 | 50,000 |
|---|---|---|---|

## ✪ 주관식 문제

### 01.

(1) 당기 임차료: ₩50,000 − ₩10,000 + ₩3,000 = ₩43,000

(2)

① 임차료 지급일: (차) 미지급임차료 10,000 (대) 현금 50,000
임차료 40,000

② 기말수정분개: (차) 임차료 3,000 (대) 미지급임차료 3,000

### 02.

(1) 당기 이자수익: ₩5,000 + ₩12,000 − ₩8,000 = ₩9,000

(2)

① 이지 수취일: (차) 현금 12,000 (대) 선수이자 12,000

② 기말수정분개: (차) 선수이자 9,000 (대) 이자수익 9,000

### 03.

(1)

[기중분개]

| 날짜 | 차변 | 금액 | 대변 | 금액 |
|---|---|---|---|---|
| 1/2 | (차) 상품 | 50,000 | (대) 현금 | 20,000 |
| | | | 외상매입금 | 30,000 |
| 3/8 | (차) 소모품 | 30,000 | (대) 미지급금 | 30,000 |
| 5/1 | (차) 단기대여금 | 24,000 | (대) 현금 | 24,000 |
| | 현금 | 2,400 | 선수이자 | 2,400 |
| 6/8 | (차) 매출원가 | 30,000 | (대) 상품 | 30,000 |
| | 현금 | 25,000 | 매출 | 45,000 |
| | 외상매출금 | 20,000 | | |
| 7/1 | (차) 건물 | 12,000 | (대) 현금 | 12,000 |
| 9/1 | (차) 선급급여 | 600 | (대) 현금 | 600 |
| 11/1 | (차) 현금 | 50,000 | (대) 단기차입금 | 50,000 |
| 12/9 | (차) 선급임차료 | 800 | (대) 현금 | 800 |

[기말수정분개]

| | | | | | |
|---|---|---|---|---|---|
| 12/31① | (차) 소모품비 | 10,000 | (대) 소모품 | 10,000 |
| 12/31② | (차) 선수이자 | 1,600 | (대) 이자수익 | 1,600 |
| 12/31③ | (차) 급여 | 400 | (대) 선급급여 | 400 |
| 12/31④ | (차) 이자비용 | 1,000 | (대) 미지급이자 | 1,000 |
| 12/31⑤ | (차) 임차료 | 500 | (대) 선급임차료 | 500 |
| 12/31⑥ | (차) 감가상각비 | 1,500 | (대) 감가상각누계액 | 1,500 |
| 12/31⑦ | (차) 대손상각비 | 200 | (대) 대손충당금 | 200 |

[모든 전기]

〈자산계정〉

현금

| | | | |
|---|---|---|---|
| 1/1 전기이월 | 150,000 | 1/2 상품 | 20,000 |
| 5/1 선수이자 | 2,400 | 5/1 단기대여금 | 24,000 |
| 6/8 매출 | 25,000 | 7/1 건물 | 12,000 |
| 11/1 단기차입금 | 50,000 | 9/1 선급급여 | 600 |
| | | 12/9 선급임차료 | 800 |

상품

| | | | |
|---|---|---|---|
| 1/1 전기이월 | 20,000 | 6/8 매출원가 | 30,000 |
| 1/2 제 좌 | 50,000 | | |

소모품

| | | | |
|---|---|---|---|
| 3/8 미지급금 | 30,000 | 12/31① 소모품비 | 10,000 |

단기대여금

| | | | |
|---|---|---|---|
| 5/1 현금 | 24,000 | | |

외상매출금

| | | | |
|---|---|---|---|
| 6/8 매출 | 20,000 | | |

건물

| | | | |
|---|---|---|---|
| 7/1 현금 | 12,000 | | |

선급급여

| | | | |
|---|---|---|---|
| 9/1 현금 | 600 | 12/31③ 급여 | 400 |

선급임차료

| | | | |
|---|---|---|---|
| 12/9 현금 | 800 | 12/31⑤ 임차료 | 500 |

〈자산의 차감적 평가계정〉

감가상각누계액

| | | | |
|---|---|---|---|
| | | 12/31⑥ 감가상각비 | 1,500 |

대손충당금

| | | | |
|---|---|---|---|
| | | 12/31⑦ 대손상각비 | 200 |

〈부채계정〉

| 외상매입금 | | | |
|---|---|---|---|
| | | 1/1 전기이월 | 12,000 |
| | | 1/2 상 품 | 30,000 |

| 미지급금 | | | |
|---|---|---|---|
| | | 3/8 소모품 | 30,000 |

| 선수이자 | | | |
|---|---|---|---|
| 12/31② 이자수익 | 1,600 | 5/1 현금 | 2,400 |

| 단기차입금 | | | |
|---|---|---|---|
| | | 11/1 현금 | 50,000 |

| 미지급이자 | | | |
|---|---|---|---|
| | | 12/31④ 이자비용 | 1,000 |

〈자본계정〉

| 자본금 | | | |
|---|---|---|---|
| | | 1/1 진기이월 | 150,000 |

| 이익잉여금 | | | |
|---|---|---|---|
| | | 1/1 전기이월 | 8,000 |
| | | 12/31㉢ 이익잉여금 | 3,000 |

〈수익계정〉

| 매출 | | | |
|---|---|---|---|
| 12/31㉠ 집합손익 | 45,000 | 6/8 제좌 | 45,000 |

| 이자수익 | | | |
|---|---|---|---|
| 12/31㉠ 집합손익 | 1,600 | 12/31② 선수이자 | 1,600 |

〈비용계정〉

| 매출원가 | | | |
|---|---|---|---|
| 6/8 상품 | 30,000 | 12/31㉡ 집합손익 | 30,000 |

| 소모품비 | | | |
|---|---|---|---|
| 12/31① 소모품 | 10,000 | 12/31㉡ 집합손익 | 10,000 |

| 급여 | | | |
|---|---|---|---|
| 12/31③ 선급급여 | 400 | 12/31㉡ 집합손익 | 400 |

| 임차료 | | | |
|---|---|---|---|
| 12/31⑤ 선급임차료 | 500 | 12/31㉡ 집합손익 | 500 |

| 이자비용 | | | |
|---|---|---|---|
| 12/31④ 미지급이자 | 1,000 | 12/31㉡ 집합손익 | 1,000 |

| 감가상각비 | | | |
|---|---|---|---|
| 12/31⑥ 감가상각누계액 | 1,500 | | |

| 대손상각비 | | | |
|---|---|---|---|
| 12/31⑦ 대손충당금 | 200 | | |

(2)

정산표

| | 수정전시산표 | | 기말수정분개 | | 수정후시산표 | | 손익계산서 | | 재무상태표 | |
|---|---|---|---|---|---|---|---|---|---|---|
| | 차변 | 대변 | 차변 | 대변 | 차변 | 대변 | 차변 | 대변 | 차변 | 대변 |
| 현금 | ₩170,000 | | | | ₩170,000 | | | | ₩170,000 | |
| 상품 | 40,000 | | | | 40,000 | | | | 40,000 | |
| 소모품 | 30,000 | | | ₩10,000 | 20,000 | | | | 20,000 | |
| 단기대여금 | 24,000 | | | | 24,000 | | | | 24,000 | |
| 외상매출금 | 20,000 | | | | 20,000 | | | | 20,000 | |
| 대손충당금 | | | | 200 | | ₩200 | | | | ₩200 |
| 건물 | 12,000 | | | | 12,000 | | | | 12,000 | |
| 감가상각누계액 | | | | 1,500 | | 1,500 | | | | 1,500 |
| 선급급여 | 600 | | | 400 | 200 | | | | 200 | |
| 선급임차료 | 800 | | | 500 | 300 | | | | 300 | |
| 외상매입금 | | ₩42,000 | | | | ₩42,000 | | | | ₩42,000 |
| 미지급금 | | 30,000 | | | | 30,000 | | | | 30,000 |
| 선수이자 | | 2,400 | ₩1,600 | | | 800 | | | | 800 |
| 단기차입금 | | 50,000 | | | | 50,000 | | | | 50,000 |
| 미지급이자 | | | | 1,000 | | 1,000 | | | | 1,000 |
| 자본금 | | 150,000 | | | | 150,000 | | | | 150,000 |
| 이익잉여금 | | 8,000 | | | | 8,000 | | | | 11,000 |
| 매출액 | | 45,000 | | | | 45,000 | | ₩45,000 | | |
| 이자수익 | | | | 1,600 | | 1,600 | | 1,600 | | |
| 매출원가 | 30,000 | | | | 30,000 | | ₩30,000 | | | |
| 소모품비 | | | 10,000 | | 10,000 | | 10,000 | | | |
| 급여 | | | 400 | | 400 | | 400 | | | |
| 임차료 | | | 500 | | 500 | | 500 | | | |
| 이자비용 | | | 1,000 | | 1,000 | | 1,000 | | | |
| 감가상각비 | | | 1,500 | | 1,500 | | 1,500 | | | |
| 대손상각비 | | | 200 | | 200 | | 200 | | | |
| 당기순이익 | | | | | | | 3,000 | | | |
| **합계** | ₩327,400 | ₩327,400 | ₩15,200 | ₩15,200 | ₩330,100 | ₩330,100 | ₩46,600 | ₩46,600 | ₩286,500 | ₩286,500 |

(3)

손익계산서

| ㈜경상 | 20X2년 1월 1일부터 20X2년 12월 31일까지 | (단위: 원) |
|---|---|---|
| 매출액 | | 45,000 |
| 매출원가 | | (30,000) |
| 매출총이익 | | 15,000 |
| 판매비와일반관리비 | | |
| 소모품비 | 10,000 | |
| 급여 | 400 | |
| 임차료 | 500 | |
| 감가상각비 | 1,500 | |
| 대손상각비 | 200 | (12,600) |
| 영업이익 | | 2,400 |
| 이자수익 | | 1,600 |
| 이자비용 | | (1,000) |
| 당기순이익 | | 3,000 |

재무상태표

㈜경상 20X2년 12월 31일 현재 (단위: 원)

| 자산 | | | 부채와 자본 | |
|---|---|---|---|---|
| 현금 | | 170,000 | 외상매입금 | 42,000 |
| 상품 | | 40,000 | 미지급금 | 30,000 |
| 소모품 | | 20,000 | 선수이자 | 800 |
| 단기대여금 | | 24,000 | 단기차입금 | 50,000 |
| 외상매출금 | 20,000 | | 미지급이자 | 1,000 |
| 대손충당금 | (200) | 19,800 | 자본금 | 150,000 |
| 선급급여 | | 200 | 이익잉여금 | 11,000 |
| 건물 | 12,000 | | | |
| 감가상각누계액 | (1,500) | 10,500 | | |
| 선급임차료 | | 300 | | |
| **자산총계** | | 284,800 | **부채와자본총계** | 284,800 |

(4) 마감분개

| | | | | | |
|---|---|---|---|---|---|
| 12/31㉠ | (차) 매출 | 45,000 | (대) 집합손익 | 46,600 |
| | 이자수익 | 1,600 | | |
| 12/31㉡ | (차) 집합손익 | 43,600 | (대) 매출원가 | 30,000 |
| | | | 소모품비 | 10,000 |
| | | | 급여 | 400 |
| | | | 임차료 | 500 |
| | | | 이자비용 | 1,000 |
| | | | 감가상각비 | 1,500 |
| | | | 대손상각비 | 200 |
| 12/31㉢ | (차) 집합손익 | 3,000 | (대) 이익잉여금 | 3,000 |

집합손익

| 차변 | | 대변 | |
|---|---|---|---|
| 12/31㉡ 매출원가 | 30,000 | 12/31㉠ 매출 | 45,000 |
| 12/31㉡ 소모품비 | 10,000 | 12/31㉠ 이자수익 | 1,600 |
| 12/31㉡ 급여 | 400 | | |
| 12/31㉡ 임차료 | 500 | | |
| 12/31㉡ 이자비용 | 1,000 | | |
| 12/31㉡ 감가상각비 | 1,500 | | |
| 12/31㉡ 대손상각비 | 200 | | |
| 12/31㉢ 이익잉여금 | 3,000 | | |

(5) 장부마감

〈자산계정〉

현금

| 차변 | | 대변 | |
|---|---|---|---|
| 1/1 전기이월 | 150,000 | 1/2 상품 | 20,000 |
| 5/1 선수이자 | 2,400 | 5/1 단기대여금 | 24,000 |
| 6/8 매출 | 25,000 | 7/1 건물 | 12,000 |
| 11/1 단기차입금 | 50,000 | 9/1 선급급여 | 600 |
| | | 12/9 선급임차료 | 800 |
| | | 12/31 차기이월 | 170,000 |
| | 227,400 | | 227,400 |

상품

| 차변 | | 대변 | |
|---|---|---|---|
| 1/1 전기이월 | 20,000 | 6/8 매출원가 | 30,000 |
| 1/2 제 좌 | 50,000 | 12/31 차기이월 | 40,000 |
| | 70,000 | | 70,000 |

**소모품**

| 차변 | 금액 | 대변 | 금액 |
|---|---|---|---|
| 3/8 미지급금 | 30,000 | 12/31① 소모품비 | 10,000 |
| | | 12/31 차기이월 | 20,000 |
| | 30,000 | | 30,000 |

**단기대여금**

| 차변 | 금액 | 대변 | 금액 |
|---|---|---|---|
| 5/1 현금 | 24,000 | 12/31 차기이월 | 24,000 |
| | 24,000 | | 24,000 |

**외상매출금**

| 차변 | 금액 | 대변 | 금액 |
|---|---|---|---|
| 6/8 매출 | 20,000 | 12/31 차기이월 | 20,000 |
| | 20,000 | | 20,000 |

**건물**

| 차변 | 금액 | 대변 | 금액 |
|---|---|---|---|
| 7/1 현금 | 12,000 | 12/31 차기이월 | 12,000 |
| | 12,000 | | 12,000 |

**선급급여**

| 차변 | 금액 | 대변 | 금액 |
|---|---|---|---|
| 9/1 현금 | 600 | 12/31③ 급여 | 400 |
| | | 12/31 차기이월 | 200 |
| | 600 | | 600 |

**선급임차료**

| 차변 | 금액 | 대변 | 금액 |
|---|---|---|---|
| 12/9 현금 | 800 | 12/31⑤ 임차료 | 500 |
| | | 12/31 차기이월 | 300 |
| | 800 | | 800 |

〈자산의 차감적 평가계정〉

**감가상각누계액**

| 차변 | 금액 | 대변 | 금액 |
|---|---|---|---|
| 12/31 차기이월 | 1,500 | 12/31⑥ 감가상각비 | 1,500 |
| | 1,500 | | 1,500 |

**대손충당금**

| 차변 | 금액 | 대변 | 금액 |
|---|---|---|---|
| 12/31 차기이월 | 200 | 12/31⑦ 대손상각비 | 200 |
| | 200 | | 200 |

〈부채계정〉

**외상매입금**

| 차변 | 금액 | 대변 | 금액 |
|---|---|---|---|
| 12/31 차기이월 | 42,000 | 1/1 전기이월 | 12,000 |
| | | 1/2 상　　품 | 30,000 |
| | 42,000 | | 42,000 |

**미지급금**

| 차변 | 금액 | 대변 | 금액 |
|---|---|---|---|
| 12/31 차기이월 | 30,000 | 3/8 소모품 | 30,000 |
| | 30,000 | | 30,000 |

**선수이자**

| 차변 | 금액 | 대변 | 금액 |
|---|---|---|---|
| 12/31② 이자수익 | 1,600 | 5/1 현금 | 2,400 |
| 12/31　차기이월 | 800 | | |
| | 2,400 | | 2,400 |

**단기차입금**

| 차변 | 금액 | 대변 | 금액 |
|---|---|---|---|
| 12/31 차기이월 | 50,000 | 11/1 현금 | 50,000 |
| | 50,000 | | 50,000 |

**미지급이자**

| 차변 | 금액 | 대변 | 금액 |
|---|---|---|---|
| 12/31 차기이월 | 1,000 | 12/31④ 이자비용 | 1,000 |
| | 1,000 | | 1,000 |

〈자본계정〉

자본금

| | | | |
|---|---|---|---|
| 12/31 차기이월 | 150,000 | 1/1 전기이월 | 150,000 |
| | 150,000 | | 150,000 |

이익잉여금

| | | | |
|---|---|---|---|
| 12/31 차기이월 | 11,000 | 1/1 전기이월 | 8,000 |
| | | 12/31㉢ 집합손익 | 3,000 |
| | 11,000 | | 11,000 |

〈수익계정〉

매출

| | | | |
|---|---|---|---|
| 12/31㉠ 집합손익 | 45,000 | 6/8 제좌 | 45,000 |
| | 45,000 | | 45,000 |

이자수익

| | | | |
|---|---|---|---|
| 12/31㉠ 집합손익 | 1,600 | 12/31② 선수이자 | 1,600 |
| | 1,600 | | 1,600 |

〈비용계정〉

매출원가

| | | | |
|---|---|---|---|
| 6/8 상품 | 30,000 | 12/31㉡ 집합손익 | 30,000 |
| | 30,000 | | 30,000 |

소모품비

| | | | |
|---|---|---|---|
| 12/31① 소모품 | 10,000 | 12/31㉡ 집합손익 | 10,000 |
| | 10,000 | | 10,000 |

급여

| | | | |
|---|---|---|---|
| 12/31③ 선급급여 | 400 | 12/31㉡ 집합손익 | 400 |
| | 400 | | 400 |

임차료

| | | | |
|---|---|---|---|
| 12/31⑤ 선급임차료 | 500 | 12/31㉡ 집합손익 | 500 |
| | 500 | | 500 |

이자비용

| | | | |
|---|---|---|---|
| 12/31④ 미지급이자 | 1,000 | 12/31㉡ 집합손익 | 1,000 |
| | 1,000 | | 1,000 |

감가상각비

| | | | |
|---|---|---|---|
| 12/31⑥ 감가상각누계액 | 1,500 | 12/31㉡ 집합손익 | 1,500 |
| | 1,500 | | 1,500 |

대손상각비

| | | | |
|---|---|---|---|
| 12/31⑦ 대손충당금 | 200 | 12/31㉡ 집합손익 | 200 |
| | 200 | | 200 |

〈집합손익계정〉

집합손익

| | | | |
|---|---|---|---|
| 12/31㉡ 매출원가 | 30,000 | 12/31㉠ 매출 | 45,000 |
| 12/31㉡ 소모품비 | 10,000 | 12/31㉠ 이자수익 | 1,600 |
| 12/31㉡ 급여 | 400 | | |
| 12/31㉡ 임차료 | 500 | | |
| 12/31㉡ 이자비용 | 1,000 | | |
| 12/31㉡ 감가상각비 | 1,500 | | |
| 12/31㉡ 대손상각비 | 200 | | |
| 12/31㉢ 이익잉여금 | 3,000 | | |
| | 46,600 | | 46,600 |

CHAPTER

# 05 상품매매기업의 회계처리

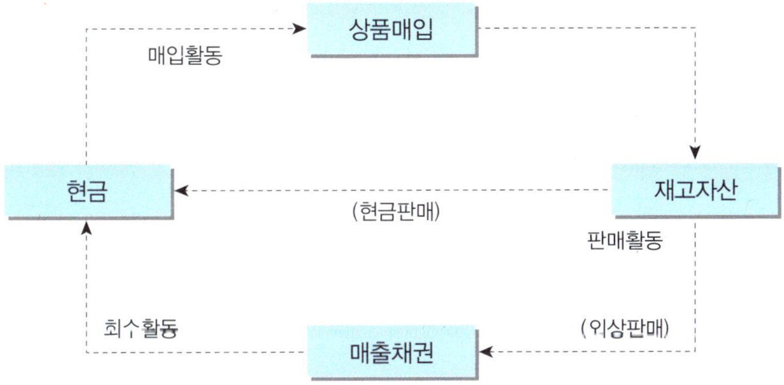


## 학습목표

1. 상품매매기업의 재고자산 원가흐름을 설명할 수 있다.
2. 계속기록법과 실지재고조사법의 차이를 설명할 수 있다.
3. 실지재고조사법의 매출원가를 계산할 수 있다.
4. 매입부대비용에 대한 회계처리를 이해할 수 있다.
5. 에누리, 환출(입), 할인 등의 거래에 대한 기중회계처리와 기말수정분개를 설명할 수 있다.

# 제1절 상품매매기업의 영업활동

기업은 영업의 목적물이 무엇인지에 따라 크게 서비스기업, 제조기업, 상품매매기업으로 구분할 수 있다. 서비스기업은 영업의 목적물이 **용역**이며, 용역을 제공한 대가를 수취하여 수익을 창출하는 기업 형태이다. 한편, 제조기업은 영업의 목적물이 **제품**이다. 즉, 제조기업은 원재료나 부품을 매입 후 가공하여 제품을 완성하고, 제품을 판매하여 수익을 창출하는 기업 형태이다. 상품매매기업(상기업)은 영업의 목적물이 **상품**이다. **상기업**은 상품을 직접 제조하지는 않고, 상품을 매입한 후 일정한 이윤을 가산하여 재판매하는 영업 형태로 이익을 창출한다. 즉, 앞에서 학습한 모든 기업이 상기업이다. 본장에서는 상기업의 영업활동에서 빈번히 발생하는 몇 가지 특수한 회계처리방법을 학습한다.

**영업의 목적에 따른 기업의 형태**

- 상기업: 상품의 매입 후 판매
- 제조기업: 제품의 제조 후 판매
- 서비스기업: 용역의 제공

## 1. 상품매매거래의 기록

상기업의 영업활동은 상품을 매입하여 판매한 후 판매대금을 회수하는 것이다. 이와 같이 기업이 정상적인 영업활동을 계속적으로 수행하는데 걸리는 시간을 **영업순환주기**(operationg cycle)라고 한다. 즉, 상기업의 영업순환주기는 아래 그림과 같이 현금 또는 외상으로 매입한 상품을 소비자에게 현금이나 외상으로 판매한 후 판매대금을 회수할 때까지 걸린 시간이다.

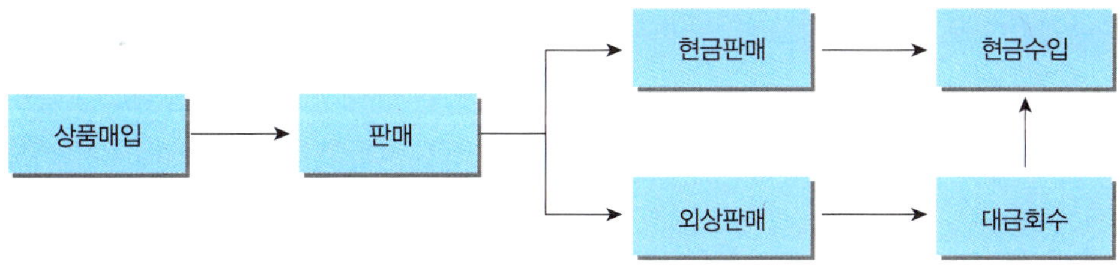


앞에서는 상품의 매출시점에서는 판매대금을 매출액으로 인식하고, 매출액을 달성하기 위해 상품이 감소한 만큼을 매출원가로 인식하는 회계처리를 수행하였다. 그런데 상기업의 영업특성상 상품을 판매할 때마다 매출원가를 기록하는 회계처리는 적절하지 않을 수 있다. 예를 들면, 앞의 예제에서 다룬 기업은 단일 종류의 상품만을 판매하여 판매시점에서 매출원가를 기록해도 회계처리가 복잡하지 않았다. 그런데 판매하는 상품의 종류가 다양하다면 하루 동안 판매한 상품의 매출원가만 기록하려고 해도 판매한 모든 상품의 매입원가를 파악해야 하는 어려움이 있다.

따라서 계속기록법과 실지재고조사법 중에서 상품매매에 대한 회계기록방법을 결정해야 하는데, 이 방법은 기말재고수량을 파악하는 방법이기도 하다. **계속기록법**은 앞의 예제와 같이 매출이 발생할 때마다 매출원가를 기록하지만, **실지재고조사법**은 기말에 일괄하여 매출원가를 기록한다. 계속기록법에 대해서는 이미 학습하였기 때문에 이하에서는 실지재고조사법에 대해서 자세히 학습한다.

## 2. 상기업 재고자산 원가의 흐름

우선 본절의 학습내용에 대한 이해를 돕기 위해 상기업의 재고자산 원가의 흐름을 살펴보면 다음과 같다. 전기에 판매하지 못하고 당기로 이월된 상품의 원가는 기초상품재고액이며, 당기에 새롭게 매입한 상품의 원가는 당기매입액이다. 따라서 당기에 판매할 수 있는 최대 금액은 기초상품재고액과 당기매입액의 합이 되며, 이를 **당기판매가능액**이라고 부른다. 당기판매가능액 중 판매가 된 금액은 손익계산서의 매출원가로 보고되고, 당기에 판매되지 못하여 차기로 이월될 금액은 기말상품재고액이 된다. 따라서 당기판매가능액에서 기말상품재고액을 차감하면 매출원가를 계산할 수 있다.

| | 상품 | |
|---|---|---|
| 당기판매가능액 | 기초상품재고액 | 매출원가<br>(손익계산서) |
| | 당기매입액 | 기말상품재고액<br>(재무상태표) |

**매출원가**

매출원가=당기판매가능액(기초상품재고액+당기매입액)－기말상품재고액

## 3. 계속기록법과 실지재고조사법

**계속기록법**(perpetual inventory system)과 **실지재고조사법**(periodic inventory system)에서 상품계정 회계처리의 차이는 다음 표와 같다. 첫째, 상품의 매입시점에서 계속기록법은 상품계정에 직접 기록하였으나 실지재고조사법에서는 상품계정 대신 매입계정에 기록한다. 둘째, 계속기록법은 매출원가를 매출이 발생할 때마다 계속해서 기록한다. 그러나 실지재고조사법은 판매시점에서 매출원가를 인식하지 않고, 기말에 매출원가를 인식한다. 그래서 매출원가를 인식하기 위한 기말수정분개가 필요하며, 이는 이후에 자세히 설명한다. 한편, 계속기록법은 회계기간 중 매출시점에서 매출원가를 기록하였기 때문에 당연히 기말에 매출원가를 인식하기 위한 회계처리는 없다.

**[계속기록법과 실지재고조사법]**

<table>
<tr><th></th><th colspan="2">계속기록법</th><th colspan="2">실지재고조사법</th></tr>
<tr><td>매입</td><td>(차) 상품 XXX</td><td>(대) 현금 XXX</td><td>(차) 매입 XXX</td><td>(대) 현금 XXX</td></tr>
<tr><td rowspan="2">매출</td><td>(차) 현금 XXX</td><td>(대) 매출 XXX</td><td>(차) 현금 XXX</td><td>(대) 매출 XXX</td></tr>
<tr><td>(차) 매출원가 XXX</td><td>(대) 상품 XXX</td><td colspan="2">매출원가를 인식하지 않음</td></tr>
<tr><td rowspan="3">기말</td><td colspan="2" rowspan="3">매출원가 인식을 위한 회계처리 없음</td><td>(차) 매출원가 XXX</td><td>(대) 상품(기초) XXX</td></tr>
<tr><td>(차) 매출원가 XXX</td><td>(대) 매입 XXX</td></tr>
<tr><td>(차) 상품(기말) XXX</td><td>(대) 매출원가 XXX</td></tr>
</table>

실지재고조사법은 기중에 매출이 발생한 시점마다 매출원가를 기록하지 않기 때문에 기중회계처리에 소요되는 시간이 단축된다는 장점이 있다. 그러나 기말에 재고실사를 통해 간접적으로 매출원가를 파악하기 때문에 기중에 도난, 화재, 증발 등으로 유실된 상품의 수량이 모두 매출원가에 포함되어 재고를 효율적으로 관리하기 어렵다.

최근에는 전자태그(RFID: radio-frequency identificaton) 등의 기술 발달과 스캐너, 바코드 인식기 등의 장비를 상기업이 도입하면서 과거에 비해 효율적인 재고관리가 가능해지고, 많은 기업이 계속기록법을 사용할 수 있는 환경으로 변모하였다. 따라서 계속기록법과 실지재고조사법을 혼용하는 경우가 많다. 계속기록법을 사용하면서 주기적으로 실사를 통하여 정확한 재고자산수량을 파악하고 있다. 결국 계속기록법과 실지재고조사법은 대체적인 회계처리라기보다는 상호보완적 관계라고 할 수 있다.

## 제2절 실지재고조사법의 회계처리

**실지재고조사법**은 상품의 매입시점에서 매입계정을 사용하며, 기말에 재고의 수량을 실제로 파악하여(재고실사, 실지재고조사) 매출원가를 계산한다. 아래 사례를 통해 실지재고조사법의 회계처리를 살펴보자.

---

12월말 결산법인인 ㈜경남은 실지재고조사법으로 매출원가를 계산한다.

1. 거래 자료
   - 1월 10일: 상품 ₩20,000을 현금으로 매입하였다.
   - 4월 4일: 상품을 ₩15,000에 매출하고 대금은 전액 현금수령하였다.
   - 9월 25일: 상품 ₩30,000을 외상으로 매입하였다.
   - 12월 20일: 상품을 ₩35,000에 외상으로 판매하였다.
2. 상품재고 자료
   - 기초상품재고액은 ₩8,000이며, 기말상품재고액은 ₩28,000이다.

---

## 1. 매입시점 회계처리

계속기록법에서는 매입한 상품을 상품계정에 직접 기록하는 반면, 실지재고조사법에서는 상품계정 대신 매입이라는 임시계정에 기록한다. 위 사례에서 ㈜경남은 1월 10일과 9월 25일에 상품을 매입했기 때문에 아래와 같이 분개한다.

| | | | | |
|---|---|---|---|---|
| 1/10 | (차) 매입 | 20,000 | (대) 현금 | 20,000 |
| 9/25 | (차) 매입 | 30,000 | (대) 외상매입금 | 30,000 |

매입계정이 임시계정인 이유는 기말에 매출원가를 계산하면서 이 계정이 사라지기 때문이며, 실지재고조사법에서는 당기중 상품을 매입할 때마다 매입계정에 기록하기 때문에 매입계정 기말잔액은 당기중 매입한 상품의 총액을 의미한다.

## 2. 매출시점 회계처리

계속기록법과 달리 실지재고조사법에서는 매출시점에서는 매출액만 회계처리 하고, 매출원가를 인식하지 않는다. 따라서 4월 4일과 12월 20일 ㈜경남의 상품판매를 분개하면 다음과 같다.

| | | | | |
|---|---|---|---|---|
| 4/4 | (차) 현금 | 15,000 | (대) 매출 | 15,000 |
| 12/20 | (차) 외상매출금 | 35,000 | (대) 매출 | 35,000 |

## 3. 매출원가 인식을 위한 기말수정분개

실지재고조사법은 기말에 판매가능액(=기초상품재고액+당기매입액)에서 기말상품재고액을 차감하여 매출원가를 계산한다. 즉, 전기에 판매하지 못하고 이월된 상품 ₩8,000과 당기에 매입한 상품 ₩50,000을 모두 판매한 경우의 매출원가(₩58,000)에서 기말에 팔지 못하고 남아있는 상품의 원가(₩28,000)를 차감하면 당기에 실제로 판매한 상품의 매출원가(₩30,000=58,000−28,000)가 계산된다.

**매출원가**

매출원가(₩30,000) = 기초상품재고액(8,000) + 당기매입액(50,000) − 기말상품재고액(28,000)
= 당기판매가능액(58,000) − 기말상품재고액(28,000)

또한 회계기간 중에 별도로 상품 및 매출원가에 대해 회계처리 하지 않기 때문에 기말에 다음과 같은 순서에 따라 수정분개를 실시한다.

① 상품계정의 기초잔액을 판매된 것처럼 매출원가계정 차변으로 대체하는 분개를 실시한다. ㈜경남의 기초상품재고액은 ₩8,000이기 때문에 분개는 아래와 같다. 이 분개를 전기하면 매출원가는 ₩8,000이 가산되지만, 상품계정 잔액은 일시적으로 ₩0이 된다.

| 12/31 | (차) 매출원가 | 8,000 | (대) 상품 | 8,000 |
|---|---|---|---|---|

② 매입계정의 기말잔액(당기매입한 상품총액)을 판매된 것처럼 매출원가계정 차변으로 대체하는 분개를 실시한다. ㈜경남은 당기중 총 ₩50,000의 상품을 매입하였기 때문에 분개는 아래와 같다. 이 분개를 전기하면, 매출원가계정의 차변합계액은 당기판매가능액 ₩58,000이 되고 매입계정잔액은 ₩0이 된다. 즉, 매입계정은 기말잔액이 매출원가계정 차변으로 대체되면서 사라지는 임시계정임을 알 수 있다.

| 12/31 | (차) 매출원가 | 50,000 | (대) 매입 | 50,000 |
|---|---|---|---|---|

③ 기말재고실사에서 파악된 기말상품재고액만큼 상품계정을 증가시키고, 매출원가계정을 감소시키는 분개를 수행한다. 이 분개를 전기하면 매출원가계정 차변잔액은 당기판매가능액 ₩58,000에서 기말재고액 ₩28,000을 차감한 ₩30,000으로 당기 발생한 매출원가가 계산된다. 동시에 기말상품재고액이 상품계정 차변에 기록된다.

12/31 (차) 상품 28,000 (대) 매출원가 28,000

매출원가를 계산하기 위한 회계처리를 실시한 후 매출원가계정 차변잔액을 집합손익계정 차변으로 대체시키는 마감분개를 실시한다.

**[실지재고조사법의 매출원가 계산방법]**

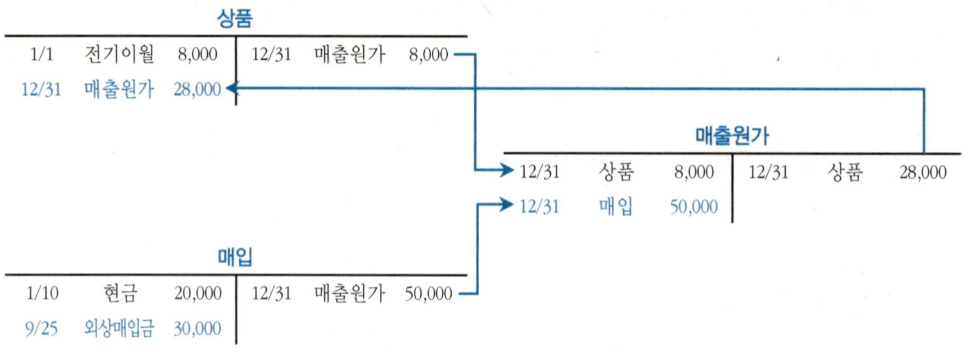


## 4. 상품매매거래의 기타 회계처리

지금까지 실지재고조사법하에서 상기업의 매입과 매출에 관련한 일반적인 회계처리를 학습하였다. 이하에서는 상기업의 영업활동에서 빈번하게 발생하는 매매부대비용, 에누리및환입(출), 할인에 대한 회계처리를 살펴보고자 한다.

### 1) 매매부대비용

상품을 매매할 때 매매대금 이외에도 운임, 관세, 매매수수료 등의 다양한 매매부대비용이 수반된다. 이러한 부대비용은 다음과 같이 회계처리 한다. 매입기업은 발생한 부대비용을 상품을 취득하기 위해 정상적으로 발생한 비용으로 보기 때문에(즉, 이러한 부대비용이 지출되지 않았다면 정상적으로 상품을 매입할 수 없음) 당기비용으로 처리하지 않고, 상품의 매입원가에 가산(자산화)한다. 반면 매출기업에서는 매출과 관련해 발생한 부대비용은 발생 즉시 당기비용으로 인식한다.

[매매부대비용 회계처리]

| | 부담 | 처리방법 | 분개 |
|---|---|---|---|
| 매입부대비용 | 구매자 | 매입원가에 가산<br>(=자산화, 자본화) | (차) 매입 XXX (대) 현금 XXX |
| 매출부대비용 | 판매자 | 당기비용(판매비와관리비) | (차) 비용 XXX (대) 현금 XXX |

위 내용을 이해하기 위해 아래 예제를 보자. 1월 8일의 매매거래에 대해 발생한 운임 ₩500은 매입처인 ㈜인천이 부담하였다. 따라서 ㈜인천이 매입한 상품의 원가는 ₩20,500(=상품의 현금매입액 ₩20,000+매입운임 ₩500)이며, ㈜부산은 운임을 지불하지 않았으니 운임에 대한 회계처리는 없다.

반면 1월 15일의 매매거래에 대해 발생한 운임 ₩1,000은 매출처인 ㈜부산이 부담하였다. 따라서 ㈜부산은 운임 ₩1,000을 당기 손익계산서의 비용(당기비용), 즉 판매비와관리비로 처리한다. 관련하여 ㈜인천은 운임을 지불하지 않았기 때문에 운임에 대한 회계처리는 없으며, 이에 따라 1월 15일에 매입한 상품의 원가는 ₩10,000이다.

**예제** ○ **매매부대비용**

1월 8일 ㈜인천은 ㈜부산에서 상품 ₩20,000을 현금으로 구매하였으며, 매입과정에서 발생한 운임 ₩500은 ㈜인천이 현금으로 지급하였다. 1월 15일 ㈜인천은 ㈜부산에서 상품 ₩10,000을 외상으로 구매하였으며, 발생한 운임 ₩1,000은 ㈜부산이 현금으로 지급하였다.

**| 물음 |** 일자별로 두 회사가 행할 회계처리를 하시오.

**| 풀이 |**

| | ㈜인천: 매입처 | ㈜부산: 매출처 |
|---|---|---|
| 1/8 | (차) 매입 20,000 (대) 현금 20,000<br>(차) 매입 500 (대) 현금 500 | (차) 현금 20,000 (대) 매출 20,000<br>– |
| 1/15 | (차) 매입 10,000 (대) 외상매입금 10,000<br>– | (차) 외상매출금10,000 (대) 매출 10,000<br>(차) 운반비 1,000 (대) 현금 1,000 |

## 2) 매입에누리및환출과 매출에누리및환입

상품매매 후 상품이 운송 중 파손되거나 하자가 발생하여 상품의 반품이 발생하면 매입기업은 **매입환출**(purchase returns)로 회계처리 하고, 매출기업은 **매출환입**(sales returns)으로 회계처리 한다. 한편, 상품의 반품 없이 매매가격의 일부가 감액되면 매입기업은 **매입에누리**(purchase allowances)로, 매출기업은 **매출에누리**(sales allowances)로 회계처리 한다. 다만, 에누리와 환입(출)은 기업 실무에서 단일계정에 기록하기도 한다. 즉, 관련 거래가 발생하면 매입기업은 매입에누리및환출계정에, 매출기업은 매출에누리및환입계정에 거래내용을 기록한다.

**[매입에누리및환출과 매출에누리및환입]**

| | 처리방법 | 분개 |
|---|---|---|
| 매입에누리및환출 | 매입의 차감항목 | (차) 외상매입금 XXX (대) 매입에누리및환출 XXX<br>현금 XXX |
| 매출에누리및환입 | 매출의 차감항목 | (차) 매출에누리및환입 XXX (대) 외상매출금 XXX<br>현금 XXX |

매입에누리및환출계정과 매출에누리및환입계정 모두 매입계정과 매출계정의 **차감적 평가계정**이기 때문에 회계기간 중에 별도의 계정에 기록하고, 기말에 이 차감적 평가계정을 제거하면서 순매입액과 순매출액을 계산하기 위한 수정분개를 실시한다.

### 예제 ◦ 매입에누리및환출과 매출에누리및환입

1월 8일 ㈜경주는 ㈜포항에서 상품 ₩20,000을 외상으로 구매하였다. 1월 15일 ㈜경주는 ㈜포항에서 1월 8일 구입한 상품에 하자를 발견하였으나 반품하지 않는 대신 외상대금 중 ₩5,000을 에누리 받고 잔액을 현금으로 결제하였다.

**| 물음 |** 일자별로 두 회사가 행할 회계처리를 하시오.

**| 풀이 |**

| | ㈜경주: 매입처 | ㈜포항: 매출처 |
|---|---|---|
| 1/8 | (차) 매입 20,000<br>(대) 외상매입금 20,000 | (차) 외상매출금 20,000<br>(대) 매출 20,000 |
| 1/15 | (차) 외상매입금 20,000<br>(대) 매입에누리및환출 5,000<br>현금 15,000 | (차) 매출에누리및환입 5,000<br>현금 15,000<br>(대) 외상매출금 20,000 |

### 3) 매입할인과 매출할인

외상으로 상품을 매매하는 경우 매출기업은 판매대금을 조속히 회수하기 위하여 매입기업에게 매입대금의 일부를 감액해 줄 수 있다. 할인 거래가 발생할 경우 매출기업은 **매출할인**(sales discounts)계정에 기록하고, 매입기업은 **매입할인**(purchase discounts)계정에 기록한다.

**[매입할인과 매출할인]**

| | 처리방법 | 분개 |
|---|---|---|
| 매입할인 | 매입의 차감항목 | (차) 외상매입금 XXX (대) 매입할인 XXX<br>현금 XXX |
| 매출할인 | 매출의 차감항목 | (차) 매출할인 XXX (대) 외상매출금 XXX<br>현금 XXX |

위 매입에누리및환출계정, 매출에누리및환입계정과 마찬가지로 매입할인계정과 매출할인계정은 각각 매입계정과 매출계정의 차감적 평가계정이다. 따라서 회계기간 중에 할인이 발생하면 할인계정을 사용하여 회계처리 하고, 기말에 할인계정을 제거하면서 순매입액과 순매출액을 계산하기 위한 수정분개를 실시한다.

**예제** 매입할인과 매출할인

1월 8일 ㈜고양은 ㈜용인에서 상품 ₩100,000을 외상으로 구매하였다. 1월 15일 ㈜고양은 외상구입대금 중 조기 결제로 인한 할인액 ₩1,000을 제외한 ₩59,000만 현금으로 지급하였다. 1월 20일 ㈜고양은 조기 결제기한이 경과하여 외상구입대금잔액 ₩40,000을 전액 현금 결제하였다.

**| 물음 |** 일자별로 두 회사가 행할 회계처리를 하시오.

**| 풀이 |**

| | ㈜고양: 매입처 | ㈜용인: 매출처 |
|---|---|---|
| 1/8 | (차) 매입 100,000<br>(대) 외상매입금 100,000 | (차) 외상매출금 100,000<br>(대) 매출 100,000 |

| | | |
|---|---|---|
| 1/15 | (차) 외상매입금 60,000<br>(대) 매입할인 1,000<br>현금 59,000 | (차) 매출할인 1,000<br>현금 59,000<br>(대) 외상매출금 60,000 |
| 1/20 | (차) 외상매입금 40,000<br>(대) 현금 40,000 | (차) 현금 40,000<br>(대) 외상매출금 40,000 |

### 4) 차감적 평가계정에 대한 기말수정분개

매입과 매출의 차감적 평가계정에 대한 기말수정분개는 총매입액과 총매출액을 순매입액과 순매출액으로 수정하기 위해 수행한다. 즉, 매입계정에는 차변에 총매입액이 계상되어 있으므로 차감적 평가계정들(매입에누리및환출, 매입할인)의 차변과 매입계정의 대변에 차감적 평가계정들의 발생액을 기록하는 마감분개를 실시한다. 이 분개에 의해 차감적 평가계정들의 기말 대변잔액이 0이 되는 동시에 기말잔액이 매입계정 대변으로 대체된다. 그 결과 매입계정 차변잔액은 순매입액으로 수정된다.

12/31 (차) 매입의 차감적 평가계정 XXX (대) 매입 XXX
(매입에누리및환출, 매입할인)

**[매입의 차감적 평가계정에 대한 기말수정분개: 순매입액 계산]**

| 매입 | |
|---|---|
| △△△ | 12/31 XXX |
| □□□ | 12/31 OOO |

| 매입에누리및환출 | |
|---|---|
| 12/31 XXX | XXX |

| 매입할인 | |
|---|---|
| 12/31 OOO | OOO |

순매입액 = 총매입액 ( = 매입가격 + 매입부대비용 ) − ( 매입에누리및환출 + 매입할인 )
(매입가격: △△△, 매입부대비용: □□□, 매입에누리및환출: XXX, 매입할인: OOO)

매출계정 역시 대변에 총매출액이 계상되어 있으므로 차감적 평가계정들(매출에누리및환입, 매출할인)의 대변과 매출계정의 차변에 차감적 평가계정들의 발생액을 기록하는 마감분개에 의해 차감적 평가계정들의 기말 차변잔액이 0이 된다. 동시에 차감적 평가계정들의 기말잔액이 매출계정 차변으로 대체된다.

| | | | | |
|---|---|---|---|---|
| 12/31 (차) 매출 | XXX | (대) 매출의 차감적 평가계정<br>(매출에누리및환입, 매출할인) | XXX |

**[매출의 차감적 평가계정에 대한 기말수정분개: 순매출액 계산]**

| 매출에누리및환입 (차변) | 매출에누리및환입 (대변) |
|---|---|
| XXX | 12/31 XXX |

| 매출 (차변) | 매출 (대변) |
|---|---|
| 12/31 XXX | △△△ |
| 12/31 OOO | |

| 매출할인 (차변) | 매출할인 (대변) |
|---|---|
| OOO | 12/31 OOO |

순매출액 = 총매출액 − (매출에누리및환입 + 매출할인)
　　　　　　△△△　　　　　XXX　　　　　　OOO

**순매입액과 순매출액의 계산**

- **순매입액**: 총매입액(=매입가격+매입부대비용)−(매입에누리및환출+매입할인)
- **매출원가**: 기초상품재고액+순매입액−기말상품재고액
- **순매출액**: 총매출액−(매출에누리및환입+매출할인)

한편, 기말수정분개를 통해 매입과 매출의 차감적 평가계정들은 모두 기말잔액이 '0'이 되어 사라진다. 이후 매입계정도 기말잔액(순매입액)이 매출원가계정 차변으로 대체되어 사라진다. 즉, 매입계정, 매입과 매출의 차감적 평가계정들은 모두 임시계정(가계정)이다.

**[매입과 매출의 차감계정에 대한 기말수정분개]**

| 구분 | 매입의 차감계정 | 매출의 차감계정 |
|---|---|---|
| 방법 | 매입에서 매입의 차감적 평가계정 기말잔액을 차감 | 매출에서 매출의 차감적 평가계정 기말잔액을 차감 |
| 기말수정분개 | (차) 매입에누리및환출 XXX<br>　(대) 매입 XXX<br>(차) 매입할인 XXX<br>　(대) 매입 XXX | (차) 매출 XXX<br>　(대) 매출에누리및환입 XXX<br>(차) 매출 XXX<br>　(대) 매출할인 XXX |
| 의의 | 순매입액 계산 | 순매출액 계산 |

**예제** ○ **손익계산서와 재무상태표**

다음은 12월말 결산법인 ㈜수원의 20X2년 자료이며, ㈜수원은 실지재고조사법으로 재고자산을 기록한다. 관련 자료는 다음과 같다.

1. 기초재무상태표 잔액

   현금 ₩40,000　　상품 ₩4,000　　외상매출금 ₩30,000
   외상매입금 ₩20,000　　자본금 ₩40,000　　이익잉여금 ₩14,000

2. 거래자료

   1/8 상품 ₩30,000을 외상구입하고, 매입운임 ₩2,000을 현금으로 지급하였다.

   2/3 외상판매대금 ₩20,000을 현금으로 회수하였다.

   5/1 1월 8일 구입한 상품이 운송 중 파손되어 ₩3,000은 외상대금에서 에누리하고, ₩7,000은 반품하였다.

   7/1 상품을 ₩40,000에 외상으로 판매하였다. 매출운임 ₩1,000은 ㈜수원이 부담하기로 하고, 현금으로 지급하였다.

   9/1 현금 ₩12,000을 연이자 5%에 1년간 차입하고, 연이자는 전액 현금으로 미리 지급하였다.

   10/6 외상매입대금 ₩20,000을 상환하면서 매입할인 ₩2,000을 제외한 ₩18,000을 현금으로 결제하였다.

   11/4 외상판매대금 ₩40,000을 회수하면서 하자로 인한 에누리 ₩4,000과 반품 처리한 ₩8,000, 매출할인 ₩2,000을 제외한 잔액 ₩26,000을 현금으로 회수하다.

3. 기말상품재고액은 ₩5,000이다.

**| 물음 |**

1. 필요한 기중분개와 기말수정분개 및 마감분개를 하고, 전기하시오. 단, 에누리와 환출(입)은 별도계정에 기록한다.
2. 정산표를 작성하시오.
3. 손익계산서와 재무상태표를 작성하시오.

**| 풀이 |**

1. 〈기중분개〉

| | | | | |
|---|---|---|---|---|
| 1/8 | (차) 매입 | 30,000 | (대) 외상매입금 | 30,000 |
| | (차) 매입 | 2,000 | (대) 현금 | 2,000 |
| 2/3 | (차) 현금 | 20,000 | (대) 외상매출금 | 20,000 |
| 5/1 | (차) 외상매입금 | 3,000 | (대) 매입에누리 | 3,000 |
| | (차) 외상매입금 | 7,000 | (대) 매입환출 | 7,000 |
| 7/1 | (차) 외상매출금 | 40,000 | (대) 매출 | 40,000 |
| | (차) 운반비 | 1,000 | (대) 현금 | 1,000 |

| | | | | | |
|---|---|---|---|---|---|
| 9/1 | (차) 현금 | 12,000 | (대) 단기차입금 | 12,000 |
| | (차) 선급이자 | 600 | (대) 현금 | 600 |
| 10/6 | (차) 외상매입금 | 2,000 | (대) 매입할인 | 2,000 |
| | (차) 외상매입금 | 18,000 | (대) 현금 | 18,000 |
| 11/4 | (차) 매출에누리 | 4,000 | (대) 외상매출금 | 4,000 |
| | (차) 매출환입 | 8,000 | (대) 외상매출금 | 8,000 |
| | (차) 매출할인 | 2,000 | (대) 외상매출금 | 2,000 |
| | (차) 현금 | 26,000 | (대) 외상매출금 | 26,000 |

〈기말수정분개〉

| | | | | |
|---|---|---|---|---|
| ① 이자비용계산 | (차) 이자비용 | 200 | (대) 선급이자 | 200 |
| ② 순매입액계산 | (차) 매입에누리 | 3,000 | (대) 매입 | 3,000 |
| | (차) 매입환출 | 7,000 | (대) 매입 | 7,000 |
| | (차) 매입할인 | 2,000 | (대) 매입 | 2,000 |
| ③ 매출원가계산 | (차) 매출원가 | 4,000 | (대) 상품(기초) | 4,000 |
| | (차) 매출원가 | 20,000 | (대) 매입 | 20,000 |
| | (차) 상품(기말) | 5,000 | (대) 매출원가 | 5,000 |
| ④ 순매출액계산 | (차) 매출 | 4,000 | (대) 매출에누리 | 4,000 |
| | (차) 매출 | 8,000 | (대) 매출환입 | 8,000 |
| | (차) 매출 | 2,000 | (대) 매출할인 | 2,000 |

〈마감분개〉

| | | | | |
|---|---|---|---|---|
| ㉠ 매출 | (차) 매출 | 26,000 | (대) 집합손익 | 26,000 |
| ㉡ 매출원가 | (차) 집합손익 | 19,000 | (대) 매출원가 | 19,000 |
| ㉢ 이자비용 | (차) 집합손익 | 200 | (대) 이자비용 | 200 |
| ㉣ 매출운임 | (차) 집합손익 | 1,000 | (대) 운반비 | 1,000 |
| ㉤ 집합손익 | (차) 집합손익 | 5,800 | (대) 이익잉여금 | 5,800 |

〈전기〉

〈자산계정〉

현금

| | | | |
|---|---|---|---|
| 1/1 전기이월 | 40,000 | 1/8 매입 | 2,000 |
| 2/3 외상매출금 | 20,000 | 7/1 운반비 | 1,000 |
| 9/1 단기차입금 | 12,000 | 9/1 선급이자 | 600 |
| 11/4 외상매출금 | 26,000 | 10/6 외상매입금 | 18,000 |

상품

| | | | |
|---|---|---|---|
| 1/1 전기이월 | 4,000 | 12/31③ 매출원가 | 4,000 |
| 12/31③ 매출원가 | 5,000 | | |

**외상매출금**

| | | | |
|---|---|---|---|
| 1/1 전기이월 | 30,000 | 2/3 현금 | 20,000 |
| 7/1 매출 | 40,000 | 11/4 매출에누리 | 4,000 |
| | | 11/4 매출환입 | 8,000 |
| | | 11/4 매출할인 | 2,000 |
| | | 11/4 현금 | 26,000 |

**선급이자**

| | | | |
|---|---|---|---|
| 9/1 현금 | 600 | 12/31① 이자비용 | 200 |

**매입**

| | | | |
|---|---|---|---|
| 1/8 외상매입금 | 30,000 | 12/31② 매입에누리 | 3,000 |
| | | 12/31② 매입환출 | 7,000 |
| 1/8 현금 | 2,000 | 12/31② 매입할인 | 2,000 |
| | | 12/31③ 매출원가 | 20,000 |

**매입에누리**

| | | | |
|---|---|---|---|
| 12/31② 매입 | 3,000 | 5/1 외상매입금 | 3,000 |

**매입환출**

| | | | |
|---|---|---|---|
| 12/31② 매입 | 7,000 | 5/1외상매입금 | 7,000 |

**매입할인**

| | | | |
|---|---|---|---|
| 12/31② 매입 | 2,000 | 10/6 외상매입금 | 2,000 |

〈부채계정과 자본계정〉

**외상매입금**

| | | | |
|---|---|---|---|
| 5/1 매입에누리 | 3,000 | 1/1 전기이월 | 20,000 |
| 5/1 매입환출 | 7,000 | 1/8 매입 | 30,000 |
| 10/6 매입할인 | 2,000 | | |
| 10/6 현금 | 18,000 | | |

**단기차입금**

| | | | |
|---|---|---|---|
| | | 9/1 현금 | 12,000 |

**자본금**

| | | | |
|---|---|---|---|
| | | 1/1 전기이월 | 40,000 |

**이익잉여금**

| | | | |
|---|---|---|---|
| | | 1/1 전기이월 | 14,000 |
| | | 12/31㉤ 집합손익 | 5,800 |

〈수익계정〉

**매출**

| | | | |
|---|---|---|---|
| 12/31④ 매출에누리 | 4,000 | 7/1 외상매출금 | 40,000 |
| 12/31④ 매출환입 | 8,000 | | |
| 12/31④ 매출할인 | 2,000 | | |
| 12/31㉠ 집합손익 | 26,000 | | |

**매출에누리**

| | | | |
|---|---|---|---|
| 11/4 외상매출금 | 4,000 | 12/31④ 매출 | 4,000 |

**매출환입**

| | | | |
|---|---|---|---|
| 11/4 외상매출금 | 8,000 | 12/31④ 매출 | 8,000 |

**매출할인**

| | | | |
|---|---|---|---|
| 11/4 외상매출금 | 2,000 | 12/31④ 매출 | 2,000 |

〈비용계정〉

**매출원가**

| | | | | |
|---|---|---|---|---|
| 12/31③ 상품 | 4,000 | 12/31③ 상품 | 5,000 |
| 12/31③ 매입 | 20,000 | 12/31㉡ 집합손익 | 19,000 |

**운반비**

| | | | |
|---|---|---|---|
| 7/1 현금 | 1,000 | 12/31㉣ 집합손익 | 1,000 |

**이자비용**

| | | | |
|---|---|---|---|
| 12/31① 선급이자 | 200 | 12/31㉢ 집합손익 | 200 |

**집합손익**

| | | | |
|---|---|---|---|
| 12/31㉡ 매출원가 | 19,000 | 12/31㉠ 매출 | 26,000 |
| 12/31㉢ 이자비용 | 200 | | |
| 12/31㉣ 운반비 | 1,000 | | |
| 12/31㉤ 이익잉여금 | 5,800 | | |

2. **정산표**

| | 수정전시산표 | | 기말수정분개 | | 수정후시산표 | | 손익계산서 | | 재무상태표 | |
|---|---|---|---|---|---|---|---|---|---|---|
| | 차변 | 대변 | 차변 | 대변 | 차변 | 대변 | 차변 | 대변 | 차변 | 대변 |
| 현금 | ₩76,400 | | | | ₩76,400 | | | | ₩76,400 | |
| 상품 | 4,000 | | ③₩5,000 | ③₩4,000 | 5,000 | | | | 5,000 | |
| 외상매출금 | 10,000 | | | | 10,000 | | | | 10,000 | |
| 선급이자 | 600 | | | ①200 | 400 | | | | 400 | |
| 매입 | 32,000 | | | ②③32,000 | | | | | | |
| 매입에누리 | | ₩3,000 | ②3,000 | | | | | | | |
| 매입환출 | | 7,000 | ②7,000 | | | | | | | |
| 매입할인 | | 2,000 | ②2,000 | | | | | | | |
| 외상매입금 | | 20,000 | | | | ₩20,000 | | | | ₩20,000 |
| 단기차입금 | | 12,000 | | | | 12,000 | | | | 12,000 |
| 자본금 | | 40,000 | | | | 40,000 | | | | 40,000 |
| 이익잉여금 | | 14,000 | | | | 14,000 | | | | 19,800 |
| 매출 | | 40,000 | ④14,000 | | | 26,000 | | ₩26,000 | | |
| 매출에누리 | 4,000 | | | ④4,000 | | | | | | |
| 매출환입 | 8,000 | | | ④8,000 | | | | | | |
| 매출할인 | 2,000 | | | ④2,000 | | | | | | |
| 매출원가 | | | ③24,000 | ③5,000 | 19,000 | | ₩19,000 | | | |
| 운반비 | 1,000 | | | | 1,000 | | 1,000 | | | |
| 이자비용 | | | ①200 | | 200 | | 200 | | | |
| 당기순이익 | | | | | | | 5,800 | | | |
| 합계 | ₩138,000 | ₩138,000 | ₩55,200 | ₩55,200 | ₩112,000 | ₩112,000 | ₩26,000 | ₩26,000 | ₩91,800 | ₩91,800 |

3.

손익계산서

㈜수원 20X2년 1월 1일부터 20X2년 12월 31일까지 (단위: 원)

| | |
|---|---|
| 매출액 | ₩26,000 |
| 매출원가 | (19,000) |
| 매출총이익 | 7,000 |
| 판매비와관리비 | |
| 운반비 | (1,000) |
| 영업이익 | 6,000 |
| 금융비용 | |
| 이자비용 | (200) |
| 당기순이익 | ₩5,800 |

재무상태표

㈜수원 20X2년 12월 31일 현재 (단위: 원)

| | | | |
|---|---|---|---|
| **자산** | | **부채** | |
| 현금 | ₩76,400 | 외상매입금 | ₩20,000 |
| 상품 | 5,000 | 단기차입금 | 12,000 |
| 외상매출금 | 10,000 | **부채총계** | **32,000** |
| 선급이자 | 400 | | |
| | | **자본** | |
| | | 자본금 | 40,000 |
| | | 이익잉여금 | 19,800 |
| | | **자본총계** | **59,800** |
| **자산총계** | ₩91,800 | **부채와자본총계** | **₩91,800** |

## 핵심정리

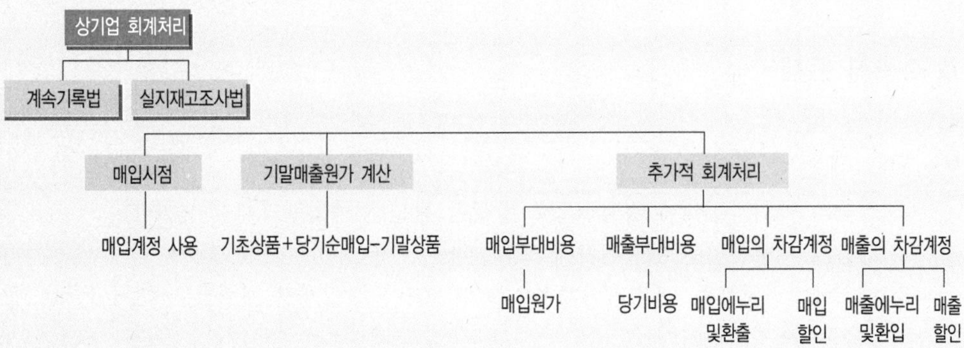


1. 상기업의 기초상품재고액과 당기매입액의 합은 매출원가와 기말상품재고액의 합과 일치한다.

2. 계속기록법은 매입시점에서 상품계정을 사용한다. 매출시점에서 상품의 매입원가를 추적하여 매출원가를 인식하고, 당기판매가능액에서 매출원가를 차감하여 기말상품재고액을 계산하는 방법이다.

3. 실지재고조사법은 매입시점에서 매입계정을 사용한다. 매출시점에서 매출원가를 계산하지 않고, 회계기간 말에 기말상품재고액을 조사한 후 이를 당기판매가능액에서 차감하여 매출원가를 계산하는 방법이다.

4. 매입시점에서 추가로 발생한 운임, 관세 등의 부대비용은 당기비용으로 인식하지 않고 매입원가에 가산(자산화)한다.

5. 매입(출)한 상품에 하자가 발생하여 매입(출)한 상품을 반품(환입)하지 않고 매입(출)대금의 일부를 감액할 경우에는 매입(출)에누리로 회계처리 한다. 매입(출)한 상품을 반품한 경우에는 환출(입)으로 회계처리 하며, 매입(출)대금의 조기 결제로 대금을 감액할 경우에는 매입(출)할인으로 회계처리 한다.

6. 매입(출)의 차감적 평가계정은 기말에 차감적 평가계정의 잔액이 매입(출)계정 대(차)변으로 대체되어 사라지는 임시계정이다.

## 연습문제

### 객관식 문제

01. 다음 내용 중 적절한 것은?

① 상품의 매입과정에서 정상적으로 발생한 관세는 매입원가에 가산한다.
② 상품의 매출운임은 매출원가에 포함한다.
③ 매입에누리및환출, 매입할인계정은 기말잔액이 매입계정 차변으로 대체되면서 사라지는 임시계정이다.
④ 상품 외상대금의 조기 결제로 대금의 일부가 감액되면 에누리로 회계처리 한다.
⑤ 위 내용 모두 적절함

02. 다음 내용 중 적절하지 못한 것은?

① 매입계정, 매입과 매출의 차감적 평가계정, 집합손익계정은 모두 기말잔액이 0이 되어 사라진다.
② 상품의 판매운임은 당기비용으로 처리한다.
③ 기초상품재고액이 기말상품재고액보다 크면 매출원가가 당기매입액보다 작다.
④ 기초상품이 ₩6,000, 기말상품이 ₩3,500, 매출원가가 ₩5,000이면 당기매입액은 ₩2,500이다.
⑤ 매출에누리및환입, 매출할인계정 기말잔액은 순매출액을 계산하기 위해 매출액계정에서 차감한다.

03. 기초상품액이 ₩5,000 과대평가되고 기말상품액이 ₩15,000 과소평가되면 당기순이익에 미치는 영향은?

① ₩20,000 감소
② ₩20,000 증가
③ ₩10,000 증가
④ ₩10,000 감소
⑤ 영향 없음

**04.** 기초재고액과 당기매입액은 정확히 측정하였으나 당기말 재고자산을 ₩100 과대평가하였다. 이러한 오류가 재무제표에 미치는 영향을 가장 적절히 설명한 것은?

① 당기의 매출원가가 ₩100 과대계상되고, 차기의 매출원가는 동액만큼 과소계상된다.
② 당기의 상품재고는 ₩100 과대보고되지만 차기의 재무제표에는 영향이 없다.
③ 당기순이익과 차기의 순이익은 모두 ₩100만큼 과소보고된다.
④ 당기순이익은 ₩100 과대보고되지만 차기의 재무제표에는 영향을 미치지 않는다.
⑤ 당기의 매출원가와 차기의 순이익이 모두 ₩100 과소계상된다.

**05.** 계속기록법과 실지재고조사법에 대한 다음 설명 중 적절하지 못한 것은?

① 계속기록법은 기말 재고실사를 통해 매출원가를 파악하기 때문에 기중에 유실된 상품의 수량이 매출원가에 포함된다.
② 계속기록법은 매출이 발생한 시점에서 매출원가를 인식한다.
③ 실지재고조사법은 기말에 매출원가를 계산하기 위한 별도의 기말수정분개가 필요하다.
④ 최근에는 RFID 등 기술의 발달로 계속기록법과 실지재고조사법을 상호 보완적으로 사용하는 추세이다.
⑤ 실지재고조사법에서는 기중에 상품을 매입 혹은 매출하더라도 상품계정에는 영향이 없다.

**06.** ㈜오산의 기초상품재고액은 ₩2,000이며, 당기중 상품 100개를 단위당 ₩50에 외상매입하였다. 매입한 상품 중 20개가 운송 중 파손되어 반품하지 않고 외상대금에서 에누리하였고, 매입할인이 ₩300 발생하였다. 기말상품재고가 ₩1,200이면 당기 매출원가는 얼마인가?

① ₩3,500　② ₩4,500　③ ₩4,800
④ ₩5,800　⑤ ₩6,000

**07.** 20X1년 1월 1일 ㈜여수는 ㈜순천으로부터 상품 200개를 단위당 ₩100에 외상으로 매입하면서 추가로 발생한 운임 ₩200은 현금 결제하였다. ㈜순천은 외상대금을 조기 회수하기 위해 외상대금을 30일 이내에 결제하면, 외상대금의 5%를 할인해주기로 하였다. 20X1년 1월 29일 ㈜여수는 20X1년 1월 1일에 ㈜순천에서 구매한 상품 중 ₩1,500을 불량으로 반품하고, 나머지 외상대금을 결제하였다. ㈜순천이 손익계산서에 보고할 매출액은 얼마인가? 단, ㈜순천과 ㈜여수는 모두 실지재고조사법을 사용하며, 동일한 상품을 판매한다.

① ₩17,500 ② ₩17,575 ③ ₩19,000
④ ₩20,000 ⑤ ₩25,000

**08.** 위 [문제 7]에서 ㈜여수의 순매입액은 얼마인가?

① ₩16,000 ② ₩17,300 ③ ₩17,700
④ ₩17,775 ⑤ ₩18,000

**09.** ㈜영천의 당기 상품매입액은 ₩150,000이며, 전기이월된 상품재고액에 비해 기말상품재고액이 ₩2,000 감소한 것으로 조사되었다. ㈜영천이 인식할 당기 매출원가는 얼마인가?

① 알 수 없음 ② ₩146,000 ③ ₩148,000
④ ₩150,000 ⑤ ₩152,000

**10.** 아래 자료를 통해 당기순이익을 계산하면 얼마인가?

| | | | | | |
|---|---:|---|---:|---|---:|
| 매입운임 | ₩2,000 | 매입에누리 | ₩1,200 | 기초상품 | ₩5,000 |
| 매출액 | 100,000 | 매입할인 | 800 | 기말상품 | 4,000 |
| 매입 | 60,000 | 매출에누리 | 2,000 | 급여 | 10,000 |
| 이자수익 | 2,000 | 광고선전비 | 3,000 | 건물처분이익 | 3,000 |
| 운반비 | 2,500 | 매출할인 | 500 | 임차료 | 10,000 |

① ₩10,000 ② ₩13,500 ③ ₩14,500
④ ₩16,000 ⑤ ₩16,500

## ✪ 주관식 문제

**01.** 아래 상황 A와 상황 B는 상호 독립적이다. (1)~(4)의 금액을 계산하시오.

| | 상황 A | 상황 B |
|---|---|---|
| 기초재고 | ₩40,000 | (3) |
| 총매입액 | 275,000 | ₩80,000 |
| 매입환출 | 2,000 | 800 |
| 매입할인 | 1,500 | 2,800 |
| 총매출액 | (1) | 120,000 |
| 매출환입 | 2,200 | 1,000 |
| 매출할인 | 4,300 | 1,500 |
| 기말재고 | (2) | 13,500 |
| 매출원가 | 210,000 | (4) |
| 매출총이익 | 25,000 | 13,500 |

**02.** 아래는 ㈜천안의 20X1년중 계정이며, 20X1년말 상품재고는 ₩50,000으로 조사되었다. 물음에 답하시오.

상품

| | |
|---|---|
| 1/1 전기이월 20,000 | |

매입

| | |
|---|---|
| 3/6 제좌 30,000 | |
| 11/9 현금 25,000 | |

매출

| | |
|---|---|
| | 8/6 제좌 40,000 |

(1) 매출원가 계산을 위한 기말수정분개를 제시하고, 전기하시오.

(2) 매출계정, 매출원가계정, 집합손익계정에 대한 마감분개를 제시하시오.

(3) 매출총이익까지의 보고식 손익계산서를 작성하시오.

**03.** 다음은 ㈜경북의 상품매매 관련 회계자료이다. 매출원가율은 손익계산서의 순매출액에서 매출원가가 차지하는 비율이며, 매입가격과 총매출액은 차감항목이 반영되지 않은 금액이다. 아래 물음에 답하시오.

| | | | | | | | |
|---|---|---|---|---|---|---|---|
| 기초상품 | ₩300,000 | 매입가격 | 250,000 | 매입운임 | 500 | 매입환출 | ? |
| 기말상품 | 25,000 | 매출원가 | ? | 총매출액 | 500,000 | 매출할인 | 500 |
| 매출에누리 | 1,000 | 매출운임 | 200 | 매출원가율 | 90% | | |

(1) 매출원가를 계산하시오.

(2) 매입환출을 계산하시오.

## 정답 및 해설

### ✪ 객관식 문제

**01.** ①
② 매출운임은 당기비용으로 처리한다.
③ 매입의 차감적 평가계정은 기말잔액이 매입계정 대변으로 대체된다.
④ 상품 외상대금의 조기 결제로 대금의 일부가 감액되면 할인으로 회계처리한다.

**02.** ③
③ 기초상품+당기매입－기말상품＝매출원가
이 식을 변형하면, 당기매입+(기초상품－기말상품)＝매출원가
따라서 기초상품이 기말상품보다 크면 차이만큼 당기매출원가가 당기매입액보다 커지게 된다.

**03.** ①
매출원가＝기초재고(+₩5,000)+당기매입－기말재고(－₩15,000)
따라서 당기매출원가 ₩20,000 과대평가되어 당기순이익은 ₩20,000 감소

**04.** ⑤
매출원가＝기초재고+당기매입－기말재고, 기말재고를 ₩100 과대평가하면 당기매출원가가 ₩100 과소평가되어 당기순이익은 ₩100 과대평가된다. 또한 당기말재고액은 차기초재고액이므로 차기매출원가는 ₩100 과대평가되어 차기순이익은 ₩100 과소평가된다.

**05.** ①
①은 실지재고조사법의 문제점에 대한 내용이다.

**06.** ②
매출원가＝기초상품재고액(₩2,000)+당기매입액(₩5,000－@₩50×100개)－매입에누리(1,000＝@₩50×20개)－매입할인(₩300)－기말상품재고액(₩1,200)＝₩4,500

**07.** ②
순매출액＝총매출액(₩20,000＝@₩100×200개)－매출할인(₩925＝₩18,500×5%)－매출환입(₩1,500)＝₩17,575

**08.** ④

순매입액 = 매입가격(₩20,000) + 매입부대비용(₩200) − 매입환출(₩1,500) − 매입할인(₩925)
= ₩17,775

**09.** ⑤

매출원가 = 당기상품매입액 + 기초상품재고액 − 기말상품재고액 = ₩150,000 − (−₩2,000)
= ₩152,000

**10.** ④

순매출액 = 매출액(₩100,000) − 매출에누리(₩2,000) − 매출할인(₩500) = ₩97,500

매출원가 = 기초상품재고(₩5,000) + 매입(₩60,000) + 매입운임(₩2,000) − 매입에누리(₩1,200) − 매입할인(₩800) − 기말상품(₩4,000) = ₩61,000

총수익 = 순매출액(₩97,500) + 이자수익(₩2,000) + 건물처분이익(₩3,000) = ₩102,500

총비용 = 매출원가(₩61,000) + 급여(₩10,000) + 광고선전비(₩3,000) + 운반비(₩2,500) + 임차료(₩10,000) = ₩86,500

따라서 당기순이익 = 총수익(₩102,500) − 총비용(₩86,500) = ₩16,000

## ✪ 주관식 문제

**01.** (1) ₩241,500 (2) ₩101,500 (3) ₩41,100 (4) ₩104,000

(1) 순매출액 = 매출총이익(₩25,000) + 매출원가(210,000) = ₩235,000
총매출액 = 순매출액(₩235,000) + 매출환입(2,200) + 매출할인(4,300) = ₩241,500

(2) 기말재고 = 기초재고(₩40,000) + 총매입(275,000) − 매입환출(2,000) − 매입할인(1,500) − 매출원가(210,000) = ₩101,500

(4) 매출원가 = 총매출액(₩120,000) − 매출환입(1,000) − 매출할인(1,500) − 매출총이익(13,500)
= ₩104,000

(3) 기초재고 = 매출원가(₩104,000) + 기말재고(13,500) − 총매입(80,000) + 매입환출(800)
+ 매입할인(2,800) = ₩41,100

**02.** (1)

| | | | | | |
|---|---|---|---|---|---|
| (차) | 매출원가 | 20,000 | (대) | 상품 | 20,000 |
| (차) | 매출원가 | 55,000 | (대) | 매입 | 55,000 |
| (차) | 상품 | 50,000 | (대) | 매출원가 | 50,000 |

상품

| 1/1 전기이월 | 20,000 | 12/31 매출원가 | 20,000 |
|---|---|---|---|
| 12/31 매출원가 | 50,000 | | |

매입

| 3/6 제좌 | 30,000 | 12/31 매출원가 | 55,000 |
|---|---|---|---|
| 11/9 현금 | 25,000 | | |

매출원가

| 12/31 상품 | 20,000 | 12/31 상품 | 50,000 |
|---|---|---|---|
| 12/31 매입 | 55,000 | | |

(2)

| | | | | | |
|---|---|---|---|---|---|
| 매출계정의 마감 | (차) 매출 | 40,000 | (대) 집합손익 | 40,000 |
| 매출원가계정의 마감 | (차) 집합손익 | 25,000 | (대) 매출원가 | 25,000 |
| 집합손익계정의 마감 | (차) 집합손익 | 15,000 | (대) 이익잉여금 | 15,000 |

(3)

손익계산서

㈜천안 20X1년 1월 1일부터 20X1년 12월 31일까지 (단위: 원)

| | |
|---|---|
| 매출액 | ₩40,000 |
| 매출원가 | (25,000) |
| 매출총이익 | ₩15,000 |

## 03.

(1) ₩448,650

순매출액 = 총매출액(₩500,000) − 매출할인(₩500) − 매출에누리(₩1,000) = ₩498,500

따라서 매출원가 = 순매출액(₩498,500) × 매출원가율(0.9) = ₩448,650

(2) ₩76,850

기초상품(₩300,000) + 매입가격(₩250,000) + 매입운임(₩500) − 매입환출 − 기말상품(₩25,000) =

매출원가(₩448,650)

따라서 매입환출 = ₩76,850

PART 03

IFRS 회계원리
*Accounting Principles*

# 계정과목별 회계처리

CHAPTER

# 06 현금과 수취채권

재무상태표

㈜서울 20X1년 12월 31일 현재 (단위: 원)

| 자산 | | |
|---|---|---|
| Ⅰ. 유동자산 | | XXX |
| **현금및현금성자산** | XXX | |
| 기타금융자산 | XXX | |
| **매출채권** | XXX | |
| 재고자산 | XXX | |
| Ⅱ. 비유동자산 | | XXX |
| 기타금융자산 | XXX | |
| 유형자산 | XXX | |
| 무형자산 | XXX | |

| 주석사항 | |
|---|---|
| 6. 현금및현금성자산 | |
| 현금및보통예금 | |
| 기타예금 등 | XXX |
| 합계 | XXX |
| 9. 매출채권과 미수금 | |
| 매출채권 | XXX |
| (손실충당금) | (XXX) |
| 미수금 | XXX |
| (손실충당금) | (XXX) |
| 합계 | XXX |

## 학습목표

1. 회계상 현금및현금성자산을 설명할 수 있다.
2. 당좌예금과 당좌차월에 대해 설명할 수 있다.
3. 소액현금제도에 대해 설명할 수 있다.
4. 현금과부족을 회계처리 할 수 있다.
5. 은행계정조정표를 작성할 수 있다.
6. 수취채권을 분류할 수 있다.
7. 매출할인 등에 대해 회계처리 할 수 있다.
8. 충당금설정법에 의한 회계처리 할 수 있다.
9. 약속어음에 대해 설명할 수 있다.
10. 기타 채권에 대해 설명할 수 있다.

# 제1절 현금및현금성자산

## 1. 현금및현금성자산

### 1) 현금의 의의와 종류

현금이란 교환의 매개물로서 재화를 구입하거나 단기채무의 결제에 즉시 사용될 수 있는 경제적 자원을 의미하며 사용에 제한이 없어야 한다.

현금(cash)은 통화와 통화대용증권, 요구불예금을 포함한다. 통화는 일상생활에서 사용되는 현금을 의미하는데 지폐와 주화(동전)로 구성되고, 통화대용증권은 언제든지 통화로 교환할 수 있는 권리가 부여된 증권으로 가계수표, 당좌수표, 자기앞수표, 여행자수표, 우편환증서, 지급기일이 도래한 공채와 사채의 이자표, 배당금지급통지표 등이 있다. 통화대용증권은 통화로 교환할 수 있는 권리가 부여된 시점에 현금으로 기록할 수 있다.

**현금의 구성**

현금은 통화, 통화대용증권, 요구불예금으로 구성
통화는 지폐와 주화로 구성

가계수표란 은행에 가계종합예금을 개설하고 있는 개인사업자가 거래대금의 지급 등을 목적으로 거래은행으로부터 교부받은 가계수표용지에 필요한 금액을 기재하여 발행하는 수표를 의미한다. 가계수표는 개인이 발행하는 것으로 기능은 당좌수표와 동일하다.

당좌수표란 은행과 당좌계약을 체결하고 당좌예금을 개설하고 있는 법인이 거래대금의 지급 등을 목적으로 당좌거래은행으로부터 교부받은 당좌수표용지에 필요한 금액을 기재하여 발행하는 수표를 의미한다. 거래상대방에게 재화 또는 용역을 제공하고 그 대가로 타인이 발행한 당좌수표를 받게 되면 받은 시점에서 현금으로 기록한다.[1)]

자기앞수표[2)]는 은행에 예금을 하고 있는 법인 또는 개인이 그 은행으로부터 수표로 인출하고자 하는 경우 은행에서 발행하는 수표를 의미한다.

우편환증서란 우체국을 통하여 통화를 원격지에 송금하는 경우에 사용되는 것으로 우체국에서 발행하는 증서를 의미한다. 우편환증서가 필요한 법인 또는 개인은 필요한 만큼의 통화를 우체국에 지급하고 우편환증서를 받아 송금하고자 하는 상대방에게 보내면, 상대방은 우편환증서를 수령한 후 우체국에 가서 통화로 교환할 수 있다.

지급기일이 도래한 공채와 사채의 이자표란 공채나 사채에 투자하였을 때 일정기간 받을 수 있는 이자표가 채권에 첨부되어 있을 경우 이자지급기일이 도래하면 현금으로 기록한다.

배당금지급통지표는 기업으로부터 배당금을 지급했다는 통지를 받은 경우 현금으로 기록하며, 기재되어 있는 장소인 은행 등에 가서 통화로 교환할 수 있다.

**통화대용증권과 요구불예금**

- 통화대용증권: 가계수표, 당좌수표, 자기앞수표, 우편환증서, 지급기일이 도래한 공채와 사채의 이자표, 배당금지급통지표 등
- 요구불예금: 당좌예금, 보통예금

요구불예금은 당좌예금이나 보통예금과 같은 입출금이 자유로운 예금을 의미한다.

반면 우표와 수입인지, 선일자수표, 차용증서, 부도수표 등은 현금으로 분류하지 않는다. 우표와 수입인지는 우편요금이나 수입인지 대금을 선급한 것이므로 선급비용이나 소모품으로 처리한다. 선일자수표는 미래의 특정일을 발행일로 기재하여 거래상대방에게 교부된 수표로, 미래의 발행일자에 지급제시를 해야 한다. 따라서 수취시 매출채권(받을어음)으로 회계처리 한다. 차용증서는 돈을 빌린 사실이 있음을 입증하기 위하여 차입자(채무자)가 대여자(채권자)에게 발행하여 교부하는 증서로 대여자는 이를 대여금으로 회계처리 하고, 차입자는 차입금으로 회계처리 한다. 부도수표는 발행회사의 당좌예금잔액이나 당좌차월한도액을 초과하여 지급이 거절된 수표로 회사는 대금지급을 받지 못하였으므로 외상매출금을 다시 증가시키는 분개를 해야 한다.[3)]

---

1) 이와 같은 타인발행수표는 통화대용증권에 해당하기 때문이다.
2) 자기앞수표는 발행인이 지급인을 겸하는 수표로서, 은행이 곧 발행인이며, 지급인이 되는 수표를 의미한다.
3) 또한 기업이 관리하기 위한 목적으로 외상매출금을 부도어음계정으로 계정대체하기도 한다.

**예제 ○ 회계상 현금**

20X8년말 ㈜대구는 다음의 항목들을 계정분류하고자 한다. 20X8년 12월 31일의 재무상태표에 현금으로 보고할 금액을 구하시오.

| | | | |
|---|---|---|---|
| 통화 | ₩6,000 | 배당금지급통지표 | ₩10,000 |
| 일반적 상거래상의 선일자수표 | 20,000 | 자기앞수표 | 24,000 |
| 우표 | 2,000 | 타인발행수표 | 6,000 |
| 차용증서 | 15,000 | 우편환증서 | 5,000 |

**| 풀이 |**

현금및현금성자산:

| | |
|---|---|
| 통화 | ₩6,000 |
| 배당금지급통지표 | 10,000 |
| 자기앞수표 | 24,000 |
| 타인발행수표 | 6,000 |
| 우편환증서 | 5,000 |
| 합계 | ₩51,000 |

선일자수표는 매출채권(받을어음)
우표는 선급비용 또는 소모품
차용증서는 대여금

## 2) 현금성자산

기업은 여유자금을 활용하여 수익을 창출하기 위하여 단기간 투자하기도 한다. 이러한 단기투자자산 중 유동성이 매우 높은 자산으로서 확정된 금액의 현금으로 전환이 용이하고 가치변동의 위험이 중요하지 않은 자산을 **현금성자산**(cash equivalents)이라고 한다. 현금성자산이 되기 위해서는 큰 거래비용없이 확정된 금액의 현금으로 전환이 용이하고, 이자율변동에 따른 가치변동 위험이 중요하지 않으며, 만기일이 단기(취득일로부터 만기일이 3개월 이내)에 도래해야 한다. 따라서 가격변동이 심한 보통주는 현금성자산으로 분류하지 않는다.

### 현금성자산의 정의와 요건

- 정의: 유동성이 매우 높은 단기투자자산으로서 확정된 금액의 현금으로 전환이 용이하고 가치변동의 위험이 중요하지 않은 자산
- 요건: ① 확정된 금액의 현금으로 전환이 용이하고,
  ② 가치변동의 위험이 중요하지 않아야 하고,
  ③ 만기일이 단기(예: 취득일로부터 만기일이 3개월 이내)에 도래하는 경우

현금성자산의 예를 살펴보면, 취득 당시 만기가 3개월 이내에 도래하는 국공채와 사채, 취득 당시 상환일이 3개월 이내에 도래하는 상환우선주, 취득 당시 만기가 3개월 이내에 도래하는 양도성예금증서(CD), 3개월 이내의 환매조건을 가진 환매채(RP), 초단기금융상품(MMF) 등이 현금성자산에 속한다.

**상환우선주**(redeemable preferred stock)는 발행자의 상환의무가 있는 경우 또는 보유자가 상환청구권을 보유한 우선주를 의미한다.

**양도성예금증서**(CD: certificate of deposit)는 정기예금에 대하여 은행이 발행하는 매매가 가능한 무기명의 정기예금증서를 의미하는데 만기일의 소지인에게 원금 및 이자를 지급한다.

환매채란 **환매조건부채권**(RP: repurchase agreements)으로 금융기관이 일정기간 후에 확정금리를 가산하여 되사는 조건으로 발행하는 채권을 의미한다. **초단기금융상품**(MMF: money market funds)은 자산운용사가 고객 자금을 모아 펀드를 구성한 다음 금리가 높은 만기 30일 이내의 단기금융상품에 집중 투자해 얻은 수익을 고객에게 돌려주는 금융상품을 의미한다.

### 현금성자산의 예

① 취득 당시 만기가 3개월 이내에 도래하는 국공채와 사채
② 취득 당시 상환일이 3개월 이내에 도래하는 상환우선주
③ 취득 당시 만기가 3개월 이내에 도래하는 양도성예금증서(CD)
④ 3개월 이내의 환매조건을 가진 환매채(RP), 초단기금융상품(MMF) 등

**예제 ∘ 현금및현금성자산**

다음은 ㈜경북의 20X9년 12월 31일 현재의 현금및예금 등의 내역이다.

| | | | |
|---|---|---|---|
| 통화 | ₩13,000 | 배당금지급통지표 | ₩20,000 |
| 일반적 상거래상의 선일자수표 | 30,000 | 자기앞수표 | 36,000 |
| 양도성예금증서(120일) | 50,000 | 만기가 1개월 이내인 채권 | 6,000 |
| 90일 환매조건의 환매채 | 70,000 | 기일이 도래한 공채이자표 | 2,000 |
| 1년 이후 만기도래 정기적금 | 120,000 | 수입인지 | 9,000 |

**| 물음 |** 20X9년 12월 31일 재무상태표에 현금및현금성자산으로 보고할 금액을 구하시오.

**| 풀이 |**

현금및현금성 자산

| | |
|---|---|
| 통화 | ₩13,000 |
| 배당금지급통지표 | 20,000 |
| 자기앞수표 | 36,000 |
| 만기가 1개월 이내인 채권 | 6,000 |
| 90일 환매조건의 환매채 | 70,000 |
| 기일이 도래한 공채이자표 | 2,000 |
| 합계 | ₩147,000 |

일반 상거래에서의 선일자수표: 받을어음(매출채권)[4]

양도성예금증서(120일): 단기금융자산

1년 이후 만기도래 정기적금: 장기금융자산

수입인지: 선급비용 또는 소모품

---

4) 통합계정과목의 경우에는 개별계정과목과 통합계정과목을 내용에 따라 선택하여 사용한다. 두 가지를 모두 표시할 경우에는 개별계정과목(통합계정과목) 순으로 표시하고자 한다.

## 2. 당좌예금과 당좌차월

**당좌예금**(current deposit)[5]이란 기업의 운영자금을 은행에 입금한 후 수표를 발행하여 거래할 수 있는 예금을 의미한다. 당좌거래는 다음과 같이 이루어진다. 기업이 원활한 거래대금의 지급 및 수취와 현금의 도난방지를 위하여 먼저 시중은행과 당좌거래예약을 체결하고 현금을 은행에 예입한다. 그리고 은행으로부터 교부받은 당좌수표용지에 상품구매 대금을 기입하여 거래상대방에게 지급하면 수표소지자는 자신과 당좌거래예약이 체결되어 있는 거래은행에 예입한다. 수표소지인의 거래은행은 수표소지인을 대신하여 수표발행인의 거래은행에 수표금액의 지급을 제시하게 된다. 지급제시를 받은 수표발행인의 거래은행은 수표를 받고 현금을 지급한다. 이러한 과정을 그림으로 나타내면 다음과 같다.

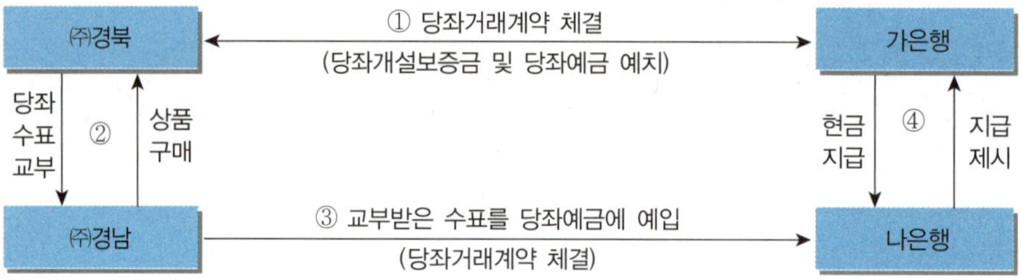


당좌예금의 경우 입금[6]은 자유로우나 출금은 수표나 어음을 통해서만 가능하다. 당좌예금 거래를 위해서는 당좌개설보증금[7]을 예치해야 한다. 당좌예금은 이자가 없으며, 지급업무 대행수수료를 기업이 부담하는 예금이다.

당좌예금의 인출은 당좌예금을 초과하여 이루어질 수 없으며, 잔액을 초과할 경우에는 은행에서 지급을 거절하게 되는데 이를 부도라고 한다. 그런데 사전에 은행측과 당좌차월계약이 맺어져 있을 경우에는 당좌예금잔액을 초과하여 수표를 발행할 수 있는데 이를 **당좌차월**(bank overdraft)이라 한다. 즉, 당좌차월이란 은행과 당좌차월계약을

5) 당좌예금은 현금으로 분류되어 재무상태표에 보고되지만, 여기에서는 개별계정과목인 당좌예금을 사용한다.
6) 일반적으로 당좌예금의 입금을 예입이라고 한다.
7) 당좌개설보증금은 당좌계약을 유지하는 한 인출할 수 없는 사용이 제한된 예금이므로 투자자산인 특정현금과예금으로 분류한다.

맺고 일정기간 동안 기업의 예금잔액을 일정 한도만큼 초과하여 당좌수표를 발행할 수 있도록 하는 약정이다. 기말 현재 남아있는 당좌차월은 유동부채 중 단기차입금으로 기록한다.

당좌예금과 당좌차월에 관한 회계처리를 살펴보면 다음과 같다. 당좌거래약정 체결 후 현금을 입금하면 대변에 현금을 감소시키고 차변에 당좌예금을 증가시킨다. 상품을 매입 후 수표를 발행 시에는 대변에 당좌예금을 감소시키고 차변에 매입(상품)계정을 사용한다. 당좌차월계약으로 당좌예금잔액을 초과하여 지급한 경우에는 그 금액을 기말에 당좌차월(단기차입금)로 보고한다.

(1) 당좌거래약정 체결 후 현금 ₩10,000을 입금하다.

| | | | |
|---|---|---|---|
| (차) 당좌예금 | 10,000 | (대) 현금 | 10,000 |

(2) 상품 매입후 수표 ₩13,000을 발행하여 주다. 당좌차월계약이 존재한다.[8]

| | | | |
|---|---|---|---|
| (차) 매입(상품)[9] | 13,000 | (대) 당좌예금 | 13,000 |

(3) 기말에 당좌예금 잔액을 초과하여 지급한 금액을 당좌차월(단기차입금)로 보고하다.

| | | | |
|---|---|---|---|
| (차) 당좌예금 | 3,000 | (대) 당좌차월(단기차입금) | 3,000 |

**예제 ⊸ 당좌차월**

㈜경북은 독도은행과 당좌거래를 체결함과 동시에 당좌차월계약을 체결하였다. 20X1년 12월 15일 현재 당좌예금잔액은 ₩10,000이며, 당좌차월 한도액은 ₩25,000이다. 다음과 같은 거래가 추가적으로 발생하였고, ㈜경북은 12월 결산법인으로 결산일이 도래하였다.
12월 20일 소모품비로 ₩5,000의 수표를 발행하다.
12월 26일 비품구입으로 ₩20,000의 수표를 발행하다.

**| 물음 |** 일자별 회계처리를 하시오.

**| 풀이 |**

| | | | | |
|---|---|---|---|---|
| 12/20 | (차) 소모품비 | 5,000 | (대) 당좌예금 | 5,000 |
| 12/26 | (차) 비품 | 20,000 | (대) 당좌예금 | 20,000 |
| 12/31 | (차) 당좌예금 | 15,000 | (대) 당좌차월(단기차입금) | 15,000 |

---

8) 당좌예금 ₩10,000과 당좌차월 ₩3,000으로 회계처리 해야 하지만, 예에서 제시한 것처럼 당좌차월계약이 존재하는 경우에는 전액을 당좌예금에서 조정하고 기말에 조정할 수도 있다.

9) 실지재고조사법에서는 매입, 계속기록법에서는 상품 계정과목을 사용하는데, 재고자산에서 자세히 배우게 된다.

# 제2절 내부통제제도

## 1. 내부통제제도의 의의와 절차

**내부통제제도**(internal control system)란 기업의 자산보호와 재무자료의 신뢰성 유지를 위해 기업이 채택하고 있는 모든 관리통제시스템을 의미한다. 현금과 관련한 내부통제제도의 일반적인 절차는 다음과 같다. 첫째, 업무분장을 통하여 현금보관자와 장부기록 담당자를 구분한다. 둘째, 모든 현금거래를 파악할 수 있는 현금출납장 등의 제도를 운영한다. 셋째, 수취한 현금은 즉시 입금처리하고 최소한의 현금만을 보유한다. 넷째, 수시 또는 주기적으로 현금잔액을 검증할 수 있는 검증시스템을 구축한다. 다섯째, 정기적으로 은행계정조정표를 작성함으로써 잔액의 차이가 발생하는지를 검증한다. 여섯째, 보유현금에 대한 적절한 수익률을 달성하도록 한다. 일곱째, 금고 설치 등을 통해 물리적으로 현금을 통제한다.

## 2. 소액현금제도

현금은 도난이나 분실의 위험이 높은 자산이다. 따라서 은행 예치를 통해 보유현금을 최소화하고 필요할 때마다 인출하여 사용하는 것이 안전하다. 이러한 소액의 현금 지출업무를 가장 효율적으로 관리하는 것을 **소액현금제도**(petty cash system)라고 한다.

각 부서가 일정기간 동안 사용할 것으로 예상되는 소액의 운영비를 당좌수표를 발행하여 교부하면, 각 부서의 담당자는 통화로 교환하여 필요할 때마다 현금을 지급한다. 이때 당좌예금을 감소시키고, 각 부서에 교부한 금액을 기록하기 위하여 소액현금이라는 계정과목을 사용하는데, 현금지출 시에는 각 부서에서는 별도로 회계처리를 하지 않는다. 기말에 각 부서에서 당해 기간 실제 사용한 금액과 영수증을 제출하면 회계담당자는 일괄하여 비용으로 회계처리 하고, 소액현금을 감소시킨다. 그리고 사용된 금액은 당좌수표를 발행하여 보충한다. 이를 **정액자금전도제**(imprest fund system)라 한다. 따라서 정액자금전도제에서는 항상 일정한 규모의 현금을 각 부서에서 보관하게 된다. 반면 일정한 금액의 수준을 정해놓지 않고 필요할 때마다 수시로 현금을 보급하는 방법을 부정액자금전도제라고 한다.

정액자금전도제의 회계처리 예를 살펴보면 다음과 같다.

(1) 월초에 당좌수표 ₩70,000을 발행하여 소액현금을 설정하다.

| | | | | |
|---|---|---|---|---|
| 소액현금 전도시 | (차) 소액현금 | 70,000 | (대) 당좌예금 | 70,000 |

(2) 기중에 소모품비 ₩20,000, 여비교통비 ₩30,000, 통신비 ₩10,000을 지출하다.

| | | | | |
|---|---|---|---|---|
| 소액현금 지출시 | | – | | |

(3) 당월 소액현금의 사용내역과 영수증을 제출받다.

| | | | | |
|---|---|---|---|---|
| 소액현금의 사용확인시 | (차) 소모품비 | 20,000 | (대) 소액현금 | 60,000 |
| | 여비교통비 | 30,000 | | |
| | 통신비 | 10,000 | | |

(4) 당월 사용액을 보충하기 위해 사용한 금액만큼 당좌수표를 발행하여 보충하다.

| | | | | |
|---|---|---|---|---|
| 소액현금 보충시 | (차) 소액현금 | 60,000 | (대) 당좌예금 | 60,000 |

**예제 ○ 정액자금전도제**

㈜경남은 내부통제제도로 정액자금전도제를 사용하기로 하였다.
(1) 8월 1일에 소액현금제도를 운영하기로 하고 1개월간의 자금으로 ₩80,000을 설정하다.
(2) 8월중 지출액은 소모품비 ₩15,000, 각종 공과금 ₩25,000, 여비교통비 ₩30,000이다.
(3) 8월중 사용한 ₩70,000의 영수증을 제출하다.
(4) 8월중 사용한 금액을 당좌수표를 발행하여 보충하다.

**| 물음 |** 다음을 회계처리 하시오.

**| 풀이 |**

| | | | | |
|---|---|---|---|---|
| (1) | (차) 소액현금 | 80,000 | (대) 당좌예금 | 80,000 |
| (2) | 분개 없음 | | | |
| (3) | (차) 소모품비 | 15,000 | (대) 소액현금 | 70,000 |
| | 세금과공과 | 25,000 | | |
| | 여비교통비 | 30,000 | | |
| (4) | (차) 소액현금 | 70,000 | (대) 당좌예금 | 70,000 |

## 3. 현금과부족

장부상의 현금잔액과 실제보유하고 있는 현금 잔액은 반드시 일치하여야 하지만, 오류나 횡령 등으로 인하여 일치하지 않는 경우가 발생한다. 잔액이 일치하지 않는 경우 차이의 원인이 밝혀지기 전까지는 일시적으로 **현금과부족**(cash over and short)이란 임시계정을 사용하여 회계처리 한다. 실제잔액이 장부잔액보다 많은 경우에는 현금계정 차변과 현금과부족계정 대변에 기입하고, 원인이 판명되면 해당 계정에 대체한다. 만약 결산일까지 원인이 밝혀지지 않으면 잡이익으로 처리하여 당기손익에 반영한다. 실제액이 장부잔액보다 적은 경우에는 현금계정 대변과 현금과부족계정 차변에 기입하고, 결산일까지 원인이 밝혀지지 않으면 잡손실로 처리하여 당기손익에 반영한다.

따라서 현금과부족의 잔액은 모두 0이 되어 결산일의 재무제표에는 표시되지 않는다.

현금과부족의 회계처리 예를 살펴보면 다음과 같다.

[실제금액>장부금액]

(1) 현금 실제잔액이 장부잔액보다 ₩10,000이 많음을 발견하다.

| | | | | |
|---|---|---|---|---|
| 실제금액>장부금액 | (차) 현금 | 10,000 | (대) 현금과부족 | 10,000 |

(2) 원인을 조사한 결과 이자수익 ₩3,000을 계상하지 않은 것으로 밝혀지다.

| | | | | |
|---|---|---|---|---|
| 이자수익 기입 누락 | (차) 현금과부족 | 3,000 | (대) 이자수익 | 3,000 |

(3) 나머지 ₩7,000은 결산시까지 원인을 파악하지 못하다.

| | | | | |
|---|---|---|---|---|
| 원인 불명으로 판명 | (차) 현금과부족 | 7,000 | (대) 잡이익 | 7,000 |

[실제금액<장부금액]

(1) 현금 실제잔액이 장부잔액보다 ₩10,000이 적음을 발견하다.

| | | | | |
|---|---|---|---|---|
| 실제금액<장부금액 | (차) 현금과부족 | 10,000 | (대) 현금 | 10,000 |

(2) 원인을 조사한 결과 소모품비 ₩4,000을 계상하지 않은 것으로 밝혀지다.

| | | | | |
|---|---|---|---|---|
| 소모품비 기입 누락 | (차) 소모품비 | 4,000 | (대) 현금과부족 | 4,000 |

(3) 나머지 ₩6,000은 결산시까지 원인을 파악하지 못하다.

| | | | | |
|---|---|---|---|---|
| 원인 불명으로 판명 | (차) 잡손실 | 6,000 | (대) 현금과부족 | 6,000 |

**예제 ○ 현금과부족**

(1) 12월 31일 현재 현금 실제잔액이 장부잔액보다 ₩25,000이 많음을 발견하였다. 원인을 조사한 결과 ₩20,000은 거래처로부터 외상매출금을 회수하고 이를 계상하지 않은 것으로 밝혀졌다. ₩5,000은 결산시까지 원인을 파악하지 못하였다.

(2) 12월 31일 현재 현금 실제잔액이 장부잔액보다 ₩20,000이 적음을 발견하였다. 원인을 조사한 결과 ₩15,000은 거래처에 광고료를 지급하고 이를 계상하지 않은 것으로 밝혀졌다. ₩5,000의 현금부족액은 결산시까지 원인을 파악하지 못하였다.

**| 물음 |** 각 거래를 분개하시오.

**| 풀이 |**

| | | | | | |
|---|---|---|---|---|---|
| (1) | 실제금액 > 장부금액 | (차) 현금 | 25,000 | (대) 현금과부족 | 25,000 |
| | 외상매출금 기입 누락 | (차) 현금과부족 | 20,000 | (대) 외상매출금 (매출채권) | 20,000 |
| | 원인 불명으로 판명 | (차) 현금과부족 | 5,000 | (대) 잡이익 | 5,000 |
| (2) | 실제금액 < 장부금액 | (차) 현금과부족 | 20,000 | (대) 현금 | 20,000 |
| | 광고선전비 기입 누락 | (차) 광고선전비 | 15,000 | (대) 현금과부족 | 15,000 |
| | 원인 불명으로 판명 | (차) 잡손실 | 5,000 | (대) 현금과부족 | 5,000 |

## 4. 은행계정조정표

일정시점에서 기업의 장부상 당좌예금잔액과 은행장부[10]상 당좌예금잔액 간에 차이가 있는 경우 그 차이를 조정함으로써 당좌예금 잔액을 파악하기 위해 기업이 작성하는 표를 **은행계정조정표**(bank reconciliation statement)라 한다.

기업의 당좌예금잔액과 은행 당좌예금잔액은 서로 일치하여야 하지만 기업과 은행이 당좌예금과 관련된 거래를 인식하는 시점의 차이나 입금수표의 부도 또는 오류 등으로 인하여 두 잔액이 불일치하는 경우가 발생한다. 따라서 월말 또는 결산일에 기업은 거래은행으로부터 당좌예금잔액증명서를 교부받아 차이가 있으면 그 차이를 조정하는 은행계정조정표를 작성하여야 한다.

일반적으로 당좌예금잔액이 불일치하는 원인은 다음과 같다.

---

10) 이를 은행계정명세서라고 하기도 한다.

### 1) 은행에서는 입금으로 기록하였으나 기업에서 미기입한 경우

은행에 직접 입금된 **외상매출금**(accounts receivable)이나 **추심완료어음**(note receivable) 및 **예금에 대한 이자**(interest revenue) 등 은행측 잔액에는 입금으로 처리되었으나 기업에는 이러한 사실이 아직 통보가 되지 않아 기업의 장부에 입금기록을 하지 않은 경우인데, 이를 **미통지예금**(deposit by third parties)이라고 한다. 이러한 항목은 회사측 장부에 가산하여야 한다.

### 2) 은행에서 출금으로 기록하였으나 기업에서 미기입한 경우

은행에서 **이자비용**(interest expense)이나 **은행수수료**(bank service charges), **부도수표**(non-sufficient fund check) 등을 기업의 당좌예금계좌에서 차감하였으나 기업에는 아직 통보가 되지 않아 기업의 장부에는 출금기록을 하지 않은 경우인데, 이를 **미통지출금**이라고 한다. 이러한 항목은 기업측 장부잔액에서 차감해야 한다.

### 3) 기업에서 입금으로 기록하였으나 은행에서 미기입한 경우

기업에서 은행에 당좌예입하고 장부에 입금기록을 하였으나 은행에서는 미처 입금처리하지 못하여 예금잔액증명서에서 제외된 경우인데, 이를 **은행미기입예금**(deposit in transit)이라고 한다. 이러한 항목은 은행측 잔액에 가산하여야 한다.

### 4) 기업에서 출금으로 기록하였으나 은행에서 미기입한 경우

기업에서 수표를 발행하고 장부에 출금기록을 하였으나 수표 소지인이 은행에 아직 청구를 하지 않음으로써 은행측 잔액에는 아직 출금기록 되지 않은 경우인데, 이를 **기발행미인출수표**(outstanding checks)라고 한다. 이러한 항목은 은행측 잔액에서 차감해야 한다.

### 5) 은행 또는 기업의 기장오류

기업이나 은행의 경우 거래의 기록시 오류가 발생할 수 있는데 이러한 경우 당좌예금잔액은 일치하지 않는다. 따라서 오류의 내용에 따라 기업측 잔액이나 은행측 잔액을 수정하여야 한다.

이상에서 설명한 불일치 원인을 조정하면 조정 후 은행측 잔액과 조정 후 기업측 잔액이 일치하게 되고, 기업에서는 기업측의 잔액이 조정되어야 할 항목에 대해서는 기업의 장부를 조정하기 위한 수정분개를 수행하여야 한다.

**은행계정표의 조정항목과 조정방법**

은행계정 조정방법

| 조정항목 | | 기업측 잔액 | ≠ | 은행측 잔액 |
|---|---|---|---|---|
| 조정 전 잔액 | | XXX | | XXX |
| (1) 미통지예금 | ① 외상매출금 | + | | |
| | ② 추심어음 | + | | |
| | ③ 이지수익 | + | | |
| (2) 미통지출금 | ① 이자비용 | − | | |
| | ② 은행수수료 | − | | |
| | ③ 부도수표 | − | | |
| (3) 미기입예금 | | | | + |
| (4) 기발행미인출수표 | | | | − |
| (5) 기장오류 | | +/− | | +/− |
| 조정 후 잔액 | | XXX | = | XXX |

**예제 ⊸ 은행계정조정표**

20X1년 12월 31일 현재 ㈜광주의 당좌예금잔액과 관련된 자료는 다음과 같다.

| | |
|---|---|
| 기업측 장부상 당좌예금의 잔액 | ₩330,000 |
| 은행측 예금잔액증명서상의 잔액 | ₩345,000 |

은행측 잔액과 기업측 잔액이 불일치하는 원인은 다음과 같다.

(1) 12월 31일 입금시킨 ₩15,000을 은행에서 입금으로 기록하지 않았다.

(2) 거래처에서 ㈜광주에 통보하지 않고 은행에 직접 입금시킨 외상매출금의 대금이 ₩20,000이다.

(3) 발행수표 중 아직 은행에서 인출되지 않은 수표는 ₩25,000이다.

(4) 거래처로부터 외상매출금에 대한 대금을 받아 은행에 예입한 수표 ₩10,000이 부도처리 되었으나 기업에서는 아직 통보를 받지 못하였다.

(5) 은행에서는 당좌거래에 따른 은행수수료 ₩5,000을 기업의 당좌예금에서 차감하였으나 기업에서는 아직 차감하지 않았다.

**| 물음 |** 20X1년 12월 31일 은행계정조정표를 작성하고, 수정분개를 하시오. 단, 세부 계정과목을 사용한다.

**| 풀이 |**

은행계정조정표

㈜광주 20X1년 12월 31일 (단위: 원)

| | 기업측 잔액 | 은행측 잔액 |
|---|---|---|
| 조정 전 잔액 | ₩330,000 | ₩345,000 |
| (1) 미기입예금 | | 15,000 |
| (2) 미통지예금(외상매출금) | 20,000 | |
| (3) 기발행미인출수표 | | (25,000) |
| (4) 미통지출금(부도수표) | (10,000) | |
| (5) 미통지출금(은행수수료) | (5,000) | |
| 조정 후 잔액 | ₩335,000 | ₩335,000 |

〈회사측 수정분개〉

| | | | | | |
|---|---|---|---|---|---|
| (2) | (차) | 당좌예금 | 20,000 | (대) 외상매출금 | 20,000 |
| (4) | (차) | 외상매출금* | 10,000 | (대) 당좌예금 | 10,000 |
| (5) | (차) | 은행수수료 | 5,000 | (대) 당좌예금 | 5,000 |

* 외상매출금으로 수취한 수표가 부도가 나면 우선 외상매출금계정을 복원시키고, 추후 회수가 불가능하여 대손이 확정되면 외상매출금을 감소시킨다.

# 제3절 수취채권과 지급채무[11)]

## 1. 매출채권과 매입채무

기업이 영업활동을 수행하는 과정에서 재화나 용역을 외상으로 판매하거나 자금을 대여한 경우에 발생하는 채권을 **수취채권**(receivables)이라 하고, 기업이 영업활동을 수행하는 과정에서 재화나 용역을 외상으로 매입하거나 다른 기업으로부터 자금을 차입한 경우에 발생하는 채무를 **지급채무**(payables)라 한다.

수취채권 중에서 일반적 상거래에서 발생하는 채권을 매출채권, 일반적 상거래 이외에서 발생하는 채권을 기타채권이라고 한다. **매출채권**(trade receivable)에는 외상매출금(accounts receivable)과 받을어음(notes receivable)이 있으며, 재무상태표에는 이를 통합하여 매출채권으로 보고한다. 미수금과 대여금, 미수수익 등은 기타채권으로 분류한다.

지급채무 중에서 일반적 상거래에서 발생하는 채무를 매입채무, 이외에서 발생하는 채무를 기타채무라고 한다. **매입채무**에는 외상매입금(accounts payable)과 지급어음(notes payable)이 있으며, 재무상태표에는 이를 통합하여 매입채무(trade payables)로 보고한다. 차입금, 미지급금, 미지급비용 등은 기타채무로 분류한다.

수취채권 중 1년 이내 또는 정상영업주기 이내에 만기가 도래하는 것은 유동자산으로 분류하고, 그 이후에 만기가 도래하는 수취채권은 비유동자산으로 보고한다. 또한 지급채무 중 1년 이내 또는 정상영업주기 내에 상환될 것은 유동부채로 분류하고, 나머지 지급채무는 비유동부채로 보고한다. 이상의 내용을 정리하면 다음과 같다.

---

11) 이 부분은 자산 중 수취채권을 중심으로 설명하고 있으나, 이해를 돕기 위하여 거래처 측면(지급채무)에서의 회계처리도 같이 제시하고 있다.

| 구분 | | 계정과목 | 유동 | 비유동 |
|---|---|---|---|---|
| 수취채권 | 매출채권 | 외상매출금, 받을어음 | 12개월 이내 또는 정상영업주기 이내 회수 | 12개월 이후 회수 |
| | 기타채권 | 대여금, 미수금, 미수수익 등 | | |
| 지급채무 | 매입채무 | 외상매입금, 지급어음 | 12개월 이내 또는 정상영업주기 이내 상환 | 12개월 이후 상환 |
| | 기타채무 | 차입금, 미지급금, 미지급비용 등 | | |

## 2. 매출채권의 인식

### 1) 수량할인

기업들이 대량의 상품을 매입하는 고객이나 종업원 등 특수고객에게 할인혜택을 부여하는 경우를 **수량할인**이라 한다. 이때 할인액을 차감한 후의 고객으로부터 수취하기로 한 금액을 매출채권으로 차변에 기록하고, 수익의 발생(매출)을 대변에 기록한다. 따라서 수량할인은 특별한 회계처리가 요구되지 않는다. 예를 들어, 상품 ₩100,000을 외상으로 매출하고 ₩20,000의 수량할인을 해주었다면 다음과 같이 회계처리 하면 된다.

매출시 (차) 외상매출금 80,000 (대) 매출 80,000

### 2) 매출에누리및환입

판매된 상품의 하자나 파손으로 판매대금을 에누리해주거나 상품이 반품(환입)되는 경우 이를 **매출에누리및환입**이라 한다.[12] 이러한 경우 대변에 매출채권(자산)을 감소시키고, 차변에 매출에누리와 환입을 분개한다. 포괄손익계산서에는 총매출액에서 매출에누리및환입을 차감하여 순매출액으로 보고된다.

---

12) 그런데 에누리와 반품을 구분하여 장부에 기록하는 것에 대한 실익이 크지 않기 때문에 에누리와 환입으로 한번에 처리한다. 또한 재고자산의 장부기록방법이 계속기록법인 경우 매출에누리및환입계정을 사용하지 않고 재고자산계정을 직접 사용하기도 한다.

**예제 ⊸ 매출에누리및환입**

(1) 상품을 ₩150,000에 외상으로 매출하다.
(2) 위 상품에 중대한 하자가 발생하여 판매액 ₩50,000의 상품을 반품받다.
(3) 외상매출금 잔액 ₩100,000을 회수하다.

**| 물음 |** 위의 거래를 분개하시오.

**| 풀이 |**

| | | | | |
|---|---|---|---|---|
| (1) | (차) 외상매출금 | 150,000 | (대) 매출 | 150,000 |
| (2) | (차) 매출에누리및환입 | 50,000 | (대) 외상매출금 | 50,000 |
| (3) | (차) 현금 | 100,000 | (대) 외상매출금 | 100,000 |

### 3) 매출할인

상품판매에 따른 외상대금을 조기에 회수하기 위하여 판매자가 현금할인 혜택을 부여하는 경우를 **매출할인**이라 하고, 매입자 입장에서는 매입할인이 발생한다.

매출할인에 대한 회계처리 방법은 순액법과 총액법이 있다. 순액법은 현금할인이 일어날 것이라고 가정하고 순액으로 기록 후 할인이 이루어지지 않으면 장부가액 이상으로 회수되는 금액을 이자수익으로 회계처리 하는 방법이다. 총액법은 현금할인이 일어나지 않을 것이라 가정하고 총액으로 기록 후 할인시점에서 매출할인을 인식하는 방법이다. 매출할인은 총매출액에서 차감하여 보고된다. 판매조건은 '2/10, n/30'으로 표시되는데 송장일로부터 10일 이내에 대금 지급이 이루어지면 2%를 할인하여 주고, 30일 이내에는 모두 지급해야 한다는 의미이다.

**예제 ⊸ 매출할인**

9월 10일 ㈜경북은 ㈜부산에게 상품 ₩100,000을 외상으로 판매하였는데, 판매조건은 '2/10, n/30'이다. ㈜경북은 9월 20일 위 상품대금 중 ₩50,000을 회수하고 나머지는 9월 30일에 회수하였다. 두 회사 모두 실지재고조사법에 의해 회계처리를 하고 있다.

**| 물음 |** 순액법과 총액법에 따라 ㈜경북이 해야 할 회계처리를 하시오.

**| 풀이 |**

〈순액법〉

| | | | | | |
|---|---|---|---|---|---|
| 9월 10일 | (차) 외상매출금 | 98,000 | (대) 매출 | 98,000 |
| 9월 20일 | (차) 현금 | 49,000 | (대) 외상매출금 | 49,000 |
| 9월 30일 | (차) 현금 | 50,000 | (대) 외상매출금 | 49,000 |
| | | | 이자수익 | 1,000 |

〈총액법〉

| | | | | |
|---|---|---|---|---|
| 9월 10일 | (차) 외상매출금 | 100,000 | (대) 매출 | 100,000 |
| 9월 20일 | (차) 현금 | 49,000 | (대) 외상매출금 | 50,000 |
| | 매출할인 | 1,000 | | |
| 9월 30일 | (차) 현금 | 50,000 | (대) 외상매출금 | 50,000 |

## 3. 매출채권의 평가

채무자(상품매입자)의 파산 또는 기타 사유 등으로 매출채권 중 일부 또는 전부를 현금으로 회수할 수 없는 경우에는 손실이 예상되는데 이를 **대손**(bad debt) 또는 **손상**(impairment)이라 한다. 이러한 회계처리에 대하여 K-IFRS에서는 **손상차손**(impairment loss)과 **손실충당금**(loss allowance)계정을 예시하고 있으나, 실무에서는 수취채권에 대하여 **대손상각비**(bad debt expense)와 **대손충당금**(allowance for doubtful accounts)의 계정을 주로 사용하고 있다. 따라서 본서에서는 대손상각비와 대손충당금계정을 사용하여 충당금설정법에 따라 회계처리 하고자 한다. **충당금설정법**(allowance method)은 매출채권을 직접 차감하지 않고 대손충당금을 설정하여 매출채권의 장부금액을 간접적으로 감소시키는 방법으로 대손충당금으로 보고되는 금액은 기말 매출채권 잔액에 대한 기대신용손실 추정액이다.

재무상태표에는 다음과 같이 매출채권에서 차감하는 형식으로 보고되는데, 매출채권을 대손충당금을 차감한 순액으로 보고할 경우에는 대손충당금에 대한 내용을 주석으로 공시한다.

| 자 산 | | |
|---|---|---|
| 매출채권 | XXX | |
| 대손충당금<br>(또는 손실충당금) | (XXX) | XXX |

### 1) 보고기간말

먼저, 보고기간말 현재 매출채권의 대손이 예상되는 경우 **기대신용손실**(expected credit losses)을 추정한다. 기대신용손실은 계산상 수취하기로 한 현금흐름에서 수취할 것으로 예상되는 현금흐름을 차감하여 산출한다.

> 기대신용손실=계산상 수취하기로 한 현금흐름−수취할 것으로 예상되는 현금흐름

보고기간말 매출채권의 기말잔액에 대하여 기대신용손실을 추정한 후, 기대신용손실 추정 직전 대손충당금 자액과 비교하여 클 경우에는 대손충당금을 추가로 설정하고, 적을 경우에는 대손충당금을 환입 처리하고, 이를 당기의 수익으로 인식한다.

(A) 기대신용손실 추정액>기대신용손실 추정 직전 대손충당금 잔액

| | | | | |
|---|---|---|---|---|
| (차) | 대손상각비<br>(또는 손상차손) | XXX | (대) 대손충당금<br>(또는 손실충당금) | XXX |

(B) 기대신용손실 추정액<기대신용손실 추정 직전 대손충당금 잔액

| | | | | |
|---|---|---|---|---|
| (차) | 대손충당금<br>(또는 손실충당금) | XXX | (대) 대손충당금환입<br>(또는 손상환입) | XXX |

이에 관한 회계처리를 구체적으로 살펴보면 다음과 같다.

(1) 보고기간말 기대신용손실 추정액이 ₩300,000이고, 기대신용손실 추정 직전 대손충당금 잔액이 ₩90,000인 경우

| (차) 대손상각비 | 210,000 | (대) 대손충당금 | 210,000 |
|---|---|---|---|

(2) 보고기간말 기대신용손실 추정액이 ₩300,000이고, 기대신용손실 추정 직전 대손충당금 잔액이 ₩360,000인 경우

| (차) 대손충당금 | 60,000 | (대) 대손충당금환입 | 60,000 |
|---|---|---|---|

### 2) 대손 확정시

회계기간 중 실제로 회수가 불가능하여 대손이 확정된 경우에는 대손충당금과 상계하고, 잔액이 부족한 경우 당기비용(대손상각비 추가 인식)으로 인식한다. 거래처의 파산 등으로 인하여 매출채권을 회수할 수 없다고 확인되는 경우에 대손이 확정된다.

대손충당금 잔액이 있는 경우에는 대손충당금을 차변에 기록하여 대손충당금을 감소시키고 대변에 매출채권을 감소시킨다. 그러나 대손확정액이 대손충당금을 초과할 경우에는 먼저 대손충당금을 차변에 기록하여 감소시키고 초과액을 대손상각비로 계상하여 당기비용으로 처리한다. 그리고 대변에 매출채권을 감소시킨다. 이에 관한 회계처리를 살펴보면 다음과 같다.

(3) 보고기간말 대손충당금 잔액이 ₩150,000이고, 대손확정액이 ₩120,000

| (차) 대손충당금 | 120,000 | (대) 매출채권 | 120,000 |
|---|---|---|---|

(4) 보고기간말 대손충당금 잔액이 ₩150,000이고, 대손확정액이 ₩195,000

| (차) 대손충당금 | 150,000 | (대) 매출채권 | 195,000 |
|---|---|---|---|
| 대손상각비 | 45,000 | | |

### 3) 손상 회복시

대손으로 처리한 매출채권이 현금으로 회수되는 경우에는 대손확정 분개를 취소하고 회수에 필요한 분개를 한다, 전기 이전에 대손처리한 채권을 당기에 회수한 경우에도 동일하게 회계처리 한다. 앞의 예시를 통해 손상회복에 관한 회계처리를 살펴보면 다음과 같다.

(5) 대손처리 후 당기에 회수한 경우: (3)

| | | | | |
|---|---|---|---|---|
| (차) | 매출채권 | 120,000 | (대) 대손충당금 | 120,000 |
| (차) | 현금 | 120,000 | (대) 매출채권 | 120,000 |

(6) 대손처리 후 당기에 회수한 경우: (4)

| | | | | |
|---|---|---|---|---|
| (차) | 매출채권 | 195,000 | (대) 대손충당금 | 150,000 |
| | | | 대손상각비 | 45,000 |
| (차) | 현금 | 195,000 | (대) 매출채권 | 195,000 |

**예제 ● 충당금설정법**

서울회사의 20X5년 12월 31일 재무상태표상 매출채권 및 대손충당금계정은 각각 ₩250,000과 ₩50,000이었다. 한편, 20X6년 중의 자료는 다음과 같다.

(1) 20X6년 2월 5일 매출채권 중 ₩30,000이 회수 불가능한 것으로 판명되었다.
(2) 20X4년 회수불능으로 처리한 매출채권 ₩2,500을 20X6년 9월 30일에 현금으로 회수하였다.
(3) 20X6년 12월 31일 매출채권 ₩227,500 중 ₩4,500이 회수 불가능한 것으로 판명되었다.
(4) 나머지 잔액에 대하여 5% 기대신용손실을 추정하였다.

**| 물음 |** 충당금설정법에 의해 일자별 회계처리를 하시오.

**| 풀이 |**

| | | | | | |
|---|---|---|---|---|---|
| (1) | (차) | 대손충당금 | 30,000 | (대) 매출채권 | 30,000 |
| (2) | (차) | 매출채권 | 2,500 | (대) 대손충당금 | 2,500 |
| | (차) | 현금 | 2,500 | (대) 매출채권 | 2,500 |
| (3) | (차) | 대손충당금 | 4,500 | (대) 매출채권 | 4,500 |
| (4) | (차) | 대손충당금 | 6,850 | (대) 대손충당금환입 | 6,850 |

* 대손충당금 잔액: (₩50,000 − ₩30,000 + ₩2,500 − ₩4,500) = ₩18,000
** 기대신용손실 추정액: (₩227,500 − ₩4,500) × 0.05 = ₩11,150
*** 대손충당금환입 ₩18,000 − ₩11,150 = ₩6,850

**예제 ○ 대손에 관한 회계처리: 충당금 설정률표**

다음은 20X7년 1월초에 설립된 ㈜울릉도의 매출채권과 관련된 자료이다.
㈜울릉도는 매출채권에 대한 대손을 충당금설정법에 의해 회계처리 하고 있다.

(1) 20X7년 12월 31일(결산일) 현재 매출채권 잔액이 ₩50,000이다.
기대신용손실을 추정한 결과 이 중에 ₩10,000이 회수불가능할 것으로 추정하였다.
(2) 20X8년 9월 5일 ₩8,000의 대손이 발생하였다.
(3) 20X8년 12월 31일 현재 매출채권의 잔액은 ₩100,000인데, 기대신용손실은 ₩12,500으로 추정된다.
(4) 20X9년 4월 10일 20X7년도에 대손으로 처리한 매출채권 중 ₩2,500이 회수되었다.
(5) 20X9년 5월 14일 ₩16,500의 대손이 발생하였다.
(6) 20X9년 12월 31일 매출채권의 잔액은 ₩125,000인데, 매출채권 잔액에 대한 기대신용손실을 추정하기 위해 충당금 설정률표를 이용한다. 충당금 설정률표는 다음과 같다.

| 연체기간 | 매출채권 | 기대신용손실률 |
|---|---|---|
| 30일 이내 | ₩70,000 | 1% |
| 60일 이내 | 40,000 | 2% |
| 90일 이내 | 10,000 | 5% |
| 91일 이후 | 5,000 | 10% |

**| 물음 |** 충당금설정법에 의해 일자별 회계처리를 하시오.

**| 풀이 |**

| | | | | | |
|---|---|---|---|---|---|
| (1) (차) | 대손상각비 | 10,000 | (대) | 대손충당금 | 10,000 |
| (2) (차) | 대손충당금 | 8,000 | (대) | 매출채권 | 8,000 |
| (3) (차) | 대손상각비 | 10,500 | (대) | 대손충당금 | 10,500* |

* 대손충당금 잔액이 ₩2,000, 대손충당금을 ₩10,500만큼 추가 설정, 재무상태표에 ₩12,500으로 표시

| | | | | | |
|---|---|---|---|---|---|
| (4) (차) | 매출채권 | 2,500 | (대) | 대손충당금 | 2,500 |
| (차) | 현금 | 2,500 | (대) | 매출채권 | 2,500 |
| (5) (차) | 대손충당금 | 15,000 | (대) | 매출채권 | 16,500 |
| | 대손상각비 | 1,500 | | | |
| (6) (차) | 대손상각비 | 2,500 | (대) | 대손충당금 | 2,500 |

| 연체기간 | 매출채권 | 기대신용손실률 | 기대신용손실 추정액 |
|---|---|---|---|
| 30일 이내 | ₩70,000 | 1% | ₩700 |
| 60일 이내 | 40,000 | 2% | 800 |
| 90일 이내 | 10,000 | 5% | 500 |
| 91일 이후 | 5,000 | 10% | 500 |
| 합계 | ₩125,000 | | ₩2,500 |

# 제4절 어음거래

## 1. 어음의 발행과 수취

**약속어음**(promissory note)이란 어음의 발행인(issuer)이 어음상에 기재되어 있는 지급기일에 일정금액을 어음 소지인(bearer)에게 무조건 지급할 것을 약속하는 증서이다. 약속어음 발행자는 지급하고자 하는 금액과 일자를 기재하여 거래상대방에게 교부하고, 지급기일이 도래하면 약속어음과 교환하여 현금을 지급해야 한다. 어음 수취인은 만기일 전에 어음을 타인에게 양도하거나 은행에 할인하여 현금으로 전환할 수 있다.

기업의 일반적 상거래에서 재화나 용역을 제공하고 약속어음을 수취한 경우에는 **받을어음**(note receivable)으로 기록하고, 재무상태표에는 매출채권으로 보고해야 한다. 어음상의 채무는 **지급어음**(note payable)으로 기록하고 매입채무로 보고해야 한다. 건물의 처분대가 및 사무실임대료 등을 회수하기 위해 약속어음을 수취한 경우에는 미수금으로 기록하고, 어음상의 채무는 미지급금으로 기록한다. 대여한 자금의 회수를 약속받기 위한 약속어음을 수취한 경우에는 대여금으로 기록하고, 어음상의 채무는 차입금으로 기록한다. 만기가 12개월 이내인 경우에는 단기대여금, 12개월 이후인 경우에는 장기대여금으로 분류하고, 차입금은 각각 단기차입금과 장기차입금으로 분류한다.

약속어음은 만기일에 어음대금의 지급과 함께 이자 지급 여부에 따라 **이자부어음**(interest-bearing note)과 **무이자부어음**((noninterest-bearing note)으로 분류되는데, 대부분 무이자부어음으로 발행되어진다.

어음거래에 관한 회계처리를 살펴보면 다음과 같다.

(1) ㈜전남은 상품 ₩100,000을 ㈜전북에 판매하고, 1개월 만기 (무이자부)약속어음을 받다.

| | | | | |
|---|---|---|---|---|
| ㈜전남 | (차) 받을어음 | 100,000 | (대) 매출 | 100,000 |
| ㈜전북 | (차) 매입 | 100,000 | (대) 지급어음 | 100,000 |

(2) ㈜전남은 장부가액 ₩200,000의 비품을 ㈜전북에 ₩300,000에 판매하고 대금은 3개월 만기 (무이자부)약속어음을 받다.

| | | | | |
|---|---|---|---|---|
| ㈜전남 | (차) 미수금 | 300,000 | (대) 비품 | 200,000 |
| | | | 비품처분이익 | 100,000 |
| ㈜전북 | (차) 비품 | 300,000 | (대) 미지급금 | 300,000 |

(3) ㈜전남은 기업 운영에 사용하기 위하여 ㈜전북으로부터 ₩500,000을 차입하고, 6개월 만기 (무이자부)약속어음을 발행하여 주다.

| | | | | |
|---|---|---|---|---|
| ㈜전남 | (차) 현금 | 500,000 | (대) 단기차입금 | 500,000 |
| ㈜전북 | (차) 단기대여금 | 500,000 | (대) 현금 | 500,000 |

## 2. 어음의 추심

어음대금을 회수하기 위해 어음상의 채권자가 채무자에게 지급을 요구하는 것을 어음의 추심이라 하는데, 실무에서는 대부분 당좌거래은행에 추심을 의뢰한다. 대금추심을 당좌거래은행에 의뢰하기 위해서 어음의 뒷면에 기명날인 후 만기일 이전에 당좌거래은행에 양도하는 것을 **추심위임배서**라 한다. 어음소지인이 만기일에 어음을 제시하고 어음대금의 지급을 청구하였으나 어음발행인의 당좌예금잔액이 부족하여 지급거절되는 경우를 **부도어음**(dishonored note)이라 한다. 어음이 부도가 나더라도 곧바로 대손으로 처리하는 것이 아니라 부도어음(매출채권) 등 수취채권으로 기록하고, 이후 회수가 불가능해지면 대손 회계처리를 한다.

(1) ㈜전남은 상품 ₩100,000을 ㈜전북에 판매하고, 1개월 만기 (무이자부)약속어음을 받다.

| | | | |
|---|---|---|---|
| (차) 받을어음 | 100,000 | (대) 매출 | 100,000 |

(2) ㈜전남은 장부가액 ₩200,000의 비품을 ㈜전북에 ₩300,000에 판매하고 대금은 3개월 만기 (무이자부)약속어음을 받다.

| | | | |
|---|---|---|---|
| (차) 미수금 | 300,000 | (대) 비품 | 200,000 |
| | | 비품처분이익 | 100,000 |

(3) (1)과 (2)의 어음이 만기되어 당좌거래은행에 추심을 의뢰하여 (1)은 어음이 결제되었다는 통지를 받았으나, (2)는 결제를 받지 못하였다는 연락을 받다.

| | | | | |
|---|---|---|---|---|
| 추심의뢰일 | 회계처리 없음 | | | |
| 대금결제 | (차) 현금(당좌예금) | 100,000 | (대) 받을어음 | 100,000 |
| 부도처리 | 회계처리 없음(부도어음으로 비망기록한다.[13]) | | | |

## 제5절 기타 수취채권과 지급채무

기타 수취채권은 일반적인 상거래 이외에서 발생하는 채권으로 매출채권을 제외한 모든 채권을 총칭하며, 기타 지급채무는 일반적인 상거래 이외에서 발생하는 채무로 매입채무를 제외한 모든 채무를 총칭한다.

### 1. 대여금과 차입금

대여금은 현금을 빌려주고 발생하는 채권을 계상하기 위한 계정으로 **대여금**계정의 차변에 기록한다. 결산일 현재 만기까지의 기간이 12개월 이내인 경우에는 단기대여금으로 유동자산으로 분류하고, 만기까지의 기간이 12개월 이후인 경우에는 장기대여금계정으로 비유동자산으로 분류한다. 거래상대방은 **차입금**을 각각 단기차입금과 장기차

13) 관리목적으로 받을어음을 부도어음으로 대체시키는 것도 가능하다. 그러나 부도어음 또한 매출채권이므로 매출채권의 총액에는 변화가 없다.

입금으로 분류한다.

회계처리에 관한 예를 살펴보면 다음과 같다.

(1) 현금 ₩100,000을 대여하고(대여기간 3개월) 차용증서를 받다.

| (차) 단기대여금 | 100,000 | (대) 현 금 | 100,000 |
|---|---|---|---|

(2) 현금 ₩300,000을 대여하고(대여기간 2년) 차용증서를 받다.

| (차) 장기대여금 | 300,000 | (대) 현 금 | 300,000 |
|---|---|---|---|

[거래처]

| | | | | |
|---|---|---|---|---|
| (1) | (차) 현금 | 100,000 | (대) 단기차입금 | 100,000 |
| (2) | (차) 현금 | 300,000 | (대) 장기차입금 | 300,000 |

## 2. 미수금과 미지급금

**미수금**은 일반적인 상거래가 아닌 유형자산 등을 외상으로 매매할 때 발생한 채권을 계상하기 위한 계정으로 발생한 채권을 차변에 미수금계정으로 기입한다. 거래상대방은 **미지급금**으로 기록한다.[14)]

회계처리에 관한 예를 살펴보면 다음과 같다.

(1) 원가 ₩40,000의 비품을 ₩50,000에 외상으로 처분하다.

| (차) 미수금 | 50,000 | (대) 비품 | 40,000 |
|---|---|---|---|
| | | 비품처분이익 | 10,000 |

[거래처]

| | | | | |
|---|---|---|---|---|
| (1) | (차) 비품 | 50,000 | (대) 미지급금 | 50,000 |

14) 물론 거래처가 유형자산을 판매하는 것이 거래처의 일반적인 상거래에 해당한다면 거래처는 이를 매입채무로 기록한다.

## 3. 미수수익과 미지급비용

당기에 발생한 수익을 아직 수취하지 못한 경우 수익의 인식과 더불어 미수수익을 자산으로 인식한다. 수수료수익, 이자수익 등의 항목을 통틀어 **미수수익**이라 한다. 당기에 발생된 비용을 지급하지 못한 경우 비용으로 인식함과 더불어 미지급비용을 부채로 인식한다. 미지급된 비용(이자비용, 급여 등) 항목을 통틀어 **미지급비용**이라 한다. 이러한 계정은 발생주의 개념에 의해 결산시점에서 당해 수익과 비용을 정확히 인식하는 과정에서 나타난다.

회계처리에 관한 예를 살펴보면 다음과 같다.

(1) 20X1년 7월 1일에 건물을 빌려주고, 1년간의 임대료 ₩36,000을 1년 뒤에 수취하기로 하였다. 20X1년 12월 31일에 필요한 분개를 하시오.

| | | | | |
|---|---|---|---|---|
| 7/1 | 회계처리 없음 | | | |
| 12/31 | (차) 미수임대료(미수수익) | 18,000 | (대) 임대료 | 18,000 |

[거래처]

| | | | | |
|---|---|---|---|---|
| 7/1 | 회계처리 없음 | | | |
| 12/31 | (차) 임차료 | 18,000 | (대) 미지급임차료(미지급비용) | 18,000 |

## 4. 선급금과 선수금

**선급금**은 상품 등을 매입하기 위하여 계약금 형식으로 미리 지급한 금액을 보고하기 위한 계정으로, 계약금 지급시 선급금계정 차변에 기록하고, 이후 해당 상품 등을 인수하는 경우 선급금계정 대변에 기록한다. 거래상대방은 **선수금**으로 기록한다.

회계처리에 관한 예를 살펴보면 다음과 같다.

(1) 상품 ₩100,000을 매입하기로 하고 계약금 ₩20,000을 현금으로 지급하다.

| | | | |
|---|---|---|---|
| (차) 선급금 | 20,000 | (대) 현금 | 20,000 |

(2) 위의 상품을 인수하고 계약금액을 제외한 금액은 외상으로 하다.

| | | | |
|---|---|---|---|
| (차) 매입 | 100,000 | (대) 선급금 | 20,000 |
| | | 외상매입금(매입채무) | 80,000 |

[거래처]

| | | | | |
|---|---|---|---|---|
| (1) | (차) 현금 | 20,000 | (대) 선수금 | 20,000 |
| (2) | (차) 선수금 | 20,000 | (대) 매출 | 100,000 |
| | 외상매출금(매출채권) | 80,000 | | |

## 5. 선급비용과 선수수익

**선급비용**이란 현금을 지급하고 비용으로 계상하였으나 아직 소멸되지 않은 부분으로 결산시점에 차기에 비용으로 계상되는 부분을 이연시켜 선급비용으로 계상한다. **선수수익**이란 현금을 수취하고 수익으로 계상하였으나 아직 가득되지 않은 부분으로 결산시점에 차기에 수익으로 계상되는 부분을 이연시켜 선수수익으로 계상한다.

회계처리에 관한 예를 살펴보면 다음과 같다.

(1) 20X1년 7월 1일에 1년간 건물을 빌려주기로 하고 1년간의 임대료 ₩36,000을 수취하고 이를 수익으로 회계처리 하였다. 20X1년 12월 31일에 필요한 분개를 하시오.

| | | | | |
|---|---|---|---|---|
| 7/1 | (차) 현금 | 36,000 | (대) 임대료 | 36,000 |
| 12/31 | (차) 임대료 | 18,000 | (대) 선수임대료(선수수익) | 18,000 |

[거래처]

| | | | | |
|---|---|---|---|---|
| 7/1 | (차) 임차료 | 36,000 | (대) 현금 | 36,000 |
| 12/31 | (차) 선급임차료(선급비용) | 18,000 | (대) 임차료 | 18,000 |

## 6. 가지급금과 가수금

임시계정이란 특정 경제적 사건은 발생하였으나 그에 대한 계정과목이나 금액이 확정되지 않아 회계연도 중에 임시로 사용되는 것으로, 결산시에는 그 내용을 확정하여 해당 계정으로 대체해야 한다. 현금이 지급되었으나 그 내용이나 금액이 확정되지 않은 경우로 현금의 지급시 차변에 **가지급금**으로 기록한다. 반대로 **가수금**이란 거래처에서 내용을 통보하지 않고 현금을 송금하여 그 입금된 내용이 확정되지 않은 거래를 의미한다.

회계처리에 관한 예를 살펴보면 다음과 같다.

(1) ㈜제주는 종업원에게 출장을 명하고, 출장비로 ₩100,000을 선급하였다.

| | | | |
|---|---|---|---|
| (차) 가지급금 | 100,000 | (대) 현 금 | 100,000 |

(2) 내용이 불명확한 현금 ₩250,000을 수취하였다.

| | | | |
|---|---|---|---|
| (차) 현금 | 250,000 | (대) 가수금 | 250,000 |

(3) 종업원은 출장 후 현금 ₩30,000과 여비교통비 영수증 ₩70,000을 제출하였다. 내용이 불명확한 현금 ₩250,000은 거래처가 상품 구입 대가로 계약금을 지급한 것으로 밝혀졌다.

| | | | |
|---|---|---|---|
| (차) 여비교통비 | 70,000 | (대) 가지급금 | 100,000 |
| 현금 | 30,000 | | |
| (차) 가수금 | 250,000 | (대) 선수금 | 250,000 |

## 핵심정리

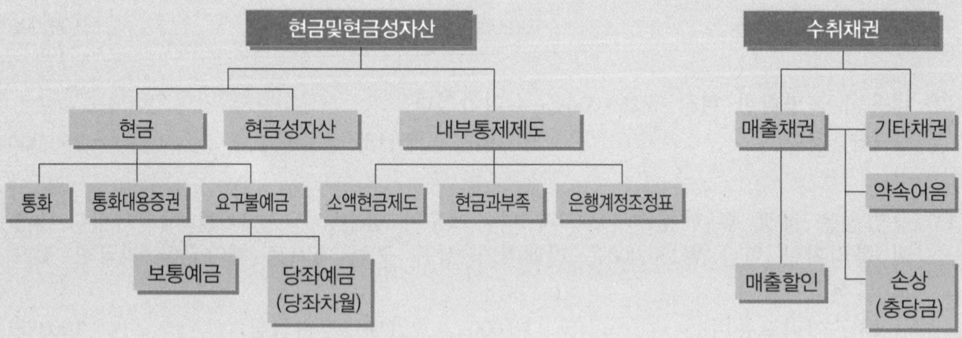


1. 회계상 현금이란 교환의 매개물로서 재화를 구입하거나 단기채무의 결제에 즉시 사용될 수 있는 경제적 자원을 의미하며, 통화, 통화대용증권, 요구불예금 등을 포함한다.

2. 현금성자산은 ① 확정된 금액의 현금으로 전환이 용이하고, ② 가치변동의 위험이 중요하지 않아야 하며, ③ 만기일이 단기(예: 취득일로부터 만기일이 3개월 이내)에 도래해야 한다.

3. 당좌예금은 회사의 운영자금을 은행의 당좌예금계좌에 입금한 후 수표를 발행하여 거래할 때 발생하는 계정과목이며, 당좌차월은 은행과 당좌차월계약을 맺고, 일정기간 동안 기업의 예금잔액을 일정한도만큼 초과하여 거래할 때 발생한다.

4. 소액현금제도란 현금은 도난이나 분실의 위험이 높은 자산으로 보유현금을 최소화하는 것이 안전하므로 소액의 운영경비를 효율적으로 통제하기 위한 제도이며, 현금과부족은 장부상의 현금잔액과 실제 보유하고 있는 현금잔액이 일치하지 않은 경우 차이의 원인이 밝혀지기 전까지 일시적으로 사용하는 계정과목이다.

5. 은행계정조정표란 일정시점에서 회사장부상 당좌예금잔액과 은행장부상 당좌예금잔액간에 차이가 있는 경우 그 차이를 조정함으로써 당좌예금잔액을 파악하기 위해 회사가 작성하는 표이다.

6. 수취채권은 기업이 고객에게 신용으로 상품이나 기타자산을 판매하거나 용역을 제공함으로써, 또는 자금 등을 타 기업이나 개인에게 대여해줌으로써 회수할 권리가 있는 채권이다.

7. 매출할인이란 상품의 외상대금을 신용조건에 따라 조기에 회수하기 위하여 할인혜택을 부여하는 것으로 총액법과 순액법이 있다.

8. 기타채권과 채무는 다음과 같다.

| 거래구분 | 채권 | 채무(거래상대방) |
|---|---|---|
| ① 현금의 대여와 차입 거래 | 대여금 | 차입금 |
| ② 상품 이외의 자산매매 | 미수금 | 미지급금 |
| ③ 임대료 등 수익의 미수 · 비용의 미지급 | 미수수익 | 미지급비용 |
| ④ 상품매매 계약대금의 선지급 · 선수 | 선급금 | 선수금 |
| ⑤ 임차료 등 비용의 선급 · 수익의 선수 | 선급비용 | 선수수익 |
| ⑥ 거래내용의 미확정 | 가지급금 | 가수금 |

9. 약속어음은 일반적 상거래에서 발생한 어음(받을어음), 일반적 상거래 이외의 재화나 용역의 판매로 인한 어음(미수금), 자금의 대여로 인한 어음(대여금)으로 구분한다.

10. 대손충당금은 매출채권에 대한 차감적 평가계정으로 매출채권에서 차감하는 형식으로 표시함으로써 매출채권의 순실현가능가치를 나타낸다.

## 연습문제

### ✪ 객관식 문제

**01.** 다음은 ㈜경북의 20X1 회계연도말의 자료이다. 기말 재무상태표에 보고될 현금및현금성자산은 얼마인가?

| | | | |
|---|---:|---|---:|
| 당좌예금 | ₩140,000 | 차용증서 | ₩40,000 |
| 당좌개설보증금 | 60,000 | 직원가불금 | 80,000 |
| 배당금지급통지표 | 10,000 | 우편환증서 | 10,000 |
| 90일 환매조건의 환매채 | 10,000 | 양도성예금증서<br>(120일 만기) | 40,000 |

① ₩500 ② ₩160,000 ③ ₩170,000
④ ₩210,000 ⑤ ₩230,000

**02.** 다음 중 현금및현금성자산에 속하지 않는 것은?

① 우편환증서 ② 당좌예금
③ 소액현금 ④ 통화대용증권
⑤ 선일자수표

**03.** 장부상 현금 잔액이 실제잔액보다 ₩20,000이 부족하여 현금계정을 조정한 후 결산시까지 원인을 찾지 못하였다. 이러한 경우 결산시 분개는?

| | | | | |
|---|---|---:|---|---:|
| ① | (차) 잡손실 | 20,000 | (대) 현금 | 20,000 |
| ② | (차) 잡손실 | 20,000 | (대) 현금과부족 | 20,000 |
| ③ | (차) 현금 | 20,000 | (대) 잡이익 | 20,000 |
| ④ | (차) 현금과부족 | 20,000 | (대) 잡이익 | 20,000 |

⑤ 차이 금액에 대해 메모해 둔다.

**04.** 장부상 현금잔액이 실제 잔액과 일치하지 않아 현금계정을 조정한 후 원인을 찾은 결과 광고선전비 ₩10,000을 과소계상한 것으로 나타났다. 이에 관한 분개는?

| | | | | |
|---|---|---|---|---|
| ① | (차) 광고선전비 | 10,000 | (대) 현금 | 10,000 |
| ② | (차) 광고선전비 | 10,000 | (대) 현금과부족 | 10,000 |
| ③ | (차) 현금 | 10,000 | (대) 광고선전비 | 10,000 |
| ④ | (차) 현금과부족 | 10,000 | (대) 광고선전비 | 10,000 |

⑤ 차이 금액에 대해 비망기록한다.

**05.** 11월말 현재 당좌예금잔액이 ₩30,000이며, 당좌차월 한도액은 ₩75,000이다. 12월 중 추가적으로 발생된 비용 ₩80,000을 당좌수표를 발행하여 지급한 경우 단기차입금으로 보고할 금액은 얼마인가?

① ₩30,000 ② ₩50,000 ③ ₩75,000
④ ₩80,000 ⑤ ₩110,000

**06.** 은행계정조정표상의 은행측 잔액과 회사측 잔액의 불일치 금액을 조정한 경우 회사측 장부상 수정분개가 필요하지 않은 것은?

① 기발행미인출수표 ② 은행수수료 ③ 추심어음
④ 이자비용 ⑤ 부도수표

**07.** 회사의 당좌예금 잔액과 은행의 당좌예금잔액증명서상의 잔액 간 불일치를 조정한 금액은 ₩120,000이다. 조정 전 불일치의 원인이 다음과 같을 때 조정 전 회사측 당좌예금 잔액은 얼마인가?

| | |
|---|---|
| (1) 은행 미기입예금 | ₩70,000 |
| (2) 은행에 직접 입금된 외상매출금 | 60,000 |
| (3) 기발행미인출수표 | 10,000 |
| (4) 은행에 직접 입금된 어음추심액 | 40,000 |
| (5) 은행에서 직접 차감한 은행수수료 | 80,000 |

① ₩60,000 ② ₩90,000 ③ ₩100,000
④ ₩140,000 ⑤ ₩180,000

**08.** 전기에 대손처리하였던 ㈜충북의 외상매출금 ₩150,000을 현금으로 회수하였다. 다만, 대손처리시 대손충당금 잔액은 ₩90,000일 때 옳은 분개는?

| | 차변 | 금액 | 대변 | 금액 |
|---|---|---|---|---|
| ① | (차) 현금 | 150,000 | (대) 잡이익 | 150,000 |
| ② | (차) 현금 | 90,000 | (대) 대손충당금 | 90,000 |
| ③ | (차) 현금 | 150,000 | (대) 대손상각비 | 150,000 |
| ④ | (차) 현금 | 150,000 | (대) 대손충당금 | 90,000 |
| | | | 대손상각비 | 60,000 |
| ⑤ | (차) 현금 | 90,000 | (대) 외상매출금 | 90,000 |

**09.** 매출채권잔액 ₩300,000에 대하여 기대신용손실을 20%로 추정하였다. 대손충당금잔액이 ₩35,000인 경우 다음 중 옳은 분개는?

| | 차변 | 금액 | 대변 | 금액 |
|---|---|---|---|---|
| ① | (차) 대손상각비 | 60,000 | (대) 대손충당금 | 60,000 |
| ② | (차) 대손충당금 | 60,000 | (대) 대손충당금환입 | 60,000 |
| ③ | (차) 대손상각비 | 25,000 | (대) 대손충당금 | 25,000 |
| ④ | (차) 대손충당금 | 25,000 | (대) 대손충당금환입 | 25,000 |
| ⑤ | (차) 대손충당금 | 25,000 | (대) 매출채권 | 25,000 |

**10.** 유형자산을 매각하고 그 대금을 받지 못한 경우 재무상태표에 보고될 계정과목은?

① 선급금 ② 선수금 ③ 미수금
④ 미지급금 ⑤ 선급비용

## ✪ 주관식 문제

**01.** 20X1년 12월 31일 현금및현금성자산으로 보고될 금액은 얼마인가?

(단위: 원)

| | | | |
|---|---|---|---|
| 보통예금 | ₩25,000 | 정기적금(3년) | ₩400,000 |
| 정기예금(만기 2년) | 100,000 | 당좌예금 | 100,000 |
| 양도성예금증서(만기 3개월 이내) | 500,000 | 자기앞수표 | 200,000 |
| 사용제한보통예금 | 50,000 | 환매채(3개월 이내 환매조건) | 100,000 |

**02.** 20X1년 12월 31일 현재 ㈜경북에 대한 은행측 당좌예금잔액증명서상 잔액은 ₩461,250이고, 회사의 장부상 당좌예금잔액은 ₩465,000이다. 은행측 잔액과 회사측 잔액이 불일치하는 원인은 다음과 같다.

(1) 거래처로부터 온라인으로 입금된 외상매출금 ₩12,000을 회사에서는 아직 모르고 있다.

(2) 발행수표 중 아직 은행에서 인출되지 않은 수표는 ₩71,250이다.

(3) 은행에서 당좌차월이자 ₩4,500을 당좌예금에서 차감하였으나 회사에서는 아직 차감기장을 하지 않았다.

(4) 12월 31일 오후에 거래처로 받은 ₩45,000을 은행에 예입하였으나 은행에서는 다음해 1월 2일에 입금처리하였다.

(5) 거래처로부터 받아 은행에 예입한 수표 ₩37,500이 부도처리되어 은행에서는 인출기록을 하였으나 회사에서는 아직 통보를 받지 못하였다.

20X1년 12월 31일 은행계정조정표를 작성하고, 수정분개를 하시오.

**03.** ㈜강원은 외상매출금잔액 ₩200,000에 대해 기대신용손실을 추정하기 위해 충당금 설정률표를 이용한다. ㈜강원의 충당금 설정률표는 아래와 같으며, 매 보고기간말에 채무불이행을 새롭게 추정한다.

| 연체기간 | 외상매출금 | 기대신용손실률 |
|---|---|---|
| 30일 이내 | ₩70,000 | 2% |
| 2개월 이내 | 50,000 | 4% |
| 3개월 이내 | 40,000 | 6% |
| 6개월 이내 | 30,000 | 8% |
| 6개월 이후 | 10,000 | 10% |

(1) 결산직전 대손충당금잔액이 ₩8,000일 때 필요한 분개를 하시오.

(2) 결산직전 대손충당금잔액이 ₩10,000일 때 필요한 분개를 하시오.

## 정답 및 해설

### ✪ 객관식 문제

**01.** ③ ₩170,000

| | |
|---|---:|
| 당좌예금 | ₩140,000 |
| 배당금지급통지표 | 10,000 |
| 90일 환매조건의 환매채 | 10,000 |
| 우편환증서 | 10,000 |
| 합계 | ₩170,000 |

**02.** ⑤ 선일자수표, 선일자수표는 어음과 동일하다.

**03.** ④

| | | | |
|---|---:|---|---:|
| (차) 현금 | 20,000 | (대) 현금과부족 | 20,000 |
| (차) 현금과부족 | 20,000 | (대) 잡이익 | 20,000 |

**04.** ②

| | | | |
|---|---:|---|---:|
| (차) 현금과부족 | 10,000 | (대) 현금 | 10,000 |
| (차) 광고선전비 | 10,000 | (대) 현금과부족 | 10,000 |

**05.** ② ₩50,000

| | | | | |
|---|---|---:|---|---:|
| 12월중 | (차) 비용 | 80,000 | (대) 당좌예금 | 80,000 |
| 12/31 | (차) 당좌예금 | 50,000 | (대) 당좌차월(단기차입금) | 50,000 |

**06.** ① 기발행미인출수표, 은행측 조정항목이다.

**07.** ③ ₩100,000

은행계정조정표

| | 회사측 잔액 | 은행측 잔액 |
|---|---:|---:|
| 조정 전 잔액 | ₩100,000 | ₩60,000 |
| (1) 미기입예금 | | 70,000 |
| (2) 미통지예금(외상매출금) | 60,000 | |
| (3) 기발행미인출수표 | | (10,000) |
| (4) 미통지예금(추심어음) | 40,000 | |
| (5) 미통지출금(은행수수료) | (80,000) | |
| 조정 후 잔액 | ₩120,000 | ₩120,000 |

**08.** ④

| | | | |
|---|---|---|---|
| (차) 외상매출금 | 150,000 | (대) 대손충당금 | 90,000 |
| | | 대손상각비 | 60,000 |
| (차) 현금 | 150,000 | (대) 외상매출금 | 150,000 |

**09.** ③ (차) 대손상각비 25,000 (대) 대손충당금 25,000

₩300,000×20%=₩60,000, ₩60,000－₩35,000=₩25,000

**10.** ③ 미수금

## ✪ 주관식 문제

**01.**

| | |
|---|---|
| 보통예금 | ₩25,000 |
| 양도성예금증서 | 500,000 |
| 당좌예금 | 100,000 |
| 자기앞수표 | 200,000 |
| 환매채(3개월 이내 환매조건) | 100,000 |
| 합계 | ₩925,000 |

• 정기적금(3년), 정기예금(만기 2년): 장기금융상품

**02.**

은행계정조정표

㈜경북 20X1년 12월 31일 (단위: 원)

| | 회사측 잔액 | 은행측 잔액 |
|---|---|---|
| 조정 전 잔액 | ₩465,000 | ₩461,250 |
| (1) 미통지예금(외상매출금) | 12,000 | |
| (2) 기발행미인출수표 | | (71,250) |
| (3) 미통지출금(당좌차월이자) | (4,500) | |
| (4) 은행미기입예금 | | 45,000 |
| (5) 미통지출금(부도수표) | (37,500) | |
| 조정 후 잔액 | ₩435,000 | ₩435,000 |

회사측 수정분개

| | | | | | |
|---|---|---|---|---|---|
| (1) | (차) 당좌예금 | 12,000 | (대) 외상매출금(매출채권) | 12,000 |
| (3) | (차) 이자비용 | 4,500 | (대) 당좌예금 | 4,500 |
| (5) | (차) 외상매출금<br>(매출채권) | 37,500 | (대) 당좌예금 | 37,500 |

## 03.

| | | | | |
|---|---|---|---|---|
| (1) | (차) 대손상각비 | 1,200* | (대) 대손충당금 | 1,200 |
| (2) | (차) 대손충당금 | 800 | (대) 대손충당금환입** | 800 |

* ₩9,200 − ₩8,000 = ₩1,200

** ₩9,200 − ₩10,000 = (₩800)

| 연체기간 | 외상매출금 | 기대신용손실률 | 기대신용손실추정액 |
|---|---|---|---|
| 30일 이내 | ₩70,000 | 2% | ₩1,400 |
| 2개월 이내 | 50,000 | 4% | 2,000 |
| 3개월 이내 | 40,000 | 6% | 2,400 |
| 6개월 이내 | 30,000 | 8% | 2,400 |
| 6개월 이후 | 10,000 | 10% | 1,000 |
| 합계 | ₩200,000 | | ₩9,200 |

# CHAPTER 07 재고자산

<u>재무상태표</u>

㈜서울 20X1년 12월 31일 현재 (단위: 원)

| 자산 | | |
|---|---|---|
| Ⅰ. 유동자산 | | XXX |
| 현금및현금성자산 | XXX | |
| 기타금융자산 | XXX | |
| 매출채권 | XXX | |
| **재고자산** | XXX | |
| | | |
| Ⅱ. 비유동자산 | | XXX |
| 기타금융자산 | XXX | |
| 유형자산 | XXX | |
| 무형자산 | XXX | |

| 주석사항 | |
|---|---|
| 11. 재고자산 | |
| 제품및상품 | XXX |
| (평가충당금) | (XXX) |
| 반제품및재공품 | XXX |
| (평가충당금) | XXX |
| 원재료및소모품 | XXX |
| (평가충당금) | XXX |
| 미착품 | XXX |
| 기타 | XXX |
| 합계 | XXX |

## 학습목표

1. 재고자산의 정의와 분류에 대해 설명할 수 있다.
2. 실지재고조사법에 의해 재고수량을 계산할 수 있다.
3. 계속기록법에 의해 재고수량을 계산할 수 있다.
4. 선입선출법에 의해 단위원가를 계산할 수 있다.
5. 가중평균법에 의해 단위원가를 계산할 수 있다.
6. 저가법에 대해 설명할 수 있다.

# 제1절 재고자산의 의의

## 1. 재고자산의 정의와 분류

**재고자산**(inventory)은 통상적인 영업과정에서 판매를 위하여 보유중이거나 생산중인 자산 및 생산이나 용역제공에 사용될 원재료나 소모품을 의미한다. 판매를 목적으로 보유하고 있는 자산은 상품, 제품, 반제품 등이 있다. 상품은 판매를 위하여 매입하여 보관하고 있는 자산이며, 제품은 판매를 목적으로 제조해서 보유하고 있는 자산이다. 반제품은 판매가능한 상태의 중간제품 및 부분품을 의미한다. 생산중인 자산은 **재공품**(work-in-process)으로 아직 완성이 되지 않고 다음 공정에 투입될 자산을 의미하며, 제품의 생산이나 용역제공에 사용할 목적으로 보유하고 있는 자산은 원재료, 소모품으로 구분된다. 원재료는 완제품을 제조 및 가공할 목적으로 구입한 원료와 재료를 의미하며, 소모품은 내용연수가 1년 미만인 예비부품과 수선용구를 의미한다. 이를 요약하면 다음과 같다.

**재고자산의 정의와 분류**

- 통상적인 영업과정에서 판매를 위하여 보유중인 자산: 상품, 제품, 반제품
- 통상적인 영업과정에서 판매를 위하여 생산중인 자산: 재공품
- 생산이나 용역제공에 사용될 원재료나 소모품

기업의 유형에 따라 재고자산의 구성은 달라진다. 상기업은 다른 기업으로부터 재화를 매입하여 판매하므로 상품의 비중이 높고, 제조업은 원재료를 투입하여 제품을 생산하여 판매하는 것을 목적으로 하기 때문에 제품, 재공품, 원재료의 비중이 높다. 서비스기업은 주된 활동이 용역을 제공하는 것이므로 재고자산이 거의 없다.

그리고 재고자산의 분류는 기업의 통상적인 영업활동에 따라 달라질 수 있다. 컴퓨터 판매기업에서 판매를 목적으로 구입한 컴퓨터는 재고자산으로 분류되지만, 사무실에서 사용할 목적으로 구입한 컴퓨터는 유형자산으로 분류된다. 또한 자동차 제조기업

에서 공장설립을 목적으로 구입한 토지는 유형자산으로 분류되지만, 시세차익이나 임대수익을 목적으로 구입한 경우에는 투자자산으로 분류된다.

## 2. 원가배분과 재고자산의 중요성

일반적으로 기업이 보유한 재고자산은 기업의 재무제표 중 재무상태표와 손익계산서에 모두 영향을 미친다. 재고자산의 원가는 판매시 매출원가로 손익계산서에 보고되며, 판매 후 남은 재고자산원가는 기말재고로 재무상태표에 보고된다. 따라서 기초재고액에 당기매입액을 가산하여 계산하는 판매가능원가를 기말재고액과 매출원가로 나누어 재무상태표와 손익계산서에 각각 보고하는 원가배분은 재고자산 회계에서 아주 중요하다.

**[원가배분]**

기초재고액 + 당기매입액 = 매출원가 + 기말재고액

재고자산

| 차변 | | 대변 | |
|---|---|---|---|
| 기초재고액 | XXX | **매출원가** | XXX |
| 당기매입액 | XXX | **기말재고액** | XXX |

손익계산서에서 매출원가는 당기순이익에 영향을 미치는데, 매출액에서 매출원가를 차감하여 매출총이익이 계산된다. 기말재고자산은 재무상태표에 유동자산으로 보고된다.

손익계산서

㈜서울 20X1년 1월 1일부터 12월 31일까지 (단위: 원)

| 과목 | | 금액 |
|---|---|---|
| 매출액 | | ₩250,000 |
| **매출원가** | | **(150,000)** |
| 매출총이익 | | 100,000 |
| 판매비와관리비 | | |
| 판매비(광고비) | (50,000) | |
| 관리비(급여) | (40,000) | (90,000) |
| 영업이익 | | 10,000 |
| 금융수익(이자수익) | | 70,000 |
| 금융비용(이자비용) | | (10,000) |
| 당기순이익 | | ₩70,000 |

재무상태표

㈜서울　　　　20X1년 12월 31일 현재　　　　(단위: 원)

| 자산 | | | 부채와자본 | | |
|---|---|---|---|---|---|
| 유동자산 | | ₩400,000 | 유동부채 | | ₩400,000 |
| 현금및현금성자산 | ₩50,000 | | 매입채무 | ₩150,000 | |
| 매출채권 | 150,000 | | 단기차입금 | 250,000 | |
| **재고자산** | **200,000** | | 비유동부채 | | 50,000 |
| 비유동자산 | | 300,000 | 장기차입금 | 50,000 | |
| 유형자산 | 100,000 | | 부채총계 | | 450,000 |
| 무형자산 | 200,000 | | | | |
| | | | 자본 | | |
| | | | 자본금 | 200,000 | |
| | | | 이익잉여금 | 50,000 | |
| | | | 자본총계 | | 250,000 |
| 자산총계 | | ₩700,000 | 부채와자본총계 | | ₩700,000 |

실지재고조사법하에서 매출원가는 기말재고자산에 따라 달라진다. 즉 매출원가는 판매가능원가에서 기말재고액을 차감하여 산출된다. 따라서 기말재고액을 과대계상할 경우 매출원가는 과소계상되고, 매출총이익은 과대계상되어 당기순이익은 과대계상된다.

기말재고액은 당기의 재고자산과 당기순이익뿐만 아니라, 차기의 기초재고액과 당기순이익도 영향을 미친다. 기말재고액이 과대계상될 경우 기초자산이 과대계상되어 매출원가가 과대계상되고, 매출총이익이 과소계상되어 당기순이익은 과소계상된다.

[당기] 기말재고 과대 → 매출원가 과소 → 매출총이익 과대 → 당기순이익 과대
⇓
[차기] 기초재고 과대 → 매출원가 과대 → 매출총이익 과소 → 당기순이익 과소

[당기] 기말재고 과소 → 매출원가 과대 → 매출총이익 과소 → 당기순이익 과소
⇓
[차기] 기초재고 과소 → 매출원가 과소 → 매출총이익 과대 → 당기순이익 과대

예를 들면, 기업 A가 기업 B에 비해 당기 기말재고액을 ₩1,000 과소평가한 경우 매출원가가 ₩1,000 과대되고, 매출총이익과 당기순이익이 ₩1,000 과소된다. 또한 차기

에 기초재고액이 과소평가됨에 따라 매출원가가 과소평가되고 매출총이익과 당기순이익이 ₩1,000 과대평가된다.

| | | 기업 A | | 기업 B | |
|---|---|---|---|---|---|
| | | 당기 | 차기 | 당기 | 차기 |
| | 매출액 | ₩30,000 | ₩30,000 | ₩30,000 | ₩30,000 |
| − | **매출원가** | 3,000 | 5,000 | 2,000 | 6,000 |
| | **기초재고액** | 0 | 1,000 | 0 | 2,000 |
| + | 당기매입액 | 4,000 | 4,000 | 4,000 | 4,000 |
| − | **기말재고액** | 1,000 | 0 | 2,000 | 0 |
| | **매출총이익** | 27,000 | 25,000 | 28,000 | 24,000 |
| | **당기순이익** | 27,000 | 25,000 | 28,000 | 24,000 |

## 3. 재고자산의 기록방법

재고자산을 회계장부에 기록하는 방법에는 실지재고조사법과 계속기록법이 있다. 실지재고조사법은 기말에 실사를 통하여 기말재고금액을 파악하고, 이를 통해 당기의 매출원가를 인식하는 방법이다. 따라서 재고자산의 취득시 매입이라는 계정을 사용하고, 재고자산의 판매시에는 판매로 인한 수익인 매출은 인식하지만, 이에 대응되는 매출원가는 인식하지 않는다.

반면 계속기록법은 재고자산계정을 직접 사용하여 장부에 기록하는 방법이다. 따라서 재고자산 매입시 관련 재고자산계정을 차변에 기록한다. 또한 재고자산의 판매시 판매로 인한 수익인 매출뿐만 아니라 이에 대응되는 비용인 매출원가도 인식하게 된다. 따라서 실지재고조사법과 계속기록법의 일반적인 회계처리는 다음과 같다.

| | 실지재고조사법 | 계속기록법 |
|---|---|---|
| 매입시 | (차) 매입 XXX (대) 현금 XXX<br>(또는 매입채무) | (차) 재고자산 XXX (대) 현금 XXX<br>(또는 매입채무) |
| 판매시 | (차) 현금 XXX (대) 매출 XXX<br>(또는 매출채권) | (차) 현금 XXX (대) 매출 XXX<br>(또는 매출채권)<br>(차) 매출원가 XXX (대) 재고자산 XXX |

실지재고조사법과 계속기록법에 대한 구체적인 설명은 다음 절에서 하기로 한다.

# 제2절 재고자산의 취득원가와 기말재고자산 파악

## 1. 재고자산의 취득원가

**재고자산의 취득원가**(acquisition costs)는 매입가격에 매입부대원가를 가산한 금액이다. 매입부대원가는 수입관세, 제세금(과세당국으로부터 추후 환급받을 수 있는 금액은 제외), 매입운임, 하역료, 그리고 취득과정에 직접 관련된 기타 원가를 가산한 금액이다. 그러나 매입에누리및환출, 매입할인, 리베이트 및 기타 유사한 항목은 차감한다.

### 1) 매입운임

**매입운임**은 취득과정에서 직접 지출되는 것으로 재고자산의 취득원가에 포함해야 하는데, 선적지인도기준과 목적지인도기준에 따라 매입운임의 부담자가 결정된다. 선적지인도기준에서는 선적시점에 소유권이 매입자에게 이전됨으로 매입자가 매입운임을 부담하게 된다. 따라서 이러한 매입운임을 매입자는 재고자산의 취득원가에 가산한다. 반면 목적지(도착지)인도기준에서는 목적지에 도착하는 시점에 소유권이 매입자에게 이전됨으로 운임은 판매자가 부담하게 된다. 따라서 판매자는 이를 판매비용으로 회계처리하고, 매입자는 재고자산의 취득원가에 포함시키지 않는다.

### 2) 매입에누리및환출

매입한 상품의 하자나 파손으로 인하여 판매자가 가격을 할인하여 주는 것을 **매입에누리**(purchase allowances)라 하고, 매입한 상품의 하자나 파손으로 인하여 매입한 상품을 반환하는 것을 **매입환출**(purchase returns)이라 한다. 따라서 매입에누리및환출은 매입원가에서 차감해야 한다. 이러한 경우 차변에 매입채무(부채)를 감소시키고, 대변에 매입에누리및환출을 기입한다. 손익계산서에는 총매입액에서 매입에누리및환출을 차감하여 순매입액으로 보고된다.

**예제 ● 매입에누리및환출**

(1) 상품을 ₩150,000에 외상으로 매입하다.
(2) 위 상품에 중대한 하자가 발생하여 매입액 ₩50,000의 상품을 반환하다.
(3) 외상매입금 잔액 ₩100,000을 지급하다.

**| 물음 |** 위의 거래를 분개하시오.

**| 풀이 |**

| | | | | |
|---|---|---|---|---|
| (1) | (차) 매입 | 150,000 | (대) 외상매입금 | 150,000 |
| (2) | (차) 외상매입금 | 50,000 | (대) 매입에누리및환출 | 50,000 |
| (3) | (차) 외상매입금 | 100,000 | (대) 현금 | 100,000 |

### 3) 매입할인

상품판매에 따른 외상대금을 조기에 지급한 경우 판매자가 현금할인혜택을 부여하는 경우를 매입자 입장에서는 **매입할인**(purchase discounts)이라 하고, 판매자 입장에서는 매출할인이라 한다.

매입할인에 대한 회계처리 방법은 순액법과 총액법이 있다. 순액법은 매입시점에서 할인기간 내에 현금지급을 할 것이라고 가정하고 순액으로 기록한 후 현금지급을 하지 못한 경우 장부가액 이상으로 지급하는 금액을 이자비용으로 회계처리하는 방법이다. 총액법은 할인기간 이후에 현금을 지급할 것으로 가정하고 총액으로 기록 후 기간 내에 현금을 지급한 경우에 매입할인을 인식하는 방법이다. 매입할인은 총매입액에서 차감하여 보고된다. 구입조건은 '2/10, n/30'으로 표시되는데 송장일로부터 10일 이내에 대금지급이 이루어지면 2%를 할인하여 주고, 30일 이내에는 모두 지급해야 한다는 의미이다.

**예제 ● 매입할인**

9월 10일 ㈜경북은 ㈜부산에게 상품 ₩100,000을 외상으로 판매하였는데, 판매조건은 '2/10, n/30'이다. ㈜경북은 9월 20일 위 상품대금 중 ₩50,000을 회수하고 나머지는 9월 30일에 회수하였다. 두 회사 모두 실지재고조사법에 의해 회계처리를 하고 있다.

**| 물음 |** 순액법과 총액법에 따라 ㈜경북이 해야 할 회계처리를 하시오.

**| 풀이 |**

(1) 순액법

| | | | | | |
|---|---|---|---|---|---|
| 9월 10일 | (차) 매입 | 98,000 | (대) 외상매입금 | 98,000 |
| 9월 20일 | (차) 외상매입금 | 49,000 | (대) 현금 | 49,000 |
| 9월 30일 | (차) 외상매입금 | 49,000 | (대) 현금 | 50,000 |
| | 이자비용 | 1,000 | | |

(2) 총액법

| | | | | |
|---|---|---|---|---|
| 9월 10일 | (차) 매입 | 100,000 | (대) 외상매입금 | 100,000 |
| 9월 20일 | (차) 외상매입금 | 50,000 | (대) 현금 | 49,000 |
| | | | 매입할인 | 1,000 |
| 9월 30일 | (차) 외상매입금 | 50,000 | (대) 현금 | 50,000 |

## 2. 기말재고자산 파악

특정 재고자산을 기말 장부금액에 포함할 것인지의 여부는 법률적인 소유권 유무와 물리적 점유뿐만 아니라 경제적 실질을 모두 고려하여 판단하여야 한다. 구체적인 예를 살펴보면 다음과 같다.

### 1) 미착상품

운송중에 있어 아직 도착하지 않은 **미착상품**(goods in transit)은 법률적인 소유권의 유무에 따라서 재고자산 포함 여부를 결정한다. 법률적인 소유권 유무는 매매계약상의 거래조건에 따라서 달라진다. **선적지인도조건**인 경우에는 상품이 선적된 시점에 소유권이 매입자에게 이전되기 때문에 미착상품은 매입자의 재고자산에 포함된다. 그러나 **목적지(도착지)인도조건**인 경우에는 상품이 목적지에 도착하여 매입자가 인수한 시점에 소유권이 매입자에게 이전되기 때문에 매입자의 재고자산에 포함되지 않고, 판매자의 재고자산으로 보고된다.

### 미착상품의 재고자산 포함 여부

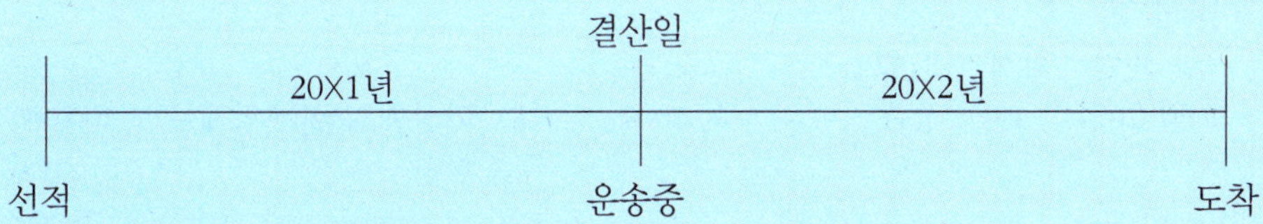


선적지인도기준: 매입자 기말재고자산
목적지인도기준: 판매자 기말재고자산

### 예제 ○ 미착상품

㈜강원은 ㈜미국으로부터 원가 ₩80,000인 상품을 ₩100,000에 외상매입하였다. ㈜미국은 상품을 9월 30일 항구에서 선적하였고, 10월 20일 도착하여 ㈜강원은 인수운임 ₩2,000을 현금지급하고 상품을 인수하였다.

**| 물음 |**

(1) 계속기록법으로 회계처리 할 경우 선적지인도기준에 따라 두 회사의 일자별 회계처리를 하시오.

(2) 계속기록법으로 회계처리 할 경우 목적지인도기준에 따라 두 회사의 일자별 회계처리를 하시오.

**| 풀이 |**

(1) 선적지인도기준

① ㈜강원

| 일자 | | 차변 | 금액 | | 대변 | 금액 |
|---|---|---|---|---|---|---|
| 9월 30일 | (차) | 미착상품 | 100,000 | (대) | 외상매입금<br>(매입채무) | 100,000 |
| 10월 20일 | (차) | 상품 | 102,000 | (대) | 미착상품 | 100,000 |
| | | | | | 현금 | 2,000 |

② ㈜미국

| 일자 | | 차변 | 금액 | | 대변 | 금액 |
|---|---|---|---|---|---|---|
| 9월 30일 | (차) | 외상매출금<br>(매출채권) | 100,000 | (대) | 매출 | 100,000 |
| | | 매출원가 | 80,000 | | 상품 | 8,000 |
| 10월 20일 | 회계처리 없음 | | | | | |

(2) 목적지인도기준

① ㈜강원

| | | | | | |
|---|---|---|---|---|---|
| 9월 30일 | 회계처리 없음 | | | | |
| 10월 20일 | (차) 상품 | 102,000 | (대) | 외상매입금(매입채무) | 100,000 |
| | | | | 현금 | 2,000 |

② ㈜미국

| | | | | | |
|---|---|---|---|---|---|
| 9월 30일 | 회계처리 없음 | | | | |
| 10월 20일 | (차) 외상매출금(매출채권) | 100,000 | (대) | 매출 | 100,000 |
| | 매출원가 | 80,000 | | 상품 | 8,000 |

### 2) 위탁품(적송품)

**위탁품**은 수탁자가 제3자에게 판매를 할 때까지 비록 수탁자가 점유하고 있으나 단순히 보관하고 있는 것에 불과하므로 소유권이 이전된 것이 아니다. 따라서 위탁품은 수탁자가 제3자에게 판매하기 전까지는 위탁자의 재고자산에 포함한다. **적송품**(consigned goods)이라고도 하는데, 위탁자가 수탁자에게 판매를 위탁하기 위하여 보낸 상품을 의미한다. 한편, 수탁자가 위탁품을 판매하고 위탁자에게 보고하면 수탁자가 판매한 시점에 매출로 인식한다.

위탁품의 재고자산 포함 여부

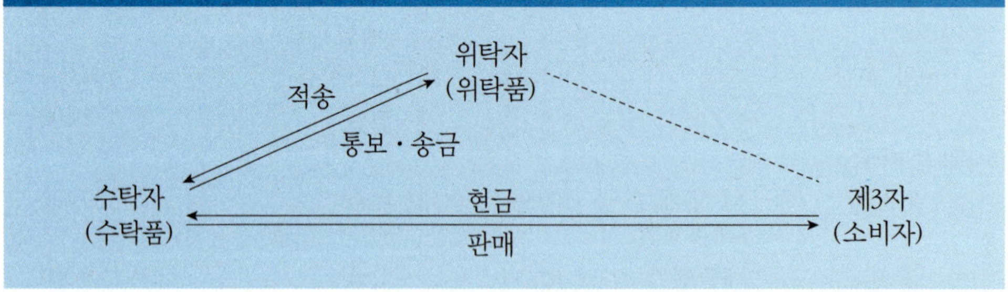


### 3) 시송품

**시송품**은 매입자로 하여금 일정기간 사용한 후에 매입 여부를 결정하라는 조건으로 판매한 상품을 의미한다. 시송품은 비록 상품에 대한 점유는 이전되었으나 매입자가 매입의사표시를 하기 전까지는 판매되지 않은 것으로 보아야 하기 때문에 판매자의 재고자산에 포함한다. 한편, 판매자는 소비가 매입의사를 표시한 날에 매출로 인식한다.

**예제 ● 재고자산 포함 여부**

㈜경기의 20X2년 12월 31일 실지재고조사법에 의한 기말재고자산은 ₩100,000이다.

(1) 선적지인도조건의 상품 ₩30,000이 20X2년 12월 28일에 선적되어 20X3년 1월 5일에 상품이 입고되었다. ㈜경기는 20X3년 1월 5일에 매입거래를 기록하였다.

(2) 20X2년 12월 26일 도착지인도조건으로 선적한 원가 ₩50,000의 상품이 20X2년 12월 31일 당시 운송중에 있었다.

(3) 20X2년 12월 27일 위탁판매를 위하여 원가 ₩70,000의 상품을 위탁거래처에 적송하였고, 이 상품은 아직 판매되지 않았다.

(4) 20X2년 12월 28일 원가 ₩60,000의 상품을 ₩75,000에 시송판매하였다. 그러나 20X2년 12월 31일 당시 구매자로부터 구매의사결정을 받지 못하였다.

**| 물음 |** ㈜경기의 20X2년 재무상태표에 계상된 정확한 기말재고자산은 얼마인가?

**| 풀이 |**

| | |
|---|---|
| 재고자산(실사) | ₩100,000 |
| (1) 선적지인도기준 | 30,000 |
| (2) 도착지인도기준 | 50,000 |
| (3) 위탁품 | 70,000 |
| (4) 시송품 | 60,000 |
| 합계 | ₩310,000 |

## 제3절 재고자산의 수량 결정방법

재고자산의 금액은 수량에 단위원가를 곱함으로써 산출된다. 따라서 기말재고액을 산출하기 위해서는 재고수량과 매입단가를 결정해야 하는데, 수량을 파악하는 방법은 실지재고조사법과 계속기록법으로 나누어진다. 그리고 단위원가를 산출하는 방법은 개별법, 선입선출법, 가중평균법으로 구분된다.

**재고자산의 금액 산출**

| 재고자산 금액 | = | 수량 | × | 단위원가 |
|---|---|---|---|---|
| | | • 실지재고조사법<br>• 계속기록법 | | • 개별법<br>• 선입선출법<br>• 가중평균법 |

## 1. 실지재고조사법

**실지재고조사법**(periodic inventory system)은 기중 판매된 제품에 대해 재고자산의 출고기록을 하지 않고 기말에 재고조사를 통해 재고수량을 직접 파악하는 방법이다. 즉, 당기판매수량은 기초재고수량과 당기매입수량에서 기말재고수량을 차감하여 산출한다. 따라서 실지재고조사법에 의한 매출원가는 결산일에 결산조정분개를 통해 인식되어진다.

당기판매수량=기초재고수량+당기매입수량−기말재고수량

실지재고조사법의 장점은 소량의 고가제품 판매 기업보다는 다량의 저가제품을 판매하는 기업에 적당한 방법으로 상품매출시 그 내역을 장부에 기록할 필요가 없으므로 기장업무가 편리하다. 반면 실지재고조사법의 단점은 도난이나 증발, 파손 등에 의한 감모수량이 모두 판매된 것으로 가정하므로 실제 매출수량을 정확하게 알 수 없고, 실지재고 조사시 많은 비용과 시간이 소요된다.

## 2. 계속기록법

**계속기록법**(perpetual inventory system)은 상품재고장의 출고란에 재고자산의 매출수량, 단가 그리고 매출원가를 기록하고, 기말재고 수량과 단가, 기말재고액은 상품재고장의 잔고를 통해 파악하는 방법이다. 즉, 기말재고수량은 기초재고수량과 당기매입수량에서 당기매출수량을 차감하여 산출한다. 따라서 계속기록법에 의한 매출원가는 상품재고장의 매출내역란에 있는 원가를 합산하여 결정한다.

> 기말재고수량=기초재고수량+당기매입수량−당기판매수량

계속기록법의 장점은 자동차, 가구 등 소량의 고가 상품을 매매하는 기업에 적합한 방법이며, 상품매출 내역을 상품재고장에 기록함으로써 장부상 재고금액을 쉽게 산출할 수 있다. 반면, 계속기록법의 단점은 도난이나 증발, 파손에 의한 감모수량을 파악할 수 없으며, 장부기록상 매출수량 이외의 상품은 기말재고로 남아있는 것으로 가정하므로 기말재고액이 과대계상될 수 있다. 또한 판매시점마다 매출원가를 기록해야 하므로 실무적으로 번거로울 수 있다.

## 제4절 재고자산의 단위원가 결정방법

상품은 여러 차례에 걸쳐 자주 매입하게 되는데 상품의 단위당 취득원가는 매입하는 시점에 따라 달라진다. 즉, 상이한 단위당 취득원가를 매출수량과 기말재고수량에 배분하는 방식에 따라 매출원가와 기말재고액이 결정되어진다. 따라서 매출원가와 기말재고액을 결정하기 위한 수량에 곱해지는 단위당 원가를 결정하기 위하여 원가흐름을 가정할 필요성이 있다.

예를 들면, 상품의 매입과 매출에 관한 자료가 다음과 같을 경우 기초재고자산과 당기매입액의 단가가 다르기 때문에 어떠한 단가를 적용하느냐에 따라 매출원가와 기말재고자산이 달라지게 된다.

| | 수량 | 단위당 원가 | 금액 | |
|---|---|---|---|---|
| 기초재고 | 100 | ₩100 | ₩10,000 | |
| 당기매입 | 100 | 110 | 11,000 | |
| 판매가능재고 | 200 | | 21,000 | |
| 당기판매수량 | 100 | ? | ? | 매출원가 |
| 기말재고수량 | 100 | ? | ? | 재고자산 |

## 1. 개별법

**개별법**(specific identification method)은 실제 구입시 단위당 원가를 기준으로 매출원가와 기말재고액을 결정하는 방법이다. 판매된 상품을 정확히 파악할 수 있고, 상품의 수가 적고 고가일 경우에 사용가능한 방법이다.

개별법의 장점은 실제의 물량흐름과 원가흐름이 일치한다. 실제수익에 실제원가가 대응되고, 기말재고액은 실제원가로 측정되어진다. 반면, 개별법의 단점은 각 상품별로 취득원가를 확인하여 가격표를 부착하여야 하고 판매시 취득원가를 확인해야 하므로 상품의 종류가 다양하고 거래가 빈번하게 이루어질 경우에 실무적으로 매우 번거로운 방법이다. 또한 동일한 상품이지만 취득원가가 다른 경우에는 취득원가가 낮은 상품을 선택하여 판매함으로써 이익을 증가시키거나, 취득원가가 높은 상품을 선택하여 판매함으로써 이익을 감소시키는 등의 이익조작가능성이 있다.

## 2. 선입선출법

**선입선출법**(FIFO: First-In First-Out method)은 먼저 매입한 상품이 먼저 판매된 것으로 가정하는 방법이다. 과거에 매입한 상품의 단가가 매출원가로 보고되며, 최근에 구입한 상품의 단가가 기말재고자산으로 보고된다.

선입선출법에 의한 원가흐름의 가정은 실제 물량흐름과 거의 일치함으로써 매출원가와 기말재고액은 개별법과 거의 동일하거나 유사한 금액으로 산출된다. 그러나 개별법과는 달리 이익조작가능성이 작고 최근에 매입한 상품의 단위당 원가가 기말재고액에 배분됨으로써 현행원가에 가까운 기말재고액이 재무상태표에 보고된다.

선입선출법의 단점은 상품이 단위당 취득원가가 계속 상승하는 경우 과거의 낮은 취득원가가 매출원가에 배분되어 당기순이익이 과대계상되고 법인세비용을 증가시킬 수 있다. 다음의 기본자료를 사용하여 각 방법을 적용해보면 다음과 같다.

| 일자 | 적용 | 매입수량 | 매입단가 | 판매수량 | 재고수량 |
|---|---|---|---|---|---|
| 1월 1일 | 기초재고 | 100 | ₩100 | | 100 |
| 3월 5일 | 매입 | 150 | 110 | | 250 |
| 6월 15일 | 매출 | | | 150 | 100 |
| 9월 20일 | 매입 | 250 | 120 | | 350 |
| 11월 25일 | 매출 | | | 50 | 300 |
| 합계 | | 500 | | 200 | |

실지재고조사법하에서 선입선출법을 적용한 경우에는 먼저 기초재고액과 당기매입액을 합산하여 판매가능원가를 산출한다. 다음으로 기말재고 실사를 통한 기말재고수량과 선입선출법에 의한 단위당 원가를 곱하여 기말재고액을 계산한다. 마지막으로 판매가능원가에서 기말재고액을 차감하면 매출원가를 산출할 수 있다.

[선입선출법/실지재고조사법]

| | | |
|---|---|---|
| 판매가능원가 | ₩56,500 | (100×@₩100+150×@₩110+250×@₩120) |
| 기말재고액 | (35,500) | (50×@₩110+250×@₩120) |
| 매출원가 | ₩21,000 | |

계속기록법하에서 선입선출법을 적용한 경우에는 상품재고장을 일반적으로 사용한다. 출고란에 계속기록법에 따라 매출수량을 기록하고 선입선출법에 따라 매입 순서대로 단가를 기록하여 매출원가를 계산한다. 그리고 기말에 남아있는 수량이 기말재고수량이 되고 가장 최근 매입단가를 곱하여 기말재고액을 계산한다. 선입선출법하에서 실지재고조사법이나 계속기록법 중 어느 방법을 사용하더라도 매출원가와 기말재고액은 동일하게 나타난다.

**[선입선출법/계속기록법]**

상품재고장

| 일자 | 적용 | 입고 | | | 출고 | | | 잔고 | | |
|---|---|---|---|---|---|---|---|---|---|---|
| | | 수량 | 단가 | 금액 | 수량 | 단가 | 금액 | 수량 | 단가 | 금액 |
| 1/1 | 전기이월 | 100 | ₩100 | ₩10,000 | | | | 100 | ₩100 | ₩10,000 |
| 3/5 | 매입 | 150 | 110 | 16,500 | | | | 100 | 100 | 10,000 |
| | | | | | | | | 150 | 110 | 16,500 |
| 6/15 | 매출 | | | | 100 | ₩100 | ₩10,000 | | | |
| | | | | | 50 | 110 | 5,500 | 100 | 110 | 11,000 |
| 9/20 | 매입 | 250 | 120 | 30,000 | | | | 100 | 110 | 11,000 |
| | | | | | | | | 250 | 120 | 30,000 |
| 11/25 | 매출 | | | | 50 | 110 | 5,500 | 50 | 110 | 5,500 |
| | | | | | | | | 250 | 120 | 30,000 |
| 12/31 | 매출원가 | | | | 200 | | **21,000** | | | |
| | 차기이월 | | | | 50 | 110 | **5,500** | | | |
| | | | | | 250 | 120 | **30,000** | | | |
| | 합계 | 500 | | ₩56,500 | 500 | | ₩56,500 | | | |
| 1/1 | 전기이월 | 50 | 110 | 5,500 | | | | | | |
| | | 250 | 120 | 30,000 | | | | | | |

## 3. 가중평균법

**가중평균법**(weighted average cost method)은 상품의 총취득원가를 총상품수량으로 나누어 단위당 평균취득원가를 산정하는 방법이다. 가중평균법은 객관적이며 일관성이 있다. 또한 이익조작가능성이 적으며 적용하기 편리하다. 그러나 원가흐름이 실제 재고자산의 흐름과 일치하지 않는 경우가 많으며, 수익과 비용의 대응이 적절히 이루어지지 않는다.

가중평균법은 총평균법과 이동평균법으로 나누어진다. **총평균법**은 당기의 판매가능한 상품의 원가(기초재고액+당기순매입액)를 판매가능한 상품의 수량(기초재고수량+당기순매입수량)으로 나누어 평균단가를 산정하는 방법이다. 기말에 실지재고조사를 통해서 기말재고액과 매출원가를 산출하는 실지재고조사법에서 사용되는 방법이다.

**단위당 총평균원가**

$$\text{단위당 총평균원가} = \frac{\text{기초재고액} + \text{당기순매입액}}{\text{기초재고수량} + \text{당기순매입수량}}$$

[가중평균법/실지재고조사법: 총평균법]

| | | |
|---|---|---|
| 판매가능원가 | ₩56,500 | [=(100×@₩100)+(150×@₩110)+(250×@₩120)] |
| 단위당원가 | | ₩56,500÷500=@₩113 |
| 기말재고액 | (33,900) | [=(300×@₩113)] |
| 매출원가 | ₩22,600 | |

**이동평균법**은 실제 매출시점을 기준으로 판매가능한 상품의 원가(매입 이전 재고액+매입액)를 매출시점 현재 판매가능한 상품의 수량(매입 이전 재고수량+매입수량)으로 나누어 평균단가를 산출하는 방법이다. 매입시마다 평균단가가 변하게 되므로 이동평균법이라고 하며, 계속기록법에 의하여 원가배분을 하는 경우에 사용할 수 있는 방법이다.

**단위당 이동평균원가**

$$\text{단위당 이동평균원가} = \frac{\text{매입 이전 재고액} + \text{매입액}}{\text{매입 이전 재고수량} + \text{매입수량}}$$

**[가중평균법/계속기록법: 이동평균법]**

상품재고장

| 일자 | 적용 | 입고 | | | 출고 | | | 잔고 | | |
|---|---|---|---|---|---|---|---|---|---|---|
| | | 수량 | 단가 | 금액 | 수량 | 단가 | 금액 | 수량 | 단가 | 금액 |
| 1/1 | 전기이월 | 100 | ₩100 | ₩10,000 | | | | 100 | **₩100** | ₩10,000 |
| 3/5 | 매입 | 150 | 110 | 16,500 | | | | 250 | **106** | 26,500 |
| 6/15 | 매출 | | | | 150 | ₩106 | ₩15,900 | 100 | 106 | 10,600 |
| 9/20 | 매입 | 250 | 120 | 30,000 | | | | 350 | **116** | 40,600 |
| 11/25 | 매출 | | | | 50 | 116 | 5,800 | 300 | 116 | 34,800 |
| 12/31 | 매출원가 | | | | 200 | | **21,700** | | | |
| | 차기이월 | | | | 300 | | **34,800** | | | |
| | 합계 | 500 | | ₩56,500 | 500 | | ₩56,500 | | | |
| 1/1 | 전기이월 | 300 | 116 | 34,800 | | | | | | |

## 4. 원가흐름가정이 재무제표에 미치는 영향 비교

기본자료를 활용하여 원가흐름가정에 따라 매출원가와 기말재고를 계산하는 방법에 대해 살펴보았다. 손익계산서와 재무상태표에 미치는 영향을 살펴보기 위해 매출액 ₩30,000, 기타비용은 ₩3,000, 법인세율은 20%로 가정한다. 각 방법에 따라 손익계산서를 작성하면 다음과 같다.

| | 선입선출법 | 이동평균법 | 총평균법 |
|---|---|---|---|
| 매출액 | ₩30,000 | ₩30,000 | ₩30,000 |
| 기초재고액 | 10,000 | 10,000 | 10,000 |
| 당기매입액 | 46,500 | 46,500 | 46,500 |
| 판매가능상품원가 | 56,500 | 56,500 | 56,500 |
| **기말재고액** | **35,500** | **34,800** | **33,900** |
| **매출원가** | **21,000** | **21,700** | **22,600** |
| 매출총이익 | 9,000 | 8,300 | 7,400 |
| 기타비용 | 3,000 | 3,000 | 3,000 |
| 세전이익 | 6,000 | 5,300 | 4,400 |
| 법인세 등 | 1,200 | 1,060 | 880 |
| 당기순이익 | ₩4,800 | ₩4,240 | ₩3,520 |

어느 방법을 사용하든지 기초재고액과 당기매입액을 합한 판매가능원가는 동일하다. 물가가 지속적으로 상승한다고 가정하면, 기말재고는 가장 최근에 매입한 자산이 기말재고로 남아 있다고 가정하는 선입선출법이 당기에 판매가능한 상품의 원가를 판매가능한 상품의 수량으로 나눈 단위당 평균원가를 사용하는 총평균법보다 크다. 반면 판매시에는 가장 먼저 구입한 낮은 원가의 상품이 매출된 것으로 가정하므로 선입선출법이 가장 작다. 따라서 법인세차감전순이익이 가장 크게 보고되고, 법인세비용도 증가한다. 이동평균법은 선입선출법과 총평균법 사이에 위치하게 된다. 이를 비교하면 다음과 같다.

**원가흐름가정 간의 비교(물가가 지속적으로 상승하는 경우)**

- 기말재고: 선입선출법 > 이동평균법 > 총평균법
- 매출원가: 선입선출법 < 이동평균법 < 총평균법
- 당기순이익: 선입선출법 > 이동평균법 > 총평균법
- 법인세비용: 선입선출법 > 이동평균법 > 총평균법

**예제 ─o 원가흐름가정에 의한 매출원가와 기말재고**

㈜세종의 상품과 관련한 거래는 다음과 같다.

| 일자 | 적요 | 수량 | 매입단가 | 판매단가 | 금액 |
|---|---|---|---|---|---|
| 10/1 | 기초재고 | 150 | ₩100 | | ₩15,000 |
| 10/8 | 매입 | 100 | 110 | | 11,000 |
| 10/20 | 매출 | 200 | | ₩150 | 30,000 |
| 10/25 | 매입 | 100 | 120 | | 12,000 |

**| 물음 |**

(1) 실지재고조사법을 사용할 경우 다음의 원가흐름가정에 따른 매출원가와 기말재고원가를 계산하시오.

① 선입선출법

② 가중평균법

(2) 계속기록법을 사용할 경우 다음의 원가흐름가정에 따른 매출원가와 기말재고원가를 계산하시오.

① 선입선출법

② 가중평균법

**| 풀이 |**

(1) 실지재고조사법

① 실지재고조사법/선입선출법

| | | |
|---|---|---|
| 판매가능원가 | ₩38,000 | [=(150×@₩100)+(100×@₩110)+(100×@₩120)] |
| 기말재고 | (17,500) | [=(100×@₩120)+(50×@₩110)] |
| 매출원가 | ₩20,500 | |

② 실지재고조사법/가중평균법(총평균법)

| | | |
|---|---|---|
| 판매가능원가 | ₩38,000 | [=(150×@₩100)+(100×@₩110)+(100×@₩120)] |
| 단위당원가 | | ₩38,000÷350=₩108.57 |
| 기말재고액 | (16,286) | [=(150×₩108.57)] |
| 매출원가 | ₩21,714 | |

(2) 계속기록법

① 계속기록법/선입선출법

상품재고장

| 일자 | 적요 | 입고 | | | 출고 | | | 잔고 | | |
|---|---|---|---|---|---|---|---|---|---|---|
| | | 수량 | 단가 | 금액 | 수량 | 단가 | 금액 | 수량 | 단가 | 금액 |
| 10/1 | 전기이월 | 150 | ₩100 | ₩15,000 | | | | 150 | ₩100 | ₩15,000 |
| 10/8 | 매입 | 100 | 110 | 11,000 | | | | 150 | 100 | 15,000 |
| | | | | | | | | 100 | 110 | 11,000 |
| 10/20 | 매출 | | | | 150 | ₩100 | ₩15,000 | | | |
| | | | | | 50 | 110 | 5,500 | 50 | 110 | 5,500 |
| 10/25 | 매입 | 100 | 120 | 12,000 | | | | 50 | 110 | 5,500 |
| | | | | | | | | 100 | 120 | 12,000 |
| 12/31 | 매출원가 | | | | 200 | | 20,500 | | | |
| | 차기이월 | | | | 50 | 110 | 5,500 | | | |
| | | | | | 100 | 120 | 12,000 | | | |
| | 합계 | 350 | | ₩38,000 | 350 | | ₩38,000 | | | |
| 1/1 | 전기이월 | 50 | 110 | 5,500 | | | | | | |
| | | 100 | 120 | 12,000 | | | | | | |

(2) 계속기록법/가중평균법(이동평균법)

상품재고장

| 일자 | 적요 | 입고 | | | 출고 | | | 잔고 | | |
|---|---|---|---|---|---|---|---|---|---|---|
| | | 수량 | 단가 | 금액 | 수량 | 단가 | 금액 | 수량 | 단가 | 금액 |
| 10/1 | 전기이월 | 150 | ₩100 | ₩15,000 | | | | 150 | ₩100 | ₩15,000 |
| 10/8 | 매입 | 100 | 110 | 11,000 | | | | 250 | 104 | 26,000 |
| 10/20 | 매출 | | | | 200 | ₩104 | ₩20,800 | 50 | 104 | 5,200 |
| 10/25 | 매입 | 100 | 120 | 12,000 | | | | 150 | 114.67 | 17,200 |
| 12/31 | 매출원가 | | | | 200 | 104 | 20,800 | | | |
| | 차기이월 | | | | 150 | 114.67 | 17,200 | | | |
| | 합계 | 350 | | ₩38,000 | 350 | | ₩38,000 | | | |
| 1/1 | 전기이월 | 150 | 114.67 | 17,200 | | | | | | |

## 제5절 재고자산의 평가

재고자산은 취득시점에 취득원가로 기록하지만 기말시점에 재무상태표에 보고할 때에는 가치하락을 반영하는 손상회계를 적용한다. 재고자산의 경우 손상회계를 저가법으로 구체화하고 있다. **저가법**(LCM: lower of cost or market method)은 재고자산을 취득원가 이하의 순실현가능가치로 감액하는 방법이다. 재고자산의 순실현가능가치가 취득원가보다 하락하였을 경우에는 재고자산을 순실현가능가치로 평가하여야 한다. 즉 재고자산은 취득원가와 순실현가능가치 중 낮은 금액으로 보고한다.

저가법=Min(취득원가, 순실현가능가치)

순실현가능가치는 통상적인 영업과정의 예상판매가격에서 예상되는 추가완성원가와 판매비용을 차감한 금액이다.

순실현가능가치=예상판매가격－추가완성원가와 판매비용

재고자산을 순실현가능가치로 감액하는 저가법은 항목별로 적용한다. 그러나 경우에 따라 서로 비슷하거나 관련된 항목들을 통합하여 적용하는 것이 적절할 수 있다. 재고자산을 순실현가능가치로 감액한 평가손실은 감액이 발생한 기간의 비용으로 인식한다. 재고자산평가손실은 별도의 계정으로 표시하거나 매출원가에 가산한다. 재고자산평가충당금은 재무상태표에 재고자산의 차감계정으로 표시하거나 재고사산을 직접 차감할 수 있다.

| | | | |
|---|---|---|---|
| (차) 재고자산평가손실<br>(매출원가) | XXX | (대) 재고자산평가충당금 | XXX |

순실현가능가치의 상승으로 인한 재고자산평가손실의 환입은 최초의 장부금액인 취득원가를 초과하지 않는 범위 내에서 재고자산평가손실을 환입한다.

| | | | |
|---|---|---|---|
| (차) 재고자산평가충당금 | XXX | (대) 재고자산평가손실환입<br>(매출원가) | XXX |

**예제 ○ 재고자산 평가**

㈜경남이 보유하고 있는 상품은 다음과 같다. 상품은 서로 다른 종류이며, ㈜경남은 재고자산을 저가법으로 평가하고 있다.

| 종목 | 취득원가 | 순실현가능가치 |
|---|---|---|
| 가 | ₩1,250 | ₩1,300 |
| 나 | 2,500 | 1,000 |
| 다 | 1,500 | 1,750 |

**| 물음 |**

12월 31일에 ㈜경남이 행할 회계처리와 재고자산을 재무상태표에 보고하는 방법을 표시하시오.

**| 풀이 |**

| 종목 | 취득원가 | 순실현가능가치 | 평가손실 |
|---|---|---|---|
| 가 | ₩1,250 | ₩1,300 | – |
| 나 | 2,500 | 1,000 | (1,500) |
| 다 | 1,500 | 1,750 | – |

12/31 (차) 재고자산평가손실 1,500 (대) 재고자산평가충당금 1,500
(매출원가)

| 유동자산 | | |
|---|---|---|
| 재고자산 | ₩5,250 | |
| 재고자산평가충당금 | (1,500) | ₩3,750 |

# 제6절 재고자산의 추정

## 1. 매출총이익률법

**매출총이익률법**(gross margin method)이란 과거 매출총이익률을 이용하여 당기 매출원가를 추정한 후 이를 이용하여 기말재고액을 산출하는 방법을 의미한다. 이 방법을 활용하면 기업이 화재 또는 도난 등으로 인한 재고자산의 손실액을 추정할 수 있다.

기말재고자산을 추정하는 방법은 다음과 같다. 먼저, 과거 일정기간 동안의 자료를 사용하여 평균매출총이익률을 산출한다. 매출액에서 매출총이익률을 곱한 매출총이익을 매출액에서 차감하여 추정매출원가를 산출하고, 기초재고자산에 당기순매입액을 가산한 판매가능원가에서 추정매출원가를 차감하여 추정기말재고자산을 산출한다.

① 매출총이익＝매출액－매출원가

② 매출총이익률＝매출총이익÷매출액

③ 추정매출원가＝매출액×(1－매출총이익률)

④ 추정기말재고자산＝기초재고자산＋당기순매입액－추정매출원가

**예제** ─o **매출액총이익률법에 의한 기말재고자산**

㈜대구는 화재로 인하여 창고가 소실되었다. 소실된 상품가액을 추산하여 보험회사에 보험금을 청구하고자 한다. ㈜대구의 장부상 자료는 다음과 같다.

| | | | |
|---|---|---|---|
| 기초상품재고액 | ₩1,500 | 당기매입액 | ₩9,000 |
| 당기매출액 | ₩12,000 | | |
| 매출총이익률 | 30% | | |

**| 물음 |** 소실된 상품액을 계산하시오.

**| 풀이 |**

추정매출원가＝₩12,000×(1－0.3)＝₩8,400

상품소실액＝₩1,500＋₩9,000－₩8,400＝₩2,100

## 2. 매출가격환원법

**매출가격환원법**은 소매재고법(retail inventory method)이라고도 하는데 재고자산에 관한 자료를 판매가격으로 기록하다가 기말에 원가와 판매가 사이의 일정한 관계를 이용하여 원가로 환산하는 방법이다. 이를 **소매재고법**이라고도 하며, 취급품목이 다양하고 단가가 낮으며 거래의 발생빈도가 높고, 판매가격을 기준으로 재고자산을 관리하는 소매업에 적합한 재고자산 평가방법이다. 매출총이익률법과 달리 당기 자료를 사용하여 기말재고액을 추정하므로 보다 신뢰성이 높은 재무정보로 사용될 수 있다.

기말재고자산을 추정하는 방법은 다음과 같다. 판매가에 의한 판매가능액에서 매출액을 차감하여 기말재고액을 산출하고, 원가에 의한 판매가능액을 판매가에 의한 판매가능액으로 나누어 원가율을 계산한다. 그리고 판매가에 의한 기말재고자산에 원가율을 곱하여 추정기말재고자산을 산출한다.

① 기말재고자산(판매가)＝판매가능액－순매출액

② 원가율＝원가에 의한 판매가능액÷판매가에 의한 판매가능액

③ 추정기말재고자산(원가)＝기말재고자산(판매가)×원가율

### 예제 ○ 매출가격환원법에 의한 기말재고자산

㈜인천유통의 상품과 관련된 원가와 판매가 자료는 다음과 같다.

| | 원가 | 판매가 |
|---|---|---|
| 기초상품재고액 | ₩200,000 | ₩300,000 |
| 당기매입액 | 1,200,000 | 1,700,000 |
| 당기매출액 | | 1,500,000 |

**| 물음 |** 기말재고자산을 계산하시오.

**| 풀이 |**

기말재고자산(판매가)＝₩300,000＋₩1,700,000－₩1,500,000＝₩500,000

원가율＝₩1,400,000÷₩2,000,000＝0.7

기말재고자산(원가)＝₩500,000×0.7＝₩350,000

## 핵심정리

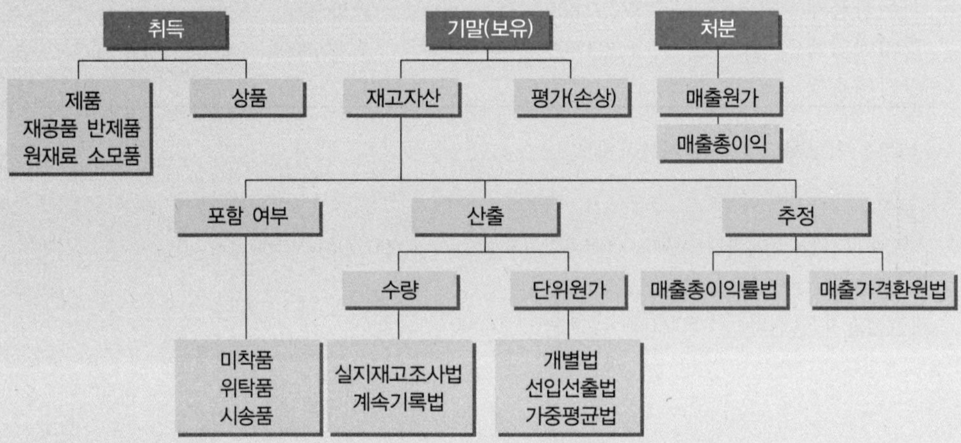


1. 재고자산이란 정상적인 영업과정에서 판매를 위하여 보유 또는 생산중인 자산으로 상품, 제품, 반제품, 재공품, 원재료, 저장품 등을 포함한다.

2. 실지재고조사법이란 기말에 재고자산 실사를 통해 기말재고수량을 파악하고, 판매가능수량에서 기말재고수량을 차감하여 당기에 판매된 수량을 파악하는 방법이다.

3. 계속기록법이란 매출수량을 상품재고장의 출고란에 기록함으로써 매출수량을 독립적으로 먼저 결정하고, 기말재고수량은 상품재고장의 기말시점의 잔고에 기록된 수량으로 파악하는 방법이다.

4. 선입선출법은 물량의 실제흐름과는 관계없이 먼저 매입한 상품이 먼저 판매되는 것으로 가정한다.

5. 가중평균법은 상품의 총취득원가를 총상품수량으로 나누어 단위당 평균취득원가를 산정한 후 이를 매출수량과 기말재고수량에 곱하여 매출원가와 기말상품재고액을 결정한다.

6. 물가가 지속적으로 상승한다고 가정하여 각 평가방법을 비교하면 다음과 같다.
   - 기말재고, 당기순이익, 법인세: 선입선출법 > 이동평균법 > 총평균법
   - 매출원가: 선입선출법 < 이동평균법 < 총평균법

7. 저가법은 재고자산을 취득원가 이하의 순실현가능가치로 감액하는 방법이다.

8. 매출총이익률법은 과거 매출총이익률을 이용하여 기말재고액을 산출하는 방법이며, 매출가격환원법은 재고자산에 관한 자료를 판매가격으로 기록하다가 기말에 원가로 환산하는 방법이다.

## 연습문제

### ✪ 객관식 문제

**01.** 다음 중 재고자산으로 보고할 수 없는 것은?

① 전자제품회사가 고객관리 목적으로 사용중인 컴퓨터
② 부동산매매업을 하는 기업이 판매를 목적으로 보유하고 있는 건물
③ 선박제조회사가 고객의 주문에 의하여 현재 제조중인 선박
④ 목장에서 양고기전문점에 판매할 목적으로 기르고 있는 양
⑤ 신발회사가 판매를 목적으로 보유하고 있는 신발

**02.** 20X1년도의 기말재고자산이 ₩1,000만큼 과대평가되었다. 20X1년도와 20X2년도의 당기순이익에 미치는 영향은?

| | 20X1 | 20X2 |
|---|---|---|
| ① | ₩1,000 과소계상 | ₩1,000 과소계상 |
| ② | ₩1,000 과대계상 | ₩1,000 과대계상 |
| ③ | ₩1,000 과소계상 | ₩1,000 과대계상 |
| ④ | ₩1,000 과대계상 | ₩1,000 과소계상 |
| ⑤ | 영향 없음 | 영향 없음 |

**03.** 다음의 항목 중에서 기말재고자산에 포함할 수 없는 항목은?

① 수탁자의 창고에 보관중인 적송품
② 고객이 구매의사를 표시하기 전인 시용 판매된 상품
③ 회사가 생산하여 창고에 별도로 구분하여 보관하고 있는 특별주문품
④ 단기 할부로 매입한 상품
⑤ 도착지 인도조건으로 매출한 미착상품

**04.** 물가가 계속 증가하고, 기말재고상품의 수량이 기초와 비교하여 증가한다고 가정할 때, 당기순이익이 크게 계상되는 순서로 옳게 배열된 것은?

① 이동평균법<총평균법<선입선출법

② 선입선출법 < 총평균법 < 이동평균법
③ 총평균법 < 선입선출법 < 이동평균법
④ 총평균법 < 이동평균법 < 선입선출법
⑤ 당기순이익은 모두 동일하다.

**05.** 재고자산의 평가방법에 대한 설명 중 옳지 않은 것은?

① 개별법은 물적흐름과 원가흐름이 동일하므로 개별재고의 추적에 큰 비용이 들지 않는 항목에 적합한 평가방법이다.
② 선입선출법은 구입가격이 상승할 경우 매출원가는 가장 높은 가격으로 평가된다.
③ 기초재고원가와 당기매입원가의 합은 판매가능원가이다.
④ 이동평균원가법은 재고자산 구입시마다 새로운 단위당 평균원가를 계산하여 이를 판매시마다 판매량에 곱하여 매출원가를 계산하다.
⑤ 선입선출법을 적용할 경우 기말재고액은 현행원가의 근사치로 평가된다.

※ [문제 6~7] ㈜대전의 상품에 대한 매입과 매출자료이다.

| | | | | |
|---|---|---|---|---|
| 5/1 | 기초재고 | 100단위 | @₩100 | ₩10,000 |
| 5/10 | 매입 | 50단위 | @₩130 | ₩6,500 |
| 5/15 | 매출 | 100단위 | @₩150 | ₩15,000 |
| 5/27 | 매입 | 50단위 | @₩140 | ₩7,000 |

**06.** 총평균법을 사용할 경우 기말재고자산은 얼마인가?

① ₩11,000 ② ₩11,750 ③ ₩11,800
④ ₩12,500 ⑤ ₩23,500

**07.** 이동평균법을 사용할 경우 매출원가는 얼마인가?

① ₩11,000 ② ₩11,700 ③ ₩11,800
④ ₩12,500 ⑤ ₩23,500

**08.** ㈜울산의 기초상품재고는 ₩45,000(원가), 당기매입액은 ₩150,000(원가), 매출액은 ₩225,000이고, 매출액 기준 매출총이익률이 30%라고 할 때, 매출총이익률법에 의한 기말재고자산은 얼마인가?

① ₩30,000 ② ₩37,500 ③ ₩45,000
④ ₩75,000 ⑤ ₩100,000

**09.** ㈜세종의 20X1년 1월 1일 기초재고자산은 ₩30,000이며 20X1년중 매입액은 ₩150,000, 20X1년중 매출액은 ₩192,000이다. ㈜세종의 매출총이익률은 25%로 유지될 것으로 보고 있다. 실지재고조사에 의한 ㈜세종의 기말재고자산은 ₩34,500이다. ㈜세종이 재고자산의 도난 추정액은 얼마인가?

① ₩1,500　② ₩4,500　③ ₩34,500
④ ₩36,000　⑤ ₩144,000

**10.** 계속기록법에 관한 설명 중 옳지 않은 것은?

① 매출을 인식함과 동시에 매출원가를 인식한다.
② 매입계정은 나타나지 않는다.
③ 매입과 매출이 이루어질 때마다 재고자산계정이 변동한다.
④ 상품재고장만 보더라도 재고수량을 쉽게 파악할 수 있다.
⑤ 도난이나 증발, 파손에 의한 감모수량도 쉽게 파악할 수 있다.

## ✪ 주관식 문제

**01.** 다음은 ㈜광주의 재고자산 관련 자료이다.

| 일자 | 적요 | 수량 | 단가 | 금액 |
|---|---|---|---|---|
| 10/1 | 기초재고 | 100 | ₩20 | ₩2,000 |
| 10/7 | 매입 | 100 | 23 | 2,300 |
| 10/12 | 매출 | 50 | 30 | 1,500 |
| 10/19 | 매입 | 150 | 25 | 3,750 |
| 10/25 | 매출 | 250 | 30 | 7,500 |

(1) 선입선출법에 따라 원가배분을 할 경우 실지재고조사법과 계속기록법 각각에 따른 매출원가와 기말재고액을 계산하시오.
(2) 가중평균법에 따라 원가배분을 할 경우 실지재고조사법과 계속기록법 각각에 따른 매출원가와 기말재고액을 계산하시오.

**02.** 다음은 실지재고조사법을 사용하고 있는 ㈜서울의 재고자산과 관련된 자료이다.

| | 취득원가 | 순실현가능가치 |
|---|---|---|
| 재고자산 | ₩3,200 | ₩2,800 |

저가법을 적용한 분개와 부분재무상태표를 나타내시오.

# 정답 및 해설

## ✪ 객관식 문제

**01.** ① 전자제품회사가 고객관리 목적으로 사용중인 컴퓨터: 유형자산

**02.** ④

기말재고자산 과대－매출원가 과소－당기순이익 과대
기초재고자산 과대－매출원가 과대－당기순이익 과소

**03.** ③ 특별주문품은 판매된 것으로 재고자산에서 제외

**04.** ④ 총평균법<이동평균법<선입선출법

**05.** ② 선입선출법은 구입가격이 상승할 경우 매출원가는 가장 낮은 가격으로 평가된다.

**06.** ②

| | | |
|---|---|---|
| 판매가능원가 | ₩23,500 | [＝(100×@₩100)＋(50×@₩130)＋(50×@₩140)] |
| 단위당원가 | | ₩23,500÷200＝@₩117.5 |
| 기말재고자산 | (11,750) | [＝(100×@₩117.5)] |
| 매출원가 | ₩11,750 | |

**07.** ① ₩11,000

상품재고장

| 일자 | 적용 | 입고 | | | 출고 | | | 잔고 | | |
|---|---|---|---|---|---|---|---|---|---|---|
| | | 수량 | 단가 | 금액 | 수량 | 단가 | 금액 | 수량 | 단가 | 금액 |
| 5/1 | 전기이월 | 100 | ₩100 | ₩10,000 | | | | 100 | ₩100 | ₩10,000 |
| 5/10 | 매입 | 50 | 130 | 6,500 | | | | 150 | 110 | 16,500 |
| 5/15 | 매출 | | | | 100 | ₩110 | ₩11,000 | 50 | 110 | 5,500 |
| 5/27 | 매입 | 50 | 140 | 7,000 | | | | 100 | 125 | 12,500 |
| 12/31 | 매출원가 | | | | 100 | 110 | 11,000 | | | |
| | 차기이월 | | | | 100 | 125 | 12,500 | | | |
| | 합계 | 200 | | ₩23,500 | 200 | | ₩23,500 | | | |
| 1/1 | 전기이월 | 100 | 125 | 12,500 | | | | | | |

**08.** ②

매출원가: ₩225,000×(1−0.3)=₩157,500

기말재고자산: ₩45,000+₩150,000−₩157,500=₩37,500

**09.** ①

매출원가: ₩192,000×(1−0.25)=₩144,000

기말재고자산: ₩30,000+₩150,000−₩144,000=₩36,000

도난액: ₩36,000−₩34,500=₩1,500

**10.** ⑤

도난이나 증발, 파손에 의한 감모수량은 계속기록법과 실지재고조사법의 병행사용을 통해 파악 가능하다.

## ✪ 주관식 문제

**01.**

(1) 선입선출법

| | 실지재고조사법 | 계속기록법 |
|---|---|---|
| 매출원가 | ₩6,800 | ₩6,800 |
| 기말재고액 | 1,250 | 1,250 |

① 선입선출법/실지재고조사법

| | | |
|---|---|---|
| 판매가능원가 | ₩8,050 | [=(100×@₩20)+(100×@₩23)+(150×@₩25)] |
| 기말재고액 | (1,250) | [=(50×@₩25)] |
| 매출원가 | ₩6,800 | |

② 선입선출법/계속기록법

상품재고장

| 일자 | 적용 | 입고 | | | 출고 | | | 잔고 | | |
|---|---|---|---|---|---|---|---|---|---|---|
| | | 수량 | 단가 | 금액 | 수량 | 단가 | 금액 | 수량 | 단가 | 금액 |
| 10/1 | 전기이월 | 100 | ₩20 | ₩2,000 | | | | 100 | ₩20 | ₩2,000 |
| 10/7 | 매입 | 100 | 23 | 2,300 | | | | 100 | 20 | 2,000 |
| | | | | | | | | 100 | 23 | 2,300 |
| 10/12 | 매출 | | | | 50 | ₩20 | ₩1,000 | 50 | 20 | 1,000 |
| | | | | | | | | 100 | 23 | 2,300 |
| 10/19 | 매입 | 150 | 25 | 3,750 | | | | 50 | 20 | 1,000 |
| | | | | | | | | 100 | 23 | 2,300 |
| | | | | | | | | 150 | 25 | 3,750 |

| 일자 | 적용 | 입고 수량 | 입고 단가 | 입고 금액 | 출고 수량 | 출고 단가 | 출고 금액 | 잔고 수량 | 잔고 단가 | 잔고 금액 |
|---|---|---|---|---|---|---|---|---|---|---|
| 10/25 | 매출 | | | | 50 | 20 | 1,000 | | | |
| | | | | | 100 | 23 | 2,300 | | | |
| | | | | | 100 | 25 | 2,500 | 50 | 25 | 1,250 |
| 12/31 | 매출원가 | | | | 300 | | 6,800 | | | |
| | 차기이월 | | | | 50 | 25 | 1,250 | | | |
| | 합계 | 350 | | ₩8,050 | 350 | | ₩8,050 | | | |
| 1/1 | 전기이월 | 50 | 25 | 1,250 | | | | | | |

(2) 가중평균법

| | 실지재고조사법 | 계속기록법 |
|---|---|---|
| 매출원가 | ₩6,900 | ₩6,888 |
| 기말재고액 | 1,150 | 1,162 |

① 가중평균/실지재고조사법: 총평균법

| | | |
|---|---|---|
| 판매가능원가 | ₩8,050 | [=(100×@₩20)+(100×@₩23)+(150×@₩25)] |
| 단위당원가 | | ₩8,050÷350=@₩23 |
| 기말재고액 | (1,150) | [=(50×@₩23)] |
| 매출원가 | ₩6,900 | |

② 가중평균/계속기록법: 이동평균법

상품재고장

| 일자 | 적용 | 입고 | | | 출고 | | | 잔고 | | |
|---|---|---|---|---|---|---|---|---|---|---|
| | | 수량 | 단가 | 금액 | 수량 | 단가 | 금액 | 수량 | 단가 | 금액 |
| 10/1 | 전기이월 | 100 | ₩20 | ₩2,000 | | | | 100 | ₩20 | ₩2,000 |
| 10/7 | 매입 | 100 | 23 | 2,300 | | | | 200 | 21.5 | 4,300 |
| 10/12 | 매출 | | | | 50 | ₩21.5 | ₩1,075 | 150 | 21.5 | 3,225 |
| 10/19 | 매입 | 150 | 25 | 3,750 | | | | 300 | 23.25 | 6,975 |
| 10/25 | 매출 | | | | 250 | 23.25 | 5,813 | 50 | 23.25 | 1,162 |
| 12/31 | 매출원가 | | | | 300 | | 6,888 | | | |
| | 차기이월 | | | | 50 | 23.25 | 1,162 | | | |
| | 합계 | 350 | | ₩8,050 | 350 | | ₩8,050 | | | |
| 1/1 | 전기이월 | 50 | 23.25 | 1,162 | | | | | | |

## 02.

| | | | | | |
|---|---|---|---|---|---|
| 12/31 | (차) 재고자산평가손실<br>(매출원가) | 400 | (대) 재고자산평가충당금 | | 400 |

| | | |
|---|---|---|
| 유동자산 | | |
| 재고자산 | ₩3,200 | |
| 재고자산평가충당금 | (400) | ₩2,800 |

CHAPTER

# 08 유형자산과 무형자산

재무상태표

㈜서울 20X1년 12월 31일 현재 (단위: 원)

| 자산 | | |
|---|---|---|
| Ⅰ. 유동자산 | | XXX |
| 현금및현금성자산 | XXX | |
| 기타금융자산 | XXX | |
| 매출채권 | XXX | |
| 재고자산 | XXX | |
| Ⅱ. 비유동자산 | | XXX |
| 기타금융자산 | XXX | |
| **유형자산** | XXX | |
| **무형자산** | XXX | |

| 주석 | |
|---|---|
| 14. 유형자산 | |
| **토지** | XXX |
| **건물** | XXX |
| (감가상각누계액) | (XXX) |
| **구축물** | XXX |
| (감가상각누계액) | (XXX) |
| **기계장치** | XXX |
| (감가상각누계액) | (XXX) |
| **차량운반구** | XXX |
| (감가상각누계액) | (XXX) |
| **건설중인자산** | XXX |
| 합계 | XXX |
| 15. 무형자산 | |
| 산업재산권 | XXX |
| (상각액) | (XXX) |
| **개발비** | XXX |
| (상각액) | (XXX) |
| 영업권 | XXX |
| 합계 | XXX |

## 학습목표

1. 유형자산에 대해 설명할 수 있다.
2. 유형자산의 취득원가를 계산할 수 있다.
3. 유형자산의 취득방법에 따른 원가를 결정할 수 있다.
4. 유형자산 취득 후 지출에 대해 회계처리 할 수 있다.
5. 감가상각방법에 따라 감가상각비를 계산할 수 있다.
6. 유형자산의 처분에 대해 회계처리 할 수 있다.
7. 무형자산에 대해 설명할 수 있다.
8. 무형자산의 상각방법에 대해 설명할 수 있다.
9. 연구개발비에 대해 회계처리 할 수 있다.

# 제1절 유형자산의 인식과 분류

## 1. 유형자산의 정의와 인식

유형자산(property, plant and equipment)은 재화나 용역의 생산이나 제공, 타인에 대한 임대 또는 관리활동에 사용할 목적으로 보유하는 물리적 실체가 있는 자산으로서 한 회계기간을 초과하여 사용할 것이 예상되는 자산이다. 즉, 물리적 형태가 있으며 장기간 기업의 정상적인 영업활동에 사용할 목적으로 보유하고 있는 자산이다.

**유형자산의 정의**

- 물리적 실체 존재
- 영업활동에 사용할 목적으로 보유
- 장기간 사용

따라서 위의 특징을 가진 자산으로 제작 · 건설 · 개발중인 경우에는 아직 완성하지 못하여도 유형자산으로 분류한다. 물리적 실체가 없는 자산은 무형자산으로 분류하며, 토지나 건물 등을 취득하였다 하더라도 정상적인 영업과정에서 판매를 위해 취득한 자산은 재고자산으로 분류한다.

유형자산으로 인식하기 위해서는 ① 유형자산의 정의를 충족하고, ② 자산으로부터 발생하는 미래 경제적 효익이 기업에 유입될 가능성이 높고, ③ 자산의 원가를 신뢰성 있게 측정할 수 있어야 한다. 이러한 인식요건을 충족할 경우 재무상태표에 유형자산으로 보고할 수 있다. 예비부품, 수선용구와 같은 항목은 유형자산의 정의와 인식기준을 충족하면 유형자산으로 분류하고, 그렇지 않다면 재고자산으로 분류한다.

**유형자산의 인식요건**

- 유형자산의 정의 충족
- 자산으로부터 발생하는 미래 경제적 효익이 기업에 유입될 가능성이 높음
- 자산의 원가를 신뢰성 있게 측정가능

## 2. 유형자산의 분류

대표적인 유형자산은 다음과 같다.

토지는 대지, 임야, 전답 등으로 하며, 건물은 건물과 냉온방, 조명 및 기타의 건물부속시설로 한다. 구축물은 교량, 저수지, 갱도, 정원설비 등으로 하며, 기계장치는 기계장치와 운송설비(콘베어 등) 및 기타 부속설비로 한다. 차량운반구는 철도차량 및 기타 육상운반구 등으로 한다. 기타유형자산으로 선박, 항공기, 사무용비품, 건설중인자산 등이 있다.

**유형자산의 분류**

- 토지
- 토지와 건물
- 기계장치
- 선박
- 항공기
- 차량운반구
- 집기
- 사무용비품
- 생산용식물

# 제2절 유형자산의 취득원가와 취득 후 지출

## 1. 유형자산의 취득원가

유형자산의 취득원가는 인식시점의 현금가격상당액으로 구입가격에 경영진이 의도하는 방식으로 자산을 사용하는데 필요한 장소와 상태에 이르게 하는데 직접 관련되는 원가와 원상복구를 위하여 자산을 해체, 제거하거나 부지를 복구하는데 사용될 것으로 추정되는 복구원가를 포함한다. 구입가격은 관세 및 환급 불가능한 취득 관련 세금을 가산하고, 매입과정에서 제반 할인과 리베이트 등을 차감한 금액이다.

경영진이 의도하는 방식으로 자산을 사용하는데 필요한 장소와 상태에 이르게 하는데 직접 관련되는 원가의 예는 다음과 같다.

**직접 관련되는 원가의 예**

- 유형자산의 매입 또는 건설과 직접적으로 관련되어 발생한 종업원급여
- 설치장소 준비원가
- 최초의 운송 및 취급 관련 원가
- 설치원가 및 조립원가
- 유형자산이 정상적으로 작동되는지 여부를 시험하는 과정에서 발생하는 원가 (단, 시험과정에 생산된 재화(시제품)의 순매각금액은 차감)
- 전문가에게 지급하는 수수료

유형자산이 경영진이 의도하는 방식으로 가동될 수 있는 장소와 상태에 이른 후에는 원가를 더 이상 인식하지 않는다. 따라서 유형자산을 사용하거나 이전하는 과정에서 발생하는 원가는 당해 유형자산의 장부금액에 포함하여 인식하지 아니하고 비용으로 인식한다.

다음의 항목들은 유형자산의 원가에 포함시키지 않으며, 개업비, 광고 및 판매촉진비, 교육훈련비, 일반관리비 등의 계정과목으로 비용처리한다.

**유형자산의 원가가 아닌 예**

- 새로운 시설을 개설하는데 사용되는 원가
- 새로운 상품과 서비스를 소개하는데 소요되는 원가(예: 광고 및 판촉활동과 관련된 원가)
- 새로운 지역에서 또는 새로운 고객층을 대상으로 영업을 하는데 소요되는 원가(예: 직원 교육훈련비)
- 관리 및 기타 일반간접원가

대표적인 유형자산의 취득원가 구성요소를 살펴보면 다음과 같다.

**토지**(land)의 취득원가는 토지의 구입가격뿐만 아니라 취득한 토지를 사용가능한 상태로 만들기 위하여 지출하는 모든 부대원가를 포함한다. 예를 들어 구입수수료, 취득세, 등록세, 구건물 철거비용, 정지비용 등이 여기에 해당한다. 만약 새로운 건물을 건설하기 위하여 낡은 건물이 있는 토지를 취득하였다면 기존 건물을 철거하고 정지하는 비용 등을 토지의 취득원가에 포함하고 이 과정에서 부산물의 판매대금은 취득원가에서 차감한다.

**건물**(building)의 취득원가는 건물을 본래 의도한 용도로 사용가능하게 하기 위해서 지출된 모든 금액을 포함하는데 냉난방이나 전기시설, 통신시설 등을 포함한다. 예를 들어 중개수수료, 취득세, 등록세 등 관련 세금, 건물을 취득한 경우에는 사용전 건물 수리비도 포함한다.

**구축물**(land improvements)의 취득원가는 구축물의 용도로 사용할 수 있는 상태까지 발생된 지출을 모두 포함한다. 예를 들어 주차장을 건설할 경우 토지 포장비와 배수설치비, 담장설치비 및 조명시설비 등을 취득원가에 포함한다,

**기계장치**(mechanism)의 취득원가는 구입가격에 부대비용을 가산하는데, 부대비용으로는 구입운임, 운송중에 발생하는 보험료, 설치비, 시운전비 등을 포함한다.

그리고 유형자산의 건설을 위하여 직·간접적으로 소요된 재료비, 노무비 및 제조간접비는 건설중인 자산(construction in progress)으로 보고하고, 건설 완료 후 사용가능한 상태가 되면 유형자산으로 대체한다.

**예제 ○ 토지와 건물의 취득원가**

㈜경북은 3월 1일 ₩150,000을 주고 공장부지를 구입하였다. 토지에 있던 구건물을 철거하고 5월 30일에 신건물을 완성하였다. 이 기간 동안 발생한 원가가 다음과 같다.

|  |  |
|---|---:|
| 구건물의 철거비용 | ₩15,000 |
| 건축설계비용 | 45,000 |
| 토지의 취득 및 등록세 | 5,000 |
| 건설원가 | 675,000 |
| 구건물의 폐기물 처분수입 | 3,000 |

| 물음 | 토지와 건물의 원가를 각각 계산하시오.

| 풀이 |

(1) 토지: ₩150,000 + ₩15,000 + ₩5,000 − ₩3,000 = ₩167,000

(2) 선물: ₩45,000 + ₩675,000 = W720,000

## 2. 유형자산의 취득방법에 따른 취득원가 결정

유형자산의 취득원가는 인식시점에 현금상당액으로 보고하는 것이 원칙이지만 유형자산을 취득하는 방법은 다양하다.

여러 종류의 유형자산을 일괄취득(lum-sum purchase)한 경우에는 총원가를 개별 유형자산의 상대적 공정가치에 비례하여 배분하는 방법으로 개별 유형자산의 취득원가를 결정한다. 만약 건물이 있는 토지를 취득한 경우 취득원가를 공정가치 기준으로 토지와 건물의 원가로 구분하여야 한다. 이러한 구분이 필요한 이유는 토지는 감가상각을 하지 않지만 건물은 감가상각을 해야 하기 때문이다.

기업의 주식을 발행해주고 유형자산을 취득한 현물출자의 경우에는 유형자산의 공정가치를 취득원가로 하고, 유형자산의 공정가치를 모를 경우에는 주식의 공정가치를 취득원가로 한다.

기업이 무상으로 유형자산을 취득한 경우에는 무상증여 자산을 공정가치로 차변에 기록하고 대변에 자산수증이익으로 보고한다.

**유형자산의 취득방법에 따른 취득원가 결정**

- 일괄취득: 개별 유형자산의 공정가치에 비례하여 배분
- 현물출자: 유형자산의 공정가치 또는 주식의 공정가치
- 무상증여: 증여자산의 공정가치

**예제 취득원가 결정**

다음은 유형자산의 취득과 관련된 거래내역이다.

(1) ㈜경북은 토지와 건물을 일괄취득하고 ₩15,000을 지급하였다. 취득 당시 토지와 건물의 공정가치는 각각 ₩8,000과 ₩12,000이다.

(2) ㈜경북은 기계장치를 취득하고 액면이 ₩5,000인 주식 10주를 발행하였는데, 기계장치의 공정가치는 ₩80,000이다.

(3) ㈜경북은 ㈜대구로부터 공정가치가 ₩100,000인 토지를 증여받았다. 이 토지의 장부금액은 ₩80,000이다.

**| 물음 |** ㈜경북이 수행해야 할 회계처리를 하시오.

**| 풀이 |**

| | | | | | |
|---|---|---|---|---|---|
| (1) | (차) 토지 | 6,000* | (대) 현금 | 15,000 |
| | 건물 | 9,000** | | |

* ₩15,000×[₩8,000÷(₩8,000+₩12,000)]=₩6,000

** ₩15,000×[₩12,000÷(₩8,000+₩12,000)]=₩9,000

| | | | | |
|---|---|---|---|---|
| (2) | (차) 기계장치 | 80,000 | (대) 자본금 | 50,000* |
| | | | 주식발행초과금 | 30,000 |

* ₩5,000×10주=₩50,000

| | | | | |
|---|---|---|---|---|
| (3) | (차) 토지 | 100,000 | (대) 자산수증이익 | 100,000 |

## 3. 유형자산의 취득 후 지출

유형자산을 취득하여 사용하는 과정에서 여러 가지 지출이 발생한다. 유형자산의 취득 후 지출의 경우에도 유형자산의 인식요건에 따라 회계처리 한다. 즉 지출로 인해 미래 경제적 효익이 기업에 유입될 가능성이 높고, 그 금액을 신뢰성 있게 측정할 수 있

는 경우에는 유형자산의 장부금액에 가산한다. 일상적인 수선 · 유지와 관련하여 발생하는 원가는 해당 유형자산의 장부금액에 포함하여 인식하지 아니한다. 이러한 원가는 발생시점에 비용으로 인식한다.

만약 당해 자산의 생산능력이 증대되거나, 내용연수가 연장되거나, 상당한 원가절감이나 품질향상을 초래하는 지출인 경우에는 자본화하여 유형자산의 장부금액에 포함시킨다. 이러한 유형자산의 장부금액에 포함하는 지출을 **자본적 지출**(capital expenditure)이라 한다. 그렇지 않은 경우에는 모든 지출을 발생 즉시 비용으로 처리하는데, 이러한 지출을 **수익적 지출**(income expenditure)이라 한다. 예를 들어 건물의 도색, 파손된 유리의 대체, 마모된 자산의 원상복구 등 수선 및 유지를 위한 경상적인 지출은 수선유지비의 항목으로 비용처리한다.

**예제** ○ **자본적 지출과 수익적 지출**

다음은 유형자산의 취득 후 발생한 지출이다.

(1) 건물의 외벽에 도장공사와 파손된 유리를 대체하기 위하여 ₩100,000을 현금으로 지급하다.

(2) 사용중인 건물에 엘리베이터를 설치하고 공사비 ₩800,000을 현금으로 지급한다.

(3) 기계장치에 대한 부품의 교체로 기계장치의 능률이 크게 증가하였다. 부품대금 ₩20,000은 현금 지급하다.

**| 물음 |** 위의 거래를 회계처리하시오.

**| 풀이 |**

| | | | | | |
|---|---|---|---|---|---|
| (1) | (차) 수선유지비 | 100,000 | (대) 현금 | | 100,000 |
| (2) | (차) 건물 | 800,000 | (대) 현금 | | 800,000 |
| (3) | (차) 기계장치 | 20,000 | (대) 현금 | | 20,000 |

# 제3절 유형자산의 감가상각과 제거

## 1. 감가상각의 의의

토지와 건설중인 자산을 제외한 모든 유형자산은 수익을 얻기 위해 영업활동에 사용함에 따라 그 가치가 여러 회계기간 동안 감소하기 때문에 감가상각이라는 절차를 통해 유형자산의 원가를 비용으로 인식하고 있다.

**감가상각**(depreciation)이란 유형자산의 취득원가에서 잔존가치를 차감한 금액을 내용연수에 걸쳐 체계적이고 합리적으로 배분하는 원가배분과정을 의미한다. 즉 감가상각의 목적은 유형자산의 취득원가를 당해 자산의 사용가능한 기간에 걸쳐 비용으로 인식하기 위한 것이다.

## 2. 감가상각의 결정요소

감가상각비를 결정하는 요소로는 취득원가, 잔존가치, 내용연수, 감가상각방법 등이 있다.

**감가상각대상금액**(depreciation base)은 취득원가에서 잔존가치를 차감한 금액으로 당해 유형자산의 사용기간 동안에 인식할 수 있는 감가상각비의 총액을 의미한다.

**잔존가치**(residual value)는 자산의 내용연수가 종료되는 시점에 도달하였다는 가정하에 자산의 처분으로부터 획득할 금액에서 추정 처분부대원가를 차감한 금액의 추정치이다.

**내용연수**(useful life)는 자산으로부터 기대되는 효용에 따라 결정된다. 자산이 사용가능한 것으로 기대되는 기간 또는 자산의 사용으로 인해 기대되는 생산량이나 이와 유사한 단위수량 등을 의미하며 물리적 내용연수와 기능적 사용연수 중에서 짧은 기간으로 추정한다.

유형자산의 잔존가치와 내용연수는 적어도 매 회계기간 말 재검토해서 재검토 결과 추정치가 종전 추정치와 다르다면 그 차이는 회계추정의 변경으로 회계처리 한다.

## 3. 감가상각 회계처리 및 재무상태표 보고

유형자산의 감가상각은 자산이 사용가능한 때부터 시작한다. 내용연수에 걸쳐 매기 체계적인 방법으로 배분한 감가상각액은 다음과 같이 회계처리 한다. 즉 차변에는 감가상각비를 비용으로 기록하고, 대변에는 자산의 차감계정으로 감가상각누계액을 기록한다.

| | | | |
|---|---|---|---|
| (차) 감가상각비 | XXX | (대) 감가상각누계액 | XXX |

예를 들어 건물에 대한 감가상각이 이루어진 경우 재무상태표에는 다음과 같이 보고될 수 있는데, 감가상각 후 남은 금액이 상부금액으로 보고된다.

부분재무상태표

| | | |
|---|---|---|
| 건물 | XXX | |
| 감가상각누계액 | (XXX) | XXX |

## 4. 감가상각방법

유형자산의 감가상각방법(depreciation method)은 자산의 미래 경제적 효익이 소비될 것으로 예상되는 형태를 반영하는데, 적어도 매 회계연도말에 재검토한다. 해당 자산에 내재되어 있는 미래 경제적 효익의 예상 소비형태를 가장 잘 반영하는 방법을 선택하고, 예상 소비형태가 달라지지 않는 한 매 회계기간에 일관성 있게 적용한다.

감가상각방법에는 정액법, 체감잔액법, 생산량비례법이 있다. 정액법은 시간의 경과에 따라 동일한 감가상각비를 배부하는 방법이다. 체감잔액법(가속상각법)은 자산의 내용연수 동안 감가상각액이 매 기간 감소하는데, 체감잔액법(가속상각법)에는 정률법과 이중체감법, 연수합계법이 있다. 그리고, 해당 자산의 사용정도에 따라 감가상각비를 배부하는 방법을 생산량비례법이라 한다. 각 방법에 의한 감가상각비 계산방법을 설명하고 상호 비교하기 위하여 다음의 자료를 공통으로 사용하고자 한다.

| | |
|---|---|
| 취득일: 20X1년 1월 1일 | 취득원가: ₩200,000 |
| 잔존가치: ₩20,000 | 내용연수: 3년 |
| 총생산가능단위: 1,000단위 | |

### 1) 정액법

**정액법**(straight line method)은 유형자산의 잔존가치가 변화하지 않는다고 가정할 때 자산의 내용연수 동안 매 기간 균등하게 감가상각비를 계산하는 방법이다. 감가상각대상금액(취득원가-잔존가치)에 매 기간 동일한 상각률(1/내용연수)을 곱하여 계산한다. 내용연수가 종료되면 기말 장부금액은 추정 잔존가치가 된다. 당해 기간이 1년이 아닐 경우 월할계산한다. 즉, 사용월수를 12로 나누어 곱한다.

**정액법에 의한 감가상각비**

감가상각비=(취득원가-잔존가치)×(1/내용연수)

기본자료를 사용하여 정액법에 의한 감가상각비를 계산하면 다음과 같다.

**정액법에 의한 감가상각**

| 연도 | 감가상각대상금액 | 상각률 | 감가상각비 | 감가상각누계액 | 기말장부금액 |
|---|---|---|---|---|---|
| 20X1 | ₩180,000* | 1/3 | ₩60,000 | ₩60,000 | ₩140,000 |
| 20X2 | 180,000 | 1/3 | 60,000 | 120,000 | 80,000 |
| 20X3 | 180,000 | 1/3 | 60,000 | 180,000 | 20,000 |

* 감가상각대상금액: (₩200,000-₩20,000)=₩180,000

### 2) 체감잔액법(가속상각법)

**체감잔액법**(declining-balance method)은 자산의 내용연수 동안 감가상각액이 매 기간 감소하는 방법이다. 내용연수의 초기에는 감가상각비를 많이 배부하고 기간이 경과할수록 점차 적게 배부하는 방법으로 유형자산이 내용연수 초기에 수익창출에 더 많이 기여한다고 가정한다. 즉, 기계장치나 차량운반구의 경우 사용기간이 경과할수록 노후

화 등으로 인하여 능률이 감소한다고 가정한 것이다. 체감잔액법에는 정률법, 이중체감법, 연수합계법 등이 있다.

### (1) 정률법

정률법(costant percentage method)은 시간이 경과함에 따라 일정한 비율로 장부금액이 감소된다는 가정을 적용하는 감가상각방법이다. 기초장부금액은 취득원가에서 기초감가상각누계액을 차감한 금액이다. 따라서 내용연수가 진행됨에 따라 기초장부금액이 감소하므로 감가상각비도 점차 감소한다.

**정률법에 의한 감가상각비**

감가상각비=(취득원가−기초감가상각누계액)* × (1 − $\sqrt[n]{\text{잔존가치/취득원가}}$)

* 기초장부금액, n은 내용연수

기본자료를 사용하여 정률법에 의한 감가상각비를 계산하면 다음과 같다.

**정률법에 의한 감가상각**

| 연도 | 기초장부금액 | 상각률* | 감가상각비 | 감가상각누계액 | 기말장부금액 |
|---|---|---|---|---|---|
| 20X1 | ₩200,000 | 0.53584 | ₩107,168 | ₩107,168 | ₩92,832 |
| 20X2 | 92,832 | 0.53584 | 49,743 | 156,911 | 43,089 |
| 20X3 | 43,089 | - | 23,089** | 180,000 | 20,000 |

* 상각률: 1 − $\sqrt[3]{\text{₩20,000/₩200,000}}$ =0.53584, ** ₩23,089=₩43,089−₩20,000

### (2) 이중체감법

이중체감법(double declining balance method)은 정액법의 상각률인 '1/내용연수'의 2배를 사용하므로 정액법의 배법이라고도 한다. 상각률 산정에 잔존가치를 반영하지 않음에 따라 내용연수가 종료될 때 장부금액이 잔존가치와 차이를 나타낸다. 따라서 마지막 연도의 감가상각비는 기초 현재의 미상각잔액에서 잔존가치를 차감하여 산출한다.

**이중체감법에 의한 감가상각비**

감가상각비=(취득원가−기초감가상각누계액)×(2/내용연수)

기본자료를 사용하여 이중체감법에 의한 감가상각비를 계산하면 다음과 같다.

**이중체감법에 의한 감가상각**

| 연도 | 기초장부금액 | 상각률 | 감가상각비 | 감가상각누계액 | 기말장부금액 |
|---|---|---|---|---|---|
| 20X1 | ₩200,000 | 2/3 | ₩133,333 | ₩133,333 | ₩66,667 |
| 20X2 | 66,667 | 2/3 | 44,445 | 177,778 | 22,222 |
| 20X3 | 22,222 | − | 2,222* | 180,000 | 20,000 |

* ₩2,222=₩22,222−₩20,000

### (3) 연수합계법

**연수합계법**(sum-for-the-years'-digits method)은 매기 상각률의 분모를 고정시키되 분자를 감소시켜 나가는 방법이다. 만약 내용연수가 5년인 경우 내용년수의 합은 15(=1+2+3+4+5)로 1차 연도의 경우 기초 현재 남아있는 내용연수가 5이므로 상각률은 5/15가 된다. 2차 연도의 상각률은 4/15가 된다.

**연수합계법에 의한 감가상각비**

감가상각비=(취득원가−잔존가치)×(당해 연도 초의 잔존내용연수/내용연수의 합계)

기본자료를 사용하여 연수합계법에 의한 감가상각비를 계산하면 다음과 같다.

**연수합계법에 의한 감가상각**

| 연도 | 감가상각대상금액 | 상각률 | 감가상각비 | 감가상각누계액 | 기말장부금액 |
|---|---|---|---|---|---|
| 20X1 | ₩180,000 | 3/6* | ₩90,000 | ₩90,000 | ₩110,000 |
| 20X2 | 180,000 | 2/6 | 60,000 | 150,000 | 50,000 |
| 20X3 | 180,000 | 1/6 | 30,000 | 180,000 | 20,000 |

* 내용연수의 합계: (1+2+3)=6

### 3) 생산량비례법

생산량비례법(unit-of-production method)은 자산의 예상조업도 또는 예상생산량에 기초하여 감가상각액을 계상하는 방법이다. 이 방법을 적용하기 위해서는 총생산량을 합리적으로 추정할 수 있어야 한다. 감가상각대상금액을 매기의 생산량에 비례하여 배분함으로 매기 감가상각비가 변동한다.

**생산량비례법에 의한 감가상각비**

감가상각비=(취득원가−잔존가치)×(당기 실제 생산량/추정 총생산가능량)

기본자료를 사용하여 생산량비례법에 의한 감가상각비를 계산하면 다음과 같다.

**생산량비례법에 의한 감가상각**

| 연도 | 감가상각대상금액 | 상각률 | 감가상각비 | 감가상각누계액 | 기말장부금액 |
|---|---|---|---|---|---|
| 20X1 | ₩180,000 | 300*/1,000 | ₩54,000 | ₩54,000 | ₩146,000 |
| 20X2 | 180,000 | 200/1,000 | 36,000 | 90,000 | 110,000 |
| 20X3 | 180,000 | 500/1,000 | 90,000 | 180,000 | 20,000 |

* 생산량: 20X1년 300개, 20X2년 200개, 20X3년 500개

### 4) 감가상각방법 비교

정액법은 내용연수 동안 매년 감가상각비가 일정하다. 반면 체감잔액법에 속하는 정률법, 이중체감법, 연수합계법은 내용연수 동안 감가상각비가 감소하는데, 내용연수초기 감가상각비가 가장 크고 연수합계법의 경우에는 감소 비율이 일정하다.

이를 그림으로 나타내면 다음과 같다.

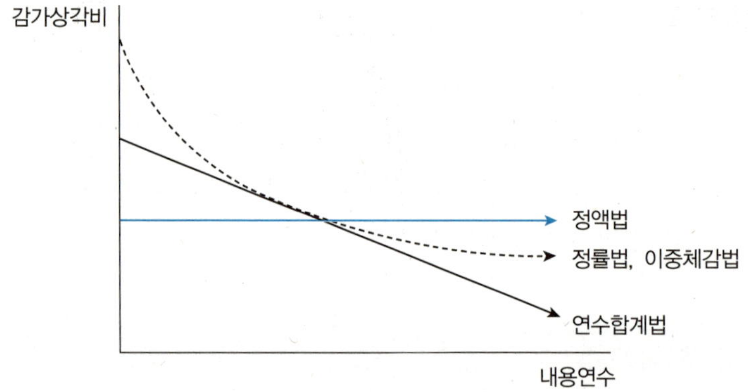


## 5. 유형자산의 제거

유형자산의 장부금액은 처분하는 때 그리고 사용이나 처분을 통하여 미래 경제적 효익이 기대되지 않을 때 제거된다. 유형자산을 대가를 받고 매각하는 경우를 처분이라 하고, 대가를 받지 않고 장부에서 제거하는 것을 폐기라고 한다. 자산을 처분하는 경우에는 해당 자산의 취득원가와 감가상각누계액을 전부 장부에서 제거해야 한다. 취득원가에서 감가상각누계액을 차감한 처분시점의 장부금액과 처분대가(순매각금액) 간의 차액을 **유형자산처분손익**(gains or losses on disposal of fixed assets)으로 회계처리 한다.

**유형자산처분손익**

- 처분대가>장부금액: 유형자산처분이익
- 처분대가<장부금액: 유형자산처분손실

**예제 유형자산의 처분**

(1) ㈜경북은 20X1년 기계장치를 ₩10,000에 취득하였는데, 취득 후 2년이 경과한 후 20X2년의 감가상각누계액은 ₩4,000이다. 이 기계장치를 ₩7,000에 처분하고 대금은 나중에 받기로 하였다.

(2) ㈜경남은 취득원가 ₩20,000, 장부금액이 ₩15,000이 건물을 ₩10,000에 처분하였다.

**| 물음 |** 위 거래를 각각 회계처리 하시오.

**| 풀이 |**

| | | | | | |
|---|---|---|---|---|---|
| (1) | (차) | (기계장치)감가상각누계액 | 4,000 | (대) 기계장치 | 10,000 |
| | | 미수금 | 7,000 | 기계장치처분이익<br>(유형자산처분이익) | 1,000* |

* ₩7,000－(₩10,000－₩4,000)＝₩1,000

| | | | | | |
|---|---|---|---|---|---|
| (2) | (차) | (건물)감가상각누계액 | 5,000 | (대) 건물 | 20,000 |
| | | 현금 | 10,000 | | |
| | | 건물처분손실<br>(유형자산처분손실) | 5,000* | | |

* ₩10,000－(₩20,000－₩5,000)＝(₩5,000)

## 제4절 무형자산의 인식과 종류

### 1. 무형자산의 정의와 인식기준

무형자산(intangible assets)이란 물리적 실체는 없지만 식별가능한 비화폐성 자산을 말하는데 다음의 식별가능성, 자원에 대한 통제, 미래 경제적 효익의 존재 등 세 가지 특성을 가진다.

첫째, 식별가능성은 자산의 분리가능성 여부와 계약상 또는 법적 권리 여부에 의해 판단한다.

둘째, 자원에 대한 통제란 기업이 그 자원으로부터 유입되는 미래 경제적 효익을 확보할 수 있고, 그 효익에 대한 제3자의 접근을 제한할 수 있음을 의미한다. 일반적으로 법적 권리에서 나온다.

셋째, 미래 경제적 효익의 존재란 제품의 매출, 용역수익, 원가절감 또는 자산의 사용에 따른 기타 효익의 형태로 발생할 수 있다.

**무형자산의 정의**

- 물리적 실체가 없음
- 식별가능성
- 자원에 대한 통제
- 미래 경제적 효익의 존재

무형자산으로 인식하기 위해서는 무형자산의 정의를 충족시켜야 하고, 자산에서 발생하는 미래 경제적 효익이 기업에 유입될 가능성이 높고 또한 자산의 취득원가를 신뢰성 있게 측정할 수 있어야 한다. 미래 경제적 효익이 기업에 유입될 가능성은 무형자산의 내용연수 동안의 경제적 상황에 대한 경영자의 최선의 추정치를 반영하는 합리적이고 객관적인 가정에 근거하여 평가하여야 한다.

**무형자산의 인식요건**

- 무형자산의 정의를 충족
- 자산에서 발생하는 미래 경제적 효익이 기업에 유입될 가능성이 높음
- 자산의 원가를 신뢰성 있게 측정가능

## 2. 무형자산의 분류

### 1) 성격과 용도에 따른 분류

무형자산은 기업의 영업활동에서 유사한 성격과 용도를 가진 자산끼리 묶어서 분류한다.

한국채택국제회계기준에서 제시하고 있는 무형자산의 분류는 다음과 같은데, 더 목적적합한 정보를 제공할 수 있다면 무형자산의 분류는 더 큰 단위로 통합하거나 더 작은 단위로 구분할 수 있다.

**무형자산의 분류**

- 브랜드명
- 제호와 출판표제
- 컴퓨터소프트웨어
- 라이선스와 프랜차이즈
- 저작권, 특허권, 기타 산업재산권, 용역운영권
- 기법, 방식, 모형, 설계 및 시제품
- 개발중인 무형자산

브랜드명이란 특정한 판매자의 제품 및 서비스를 식별하는데 사용되는 명칭 · 기호 · 디자인 등 상호와 상표를 총칭하는 용어이다. 상호는 기업을 표시하는 명칭이며, 상표는 타 기업의 상품과 구별하기 위해 상품에 부착하는 이름을 말한다.

컴퓨터소프트웨어란 컴퓨터 프로그램과 관련 문서들을 총칭하며, 외부에서 소프트웨어를 구입하는 경우 구입비용이 자산인식요건을 충족함을 의미한다.

라이선스(licence)는 특정 기술이나 지식을 일정기간 동안 이용하기로 한 권리를 말한다.

프랜치이즈(franchise)란 일정한 지리적 관할권 내에서 특정한 제품이나 용역, 상호 등을 사용하여 영업을 할 수 있는 권리를 의미한다.

저작권(copyright)이란 문학, 학술, 예술의 범위에 속하는 창작물에 대하여 저작자나 권리승계인이 행사하는 저작물에 대한 제작 및 판매에 대한 배타적 · 독점적이 권리를 말한다.

산업재산권이란 법률에 의하여 일정기간 독점적 · 배타적으로 이용할 수 있는 권리인 특허권, 실용신안권, 의장권, 상표권 등을 말한다. 특허권(patent)은 발명특허를 얻은 경우에 특허에 소요된 비용을 자본화하는 것으로 특허법에 의한 법률상의 권리를 나타낸다. 실용신안권은 실용적인 고안을 얻은 경우에 실용신안에 소요된 비용을 자본화하는 것으로서 실용신안법에 의한 법률상의 권리를 나타낸다. 의장권은 독창적인 디자인을 얻을 경우에 소요된 비용을 자본화하는 것으로서 의장법에 의한 법률상의 권리를 나타내며, 일정기간 동안 당해 권리를 독점적 · 배타적으로 사용할 수 있다. 상표권은 특정 상표를 법률에 의하여 등록하고 일정기간 동안 독점적 · 배타적으로 사용할 수 있는 권리를 나타낸다.

개발비란 신제품과 신기술의 개발활동과 관련하여 비경상적으로 발생된 비용으로서 미래의 경제적 효익을 기대할 수 있는 것을 말한다. 연구비는 당기비용으로 처리하며 개발활동과 관련된 지출 중 일정한 요건을 모두 충족하는 경우에는 개발비로 자산처리하고 그 외의 경우에는 경상개발비로 비용처리한다.

**영업권**은 다른 기업과 합병하거나 영업을 양수하는 경우 그 대가로 지급한 금액이 당해 기업의 순자산의 공정가치를 초과할 경우, 그 초과액을 의미한다. 영업권은 고정단골고객의 확보, 유리한 점포위치, 안정된 자금조달원, 독과점의 지위, 우수한 인력확보 등으로 인해 발생한다.

### 2) 외부취득 대 내부창출

외부로부터 취득한 무형자산은 당해 자산의 구입가격뿐만 아니라 취득과 관련하여 발생한 모든 부대원가 등을 포함하여 취득원가를 계상해야 한다. 그러나 내부창출 무형자산은 자산의 인식기준에 부합하는지를 평가하기가 쉽지 않다. 즉, 미래의 경제적 효익의 존재와 실현가능성에 대한 불확실성이 상대적으로 높아 엄격한 인식기준이 적용된다. 따라서 개발비를 제외한 대부분의 내부창출된 것은 자산으로 인식하지 않는다.

# 제5절 무형자산에 대한 회계처리

## 1. 무형자산의 취득

개별 취득하는 무형자산의 원가는 구입가격에 자산을 의도한 목적에 사용할 수 있도록 준비하는데 직접 관련되는 원가를 포함한다. 구입가격에 매입할인과 리베이트를 차감하고 수입관세와 환급받을 수 없는 제세금은 포함한다.

| 무형자산의 취득원가 |
|---|
| 취득원가=구입가격−(매입할인과 리베이트)+수입관세와 환급받을 수 없는 세금 |

무형자산의 취득과 직접 관련되는 원가는 취득원가에 포함시킨다. 직접 관련되는 원가의 예는 다음과 같다.

**직접 관련되는 원가의 예**

- 그 자산을 사용가능한 상태로 만드는데 직접적으로 발생하는 종업원급여
- 그 자산을 사용가능한 상태로 만드는데 직접적으로 발생하는 전문가수수료
- 그 자산이 적절하게 기능을 발휘하는지 검사하는데 발생하는 원가

반면, 다음의 지출은 무형자산의 취득원가에 포함되지 않는 예이다.

① 새로운 제품이나 용역의 홍보원가(광고와 판매촉진활동 원가를 포함)

② 새로운 지역에서 또는 새로운 계층의 고객을 대상으로 사업을 수행하는 데서 발생하는 원가(교육훈련비를 포함)

③ 관리원가와 기타 일반경비원가

## 2. 무형자산의 상각 및 보고

무형자산도 유형자산과 마찬가지로 그 가치가 일반적으로 감소함에 따라 상각대상금액을 자산의 추정 내용연수 동안 체계적이고 합리적인 방법에 의하여 배분한다. 유형자산은 감가상각이라는 용어를 사용하지만, 무형자산의 원가배분은 상각(amortization)이란 용어를 사용한다. 무형자산을 상각할 때에는 정액법, 체감잔액법, 생산량비례법 등 합리적인 방법이 사용가능하고, 합리적인 상각방법을 정할 수 없다면 정액법을 사용한다. 무형자산의 잔존가치는 없는 것을 원칙으로 한다.

재무상태표에 보고할 경우에는 유형자산과 동일하게 상각누계액을 해당 무형자산에서 치감하는 간접법이나 해당 상각액을 해당 무형자산에서 직접 차감한 잔액을 보고하는 직접법을 사용할 수 있다. 무형자산은 직접법도 자주 사용되고 있다.

| | | | |
|---|---|---|---|
| (차) 무형자산상각비 | XXX | (대) 무형자산상각누계액<br>(또는 무형자산) | XXX |

부분재무상태표

| | | | | |
|---|---|---|---|---|
| 무형자산 | XXX | | 무형자산* | XXX |
| 상각누계액 | (XXX) | XXX | | |

* 직접 차감 후 금액

## 3. 무형자산의 제거

무형자산은 사용이나 처분으로 미래 경제적 효익이 기대되지 않을 경우에 재무상태표에서 제거한다. 처분가액과 장부금액을 비교하여 **무형자산처분손익**을 인식하고 당기손익으로 보고한다.

**예제 — 무형자산**

㈜경북은 연초에 ㈜대구로부터 특허권을 ₩500,000에 취득하면서 등록을 위해 ₩50,000을 추가로 지급하였다. 특허의 내용연수는 5년이고, 잔존가치는 없으며, 정액법을 사용한다. 다음해 초에 ₩470,000에 처분하였다.

**| 물음 |** 특허권의 취득, 당기 상각, 매각과 관련된 분개를 하시오.

**| 풀이 |**

| | | | | |
|---|---|---|---|---|
| 취득 | (차) 특허권 | 550,000 | (대) 현금 | 550,000 |
| 상각 | (차) 특허권상각비 | 110,000* | (대) 특허권상각누계액 | 110,000 |
| | * (₩550,000 − ₩0) ÷ 5 = ₩110,000 | | | |
| 매각 | (차) 현금 | 470,000 | (대) 특허권 | 550,000 |
| | 특허권상각누계액 | 110,000 | 특허권처분이익<br>(무형자산처분이익) | 30,000* |
| | * (₩470,000 − (₩550,000 − ₩110,000) = ₩30,000 | | | |

## 제6절 연구개발비

내부적으로 창출된 무형자산은 경제적 효익의 추정치에 대한 신뢰성이 낮으므로 상대적으로 더 엄격한 조건을 충족해야 무형자산으로 인식할 수 있다. 내부적으로 창출된 무형자산이 인식기준을 충족시키는지를 평가하기 위해 자산의 창출과정을 연구단계와 개발단계로 구분한다.

연구(research)는 새로운 과학적 · 기술적 지식이나 이해를 얻기 위해 수행하는 독창적이고 계획적인 탐구활동을 의미하며, 연구에 대한 지출은 발생시점에 비용으로 인식한다. 개발(development)은 상업적인 생산이나 사용 전에 연구결과나 관련 지식을 새롭거나 현저히 개량된 재료, 장치, 제품, 공정, 시스템이나 용역의 생산을 위한 계획이나 설계에 적용하는 활동을 의미한다.

연구단계에서 수행하는 활동의 예는 다음과 같다.

**연구활동의 예**

- 새로운 지식을 얻고자 하는 활동
- 연구결과나 기타 지식을 탐색, 평가, 최종 선택, 응용하는 활동
- 재료, 장치, 제품, 공정, 시스템 등에 대한 여러 가지 대체안을 탐색하는 활동
- 새롭거나 개선된 재료, 장치, 제품, 공정, 시스템 등에 대한 여러 가지 대체안을 제안, 설계, 평가 및 최종 선택하는 활동

개발단계는 연구단계보다 훨씬 더 진전되어 있는 상태로 개발단계에서는 무형자산을 식별할 수 있으며, 그 무형자산이 미래 경제적 효익을 창출할 것을 제시할 수 있다. 개발활동의 예는 다음과 같다.

**개발활동의 예**

- 생산이나 사용 전의 시제품과 모형을 설계, 제작, 시험하는 활동
- 새로운 기술과 관련된 공구, 지그, 주형, 금형 등을 설계하는 활동
- 상업적 생산목적으로 실현가능한 경제적 규모가 아닌 시험공장을 설계, 건설, 가동하는 활동
- 신규 또는 개선된 재료, 장치, 제품, 공정, 시스템이나 용역에 대하여 최종적으로 선정된 안을 설계, 제작, 시험하는 활동

개발단계에서 지출이 발생하면 다음 조건을 모두 충족할 경우에는 경제성이 있다고 판단하여 관련 지출을 자본화한다. 즉, 무형자산으로 인식할 수 있다.

**추가적 인식기준**

- 무형자산을 사용하거나 판매하기 위해 그 자산을 완성시킬 수 있는 기술적 실현가능성
- 무형자산을 완성하여 사용하거나 판매하려는 기업의 의도
- 무형자산을 사용하거나 판매할 수 있는 기업의 능력
- 무형자산이 미래 경제적 효익을 창출하는 방법, 그 중에서도 특히 무형자산의 산출물이나 그 무형자산 자체를 거래하는 시장이 존재함을 제시할 수 있거나 또는 무형자산을 내부적으로 사용될 것이라면 그 유용성을 제시할 수 있음
- 무형자산의 개발을 완료하고 그것을 판매하거나 사용하는데 필요한 기술적, 재정적 자원 등의 입수가능성
- 개발과정에서 발생한 무형자산 관련 지출을 신뢰성 있게 측정할 수 있는 기업의 능력

기초연구 및 여러 가지 대안을 모색하는 연구단계에서 발생된 모든 지출을 기간의 비용, 즉 **연구비**로 인식한다. 상업화를 결정하고 시제품을 생산하는 등의 개발단계에서 발생된 지출 중 무형자산의 추가적 인식기준을 모두 충족할 경우에는 **개발비**(무형자산)로 인식하고 그 외의 경우에는 기간비용인 **경상개발비**로 인식한다. 이후 시험생산을 통해 대량생산이 이루어지는 생산단계에서 발생하는 지출은 제품원가로 인식한다.

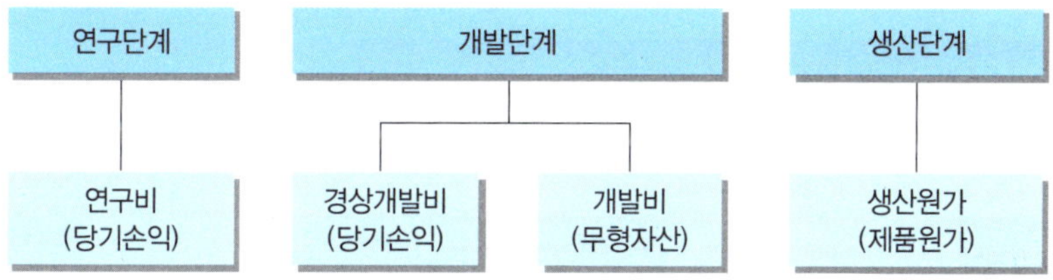


### 예제 ─ 내부적으로 창출한 무형자산

연구개발 프로젝트와 관련된 자료는 다음과 같으며, 모두 현금으로 지출하였다. 모든 무형자산을 내용연수 3년, 잔존가치 ₩0, 그리고 정액법으로 상각한다.

| | |
|---|---:|
| 연구단계 | ₩6,000 |
| 개발단계: 자산인식요건 충족 전 | 14,000 |
| 개발단계: 자산인식요건 충족 후 | 30,000 |

**| 물음 |**

(1) 연구비와 개발비 등에 대한 회계처리를 제시하시오.

(2) 개발비 상각에 대한 회계처리를 제시하시오.

**| 풀이 |**

| | | | | | |
|---|---|---:|---|---|---:|
| (차) | 연구비 | 6,000 | (대) | 현금 | 50,000 |
| | 경상개발비 | 14,000 | | | |
| | 개발비 | 30,000 | | | |
| (차) | 개발비상각비<br>(또는 무형자산상각비) | 10,000* | (대) | 개발비상각누계액 | 10,000 |

* (₩30,000 − ₩0) ÷ 3 = ₩10,000

## 핵심정리

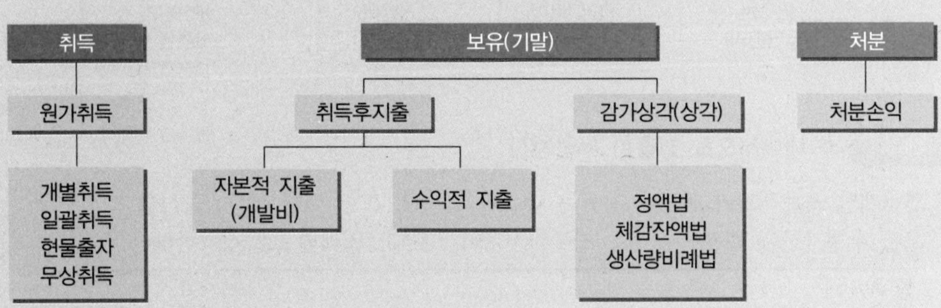


1. 유형자산이란 재화나 용역의 생산이나 제공, 타인에 대한 임대 또는 관리 활동에 사용할 목적으로 보유하는 물리적 형태가 있는 자산으로서 한 회계기간을 초과하여 사용할 것이 예상되는 자산이다.

2. 유형자산의 취득원가는 인식시점의 현금가격상당액으로 구입가격에 경영진이 의도하는 방식으로 자산을 사용하는데 필요한 장소와 상태에 이르게 하는데 직접 관련되는 원가를 포함한다.

3. 유형자산의 원가는 원칙적으로 인식시점의 현금상당액이지만 일괄취득한 경우는 개별자산의 공정가치로 배분, 현물출자의 경우에는 현물로 받는 유형자산의 공정가치를 주식의 발행가액으로 하며, 무상으로 유형자산을 취득하는 경우에는 공정가치를 자산수증이익으로 보고한다.

4. 유형자산을 취득한 이후 자산 일부를 교체 또는 수선하는 등 지출이 발생한 경우에 유형자산의 인식요건을 충족하면 자본적 지출로 장부금액에 가산하고 나머지는 수익적 지출로 당기비용 처리한다.

5. 정액법은 시간이 경과함에 따라 비례적으로 용역제공능력이 감소된다는 가정하에 매기간 균등하게 감가상각비를 계산하는 방법이다.

6. 체감잔액법은 유형자산의 내용연수 초기에는 보다 많은 용역을 제공하므로 내용연수 후반기보다는 전반기에 보다 많은 비용을 인식한다는 가정에 근거한다.

7. 생산량비례법은 자산의 내용연수가 생산 또는 사용된 자산의 양에 의하여 영향을 받는다고 가정될 때 사용되는 방법이다.

8. 무형자산이란 물리적 실체는 없지만 식별가능한 비화폐성자산으로 기업이 통제하고 있어야 하며, 미래 경제적 효익의 유입이 기대되는 자산을 의미한다.

9. 무형자산의 상각은 정액법, 체감잔액법, 생산량비례법 등 합리적인 방법이 사용가능하며, 합리적인 상각방법을 정할 수 없다면 정액법 사용, 무형자산의 잔존가치는 없는 것을 원칙으로 한다.

10. 연구개발비는 연구단계에서 발생된 모든 지출을 기간의 비용(연구비)으로 인식, 개발단계에서 발생된 지출 중 무형자산의 추가적 인식기준을 모두 충족할 경우에는 무형자산(개발비)으로 인식하고 그 외의 경우에는 기간의 비용(경상개발비)으로 인식한다.

## 연습문제

### ✪ 객관식 문제

**01.** 유형자산의 취득원가에 대한 설명으로 옳지 않은 것은?

① 무상으로 유형자산을 취득한 경우에는 공정가치를 자산수증이익으로 보고한다.
② 둘 이상의 유형자산을 일괄로 구입한 경우에는 상대적 공정가치에 근거하여 취득원가를 배분한다.
③ 회사의 주식을 발행해주고 건물을 취득한 경우 현물로 받은 유형자산의 공정가치를 주식의 발행가액으로 한다.
④ 기업이 유형자산을 여러 회계기간에 걸쳐 신축하는 경우에는 건설원가 또는 제작원가를 취득원가로 하고 건설 또는 제작 중에 있는 유형자산은 건설이 완료될 때까지 자산으로 계상하지 않는다.
⑤ 유형자산의 원가는 당해 자산의 제작원가 또는 매입가액에 등기비, 취득세, 설치비 등 취득부대비용을 가산한 금액으로 한다.

**02.** ㈜A는 20X1년 3월 1일 공장부지로 ₩200,000을 주고 낡은 건물이 있는 토지를 구입하였다. 그 토지에 있던 낡은 건물을 철거하고 20X1년 5월 30일에 신 공장건물을 완성하였다. 이 기간 동안 발생한 원가가 다음과 같을 때 토지와 건물의 취득원가로 계상될 금액은 얼마인가?

| | |
|---|---:|
| 낡은 건물의 철거비용 | ₩20,000 |
| 건축설계비용 | 60,000 |
| 토지의 취득 및 등록세 | 8,000 |
| 건물공사원가 | 900,000 |
| 낡은 건물의 폐기물 처분수입 | 4,000 |
| 건물 신축을 위한 토지굴착비용 | 50,000 |

| | 토지 | 건물 | | 토지 | 건물 |
|---|---|---|---|---|---|
| ① | ₩200,000 | ₩970,000 | ② | ₩200,000 | ₩1,010,000 |
| ③ | ₩224,000 | ₩1,010,000 | ④ | ₩228,000 | ₩1,010,000 |
| ⑤ | ₩274,000 | ₩960,000 | | | |

**03.** 다음 중 유형자산에 대한 지출 중 유형자산의 장부금액에 포함되지 않는 것은?

① 건물의 증축
② 사옥건물의 외부도장과 유리 청소
③ 빌딩 등에 피난시설 등을 설치
④ 엘리베이터 또는 냉난방장치의 설치
⑤ 상당한 원가절감이 초래되는 장치의 대체

**04.** 다음의 감가상각에 대한 설명으로 옳지 않은 것은?

① 토지, 건물, 비품, 기계장치, 건설중인 자산 등의 모든 유형자산은 감가상각의 대상이 된다.
② 감가상각대상금액이란 취득원가에서 잔존가치를 차감한 금액을 의미한다.
③ 정액법은 매기간의 감가상각비를 일정하게 유지시킬 수 있는 방법이다.
④ 정률법, 이중체감법, 연수합계법 등은 내용연수 초기에 보다 많은 감가상각비가 계상된다.
⑤ 정률법은 감가상각비 계산시 장부금액을 사용한다.

**05.** 12월 결산법인인 ㈜강원은 20X1년 1월 1일 기계장치를 취득하였다. 기계장치의 취득원가는 ₩800,000이고 잔존가치는 ₩80,000이며, 내용연수는 6년으로 예상된다. ㈜강원이 정률법에 의해 감가상각을 할 때 20X2년도 손익계산서상에 기계장치와 관련하여 계상될 계정과목과 금액은 얼마인가? 단, 상각률은 20%를 가정한다.

① 감가상각비 ₩120,000　② 감가상각비 ₩128,000
③ 감가상각비 ₩160,000　④ 감가상각누계액 ₩240,000
⑤ 감가상각누계액 ₩288,000

**06.** 기업회계기준서에 따른 감가상각비의 계상이 재무제표에 미치는 영향으로 옳은 것은?

① 자산총액 증가, 자본총액 증가
② 자산총액 감소, 부채총액 증가
③ 자산총액 감소, 자본총액 증가
④ 자산총액 감소, 자본총액 감소
⑤ 영향 없음

**07.** 12월 결산법인인 ㈜경기는 20X1년 1월 1일에 취득원가 ₩5,500, 잔존가치 ₩500, 내용연수 5년인 기계장치를 취득하였고 정액법을 이용하여 감가상각하였다(월할기준). ㈜경기가 기계장치를 20X2년 4월 1일에 ₩3,600의 현금을 받고 처분하였다. 이 거래와 관련하여 발생하는 유형자산처분손익은 얼마인가?

① 유형자산처분손실 ₩500　② 유형자산처분이익 ₩500
③ 유형자산처분손실 ₩650　④ 유형자산처분이익 ₩1,400
⑤ 유형자산처분손익 없음

**08.** 다음 중 한국채택국제회계기준에 의한 무형자산의 분류 예로 볼 수 없는 것은?

① 출판표제　② 컴퓨터소프트웨어　③ 저작권
④ 영업권　⑤ 연구비

**09.** 다음 무형자산의 상각에 대한 설명으로 옳지 않은 것은?

① 무형자산의 원가배분은 상각이란 용어를 사용한다.
② 무형자산의 특성상 상각시 정액법만을 허용하도록 하고 있다.
③ 무형자산의 상각기간이 비한정적인 경우에는 상각하지 않는다.
④ 무형자산의 잔존가치는 없는 것을 원칙으로 한다.
⑤ 무형자산을 재무상태표에 보고하는 방법으로는 상각누계액을 차감표시하는 간접법과 상각 후 잔액만 보고하는 직접법 모두 가능하다.

**10.** 다음의 설명 중 옳지 않은 것은?

① 산업재산권에는 특허권, 실용신안권, 의장권, 상표권 등이 포함된다.
② 무형자산 제거시에는 처분가액과 장부금액을 비교하여 무형자산처분손익을 인식하고, 당기손익으로 보고한다.
③ 연구단계에서 발생한 지출은 발생한 기간의 비용으로 처리한다.
④ 개발단계에서 발생한 지출은 무형자산의 인식기준을 모두 충족할 경우에만 자산으로 인식하고, 그 외에는 발생한 기간의 비용으로 처리한다.
⑤ 영업권은 동종 산업에 종사하는 타기업에 비해 상대적으로 높은 이익률을 창출할 수 있는 경우에 발생하는데, 기업회계기준서에서는 내부창설 영업권과 외부취득 영업권 모두를 무형자산으로 인정한다.

## ✪ 주관식 문제

**01.** 다음을 ㈜부산의 유형자산과 관련된 내용이다. ㈜부산이 해야 할 회계처리를 하시오.

(1) ㈜부산은 사무실용 건물을 신축하기로 하고 건설에 착수하였다.

① 건설자재비와 인건비 등 건설원가로 ₩6,000,000을 3개월 만기 약속어음을 발행하여 지급하였다.

② 건물이 완공되어 ₩750,000의 취득세를 납부하였다.

(2) ㈜부산은 영업활동에 사용할 목적으로 토지를 구입하고 그 대금 ₩150,000을 6개월 뒤에 지급하기로 하였다. 또한 토지의 취득과 관련하여 수수료 ₩1,500, 등록세 ₩750, 취득세 ₩3,000을 현금으로 지급하였다.

**02.** 20X1년 1월 1일 ㈜경남은 내용연수 10년, 잔존가액 ₩4,000으로 추정되는 기계장치를 ₩76,000에 취득하고 정액법에 의해 매년 감가상각을 실시하여 왔다. 20X8년 12월 31일 ㈜경남은 이 기계장치를 ₩15,000에 처분하였다.

(1) 20X8년말 감가상각에 대한 회계처리를 하시오.

(2) 이 기계장치 처분과 관련한 회계처리를 하시오.

**03.** ㈜경북은 20X1년초에 기계장치를 ₩600,000에 구입하였다, 이 기계장치의 내용연수는 20년이며, 잔존가치는 없고, 정액법에 의하여 상각한다. 이 기계장치를 8년간 사용한 후 이 기계장치를 대폭 수선하고 수선비 ₩180,000을 지출하였다. 이 수선으로 기계장치의 수명이 3년 더 연장되었다. 20X9년 감가상각에 대한 회계처리를 하시오.

**04.** ㈜경북은 20X1년초에 기계장치를 ₩600,000에 구입하였다, 이 기계장치의 내용연수는 10년이며, 잔존가치는 없고, 정액법에 의하여 상각한다. 이 기계장치를 8년간 사용한 후 대폭 수선하고 수선비를 ₩180,000을 지출하였다. 이 수선으로 기계장치의 수명이 3년 더 연장되었고 상각방법을 연수합계법으로 변경하였다. 20X9년 감가상각에 대한 회계처리를 하시오.

**05.** 20X7년 1월 1일에 ㈜전남이 4년간 사용하던 기계(내용연수 9년, 취득원가 ₩100,000, 잔존가액 ₩10,000, 정액법에 의해 상각)를 ₩70,000으로 평가하여 인수하였다. 이 기계의 잔존내용연수에 대하여 상각률 0.4를 적용하여 정률법에 의해 감가상각하기로 하였다. 20X7년말과 20X8년말 감가상각비를 계산하시오.

**06.** 특허권은 만 2년 전에 취득했으며, 잔존가치는 없고, 5년에 걸쳐 균등상각한다. 제2기말 재무상태표의 특허권이 ₩45,000으로 표시되었다. 제3기말 특허권 상각에 대한 회계처리를 하시오(간접법을 적용할 것).

**07.** 12월 결산법인인 ㈜경기는 20X1년 1월 1일에 취득원가 ₩6,500, 잔존가치 ₩500, 내용연수 5년인 건물을 취득하였고 연수합계법을 이용하여 감가상각하였다(월할기준). ㈜경기가 건물을 20X2년 4월 1일에 ₩3,600의 현금을 받고 처분하였다. 이 거래와 관련하여 회계처리를 하시오.

## 정답 및 해설

### ✪ 객관식 문제

**01.** ④

여러 회계기간에 걸쳐 신축하거나 매입하는 경우에는 당해 건물의 취득을 완료할 때까지 투입되는 모든 비용을 건설중인자산계정의 차변에 기록하며, 취득이 완료되어 영업활동에 사용할 수 있는 상태가 된 시점에서 건물계정으로 대체한다.

**02.** ③

토지: ₩200,000 + ₩20,000 + ₩8,000 − ₩4,000 = ₩224,000

건물: ₩60,000 + ₩900,000 + ₩50,000 = ₩1,010,000

**03.** ② 수익적 지출, 나머지는 자본적 지출

**04.** ① 토지와 건설중인 자산은 감가상각을 하지 않는다.

**05.** ②

20X1년도 감가상각비: ₩800,000 × 20% = ₩160,000

20X2년도 감가상각비: (₩800,000 − ₩160,000) × 20% = ₩128,000

**06.** ④

| (차) 감가상각비 | XXX | (대) 감가상각누계액 | XXX |
|---|---|---|---|
| (비용발생, 자본감소) | | (자산차감) | |

**07.** ③

20X1년말: (₩5,500 − ₩500) ÷ 5 = ₩1,000

20X2년 4월 1일: (₩5,500 − ₩500) ÷ 5 × (3 ÷ 12) = ₩250

기계장치처분손실: ₩3,600 − (₩5,500 − ₩1,250) = (₩650)

| (차) 감가상가누계액 | 1,250 | (대) 기계장치 | 5,500 |
|---|---|---|---|
| 현금 | 3,600 | | |
| 기계장치처분손실 | 650 | | |
| (유형자산처분손실) | | | |

**08.** ⑤ 연구비는 무형자산으로 인식하지 않고 발생한 기간의 비용으로 인식한다.

**09.** ②

무형자산의 상각은 상각대상금액을 그 자산의 추정내용연수 동안 체계적인 방법에 의하여 비용으로 배분한다.

**10.** ⑤

영업권은 외부로부터 취득한 경우에만 기록하며, 내부창설은 인정하지 않는다.

## ✪ 주관식 문제

**01.**

| | | | | | |
|---|---|---|---|---|---|
| (1) | (차) 건설중인자산 | 6,000,000 | (대) 미지급금 | 6,000,000 |
| | (차) 건물 | 6,750,000 | (대) 건설중인자산 | 6,000,000 |
| | | | 현금 | 750,000 |
| (2) | (차) 토지 | 155,250 | (대) 미지급금 | 150,000 |
| | | | 현금 | 5,250 |

**02.**

| | | | | |
|---|---|---|---|---|
| (1) | (차) 감가상각비 | 7,200 | (대) 감가상각누계액 | 7,200 |

- 20X8년말 감가상각비: (₩76,000 − ₩4,000) ÷ 10 = ₩7,200

| | | | | |
|---|---|---|---|---|
| (2) | (차) 감가상가누계액 | 57,600 | (대) 기계장치 | 76,000 |
| | 현금 | 15,000 | | |
| | 기계장치처분손실<br>(유형자산처분손실) | 3,400 | | |

- 20X8년말 감가상각누계액: (₩76,000 − ₩4,000) × (8 ÷ 10) = ₩57,600
- 기계장치처분손실: ₩15,000 − (₩76,000 − ₩57,600) = (₩3,400)

**03.**

| | | | | |
|---|---|---|---|---|
| (1) | (차) 감가상각비 | 36,000 | (대) 감가상각누계액 | 36,000 |

- 20X8년말 감가상각누계액: (₩600,000 − 0) × (8 ÷ 20) = ₩240,000
- 20X9년말 감가상각비: {(₩600,000 − ₩240,000) + ₩180,000)} ÷ (12 + 3) = ₩36,000

**04.**

| | | | |
|---|---|---|---|
| (차) 감가상각비 | 100,000 | (대) 감가상각누계액 | 100,000 |

- 20X8년말 감가상각누계액: (₩600,000 − 0) × (8 ÷ 10) = ₩480,000
- 20X9년말 감가상각비: {(₩600,000 − ₩480,000) + ₩180,000)} × (5 ÷ 15) = ₩100,000

**05.**

| 연도 | 기초장부금액 | 상각률 | 감가상각비 | 감가상각누계액 | 기말장부금액 |
|---|---|---|---|---|---|
| 20X7 | ₩70,000 | 0.4 | ₩28,000 | ₩28,000 | ₩ 42,000 |
| 20X8 | 42,000 | 0.4 | 16,800 | 44,800 | 25,200 |

20X7 감가상각비 ₩28,000

20X8 감가상각비 ₩16,800

**06.**

- 2기말 상각누계액: (A)×2/5=B 0.4A=B
- 2기말 장부금액: A−B=₩45,000 B=A−₩45,000 0.6A=₩45,000
- A=₩75,000 ₩75,000÷5=₩15,000

| 3기말 | (차) 특허권상각비<br>(무형자산상각비) | 15,000 | (대) 특허권상각누계액 | 15,000 |
|---|---|---|---|---|

**07.**

| (차) 현금 | 3,600 | (대) 건물 | 6,500 |
|---|---|---|---|
| 감가상각누계액 | 2,400 | | |
| 건물처분손실<br>(유형자산처분손실) | 500 | | |

- 20X1년: (₩6,500−₩500)×(5÷15)=₩2,000
- 20X2년 4월 1일: (₩6,500−₩500)×(4÷15)×(3÷12)=₩400

CHAPTER

# 09 지분투자와 채권투자

<u>재무상태표</u>

㈜서울 20X1년 12월 31일 현재 (단위: 원)

| 자산 | | |
|---|---|---|
| Ⅰ. 유동자산 | | XXX |
| 현금및현금성자산 | XXX | |
| **기타금융자산** | **XXX** | |
| 매출채권 | XXX | |
| 재고자산 | XXX | |
| Ⅱ. 비유동자산 | | XXX |
| **기타금융자산** | **XXX** | |
| 유형자산 | XXX | |
| 무형자산 | XXX | |

| 주석사항 | |
|---|---|
| 13. 기타 금융자산 | |
| 1) 당기손익-공정가치측정금융자산 | XXX |
| 2) 상각후원가측정금융자산 | XXX |
| 3) 기타포괄손익-공정가치 측정금융자산 | XXX |

**학습목표**

1. 금융자산의 정의와 분류에 대해 설명할 수 있다.
2. 당기손익-공정가치측정금융자산을 회계처리 할 수 있다.
3. 상각후원가측정금융자산을 회계처리 할 수 있다.
4. 기타포괄손익-공정가치측정금융자산을 회계처리 할 수 있다.
5. 투자부동산의 회계처리에 대해 설명할 수 있다.

## 제1절 금융자산의 정의와 분류

### 1. 금융자산의 정의

**금융상품**(financial instruments)이란 거래당사자 일방에게 금융자산을 발생시키고 동시에 다른 거래상대방에게 금융부채나 지분상품을 발생시키는 모든 계약을 말한다. 즉, 금융상품 보유자는 금융자산, 발행자는 금융부채 또는 지분상품으로 분류하여 재무제표에 표시한다.

따라서 재고자산과 유형자산 그리고 투자부동산 등 실물자산과 무형자산은 금융자산이 아니다. 선급금과 선급비용도 재화나 용역을 수취할 대가로 미리 지급한 것이고, 선수금과 선수수익은 재화를 인도하거나 용역을 제공해야 할 의무이므로 금융자산이나 금융부채에 해당하지 않는다. 그리고 미지급법인세와 미지급재산세는 계약에 의하지 않은 법률에 의한 지급의무이므로 금융부채가 아니다.

금융상품[1]에 대해 정리하면 다음과 같다.

금융상품의 정의

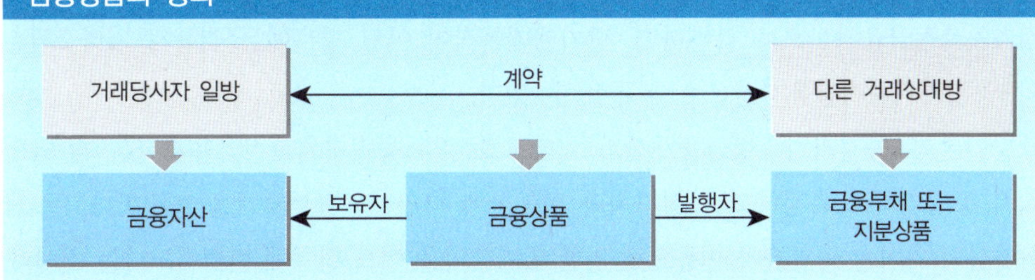


| 금융자산 | 금융부채 | 지분상품 |
| --- | --- | --- |
| 현금및현금성자산, 매출채권, 대여금, 미수금, 미수수익, 투자주식, 투자사채 등(실물자산과 무형자산 제외) | 매입채무, 차입금, 미지급금, 미지급비용, 사채 등(법률에 의한 지급의무 제외) | 보통주, 우선주 등 |

1) 파생상품도 금융상품에 속하나 매우 복잡한 성격의 금융상품이므로 본서에서는 다루지 않는다.

## 2. 금융자산의 분류

금융자산은 사업모형과 현금흐름특성에 따라 당기손익-공정가치측정금융자산(FVPL: fair value through profit or loss), 상각후원가측정금융자산(AC: amortized cost), 기타포괄손익-공정가치측정금융자산(FVOCI: fair value through other comprehensive income)으로 분류한다.

**상각후원가측정금융자산**(AC)은 계약상 현금흐름을 수취하기 위해 보유하는 것이 목적으로 금융자산을 보유하고 있고, 계약조건에 따라 원금과 이자만으로 구성된 현금흐름이 발생하는 경우의 금융자산이다. **기타포괄손익-공정가치측정금융자산**(FVOCI)은 계약상 현금흐름의 수취와 매도를 목적으로 금융자산을 보유하고 있고, 계약조건에 따라 원금과 이자만으로 구성된 현금흐름이 발생하는 경우의 금융자산이다, **당기손익-공정가치측정금융자산**(FVPL)은 상각후원가측정금융자산과 기타포괄손익-공정가치측정금융자산으로 분류되지 않은 금융자산으로 매도 등을 목적으로 보유하는 금융자산을 말하며, 단기간 내에 처분을 목적으로 보유하는 단기매매금융자산과 당기손익-공정가치측정금융자산으로 지정된 금융자산으로 구성된다.

채무증권은 상각후원가측정금융자산, 기타포괄손익-공정가치측정금융자산, 당기손익-공정가치측정금융자산으로 분류할 수 있으나 지분증권은 원칙적으로 당기손익-공정가치측정금융자산으로 분류하며, 단기매매목적이 아닌 경우에는 취득시 기타포괄손익-공정가치측정금융자산으로 분류할 수 있다.

당기손익-공정가치측정금융자산과 기타포괄손익-공정가치측정금융자산은 최초 인식시 공정가치로 측정하고 공정가치가 변동함에 따라 그 장부금액을 조정한다. 두 금융자산의 차이는 공정가치 변동으로 인한 평가손익을 어느 항목에 반영하느냐는 것이다. 당기손익-공정가치측정금융자산은 평가손익을 당기손익으로 인식하고, 기타포괄손익-공정가치측정금융자산은 평가손익을 기타포괄손익으로 인식한다. 또한 당기손익-공정가치측정금융자산은 거래원가를 당기비용으로 처리하고 기타포괄손익-공정가치측정금융자산은 거래원가를 취득원가에 가산한다.

상가후원가측정금융자산은 취득시점의 공정가치를 최초 장부금액으로 인식한 후, 최초 인식시점에서 산정한 유효이자율에 따라 이자수익을 인식하고 장부금액을 조정한다. 이를 정리하면 다음과 같다.

| 현금흐름특성 / 사업모형 | 원금과 이자만으로 구성(채무증권 등) | 기타(지분증권 등) |
|---|---|---|
| 계약상 현금흐름의 수취목적 | 상각후원가측정금융자산(AC) | 당기손익-공정가치측정금융자산(FVPL)<br>(예외: FVOCI선택가능: 재순환금지) |
| 계약상 현금흐름의 수취 및 매도목적 | 기타포괄손익-공정가치측정금융자산(FVOCI) | |
| 기타(매도목적 등) | 당기손익-공정가치측정금융자산(FVPL) | |

## 제2절 당기손익-공정가치측정금융자산: 지분증권과 채무증권

### 1. 취득

지분증권 중 **당기손익-공정가치측정금융자산**(FVPL: fair value through profit or loss[2]은 최초 인식시 공정가치로 측정하며 취득시 발생한 매입수수료, 증권거래세 등의 거래원가는 당기비용으로 회계처리 한다.

예를 들면, ㈜광주가 ㈜대구의 보통주 10주를 단기매매목적으로 1주당 ₩1,000에 현금으로 매입하였고, 거래 직접원가로 ₩200을 지출하였다면 분개는 다음과 같다.

| | | | |
|---|---|---|---|
| (차) 지분증권(FVPL) | 10,000 | (대) 현금 | 10,200 |
| 수수료비용 | 200 | | |

### 2. 배당금수익: 지분증권

투자자가 단기매매목적으로 보유하고 있는 금융자산이 보통주나 우선주 같은 지분증권일 경우 이익이 발생하면 이에 대한 배당금을 주주에게 지급하는데, 주주는 배당

2) 금융자산의 종류에 따라 회계처리가 달라지므로 지분증권과 채무증권 뒤에 금융자산의 종류를 괄호로 표시한다.

금을 받기로 확정되었을 때 배당금수익(dividend revenue)으로 회계처리 한다.

예를 들면, 단기매매목적으로 ㈜대전의 보통주식 100주를 취득하여 보유하던 중 20X1년 2월 25일 주주총회에서 1주당 ₩100의 배당금 결의가 이루어졌으며, 3월 15일 동 배당금을 현금으로 수령한 경우 다음과 같이 회계처리 한다.

[현금배당 결의(선언)일]

| | | | | |
|---|---|---|---|---|
| 20X1년 2월 25일 | (차) 미수배당금 | 10,000 | (대) 배당금수익 | 10,000 |

[현금배당 수취일]

| | | | | |
|---|---|---|---|---|
| 20X1년 3월 15일 | (차) 현금 | 10,000 | (대) 미수배당금 | 10,000 |

## 3. 이자수익: 채무증권

투자자가 단기매매목적으로 보유하고 있는 금융자산이 채무증권인 경우에는 이자가 발생하는데 약정된 이자를 이자수익(interest revenue)으로 기록한다. 이자가 발생하였으나 이자를 수취하기 전에 결산일이 도래하게 되면 미수이자계정에 차기하고, 이자수익계정에 대기하는 결산조정분개를 수행한다.

예를 들면, 20X5년 8월 1일 취득한 채무증권의 1년분 이자 ₩1,200을 1년 뒤에 수취하기로 한 경우의 시점별 회계처리는 다음과 같다.

| | | | | |
|---|---|---|---|---|
| 20X5년 12월 31일 | (차) 미수이자 | 500 | (대) 이자수익 | 500 |
| 20X6년 7월 30일 | (차) 현금 | 1,200 | (대) 미수이자 | 500 |
| | | | 이자수익 | 700 |

## 4. 공정가치평가

금융자산은 공정가치(fair value)가 계속 변동하므로 보고기간말 공정가치로 재측정하여 재무상태표에는 결산일 시점의 공정가치로 보고한다. 즉, 장부금액이 공정가치가 되도록 조정을 하는데, 조정금액인 평가손익을 당기손익(NI: net income) 항목으로 회계처리한다. 원칙적으로 평가손익은 미실현손익으로 당기손익에 반영하지 않지만, 금융자산평가손익의 경우에는 단기간 내에 손익이 실현될 것으로 보고 당기손익에 반영한다.

예를 들면, 단기매매목적으로 ㈜서울의 보통주식 100주를 ₩10,000에 취득하였는데, 첫해말 공정가치가 ₩12,000으로 상승하였다면 다음과 같이 회계처리 한다.

| (차) 지분증권(FVPL) | 2,000 | (대) 지분증권평가이익(NI) | 2,000 |
|---|---|---|---|

그리고 그 다음 보고기간말 ₩9,000으로 공정가치가 하락하여 평가손실이 발생하였다면 회계처리는 다음과 같다.

| (차) 지분증권평가손실(NI) | 3,000 | (대) 지분증권(FVPL) | 3000 |
|---|---|---|---|

채무증권에 대해서도 다음과 같이 동일한 회계처리가 적용된다.

[장부금액 < 공정가치]

| (차) 채무증권(FVPL) | XXX | (대) 채무증권평가이익(NI) | XXX |
|---|---|---|---|

[장부금액 > 공정가치]

| (차) 채무증권평가손실(NI) | XXX | (대) 채무증권(FVPL) | XXX |
|---|---|---|---|

## 5. 처분

금융자산을 처분하는 경우에는 처분금액이 장부금액보다 큰 경우에는 처분이익으로 회계처리 하고, 처분금액이 장부금액보다 작은 경우에는 처분손실로 회계처리 한다. 여기서 장부금액은 최초 인식금액에 공정가치의 변동으로 인한 평가이익과 평가손실을 가감한 금액을 의미한다.

예를 들어, ㈜서울의 보통주를 ₩13,000에 처분하였다면 회계처리는 다음과 같다.

| (차) 현금 | 13,000 | (대) 지분증권(FVPL) | 9,000 |
|---|---|---|---|
| | | 지분증권처분이익(NI) | 4,000 |

반면 ㈜서울의 보통주를 ₩7,000에 처분하였다면 회계처리는 다음과 같다.

| (차) 현금 | 7,000 | (대) 지분증권(FVPL) | 9,000 |
|---|---|---|---|
| 지분증권처분손실(NI) | 2,000 | | |

채무증권에 대해서도 다음과 같이 동일한 회계처리가 적용된다.

[장부금액 < 처분금액]

| (차) 현금 | XXX | (대) 채무증권(FVPL) | XXX |
|---|---|---|---|
| | | 채무증권처분이익(NI) | XXX |

[장부금액 > 처분금액]

| (차) 현금 | XXX | (대) 채무증권(FVPL) | XXX |
|---|---|---|---|
| 채무증권처분손실(NI) | XXX | | |

**당기손익-공정가치측정금융자산(FVPL)의 회계처리**

- 최초 인식시 공정가치로 측정하고 거래원가는 당기비용으로 회계처리
- 지분증권에 대한 배당금수익은 당기수익으로 회계처리
- 채무증권에 의한 이자수익은 당기수익으로 회계처리
- 기말에 공정가치로 평가하여 평가손익은 당기손익으로 회계처리
- 처분시에는 장부금액과 처분금액을 비교하여 처분손익을 인식

## 예제 당기손익-공정가치측정금융자산

12월말 결산법인인 ㈜세종은 단기차익목적으로 다음과 같이 투자하고 당기손익-공정가치측정금융자산(FVPL)으로 분류하였다 이와 관련한 20X7년 거래내역은 다음과 같으며, 금융자산의 단가 산정은 이동평균법을 사용한다.

(1) 2월 10일 ㈜울산의 보통주 30주를 현금 ₩30,000에 취득하다.
(2) 7월 1일 ㈜인천이 발행한 사채 액면 ₩50,000을 발생이자를 포함하여 ₩52,500에 취득하다. 위 사채는 20X7년 초에 액면금액으로 발행하였으며, 표시이자율은 연 10%이며 이자는 매년말에 지급된다.
(3) 8월 20일 ㈜울산의 보통주 20주를 현금 ₩25,000에 취득하다.
(4) 10월 11일 ㈜울산의 보통주 10주를 주당 ₩1,200에 처분하다.
(5) 12월 31일 보고기간말 ㈜울산의 보통주의 공정가치는 ₩36,000, 사채의 공정가치는 ₩45,000이다.

**| 물음 |** 각 일자별 회계처리를 하시오.

**| 풀이 |**

| 일자 | 구분 | 차변 계정 | 금액 | 구분 | 대변 계정 | 금액 |
|---|---|---|---|---|---|---|
| 2/10 | (차) | 지분증권(FVPL) | 30,000 | (대) | 현금 | 30,000 |
| 7/1 | (차) | 채무증권(FVPL) | 50,000 | (대) | 현금 | 52,500 |
| | | 미수이자 | 2,500 | | | |
| 8/20 | (차) | 지분증권(FVPL) | 25,000 | (대) | 현금 | 25,000 |
| 10/11 | (차) | 현금 | 12,000 | (대) | 지분증권(FVPL)* | 11,000 |
| | | | | | 지분증권처분이익(NI) | 1,000 |

* (₩30,000 + ₩25,000)/(30 + 20) = ₩1,100, ₩1,100 × 10 = ₩11,000

12/31

| 구분 | 구분 | 차변 계정 | 금액 | 구분 | 대변 계정 | 금액 |
|---|---|---|---|---|---|---|
| (1) | (차) | 현금 | 5,000 | (대) | 미수이자 | 2,500 |
| | | | | | 이자수익 | 2,500 |
| (2) | (차) | 채무증권평가손실(NI)* | 5,000 | (대) | 채무증권(FVPL) | 5,000 |

* 공정가치 − 장부금액 = ₩45,000 − ₩50,000 = (₩5,000)

| 구분 | 구분 | 차변 계정 | 금액 | 구분 | 대변 계정 | 금액 |
|---|---|---|---|---|---|---|
| (3) | (차) | 지분증권평가손실(NI)* | 8,000 | (대) | 지분증권(FVPL) | 8,000 |

* 공정가치 − 장부금액 = ₩36,000 − ₩44,000 = (₩8,000)

# 제3절 상각후원가측정금융자산: 채무증권

## 1. 취득

채권투자란 타 기업이 발행한 사채, 타 국가기관이 발행하는 국공채와 같은 재무상품에의 투자를 의미한다. 채무증권 중 **상각후원가측정금융자산**(AC: amortized cost)은 취득시 공정가치로 측정하고 후속시점에 유효이자율법에 의한 상각에 따라 장부금액을 조정한다. 거래원가는 최초 인식하는 공정가치에 가산한다.

취득원가=매입가격+취득 부대비용

예를 들어, 타 기업이 발행한 사채를 매입부대비용 ₩5,000을 포함하여 ₩50,000에 구입하였다면 다음과 같이 회계처리 하면 된다.

| (차) 채무증권(AC) | 50,000 | (대) 현금<br>(매입가격+취득부대비용) | 50,000 |
|---|---|---|---|

취득시 공정가치인 최초 장부금액은 취득시점 유효이자율에 근거하여 계산한다.

**유효이자율**(effective interest rate)이란 금융자산의 만기까지 남은 기간에 걸쳐 발생할 미래현금흐름의 현재가치를 최초 총장부금액과 일치시켜 주는 이자율을 의미한다. 따라서 투자자는 금융자산의 현금흐름을 유효이자율로 할인한 현재가치로 투자하게 되는데, 다음과 같이 계산한다.

액면금액 현재가치: 액면금액 $\times (1+r)^{-n}$

이자수취액 현재가치: 액면금액 $\times$ 이자기간당 표시이자율 $\times \dfrac{1-(1+r)^{-n}}{r}$

다음의 기본자료를 이용하여 상각후원가측정금융자산(AC)의 회계처리에 대해 살펴보고자 한다.

| | |
|---|---|
| • 사채발행일: 20X1년 1월 1일 | • 만기일: 20X3년 12월 31일(3년) |
| • 액면금액: ₩10,000 | • 표시이자율: 10% |
| • 이자지급일: 매년말 | • 유효이자율: 12% |
| • 투자목적: 계약상 현금흐름의 수취 | |

취득시점의 분개는 다음과 같다.

| | | |
|---|---|---|
| 액면금액(만기)의 현재가치: | ₩10,000×PV(3, 12%) | |
| | =₩10,000×0.7118 | ₩7,118 |
| 이자지급액의 현재가치: | ₩10,000×10%×PVa(3, 12%) | |
| | =₩1,000×2.4018 | 2,402 |
| 최조 총상부금액 | | ₩9,520 |

| | | | |
|---|---|---|---|
| (차) 채무증권(AC) | 9,520 | (대) 현금 | 9,520 |

## 2. 이자수익 인식

금융자산 보유자(투자자)는 보유하고 있는 채무증권(AC)에 대해 약정된 이자를 받게 되는데 이를 이자수익으로 인식하고, 상각액만큼 장부금액을 수정한다.

이자수익은 채무증권 기초총장부금액에 유효이자율을 곱하여 산출하고, 현금수취액은 액면금액에 표시이자율을 곱하여 계산한다. 상각액은 이자수익과 현금수취액의 차액으로 이 금액만큼 기말총장부금액이 조정된다.

채무증권은 중도에 처분할 목적이 아니라 만기까지 보유할 목적으로 취득하기 때문에 보유기간 중 가격변동은 의미가 없다. 따라서 공정가치로 평가하지 않고 상각후원가로 평가한다.

| 두 이자율 간의 관계 | 취득상황 | 이자수익과 이자수취액 |
|---|---|---|
| 유효이자율>표시이자율 | 할인취득(취득원가<액면금액) | 이자수익>이자수취액 |
| 유효이자율=표시이자율 | 액면취득(취득원가=액면금액) | 이자수익=이자수취액 |
| 유효이자율<표시이자율 | 할증취득(취득원가>액면금액) | 이자수익<이자수취액 |

액면취득의 경우 매기의 이자수익과 현금수취액이 동일하며, 분개는 다음과 같다.

| (차) 현금 | 1,000 | (대) 이자수익 | 1,000 |
|---|---|---|---|

할인취득의 경우에는 이자수익이 현금수취액보다 크며 분개는 다음과 같다.

| (차) 현금 | XXX | (대) 이자수익 | XXX |
|---|---|---|---|
| 채무증권(AC) | XXX | | |

이자수익은 기초시점의 상각후원가측정금융자산(AC)의 장부금액에 유효이자를 곱하여 계산하고, 현금수취액은 액면금액에 표시이자율을 곱하여 계산한다. 이렇게 계산한 유효이자와 현금수취액의 차액이 할인취득 상각액이 되고 상각액만큼 상각후원가측정금융자산(AC)의 장부금액이 증가한다. 그리고 마지막 연도에는 장부금액과 액면금액이 동일하게 된다.

위의 자료를 통해 각 보고기간말 총장부금액을 표시하면 다음과 같다.

| 연도 | 기초 총장부금액 | 이자수익 (유효이자율) | 현금수취액 (액면이자율) | 상각액 | 기말 총장부금액 |
|---|---|---|---|---|---|
| 20X1 | ₩9,520 | ₩1,142 | ₩1,000 | ₩142 | ₩9,662 |
| 20X2 | 9,662 | 1,159 | 1,000 | 159 | 9,821 |
| 20X3 | 9,821 | 1,179 | 1,000 | 179 | 10,000 |
| 계 | | ₩3,480 | ₩3,000 | ₩480 | |

매년말 투자자가 행할 분개는 다음과 같다.

20X1년 12월 31일

| (차) 현금 | 1,000 | (대) 이자수익 | 1,142 |
|---|---|---|---|
| 채무증권(AC) | 142 | | |

20X2년 12월 31일

| (차) 현금 | 1,000 | (대) 이자수익 | 1,159 |
|---|---|---|---|
| 채무증권(AC) | 159 | | |

20X3년 12월 31일(만기일)

| | | | | |
|---|---|---|---|---|
| (차) | 현금 | 1,000 | (대) 이자수익 | 1,179 |
| | 채무증권(AC) | 179 | | |
| (차) | 현금 | 10,000 | (대) 채무증권(AC) | 10,000 |

할증취득의 경우에는 이자수익이 현금수취액보다 작으며 분개는 다음과 같다.

| | | | | |
|---|---|---|---|---|
| (차) | 현금 | XXX | (대) 이자수익 | XXX |
| | | | 채무증권(AC) | XXX |

이자수익은 기초시점의 상각후원가측정금융자산(AC)의 장부금액에 유효이자를 곱하여 계산하고, 현금수취액은 액면금액에 표시이자율을 곱하여 계산한다. 이렇게 계산한 유효이자와 현금수취액의 차액이 할증취득 상각액이 되고 상각액만큼 상각후원가측정금융자산(AC)의 장부금액이 감소한다. 그리고 마지막 연도에는 장부금액과 액면금액이 동일하게 된다.

**예제 ○ 채무증권(AC)의 할증취득**

㈜경북은 ㈜부산이 발생한 사채를 20X1년 1월 1일 취득하고 채무증권(AC)으로 분류하였다. 액면금액은 ₩10,000, 만기는 3년, 표시이자율은 10%이고, 취득 당시 유효이자율은 8%이다. 이자는 매년말 수취한다.

**| 물음 |**

(1) 채무증권(AC)의 취득금액을 계산하시오.
(2) 상각표를 작성하시오.
(3) 각 시점별 회계처리를 하시오.

**| 풀이 |**

(1) 취득시 공정가치는 미래 현금흐름의 현재가치이다.

| | | |
|---|---|---|
| ① 액면가(만기)의 현재가치 : | ₩10,000 × PV(3, 8%) | |
| | = ₩10,000 × 0.7938 | ₩7,938 |
| ② 이자지급액의 현재가치 : | ₩10,000 × 10% × PVa(3, 8%) | |
| | = ₩1,000 × 2.5771 | 2,577 |
| 최초 총장부금액 | | ₩10,515 |

(2) 유효이자율법에 의한 상각표

| 연도 | 기초 총장부금액 | 이자수익 (유효이자율) | 현금수취액 (액면이자율) | 상각액 | 기말 총장부금액 |
|---|---|---|---|---|---|
| 20X1 | ₩10,515 | ₩841 | ₩1,000 | ₩159 | ₩10,356 |
| 20X2 | 10,356 | 828 | 1,000 | 172 | 10,184 |
| 20X3 | 10,184 | 816 | 1,000 | 184 | 10,000 |
| 계 | | ₩2,485 | ₩3,000 | ₩515 | |

(3)

① 20X1년 1월 1일

| | | | |
|---|---|---|---|
| (차) 채무증권(AC) | 10,515 | (대) 현금 | 10,515 |

② 20X1년 12월 31일

| | | | |
|---|---|---|---|
| (차) 현금 | 1,000 | (대) 이자수익 | 841 |
| | | 채무증권(AC) | 159 |

③ 20X2년 12월 31일

| | | | |
|---|---|---|---|
| (차) 현금 | 1,000 | (대) 이자수익 | 828 |
| | | 채무증권(AC) | 172 |

④ 20X3년 12월 31일(만기일)

| | | | |
|---|---|---|---|
| (차) 현금 | 1,000 | (대) 이자수익 | 816 |
| | | 채무증권(AC) | 184 |
| (차) 현금 | 10,000 | (대) 채무증권(AC) | 10,000 |

## 3. 처분

보고기간말 채무증권(AC)을 처분할 경우에는 기말총장부금액과 처분대가를 비교한다. 처분대가가 기말총장부금액보다 큰 경우에는 채무증권처분이익이 발생하고, 기말총장부금액이 처분대가보다 큰 경우에는 채무증권처분손실이 발생한다.

만약 20X3년 1월 1일에 채무증권(AC)을 ₩10,500에 처분하였다면 회계처리는 다음과 같다.

| (차) 현금 | 10,500 | (대) 채무증권(AC) | 10,184 |
|---|---|---|---|
| | | 채무증권처분이익(NI) | 316 |

반면 20X3년 1월 1일에 채무증권(AC)을 ₩10,050에 처분하였다면 회계처리는 다음과 같다.

| (차) 현금 | 10,050 | (대) 채무증권(AC) | 10,184 |
|---|---|---|---|
| 채무증권처분손실(NI) | 134 | | |

**상각후원가측정금융자산(AC)의 회계처리**

- 최초 인식시 공정가치로 측정하고 거래원가를 취득원가에 가산
- 각 회계연도말 상각 후 원가로 측정하여 이자수익을 인식하고 장부금액을 조정
- 처분시에는 처분대가와 장부금액을 비교하여 처분손익을 인식

# 제4절 기타포괄손익-공정가치측정금융자산: 지분증권[3)]

## 1. 취득

취득시 지분증권을 **기타포괄손익-공정가치측정금융자산**(FVOCI: fair value through other comprehensive income)으로 분류한 경우 취득시 공정가치로 측정한다. 취득에 직접 관련되는 비용, 즉 수수료 등은 공정가치에 가산한다.

취득원가=매입가격+취득 부대비용

3) 채무증권도 기타포괄손익-공정가치측정금융자산(FVOCI)으로 분류할 수 있지만, 본서에서는 지분증권에 대해서만 설명하고자 한다.

만약 ㈜광주가 ㈜대구의 보통주 10주를 1주당 ₩1,000에 현금으로 매입하였고, 거래직접원가로 ₩200을 지출하였다면 회계처리는 다음과 같다.

| | | | | |
|---|---|---|---|---|
| (차) | 지분증권(FVOCI) | 10,200 | (대) 현금 | 10,200 |

## 2. 배당금

보고기간말 지분증권(FVOCI)을 보유함으로써 수취하게 되는 배당과 관련한 회계처리는 지분증권(FVPL)과 동일하다.

예를 들면, 장기투자목적으로 20X1년 9월 10일에 ㈜대전의 보통주식 100주를 ₩100,000에 현금 취득하여 보유하던 중 20X2년 2월 25일 주주총회에서 1주당 ₩100의 배당금 결의가 이루어졌으며, 3월 15일 동 배당금을 현금으로 수령한 경우의 회계처리는 다음과 같다.

| | | | | |
|---|---|---|---|---|
| 20X1년 9월 10일 | (차) 지분증권(FVOCI) | 100,000 | (대) 현금 | 100,000 |
| 20X2년 2월 25일 | (차) 미수배당금 | 10,000 | (대) 배당금수익 | 10,000 |
| 20X3년 3월 15일 | (차) 현금 | 10,000 | (대) 미수배당금 | 10,000 |

## 3. 공정가치평가

지분증권(FVOCI)은 보고기간말 공정가치로 재측정한다. 즉, 장부금액이 공정가치가 되도록 조정을 하고 조정금액인 평가손익을 기타포괄손익항목(OCI: other comprehensive income)으로 회계처리 한다. 따라서 손익계산서의 당기순이익을 결정할 때는 포함되지 않고 포괄손익계산서의 총포괄손익을 계산할 때 반영된다. 따라서 마감분개를 통해 재무상태표의 이익잉여금에 반영되지 않고 기타포괄손익누계액(OCI누계액)으로 표시된다.

만약 ㈜인천의 보통주식 100주를 ₩10,000에 취득하고 지분증권을 FVOCI로 분류하였는데, 첫해 말 공정가치가 ₩12,000으로 상승하였고, 그 다음 보고기간말 ₩9,000으로 공정가치가 하락하였다면 회계처리는 다음과 같다.

| | | | |
|---|---|---|---|
| (차) 지분증권(FVOCI) | 2,000 | (대) 지분증권평가이익(OCI) | 2,000 |
| (차) 자분증권평가손실(OCI) | 3,000 | (대) 지분증권(FVOCI) | 3,000 |

## 4. 처분

지분증권(FVOCI)을 처분할 경우에는 먼저 공정가치로 평가하여 평가손익을 기타포괄손익으로 인식한다. 그리고 지분증권(FVOCI)을 재무상태표에서 제거하고 처분에 따른 대가를 기록한다. 따라서 지분증권(FVOCI) 처분에 따른 처분손익은 인식되지 않으며, 지분증권평가손익누계액도 당기손익으로 재순환(재분류)하지 않는다.

위의 지분증권(FVOCI)을 ₩13,000에 처분하였다면 회계처리는 다음과 같다.

| | | | |
|---|---|---|---|
| (차) 지분증권(FVOCI) | 4,000 | (대) 지분증권평가이익(OCI) | 4,000 |
| (차) 현금 | 13,000 | (대) 지분증권(FVOCI) | 13,000 |

처분시에 처분금액으로 지분증권(FVOCI)을 평가하고, 이에 따른 평가손익을 인식하므로 처분손익은 인식하지 않는다.

### 기타포괄손익-공정가치측정금융자산(FVOCI)의 회계처리

- 최초 인식시 공정가치로 측정하고 거래원가를 취득원가에 가산
- 보고기간말 공정가치로 측정하고 평가손익을 기타포괄손익(OCI)으로 회계처리
- 처분시에는 처분금액으로 지분증권(FVOCI)을 평가하고 처분손익은 인식하지 않음

### 예제 기타포괄손익-공정가치측정금융자산(FVOCI)

2월 결산법인인 ㈜강원은 20X1년 10월 31일 ㈜경기가 발행한 지분증권(FVOCI)을 ₩30,000에 취득하였는데 보고기긴말 공정가치는 ₩35,000이었다. 20X2년중 발생한 거래는 다음과 같다.

20X2년 3월 20일 ㈜경기로부터 배당금 ₩2,000을 받았다.
20X2년 9월 10일 주식의 60%를 ₩25,000에 처분하였다.
20X2년 12월 31일 주식의 공정가치는 ₩17,000이다.

**| 물음 |**

(1) 20X1년 취득시점 및 12월 31일 강원회사가 수행해야 할 회계처리를 하시오.

(2) 20X2년 중 거래를 회계처리 하시오.

(3) 20X2년 12월 31일의 회계처리를 하시오.

**| 풀이 |**

| 일자 | 차변 | 금액 | 대변 | 금액 |
|---|---|---|---|---|
| 20X1년 10월 31일 | | | | |
| | (차) 지분증권(FVOCI) | 30,000 | (대) 현금 | 30,000 |
| 20X1년 12월 31일 | | | | |
| | (차) 지분증권(FVOCI) | 5,000 | (대) 지분증권평가이익(OCI) | 5,000 |
| 20X1년 3월 20일 | | | | |
| | (차) 현금 | 2,000 | (대) 배당금수익 | 2,000 |
| 20X2년 9월 10일 | | | | |
| | (차) 지분증권(FVOCI) | 4,000 | (대) 지분증권평가이익(OCI)* | 4,000 |
| | 현금 | 25,000 | 지분증권(FVOCI) | 25,000 |
| 20X2년 12월 31일 | | | | |
| | (차) 지분증권(FVOCI) | 3,000 | (대) 지분증권평가이익(OCI)** | 3,000 |

* ₩25,000－(₩35,000×0.6)＝₩4,000

** ₩17,000－(₩35,000×0.4)＝₩3,000

# 제5절 투자부동산과 기타비유동자산

## 1. 투자부동산

**투자부동산**이란 임대수익이나 시세차익 등을 얻기 위해 소유자가 보유하고 있는 부동산을 말한다. 투자부동산은 최초 인식시점에 원가로 측정하며, 등기비용이나 수수료 등의 거래원가를 포함한다. 후속측정은 공정가치모형(fair value model) 또는 원가모형 중 하나를 선택하여 모든 투자부동산에 적용한다.

공정가치모형을 선택한 경우 평가손익은 당기손익으로 인식하는데, 감가상각회계와 손상회계는 별도로 규정되어 있지 않다. 즉, 자산가치의 변동으로 인한 손익을 모두 당기손익에 반영하였기 때문이다.

원가모형의 경우에는 유형자산과 마찬가지로 감가상각을 수행하고 자산의 손상이 발생할 경우에는 손상차손을 인식한다.

투자부동산을 자가사용하기로 한 경우에는 유형자산으로 대체하고, 정상적인 영업과정에서 판매목적으로 개발을 시작한 경우에는 재고자산으로 대체한다.

**예제 ∘ 투자부동산**

12월 결산법인인 ㈜경북은 20X1년 1월 1일 시세차익을 목적으로 건물을 ₩3,000,000에 취득하였다. 건물의 내용연수는 30년이고 잔존가치는 없으며, 정액법을 사용하여 감가상각한다. 그런데 ㈜경북은 20X2년 1월 1일 위의 건물을 자가사용하기로 하였다.

**| 물음 |** ㈜경북이 투자부동산에 대해 원가모형을 적용한다고 할 때, 각 시점별 회계처리를 하시오.

**| 풀이 |**

20X1년 1월 1일

| | | | |
|---|---|---|---|
| (차) 투자부동산 | 3,000,000 | (대) 현금 | 3,000,000 |

20X1년 12월 31일

| | | | |
|---|---|---|---|
| (차) 감가상각비 | 100,000 | (대) 투자부동산감가상각누계액 | 100,000 |

20X2년 1월 1일

| | | | |
|---|---|---|---|
| (차) 건물 | 3,000,000 | (대) 투자부동산 | 3,000,000 |
| 투자부동산감가상각누계액 | 100,000 | 건물감가상각누계액 | 100,000 |

## 2. 기타비유동자산

투자자산과 유형자산, 무형자산에 속하지 않는 비유동자산을 **기타비유동자산**으로 분류하는데, 임차보증금, 영업보증금, 전세권, 회원권, 이연법인세자산 등이 이에 해당한다.

임차보증금은 타인의 부동산이나 동산을 월세 등의 조건으로 사용하기 위하여 지급하는 보증금이며, 영업보증금은 영업목적을 위하여 제공하는 거래보증금이다. 전세권은 타인의 부동산을 그 용도에 따라 사용하는 권리이며, 회원권은 특정한 회원자격을 유지하기 위하여 취득한 권리이다. 이연법인세자산은 차감할 일시적 차이 등으로 미래에 경감될 법인세부담액을 의미한다.

## 핵심정리

| 구분 | 취득(원가) | 보유(기말) | 처분 |
|---|---|---|---|
| FVPL | 공정가치 | 이자수익, 배당금수익<br>공정가치(NI) | 처분금액－장부금액 |
| AC | 공정가치＋부대비용 | 이자수익<br>상각후원가 | 처분금액－장부금액 |
| FVOCI | 공정가치＋부대비용 | 배당금수익<br>공정가치(OCI) | － |

1. 금융자산은 사업모형과 현금흐름특성에 따라 당기손익－공정가치측정금융자산(FVPL), 상각후원가측정금융자산(AC), 기타포괄손익－공정가치측정금융자산(FVOCI)으로 분류한다.

2. 당기손익－공정가치측정금융자산(FVPL)은 최초 인식시 공정가치로 측정하고, 거래원가는 당기비용으로 처리한다. 주주는 배당금을 받기로 확정되었을 때 배당금수익으로 기록하고 금융자산 보유자(투자자)는 보유하고 있는 채무증권에 대해 이자가 발생하면 이자수익으로 기록한다. 기말에 공정가치로 평가하여 평가손익을 당기손익으로 처리하고, 처분시에는 장부금액과 처분금액을 비교하여 처분손익을 인식한다.

3. 상각후원가측정금융자산(AC)의 취득원가는 공정가치로 측정하고, 거래원가를 취득원가에 가산한다. 각 회계연도말 평가는 상각후 원가로 측정하고, 기말에 이자수익을 인식하고 유효이자율법에 의해 장부금액을 조정한다. 처분시에는 처분대가와 장부금액을 비교하여 처분손익을 보고한다.

4. 기타포괄손익－공정가치측정금융자산(FVOCI)으로 분류한 경우 취득시 공정가치로 측정하고, 취득에 직접 관련되는 비용은 공정가치에 가산한다. 지분증권(FVOCI)은 보고기간말 공정가치로 재측정하고, 조정금액인 평가손익을 기타포괄손익(OCI)으로 회계처리한다. 처분시에 처분금액으로 지분증권(FVOCI)을 평가하고, 이에 따른 평가손익(OCI)을 인식하므로 처분손익은 인식하지 않는다.

5. 투자부동산이란 임대수익이나 시세차익 등을 얻기 위해 소유자가 보유하고 있는 부동산으로 공정가치모형 적용시 평가손익은 당기손익으로 처리한다.

## 연습문제

### ✪ 객관식 문제

**01.** 단기매매목적으로 ㈜충남이 ㈜충북의 주식 10주를 ₩100,000에 취득한 경우 당기말 재무상태표에 표시하는 방법으로 가장 타당한 것은?

① 당기손익-공정가치측정금융자산(FVPL)을 취득원가로 보고
② 당기손익-공정가치측정금융자산(FVPL)을 결산일의 공정가치로 보고
③ 기타포괄손익-공정가치측정금융자산(FVOCI)을 취득원가로 보고
④ 기타포괄손익-공정가치측정금융자산(FVOCI)을 결산일의 공정가치로 보고
⑤ 지분법투자주식을 취득원가로 보고

**02.** 당기손익-공정가치측정금융자산(FVPL)으로 분류된 지분상품을 보유하고 있음으로써 수취한 현금배당액의 회계처리로 옳은 것은?

① 당기손익-공정가치측정금융자산의 장부금액을 감소시킨다.
② 재무상태표에 기타포괄손익누계액으로 표시한다.
③ 당기손익으로 기록한다.
④ 포괄손익계산서에 비용의 감소로 기록한다.
⑤ 재무상태표에 이익잉여금 감소로 표시한다.

※ [문제 3~4] ㈜전남은 20X1년 1월 1일 ㈜전북이 발행한 액면금액 ₩100,000, 표시이자율 8%, 이자지급일 매년 말일인 사채를 4년 만기보유목적으로 ₩93,659(유효이자율 10%)에 취득하였다. ㈜전남은 해당 투자사채를 상각후원가측정금융자산(AC)으로 분류하고 있다.

**03.** ㈜전남은 20X1년 12월 31일 포괄손익계산서에 이자수익을 얼마로 보고해야 하는가?

① ₩8,000 ② ₩9,366 ③ ₩9,503
④ ₩9,653 ⑤ ₩9,819

**04.** ㈜전남은 20X2년 12월 31일 상각후원가측정금융자산(AC)을 재무상태표에 얼마로 보고해야 하는가?

① ₩93,659 ② ₩95,025 ③ ₩96,528

④ ₩98,181 ⑤ ₩10,000

※ [문제 5~6] 20X1년 3월 15일 ㈜전북은 ㈜제주가 발행한 보통주 10주를 총 ₩160,000에 취득하여 기타포괄손익-공정가치측정금융자산(FVOCI)으로 지정하였다. 20X1년 12월 31일(결산일) 이 주식의 공정가치는 ₩164,000인데, 이를 20X2년 5월 1일에 ₩170,000에 처분하였다.

**05.** ㈜전북이 20X1년 12월 31일 기타포괄손익으로 보고할 지분증권평가이익은 얼마인가?

① ₩0 ② ₩4,000 ③ ₩6,000
④ ₩10,000 ⑤ ₩20,000

**06.** ㈜전북이 기타포괄손익-공정가치측정금융자산처분이익으로 보고할 금액은?

① ₩0 ② ₩10,000 ③ ₩20,000
④ ₩30,000 ⑤ ₩50,000

**07.** 기업이 임대수익이나 시세차익 등을 얻기 위해 소유하고 있는 토지와 건물 및 기타의 부동산은 무엇으로 보고해야 하는가?

① 유동자산 ② 재고자산 ③ 비유동자산
④ 투자부동산 ⑤ 유형자산

※ [문제 8~9] 20X1년초 ㈜대구는 ₩100,000에 투자부동산을 취득하였다. 20X1년말과 20X2년말 공정가치는 각각 ₩90,000과 ₩120,000이다.

**08.** 위 투자부동산에 공정가치모형을 적용할 경우 20X2년 12월 31일 당기손익으로 보고할 투자부동산평가손익은 얼마인가?

① ₩0 ② 이익 ₩10,000 ③ 손실 ₩10,000
④ 이익 ₩30,000 ⑤ 손실 ₩30,000

**09.** 위 투자부동산에 원가모형을 적용할 경우 20X1년 투자부동산의 장부금액은 얼마인가? (내용연수 10년, 잔존가치 0, 정액법)

① ₩81,000 ② ₩90,000 ③ ₩108,000
④ ₩80,000 ⑤ ₩100,000

## ✪ 주관식 문제

**01.** ㈜대전의 당기손익-공정가치측정금융자산(FVPL)과 관련한 회계자료는 다음과 같다. 20X1년 3월말 ㈜서울 주식 20주를 ₩100,000에 매입하고, 6월말 10주를 ₩60,000 매각하였다. 12월 31일 보유하고 있는 주식의 공정가치는 ₩75,000이다.

지분증권(FVPL)과 관련하여 각 시점별 회계처리를 하시오.

**02.** ㈜서울은 20X1년 1월 1일에 액면가액 ₩50,000, 만기일 20X3년 12월 31일, 표시이자율 연 10%로 발행된 상각후원가측정금융자산(AC)을 구입하였다. 이자지급일은 매년 12월 31일이며, 발행 당시 동종 채무증권에 대한 유효이자율은 연 8%이다.

상각후원가측정금융자산(AC)과 관련하여 일자별 회계처리를 하시오.

**03.** ㈜서울은 ㈜세종이 발행한 다음의 사채를 취득하였는데, 취득 당시 유효이자율은 8%이다 ㈜서울은 해당 투자사채를 상각후원가측정금융자산(AC)으로 분류하고 있다.

- 발행일(=취득일): 20X1년 1월 1일
- 만기일: 20X3년 12월 31일(3년)
- 액면금액: ₩50,000
- 표시이자율: 5%
- 이자지급일: 매년말
- 취득부대비용: 없음

(1) 사채의 취득금액을 계산하고, 취득시점의 회계처리를 하시오.

(2) 상각하는 표를 작성하시오.

(3) 매년말 회계처리를 하시오.

(4) ㈜서울이 위 사채를 20X3년 1월 1일 현금 ₩46,000으로 처분할 경우의 회계처리를 하시오.

**04.** ㈜인천은 20X1년 1월 1일에 ㈜세종의 주식 100주를 장기투자목적으로 구입하였다. ㈜인천은 이러한 금융자산을 기타포괄손익-공정가치측정금융자산(FVOCI)으로 구분하고 있다. 구입가격은 ₩1,000,000으로 수수료 ₩5,000이 포함된 가격이다. 20X1년 12월 31일 주식의 공정가치는 ₩900,000이고, 20X2년 12월 31일 주식의 공정가치는 ₩1,100,000이다. ㈜인천은 20X3년 2월 15일 주식의 50%를 ₩450,000에 처분하였다.

(1) 20X1년 1월 1일 취득시점의 회계처리를 하시오.

(2) 각 회계연도말 공정가치평가에 관한 회계처리를 하시오.

(3) 20X3년 2월 15일 주식의 처분에 관한 회계처리를 하시오.

# 정답 및 해설

## ✪ 객관식 문제

**01.** ② 당기손익-공정가치측정금융자산(FVPL)은 결산일의 공정가치로 평가

**02.** ③ 배당금수익으로 당기손익 처리

**03.** ② ₩9,366

| | | |
|---|---|---|
| 액면가(만기)의 현재가치 | ₩10,000×PV(4, 10%) | |
| | =₩10,000×0.6830 | ₩68,300 |
| 이자지급액의 현재가치 | ₩10,000×8%×PVa(4, 10%) | |
| | =₩1,000×3.1699 | 25,659 |
| 최초 총장부금액 | | ₩93,659 |

| 연도 | 기초총장부금액 | 이자수익(10%) | 현금수취액(8%) | 상각액 | 기말총장부금액 |
|---|---|---|---|---|---|
| 20X1 | ₩93,659 | ₩9,366 | ₩8,000 | ₩1,366 | ₩95,025 |
| 20X2 | 95,025 | 9,503 | 8,000 | 1,503 | 96,528 |
| 20X3 | 96,528 | 9,653 | 8,000 | 1,653 | 98,181 |
| 20X4 | 98,181 | 9,819 | 8,000 | 1,819 | 100,000 |
| 합계 | | ₩38,341 | ₩32,000 | ₩6,341 | |

**04.** ③ ₩96,528

**05.** ② ₩4,000

**06.** ① ₩0, 지분증권(FVOCI) 처분에 따른 처분손익은 인식하지 않는다.

**07.** ④ 투자부동산

**08** ④ ₩30,000, ₩120,000－₩90,000＝₩30,000

**09.** ② ₩90,000: (₩100,000－₩100,000/10)＝₩90,000

## ✪ 주관식 문제

### 01.

지분증권처분이익(당기손익) ₩60,000 − ₩50,000 = ₩10,000
지분증권평가이익(당기손익) ₩75,000 − ₩50,000 = ₩25,000

20X1년 3월말

| | | | |
|---|---|---|---|
| (차) 지분증권(FVPL) | 100,000 | (대) 현금 | 100,000 |

20X1년 6월말

| | | | |
|---|---|---|---|
| (차) 현금 | 60,000 | (대) 지분증권(FVPL) | 50,000 |
| | | 지분증권처분이익(NI) | 10,000 |

20X1년 12월 31일

| | | | |
|---|---|---|---|
| (차) 지분증권(FVPL) | 25,000 | (대) 지분증권평가이익(NI) | 25,000 |

### 02.

20X1년 1월 1일

| | | |
|---|---|---|
| 액면가(만기)의 현재가치 | ₩50,000 × PV(3, 8%) | |
| | = ₩50,000 × 0.7938 | ₩39,690 |
| 이자지급액의 현재가치 | ₩50,000 × 10% × PVa(3, 8%) | |
| | = ₩5,000 × 2.5771 | 12,886 |
| 최초 총장부금액 | | ₩52,576 |

| 연도 | 기초총장부금액 | 이자수익(8%) | 현금수취액(10%) | 상각액 | 기말총장부금액 |
|---|---|---|---|---|---|
| 20X1 | ₩52,576 | ₩4,206 | ₩5,000 | ₩794 | ₩ 51,782 |
| 20X2 | 51,782 | 4,143 | 5,000 | 857 | 50,925 |
| 20X3 | 50,925 | 4,075 | 5,000 | 925 | 50,000 |
| 합계 | | ₩12,424 | ₩15,000 | ₩2,576 | |

| | | | | |
|---|---|---|---|---|
| 20X1년 1월 1일 | (차) 채무증권(AC) | 52,576 | (대) 현금 | 52,576 |
| 20X1년 12월 31일 | (차) 현금 | 5,000 | (대) 이자수익 | 4,206 |
| | | | 채무증권(AC) | 794 |
| 20X2년 12월 31일 | (차) 현금 | 5,000 | (대) 이자수익 | 4,143 |
| | | | 채무증권(AC) | 857 |
| 20X3년 12월 31일 | (차) 현금 | 5,000 | (대) 이자수익 | 4,075 |
| | | | 채무증권(AC) | 925 |
| 20X3년 12월 31일 | (차) 현금 | 50,000 | (대) 채무증권(AC) | 50,000 |

## 03.

(1) 유효이자율로 할인한 미래수취액의 현재가치가 취득금액(공정가치)임

사채의 취득금액: ①+②=₩46,133

① 액면금액(만기)의 현재가치: ₩50,000×PV(3, 8%)

=₩50,000×0.7938=₩39,690

② 이자지급액의 현재가치: ₩50,000×5%×$PV_a$(3, 8%)

=₩2,500×2.5771=₩6,443

(차) 채무증권(AC) 46,133 (대) 현금 46,133

(2) 액면가액 ₩50,000, 만기 3년, 표시이자율 5%, 유효이자율 8%: 할인취득

| 연도 | 기초총장부금액 | 이자수익(8%) | 현금수취액(5%) | 상각액 | 기말총장부금액 |
|---|---|---|---|---|---|
| 20X1 | ₩46,133 | ₩3,691 | ₩2,500 | ₩1,191 | ₩47,324 |
| 20X2 | 47,324 | 3,786 | 2,500 | 1,286 | 48,610 |
| 20X3 | 48,610 | 3,890 | 2,500 | 1,390 | 50,000 |
| 계 | | ₩11,367 | ₩7,500 | ₩3,867 | |

(3) 회계처리

① 20X1년 12월 31일

(차) 현금 2,500 (대) 이자수익 3,691

채무증권(AC) 1,191

② 20X2년 12월 31일

(차) 현금 2,500 (대) 이자수익 3,786

채무증권(AC) 1,286

③ 20X2년 12월 31일(만기일)

(차) 현금 2,500 (대) 이자수익 3,890

채무증권(AC) 1,390

(차) 현금 50,000 (대) 채무증권(AC) 50,000

(4) 회계처리

① 20X3년 1월 1일

(차) 현금 46,000 (대) 채무증권(AC) 48,610

채무증권처분손실(NI) 2,610

## 04.

| | 일자 | 차변 | 금액 | 대변 | 금액 |
|---|---|---|---|---|---|
| (1) | 20X1년 1월 1일 | (차) 지분증권(FVOCI) | 1,000,000 | (대) 현금 | 1,000,000 |
| (2) | 20X1년 12월 31일 | (차) 지분증권평가손실(OCI)* | 100,000 | (대) 지분증권(FVOCI) | 100,000 |
| | | * OCI: 기타포괄손익 | | | |
| | 20X2년 12월 31일 | (차) 지분증권(FVOCI) | 200,000 | (대) 지분증권평가이익(OCI) | 200,000 |
| (3) | 20X3년 2월 15일 | (차) 지분증권평가손실(OCI)* | 100,000 | (대) 지분증권(FVOCI) | 100,000 |
| | | (차) 현금 | 450,000 | (대) 지분증권(FVOCI) | 450,000 |

* ₩450,000 − ₩1,100,000 × 0.5 = (₩100,000)

# 10 부채

재무상태표

㈜서울 20X1년 12월 31일 현재 (단위: 원)

| 부채와자본 | | |
|---|---|---|
| 부채 | | |
| Ⅰ. 유동부채 | | XXX |
| 매입채무 | XXX | |
| 기타채무 | XXX | |
| Ⅱ. 비유동유채 | | XXX |
| 사채 | XXX | |
| 장기차입금 | XXX | |
| 장기미지급금 | XXX | |
| 장기충당부채 | XXX | |

| 주석 | |
|---|---|
| 17. 기타채무 | |
| 미지급금 | XXX |
| 미지급비용 | XXX |
| 미지급배당금 | XXX |
| 합계 | XXX |

## 학습목표

1. 부채의 정의를 설명할 수 있다.
2. 부채를 구분할 수 있다.
3. 현재가치 개념을 이해할 수 있다.
4. 사채의 발행에 관한 회계처리를 할 수 있다.
5. 유효이자율법에 의한 상각표를 작성할 수 있다.
6. 사채의 이자지급에 관한 회계처리를 할 수 있다.
7. 사채의 상환에 관한 회계처리를 할 수 있다.

# 제1절 부채의 의의 및 분류

## 1. 부채의 정의

부채(liabilities)는 과거사건의 결과로 기업이 경제적 자원을 미래에 이전해야 하는 현재의 의무이다. 따라서 부채는 다음과 같은 특징을 지닌다.

① 경제적 효익의 유출이 예상되는 과거의 사건이 이미 발생했어야 함
② 특정 기업이 부담하여야 하는 의무가 현재 존재하여야 함
③ 미래에 경제적 자원을 이전해야 함

여기서 의무는 과거사건의 결과로 존재하는 기업이 회피할 수 없는 책무나 책임을 말하며, 항상 다른 당사자에게 이행해야 한다. 따라서 한 당사자가 경제적 자원을 이전해야 하는 의무가 있는 경우, 다른 당사자(또는 당사자들)는 그 경제적 자원을 수취할 권리가 있다. 이러한 경제적 자원을 이전해야 하는 의무의 예는 다음과 같다.

① 현금을 지급할 의무
② 재화를 인도하거나 용역을 제공할 의무
③ 불리한 조건으로 다른 당사자와 경제적 자원을 교환할 의무
④ 불확실한 특정 미래사건이 발생할 경우 경제적 자원을 이전할 의무
⑤ 기업에게 경제적 자원을 이전하도록 요구하는 금융상품을 발행할 의무

예를 들면, A기업이 B기업으로부터 필요자금 ₩10,000을 차입하였다면, A기업은 B기업에게 추후 현금 ₩10,000이라는 경제적 자원을 상환해야 할 의무가 존재하고, B기업은 A기업으로부터 경제적 자원인 현금 ₩10,000을 수취할 권리가 존재하게 된다.

## 2. 부채의 분류

부채는 지급방식에 따라 현금 등과 같은 금융자산을 인도하기로 한 계약상의 부채인

**금융부채**(financial liabilities)와 계약상의 의무가 아닌 의무나 지출의 시기, 금액이 불확실한 **비금융부채**(nonfinancial liabilities)로 구분할 수 있다. 금융부채에는 매입채무, 차입금, 미지급비용, 사채 등이 있으며, 비금융부채에는 선수금, 충당부채 등이 있다.

또한 부채는 상환시기에 따라 유동부채와 비유동부채로 분류할 수 있다. **유동부채**(current liabilities)는 기업의 정상영업주기 또는 보고기간 후 12개월 이내에 결제 또는 상환할 것으로 예상되는 부채를 의미하며, 기업의 정상영업주기 또는 보고기간 후 12개월을 초과하여 결제 또는 상환할 것으로 예상되는 부채는 **비유동부채**(noncurrent liabilities)로 분류한다.

## 제2절 유동부채

### 1. 유동부채의 종류와 분류

**유동부채**(current liabilities)는 정상주기 또는 보고기간 후 12개월 이내에 결제 또는 상환할 것으로 예상되는 부채를 의미하며, 여기서 보고기간이란 재무제표가 작성되는 회계기간을 의미한다. 따라서 일반적으로 재무상태표 작성일을 기준으로 12개월 이내에 결제 또는 상환할 것으로 예상되는 부채는 유동부채로 분류되고, 그렇지 않은 부채는 비유동부채로 분류된다.

이러한 유동부채의 종류에는 지급어음과 외상매입금과 같은 매입채무, 단기차입금, 미지급금, 선수금, 미지급비용, 선수수익, 유동성장기부채 등이 있다. 이러한 유동부채는 크게 지급채무와 기타유동부채로 분류가 가능하다.

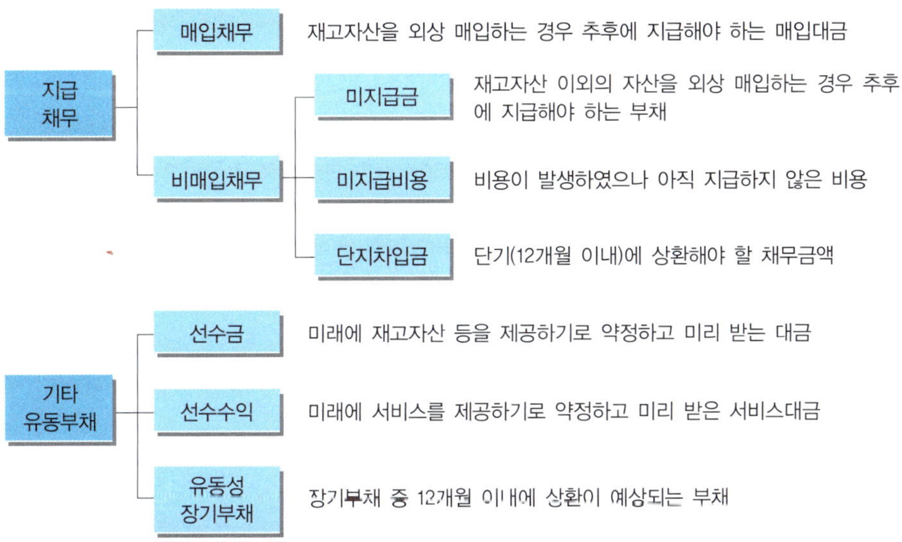


## 2. 지급채무

**지급채무**란 기업이 미래에 현금이나 재화 혹은 용역과 같은 경제적 자원을 이전해야 할 의무를 포괄적으로 지칭하는 개념이다. 이러한 지급채무는 기업의 일반적인 상거래와 관련하여 발생하는 매입채무와 일반적인 상거래 이외에서 발생하는 미지급금, 차입금 등으로 구분할 수 있다.

일반적인 상거래라 함은 상품, 제품, 서비스를 제공하는 것을 주업으로 하는 회사의 영업활동을 의미한다. 따라서 상품매매회사가 상품을 매입하고 판매하는 행위, 제조기업이 원재료를 구매하고, 제품을 판매하는 행위, 서비스기업이 서비스를 제공하는 행위가 일반적 상거래에 해당한다.

이러한 일반적 상거래에서 발생한 지급채무는 **지급어음**(note payable)과 **외상매입금**(accounts payable)계정을 사용한다. 거래의 대가로 어음증서를 발행한 경우에는 지급어음으로 기록하고, 그 외의 경우에는 외상매입금으로 기록한다. 그러나 재무상태표에 표시할 때는 지급어음과 외상매입금을 합한 통합계정인 **매입채무**계정을 사용한다.

**예제** ⊸ **지급채무**

다음은 상품매매기업인 ㈜인천과 관련된 거래이다.

(1) 사업에 필요한 자금을 조달하기 위해 은행으로부터 ₩100,000을 단기 차입하였다.
(2) 상품을 매입하고 매입대금 ₩100,000 중 ₩50,000은 현금으로 지급하고, ₩50,000은 어음을 발행하였다.
(3) 토지를 ₩80,000에 매입하고 대금은 6개월 만기의 어음으로 지급하였다.

**| 물음 |** ㈜인천이 수행할 분개를 제시하시오.

**| 풀이 |**

| | | | | |
|---|---|---|---|---|
| (1) | (차) 현금 | 100,000 | (대) 단기차입금 | 100,000 |
| (2) | (차) 상품(또는 매입)** | 100,000 | (대) 현금 | 50,000 |
| | | | 지급어음* | 50,000 |
| (3) | (차) 토지 | 80,000 | (대) 미지급금*** | 80,000 |

* 상품매매기업이 상품을 구매하는 행위는 일반적인 상거래에 해당하며, 대금을 어음으로 지급하였기 때문에 매입채무에 해당하는 지급어음으로 기록한다.
** 상품의 매입은 계속기록법과 실지재고조사법에 따라 각각 상품 또는 매입으로 기록가능하다.
*** 상품매매기업이 토지를 취득하는 행위는 일반적인 상거래에 해당하지 않으므로 미지급금으로 기록한다.

## 3. 기타유동부채

### 1) 유동성장기부채

앞서 설명한 바와 같이 부채는 상환시기에 따라 유동부채와 비유동부채로 구분한다. 그런데 비유동부채라도 특정 회계기간 말에는 상환기한이 12개월 이내가 될 수 있다. 예를 들어, 20X1년 1월 3년 후 상환조건으로 차입한 차입금의 경우에 20X1년말 시점에서는 상환시기가 12개월 이후에 도래하므로 비유동부채로 분류되지만, 20X2년말 시점에서는 상환시기가 12개월 이내에 도래하므로 유동부채로 분류되어야 한다. 이러한 경우 비유동부채를 **유동성장기부채**로 대체해주어야 하는데, 이를 **유동성대체**라 한다.

**예제 ○ 유동성장기부채**

㈜대구는 20X1년 1월 1일 복현은행으로부터 현금 ₩100,000을 18개월 후 상환조건으로 차입하였다.

**| 물음 |**

차입금과 관련하여 ㈜대구가 20X1년 1월 1일과 20X1년 12월 31일(결산일)에 수행하여야 할 분개를 제시하시오.

**| 풀이 |**

| | | | | | |
|---|---|---|---|---|---|
| 20X1년 1월 1일 | (차) 현금 | 100,000 | (대) 장기차입금* | | 100,000 |
| 20X1년 12월 31일 | (차) 장기차입금 | 100,000 | (대) 유동성장기부채** | | 100,000 |

* 자금을 차입한 시점에서는 상환일이 18개월 후에 도래하므로 비유동부채인 장기차입금으로 분류한다.

** 결산일 시점에서는 상환일이 6개월 후에 도래하므로 장기차입금(비유동부채)을 유동성장기부채(유동부채)로 대체하는 회계처리를 수행한다.

### 2) 가수금과 예수금

**가수금**은 현금을 수취하였으나 그 원인이 아직 밝혀지지 않은 경우에 그 원인이 밝혀질 때까지 일시적으로 사용하는 임시계정이다. 따라서 원인을 알 수 없는 현금이 유입된 경우 가수금이라는 임시계정을 대변에 기록하였다가 추후 현금을 수취한 원인이 밝혀지면 원래의 계정으로 대체해주어야 한다.

**예수금**은 기업이 궁극적으로 제3자에게 지급해야 할 금액을 거래처나 직원으로 받아 일시적으로 보관하고 있는 경우에 발생하는 채무로, 대표적으로 부가세예수금, 소득세예수금 등이 있다.

**예제 ○ 가수금과 예수금**

다음은 ㈜울산의 거래내용이다.

(1) 출장중인 영업직원이 기업의 당좌예금 계좌로 ₩200,000을 송금하였으나 내용에 대한 보고는 없었다.

(2) 영업직원이 출장에서 돌아와서 송금액은 거래처의 외상매출금에 대한 회수라는 사실을 보고하였다.

(3) 직원에 대한 급여 ₩600,000 중 소득세 ₩60,000을 차감한 나머지 잔액을 보통예금 계좌에서 이체하여 지급하였다.

**| 물음 |** ㈜울산이 수행하여야 할 분개를 제시하시오.

**| 풀이 |**

| | | | | |
|---|---|---|---|---|
| (1) (차) 당좌예금 | 200,000 | (대) | 가수금* | 200,000 |
| (2) (차) 가수금 | 200,000 | (대) | 외상매출금** | 200,000 |
| (3) (차) 급여 | 600,000 | (대) | 보통예금(현금) | 540,000 |
| | | | 소득세예수금*** | 60,000 |

* 입금된 금액에 대한 원인을 알 수 없으므로 임시계정인 가수금계정을 사용한다.

** 가수금에 대한 원인(외상매출금 회수)을 파악하였으므로 가수금을 외상매출금으로 대체하는 분개를 수행한다.

*** 급여를 지급하면서 차감한 소득세는 소득세예수금계정에 기록한다.

## 제3절 비유동부채

비유동부채는 기업의 정상영업주기 또는 보고기간 후 12개월을 초과하여 결제 또는 상환할 것으로 예상되는 부채를 의미하며, 대표적으로 사채와 장기차입금이 있다. 이하에서는 비유동부채 중 사채에 대한 내용을 주로 다룬다. 사채는 비유동부채로 장기간의 현금흐름을 수반한다. 일반적으로 물가는 상승하기에 장기간에 걸쳐서 현금흐름이 발생하는 경우에는 화폐의 시간가치를 고려하여야 한다. 따라서 이하에서는 화폐의 시간가치 개념을 먼저 학습한다.

### 1. 화폐의 현재가치

일반적으로 화폐는 시간에 따라 그 가치가 변화한다. 예를 들면, 현재 기업이 보유하고 있는 현금 ₩10,000과 3년 후 지급받기로 한 현금 ₩10,000은 명목금액은 같지만, 상대적인 가치는 달라지기 때문에 단순히 명목금액으로 비교해서는 안 된다. 즉, 가치를 정확하게 상호비교하기 위해서는 측정하는 기준시점이 동일하여야 한다. 이를 위해 현재가치와 미래가치 개념을 사용한다. 미래에 받게 될 화폐금액을 현재 시점에서 측정한 가치를 **현재가치**(present value)라고 하며, 현재 보유하고 있는 현금을 미래 시점에서 측정한 가치를 **미래가치**(future value)라고 한다.

화폐의 현재가치는 미래에 예상되는 현금흐름을 적절한 할인율로 할인하여 계산한다. 따라서 현재가치를 산정하기 위해서는 ① 미래에 받게 될 현금유입액(또는 지불하게 될 현금유출액), ② 현금이 유입되거나 유출되는 기간, ③ 적절한 할인율의 세 가지 요소가 고려된다.

예를 들어, 현재 ₩1,000을 보유하고 있는 투자자가 있고, 시장이자율이 10%인 투자안에 2년간 투자하였다고 가정하자. 그러면 이 투자자는 1년 후에 원금 ₩1,000과 이에 따른 이자 ₩100(₩1,000×10%)을 받게 되어 총보유금액은 ₩1,100이 된다. 또한 2년 후에는 원금 ₩1,000과 이에 따른 이자 ₩210(₩100+₩110)을 받게 되어 2년 후 총 보유금액은 ₩1,210이 된다.

따라서 현재시점에 보유하고 있는 화폐의 $n$기간 후의 가치는 다음과 같이 계산된다.

$$FV(n,\ r) = PV \times (1+r)^n$$

여기서 $FV$는 할인율이 $r$이고, $n$기간일 경우의 미래가치(future value)를 나타내고, $PV$는 현재가치(present value)를 나타낸다. $n$기간은 현금이 유입 또는 유출되는 기간을 의미하며, $r$은 할인율인 시장이자율을 의미한다. 반대로, 할인율 $r$로 미래 $n$기간 이후 받기로 하거나 지급하기로 한 화폐의 현재가치는 다음과 같이 계산된다.

$$PV(n,\ r) = FV\frac{1}{(1+r)^n}$$

여기서 $\frac{1}{(1+r)^n}$를 **현재가치계수**(present value interest factor)라고 하며, 이를 이자율과 기간에 따라 작성한 표를 현재가치계수표라고 하며, 일회금액 1원의 현재가지계수표는 다음과 같다.

**일회금액 1원의 현재가치** $PV(n,\ r)=(1+r)^{-n}$

| | | | | | $r$ | | | | | | |
|---|---|---|---|---|---|---|---|---|---|---|---|
| $n$ | 1% | 2% | 3% | 4% | 5% | 6% | 8% | 10% | 12% | 16% | 20% |
| 1 | 0.9901 | 0.9804 | 0.9709 | 0.9615 | 0.9524 | 0.9434 | 0.9259 | 0.9091 | 0.8929 | 0.8621 | 0.8333 |
| 2 | 0.9803 | 0.9612 | 0.9426 | 0.9246 | 0.9070 | 0.8900 | 0.8573 | 0.8264 | 0.7972 | 0.7432 | 0.6944 |
| 3 | 0.9706 | 0.9423 | 0.9151 | 0.8890 | 0.8638 | 0.8396 | 0.7938 | 0.7513 | 0.7118 | 0.6407 | 0.5787 |
| 4 | 0.9610 | 0.9238 | 0.8885 | 0.8548 | 0.8227 | 0.7921 | 0.7350 | 0.6830 | 0.6355 | 0.5523 | 0.4823 |
| 5 | 0.9515 | 0.9057 | 0.8626 | 0.8219 | 0.7835 | 0.7473 | 0.6806 | 0.6209 | 0.8674 | 0.4761 | 0.4019 |
| 6 | 0.9420 | 0.8880 | 0.8375 | 0.7903 | 0.7462 | 0.7050 | 0.6302 | 0.5645 | 0.5066 | 0.4104 | 0.3349 |
| 7 | 0.9327 | 0.8706 | 0.8131 | 0.7599 | 0.7107 | 0.6651 | 0.5835 | 0.5132 | 0.4523 | 0.3538 | 0.2791 |
| 8 | 0.9235 | 0.8535 | 0.7894 | 0.7307 | 06.768 | 0.6274 | 0.5403 | 0.4665 | 0.4039 | 0.3050 | 0.2326 |
| 9 | 0.9143 | 0.8368 | 0.7664 | 0.7026 | 0.6446 | 0.5919 | 0.5002 | 0.4241 | 0.3606 | 0.2630 | 0.1938 |
| 10 | 0.9053 | 0.8203 | 0.7441 | 0.6756 | 0.6139 | 0.5584 | 0.4632 | 0.3855 | 0.3220 | 0.2267 | 0.1615 |

즉, 시장이자율이 12%이고, 1년 후에 받게 될 현금의 명목금액이 ₩10,000이라면, 현재가치는 ₩8,929이 된다. 이는 다음과 같이 2가지 방법으로 계산할 수 있다. 첫 번째 방법은 계산식을 이용하여 ₩10,000/(1+0.12)로 계산하는 것이며, 두 번째 방법은 위의 표를 이용하여 $n=1$, $r=12\%$의 현재가치계수를 찾아서 ₩10,000×0.8929로 계산하는 것이다. 결과는 동일하지만, 현재가치계수를 활용하면 더 쉽게 현재가치를 계산할 수 있다.

그리고 유입 및 유출되는 금액이 매년 동일하다면 이러한 현금흐름을 **연금**(annuity)이라고 한다. 액면 ₩100,000인 사채에 투자한 기업이 2년 동안 매년말에 10%의 이자를 받기로 한다고 가정하자. 따라서 이자의 현재가치는 ₩10,000/(1+0.1)+₩10,000/$(1+0.1)^2$로 계산하거나 현재가치계수표를 활용하여 계산하면 ₩10,000×0.9091+₩10,000×0.8264=₩17,355이 된다.

그런데 이자는 매년말에 동일한 금액을 받게 되는데 이러한 연금을 정상연금이라한다. 따라서 이자의 현재가치는 연금의 현재가치계수표를 활용하여 계산할 수도 있다. 즉 2기간, 할인율이 10%인 연금의 현재가치계수를 찾아서 ₩10,000×1.7355=₩17,355을 계산할 수 있다. 연금의 현재가치계수(1.7355)는 단일금액의 현재가치계수를 합한 값(0.9091+0.8264=1.7355)과 같으므로 다음의 연금 현재가치계수표를 활용하는 것이 더 편리하다.

**기말연금 1원의 현재가치** $PV_a(n, r) = \frac{1-(1+r)^{-n}}{r}$

| | r | | | | | | | | | | |
|---|---|---|---|---|---|---|---|---|---|---|---|
| $n$ | 1% | 2% | 3% | 4% | 5% | 6% | 8% | 10% | 12% | 16% | 20% |
| 1 | 0.9901 | 0.9804 | 0.9709 | 0.9615 | 0.9524 | 0.9434 | 0.9259 | 0.9091 | 0.8929 | 0.8321 | 0.8333 |
| 2 | 1.9704 | 1.9416 | 1.9135 | 1.8861 | 1.8594 | 1.8334 | 1.7833 | 1.7355 | 1.6901 | 106052 | 1.5278 |
| 3 | 2.9410 | 2.8839 | 2.8286 | 2.7751 | 2.7232 | 2.6730 | 2.5771 | 2.4869 | 2.4018 | 2.2459 | 2.1065 |
| 4 | 3.9020 | 3.8077 | 3.7171 | 3.6299 | 3.5460 | 3.4651 | 3.3121 | 3.1699 | 3.0373 | 2.7982 | 2.5887 |
| 5 | 4.8534 | 4.7135 | 4.5797 | 4.4518 | 4.3295 | 4.2124 | 3.9927 | 3.7908 | 3.6048 | 3.2743 | 2.9906 |
| 6 | 5.7955 | 5.6014 | 5.4172 | 5.2421 | 5.0757 | 4.9173 | 4.6229 | 4.3553 | 4.1114 | 3.6847 | 3.3255 |
| 7 | 6.7282 | 6.4720 | 6.2303 | 6.0021 | 5.7864 | 5.5824 | 5.2064 | 4.8684 | 4.5638 | 4.0386 | 3.6046 |
| 8 | 7.6517 | 7.3255 | 7.0197 | 6.7327 | 6.4632 | 6.2098 | 5.7466 | 5.3349 | 4.4976 | 4.3436 | 3.8372 |
| 9 | 8.5660 | 8.1622 | 7.7861 | 7.4353 | 7 1078 | 6.8017 | 6.2469 | 5.7590 | 5.3283 | 4.6065 | 4.0310 |
| 10 | 9.4713 | 8.9826 | 8.5302 | 8.1109 | 7.7217 | 7.3601 | 6.7101 | 6.1446 | 5.6502 | 4.8332 | 4.1925 |

## 2. 사채의 의의

**사채**(bonds)란 주식회사가 불특정 다수인으로부터 거액의 장기자금을 조달하기 위한 목적으로 발행하는 채무증서를 의미한다. 주식회사는 1만원 이상의 균일한 금액으로 사채를 발행하고, 사채를 발행한 회사는 이자지급일에 사채 권면액에 기재되어 있는 이자율[1]만큼 사채를 취득한 사채권자에게 지급하여야 하며, 만기에는 액면금액에 해당하는 금액을 상환하여야 한다. 이러한 사채를 발행한 발행회사 입장에서는 사채라는 비유동부채로 인식하고, 반면 사채를 취득한 사채권자는 사채의 취득목적이 계약조건에 따른 원금과 이자를 수취하는 목적에 해당하는 경우에는 상각후원가측정금융자산으로 인식하게 된다.

이러한 사채는 이자의 존재 여부에 따라 이자부사채와 무이자부사채,[2] 담보의 설정 여부에 따라 담보부사채와 무담보부사채, 만기상환 여부에 따라 조기상환사채, 만기상환사채 등으로 구분할 수 있다.

---

1) 이러한 이자율을 액면이자율 또는 표시이자율이라고 한다.

2) 대부분의 사채는 이자가 존재하지만, 최근에는 이자가 거의 존재하지 않는 신종증권도 일부 발행되고 있다.

## 3. 사채의 회계처리

### 1) 사채의 발행금액 결정

사채의 발행금액은 사채발행 또는 취득으로 인해 유출되거나 유입될 현금흐름의 현재가치로 측정하며, 현재가치를 계산할 때 적용하는 이자율을 **유효이자율**[3](effective interest rate)이라고 한다. 따라서 사채의 발행금액은 미래에 지급하기로 한 이자의 현재가치와 미래에 상환하게 될 원금(액면금액)의 현재가치의 합으로 계산된다.

예를 들면 A기업이 20X1년초 3년 만기, 액면금액 ₩10,000, 표시이자율 10%(이자는 매년말 지급)의 사채를 발행하였다고 가정할 때, A기업은 사채의 발행으로 인하여 다음과 같은 현금흐름이 발생할 것이다.

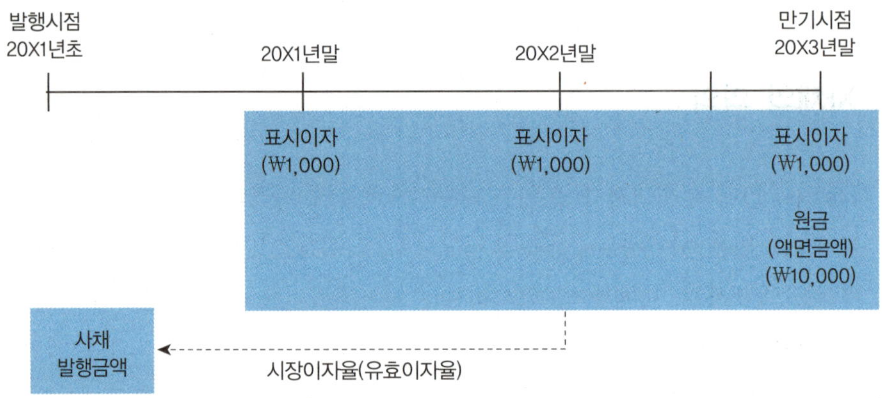


이러한 현금흐름을 유효이자율로 할인하면 사채의 발행금액이 된다. 사채의 발행금액을 계산하기 위하여 유효이자율을 12%라고 가정하면, 다음과 같이 사채의 발행금액을 계산할 수 있다. 표시이자의 발행시점 현재가치는 ₩2,402이고, 원금의 발행시점의 현재가치는 ₩7,118이므로 사채의 발행금액은 ₩9,520이 된다.[4] 따라서 액면금액

---

3) 유효이자율과 시장이자율은 서로 다른 개념이다. 일반적으로 시장이자율은 시장에서 투자자가 실제 얻을 수 있을 거라 기대되는 수익률을 의미한다. 반면 유효이자율은 사채발행회사가 실질적으로 부담하게 되는 이자율을 의미한다. 일반적으로 사채를 발행할 때 발생하는 사채발행비가 없다면 유효이자율과 시장이자율은 동일하지만, 사채발행비가 존재할 때는 유효이자율은 시장이자율과는 다르다. 대부분의 회계원리 교과서에서는 사채발행비를 별도로 설명하고 있지 않으므로 시장이자율은 유효이자율과 같은 개념으로 사용된다.

4) 계산의 편의상 소수점 첫째 자리에서 반올림한 결과이며, 계산하는 방법에 따라 일부 단수차이가 발생할

₩10,000의 사채는 ₩9,520에 발행되게 된다.

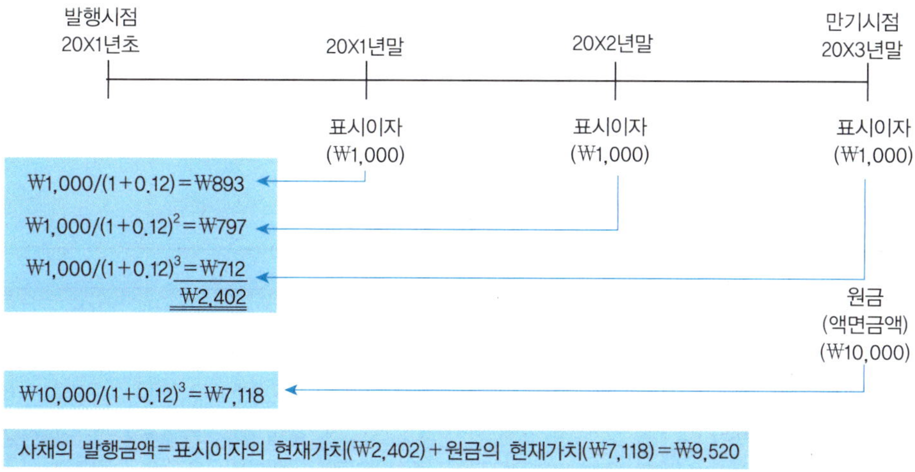


다음으로 사채의 발행금액을 계산하기 위하여 유효이자율을 8%라고 가정하면 다음과 같이 사채의 발행금액을 계산할 수 있다. 표시이자의 발행시점 현재가치는 ₩2,577이고 원금의 발행시점 현재가치는 ₩7,938이므로 사채의 발행금액은 ₩10,515이 된다. 따라서 액면금액 ₩10,000의 사채는 ₩10,515에 발행되게 된다.

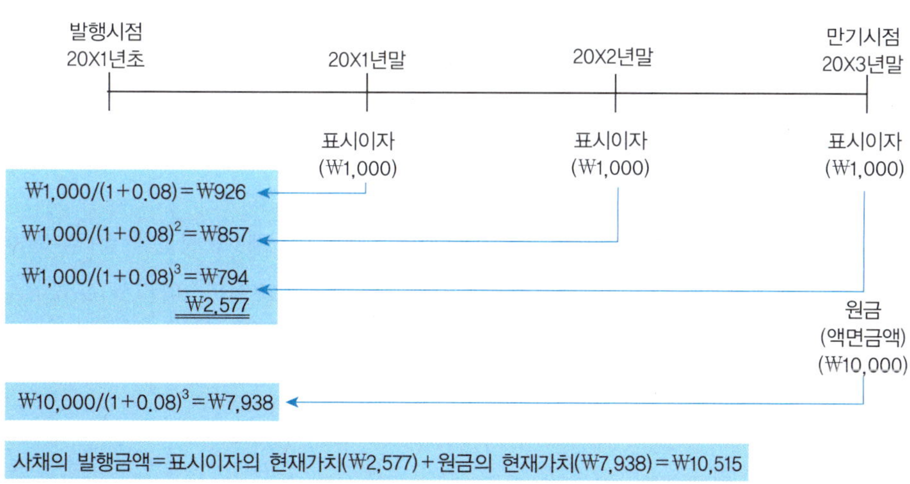


---

수 있다.

이상의 계산과정을 현재가치계수를 이용하여 다음과 같이 보다 간략하게 계산할 수 있다. 표시이자는 매년말 지급하는 금액이 동일하다. 따라서 현금흐름이 정상연금과 같은 형태를 띠고 있음을 알 수 있다. 이에 표시이자의 현재가치를 계산할 때는 정상연금 ₩1에 대한 현재가치계수를 적용하면 계산과정을 단순화할 수 있다. 이를 아래의 표를 이용하여 계산하면 다음과 같다.

**일회금액 1원의 현재가치** $PV(n, r) = (1+r)^{-n}$

| | r | | | | | | | | | | |
|---|---|---|---|---|---|---|---|---|---|---|---|
| n | 1% | 2% | 3% | 4% | 5% | 6% | 8% | 10% | 12% | 16% | 20% |
| 1 | 0.9901 | 0.9804 | 0.9709 | 0.9615 | 0.9524 | 0.9434 | 0.9259 | 0.9091 | 0.8929 | 0.8621 | 0.8333 |
| 2 | 0.9803 | 0.9612 | 0.9426 | 0.9246 | 0.9070 | 0.8900 | 0.8573 | 0.8264 | 0.7972 | 0.7432 | 0.6944 |
| 3 | 0.9706 | 0.9423 | 0.9151 | 0.8890 | 0.8638 | 0.8396 | 0.7938 | 0.7513 | 0.7118 | 0.6407 | 0.5787 |
| 4 | 0.9610 | 0.9238 | 0.8885 | 0.8548 | 0.8227 | 0.7921 | 0.7350 | 0.6830 | 0.6355 | 0.5523 | 0.4823 |
| 5 | 0.9515 | 0.9057 | 0.8626 | 0.8219 | 0.7835 | 0.7473 | 0.6806 | 0.6209 | 0.8674 | 0.4761 | 0.4019 |

**기말연금 1원의 현재가치** $PV_a(n,\ r) = \frac{1-(1+r)^{-n}}{r}$

| | r | | | | | | | | | | |
|---|---|---|---|---|---|---|---|---|---|---|---|
| n | 1% | 2% | 3% | 4% | 5% | 6% | 8% | 10% | 12% | 16% | 20% |
| 1 | 0.9901 | 0.9804 | 0.9709 | 0.9615 | 0.9524 | 0.9434 | 0.9259 | 0.9091 | 0.8929 | 0.8321 | 0.8333 |
| 2 | 1.9704 | 1.9416 | 1.9135 | 1.8861 | 1.8594 | 1.8334 | 1.7833 | 1.7355 | 1.6901 | 106052 | 1.5278 |
| 3 | 2.9410 | 2.8839 | 2.8286 | 2.7751 | 2.7232 | 2.6730 | 2.5771 | 2.4869 | 2.4018 | 2.2459 | 2.1065 |
| 4 | 3.9020 | 3.8077 | 3.7171 | 3.6299 | 3.5460 | 3.4651 | 3.3121 | 3.1699 | 3.0373 | 2.7982 | 2.5887 |
| 5 | 4.8534 | 4.7135 | 4.5797 | 4.4518 | 4.3295 | 4.2124 | 3.9927 | 3.7908 | 3.6048 | 3.2743 | 2.9906 |

먼저 앞서 설명한 예에서 유효이자율 12%, 만기가 3년일 때, 단일금액 ₩1의 현재가치계수는 0.7118이고, 정상연금 ₩1의 현재가치계수는 2.4018이다. 따라서 유효이자율이 12%인 경우 위 사채의 발행금액은 다음과 같이 계산할 수 있다.

사채의 발행금액(=미래지급액의 현재가치): (1)+(2)=₩9,520

① 액면금액의 현재가치: ₩10,000×PV(3, 12%)

=₩10,000×0.7118=₩7,118

② 이자지급액의 현재가치: ₩10,000×10%×PVa(3, 12%)
=₩1,000×2.4018=₩2,402

또한 유효이자율이 8%인 경우에는 다음과 같이 계산할 수 있다.

사채의 발행금액(=미래지급액의 현재가치): (1)+(2)=₩10,515
① 액면금액의 현재가치: ₩10,000×PV(3, 8%)
=₩10,000×0.7938=₩7,938
② 이자지급액의 현재가치: ₩10,000×10%×PVa(3, 8%)
=₩1,000×2.5771=₩2,577

그리고 표시이자율과 유효이자율이 10%로 동일한 경우에는 다음과 같이 사채의 발행금액을 계산할 수 있다.

사채의 발행금액(=미래지급액의 현재가치): (1)+(2)=₩10,000
① 액면금액의 현재가치: ₩10,000×PV(3, 10%)
=₩10,000×0.7513=₩7,513
② 이자지급액의 현재가치: ₩10,000×10%×PVa(3, 10%)
=1,000×2.4869=₩2,487

결론적으로 사채 발행시에 표시이자율과 유효이자율의 관계에 따라 사채가 액면으로 발행되어 액면금액과 발행금액이 동일한 경우를 **액면발행**이라고 하고, 액면 이하로 발행되어 사채의 발행금액이 액면금액보다 적은 경우를 **할인발행**(bonds issued at a discount), 반대로 액면금액 이상으로 발행되어 사채의 발행금액이 액면금액보다 큰 경우를 **할증발행**(bonds issued at a premium)이라고 한다.

| 발행형태 | | 표시이자율과 유효이자율 관계 |
|---|---|---|
| 할인발행 | 발행금액<액면금액 | 표시이자율<유효이자율 |
| 액면발행 | 발행금액=액면금액 | 표시이자율=유효이자율 |
| 할증발행 | 발행금액>액면금액 | 표시이자율>유효이자율 |

이를 쉽게 설명하면 다음과 같다.

시장에서 모든 가격은 수요와 공급에 의하여 좌우된다. 수요가 공급보다 많으면 가격은 상승하게 되고, 반대로 공급이 수요보다 많으면 가격은 하락하게 된다. 결국 사채의 발행금액 또한 이와 같은 시장 논리에 따라 결정된다. 투자자 입장에서는 시장에서 거래되고 있는 사채의 수익률(유효이자율 또는 시장이자율)과 A기업의 사채에 투자하여 얻을 수 있는 수익률(표시이자율)을 비교하여 최선의 의사결정을 할 것이다. 따라서 유효이자율과 표시이자율이 동일하다면, 투자자 입장에서 시장에서 거래되고 있는 사채에 투자하는 경우와 A기업의 사채에 투자하는 경우 각각 동일한 수익률을 획득할 수 있으므로 어디에 투자하든 무차별할 것이다.

반면 A기업 사채의 표시이자율이 유효이자율보다 높다면 투자자는 A기업의 사채에 투자하고자 할 것이고 이에 따라 사채의 가치는 상승하게 될 것이다. 반면 A기업 사채의 표시이자율이 유효이자율보다 낮다면 투자자는 시장에서 거래되고 있는 사채에 투자하는 것을 선호할 것이기에 A기업의 사채 가치는 하락하게 될 것이다. 이처럼 사채는 표시이자율과 유효이자율의 관계에 따라 각기 다른 발행형태를 띄게 되는 것이다.

## 2) 사채의 회계처리

### (1) 사채발행시의 회계처리

사채의 발행금액은 사채발행 또는 취득으로 인해 유출되거나 유입될 현금흐름의 현재가치로 측정하며, 현재가치를 계산할 때 적용하는 이자율을 유효이자율이라고 한다. 따라서 사채의 발행금액은 미래에 지급하기로 한 이자의 현재가치와 미래에 상환하게 될 원금(액면금액)의 현재가치의 합으로 계산된다.

앞서 설명한 바와 같이 사채는 발행형태에 따라 액면발행, 할인발행, 할증발행으로 구분되고, 할인발행과 할증발행의 경우에 사채의 액면금액과 발행금액 간에 차이가 발생하게 된다. 이를 통칭하여 사채발행차금이라고 한다. 사채발행차금은 사채가 할인발행된 경우에는 **사채할인발행차금**(discount on bonds payable)이라 하는데, 모든 사채거래는 시장이자율로 이루어지므로 사채할인발행차금은 표시이자가 유효이자에 미치지 못하는 이자 차이를 미리 할인해주는 것으로 볼 수 있다. 앞의 A기업 사례를 이용하여 이자 차이를 통해 사채할인발행차금을 산출하면 다음과 같다.

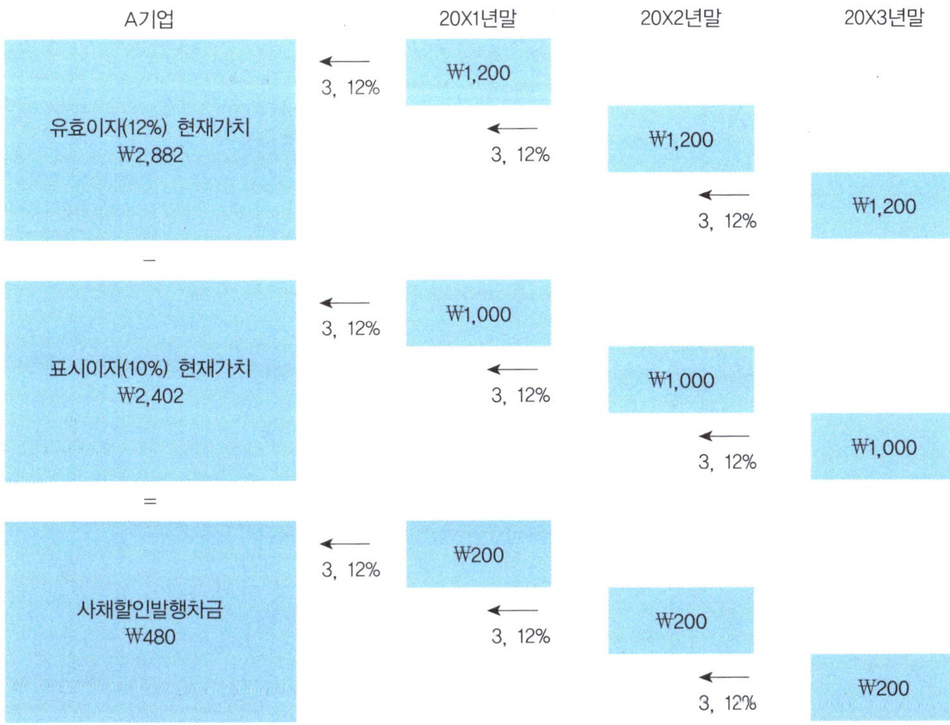


사채가 할증발행된 경우에는 **사채할증발행차금**(premium on bonds payable)이라 하는데, 사채할증발행차금은 사채에 가산해주는 계정이다. 사채할증발행차금은 앞으로 유효이자를 초과해서 표시이자를 지급함으로써 그 차이를 미리 받는 것이라고 볼 수 있다. 앞의 A기업 사례를 이용하여 이자 차이를 통해 사채할증발행차금을 산출하면 다음과 같다.

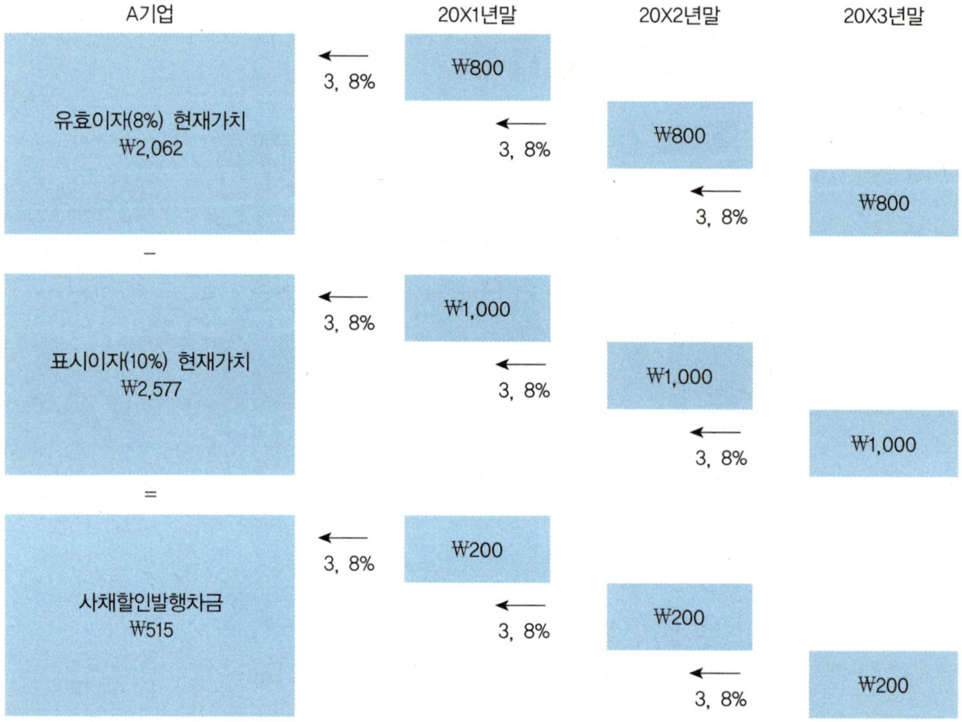


따라서 사채발행시의 회계처리는 다음과 같으며, 재무상태표에는 아래와 같이 표시된다. 이때 사채의 액면금액에서 사채발행차금을 가감한 금액을 사채의 장부금액이라고 한다. 결국 사채가 할인발행된 경우에 사채의 장부금액은 사채의 액면금액에서 사채할인발행차금을 차감한 금액을 의미하고, 사채가 할증발행된 경우에 사채의 장부금액은 사채의 액면금액에서 사채할증발행차금을 가산한 금액을 의미한다. 따라서 사채의 발행시점에서 사채의 장부금액은 사채의 발행금액과 동일하다.

[액면발행의 경우]

| | | | |
|---|---|---|---|
| (차) 현금 | XXX | (대) 사채 | XXX |

[할인발행의 경우]

| | | | |
|---|---|---|---|
| (차) 현금 | XXX | (대) 사채 | XXX |
| 사채할인발행차금 | XXX | | |

[할증발행의 경우]

| | | | |
|---|---|---|---|
| (차) 현금 | XXX | (대) 사채 | XXX |
| | | 사채할증발행차금 | XXX |

**부분재무상태표**

[액면발행의 경우]

| | | | |
|---|---|---|---|
| 비유동부채 | 사채 | XXX | |

[할인발행의 경우]

| | | | |
|---|---|---|---|
| 비유동부채 | 사채 | XXX | |
| | 사채할인발행차금 | (XXX) | XXX |

[할증발행의 경우]

| | | | |
|---|---|---|---|
| 비유동부채 | 사채 | XXX | |
| | 사채할증발행차금 | XXX | XXX |

### (2) 이자지급시점의 회계처리

앞서 설명한 사채발행차금은 유효이자율법에 따라 상각(또는 환입)한다. 여기서 **유효이자율법**(effective interest method)이란 사채발행차금을 상각(또는 환입)하여 사채의 장부금액을 만기시점에 액면금액과 일치시켜주는 방법을 의미한다. 사채발행차금은 사채의 액면금액과 발행금액의 차이이고, 이러한 차이는 유효이자율과 액면이자율의 차이에 따라 발생한다. 앞에서 살펴본 것처럼 결국 사채발행차금은 이자의 성격을 지니고 있다.

사채의 이자지급시점에 사채를 발행한 기업은 유효이자만큼을 이자비용으로 인식하게 된다. 여기서 유효이자란 사채의 장부금액에 유효이자율을 곱한 금액이다. 그런데 이 금액은 사채의 발행회사가 실제 지급한 표시이자와는 차이가 존재한다. 이에 유효이자와 표시이자의 차이만큼 사채발행차금을 상각 또는 환입하는 회계처리가 이루어져야 한다.

### 예제 사채의 할인발행

㈜경산은 20X1년초 액면금액 ₩10,000, 만기 3년, 표시이자율 10%(이자는 매년말 지급)에 해당하는 사채를 발행하였다. 사채의 발행당시 유효이자율은 12%이다.

**| 물음 |**

(1) 사채의 발행금액을 계산하고, 사채발행시점의 회계처리를 제시하시오.
(2) 20X1년말 사채이자 지급시 회계처리를 제시하시오.
(3) 20X2년말 사채이자 지급시 회계처리를 제시하시오.

**| 풀이 |**

(1) 사채발행금액의 계산
이자의 현재가치: ₩10,000 × 10% × 2.4018 = ₩2,402
액면금액(원금)의 현재가치: ₩10,000 × 0.7118 = ₩7,118
따라서 사채의 발행금액은 ₩9,520

사채발행시점의 회계처리

| | | | |
|---|---|---|---|
| (차) 현금 | 9,520 | (대) 사채 | 10,000 |
| 사채할인발행차금 | 480 | | |

사채할인발행차금 상각표의 작성

| 날짜 | 이자 | | 사채할인발행차금 | | 사채의 |
|---|---|---|---|---|---|
| | 유효이자(B) | 표시이자(C) | 상각액(D) | 미상각액(E) | 장부금액(A) |
| 20X1년초 | – | – | – | ₩480 | ₩9,520 |
| 20X1년말 | ₩1,142 | ₩1,000 | ₩142 | 338 | 9,662 |
| 20X2년말 | 1,159 | 1,000 | 159 | 179 | 9,821 |
| 20X3년말 | 1,179 | 1,000 | 179 | – | 10,000 |

* 유효이자(B)는 장부금액(A)에 유효이자율을 곱하여 계산한다.
** 표시이자(C)는 액면금액에 표시이자율을 곱하여 계산한다.
*** 사채할인발행차금 상각액(D)은 유효이자(B)와 표시이자(C)와의 차이로 계산된다.
**** 사채할인발행차금 미상각액(E)은 상각 전 사채할인발챙차금에서 당기의 사채할인발행차금 상각액을 차감하여 계산된다.
***** 사채의 장부금액(A)은 액면금액에서 사채할인발행차금 미상각액(E)을 차감하여 계산된다.

이를 정리하여 다음과 같이 상각표를 작성할 수도 있다.

| 연도 | 기초 장부금액 | 유효이자 | 표시이자 | 상각액 | 기말 장부금액 |
|---|---|---|---|---|---|
| 20X1년말 | ₩9,520 | ₩1,142 | ₩1,000 | ₩142 | ₩9,662 |
| 20X2년말 | 9,662 | 1,159 | 1,000 | 159 | 9,821 |
| 20X3년말 | 9,821 | 1,179 | 1,000 | 179 | 10,000 |

(2) (차) 이자비용 1,142 (대) 현금 1,000
사채할인발행차금 142

(3) (차) 이자비용 1,159 (대) 현금 1,000
사채할인발행차금 159

위의 예제와 같이 사채가 할인발행된 경우 사채의 장부금액과 이자비용 및 사채할인발행차금 상각액은 만기까지 걸쳐 증가하게 된다는 사실을 알 수 있다.

### 예제 ○ 사채의 할증발행

㈜경산은 20X1년초 액면금액 ₩10,000, 만기 3년, 표시이자율 10%(이자는 매년말 지급)에 해당하는 사채를 발행하였다. 사채의 발행당시 유효이자율은 8%이다.

**| 물음 |**

(1) 사채의 발행금액을 계산하고, 사채발행시점의 회계처리를 제시하시오.
(2) 20X1년말 사채이자 지급시 회계처리를 제시하시오.
(3) 20X2년말 사채이자 지급시 회계처리를 제시하시오.

**| 풀이 |**

(1) 사채발행금액의 계산
이자의 현재가치: ₩10,000 × 10% × 2.5771 = ₩2,577
액면금액(원금)의 현재가치: ₩10,000 × 0.7938 = ₩7,938
따라서 사채의 발행금액은 ₩10,515
사채발행시점의 회계처리
(차) 현금 10,515 (대) 사채 10,000
사채할증발행차금 515

사채할인발행차금 상각표의 작성5)

| 날짜 | 이자 | | 사채할증발행차금 | | 사채의 장부금액(A) |
|---|---|---|---|---|---|
| | 유효이자(B) | 표시이자(C) | 환입액(D) | 미환입액(E) | |
| 20X1년초 | – | – | – | ₩515 | ₩10,515 |
| 20X1년말 | ₩841 | ₩1,000 | ₩159 | 356 | 10,356 |
| 20X2년말 | 828 | 1,000 | 172 | 184 | 10,184 |
| 20X3년말 | 816 | 1,000 | 184 | – | 10,000 |

* 유효이자(B)는 장부금액(A)에 유효이자율을 곱하여 계산한다.

** 표시이자(C)는 액면금액에 표시이자율을 곱하여 계산한다.

*** 사채할증발행차금 환입액(D)은 유효이자(B)와 표시이자와(C)의 차이로 계산된다.

**** 사채할증발행차금 미환입액(E)은 환입 전 사채할증발행차금에서 당기의 사채할증발행차금 환입액을 차감하여 계산된다.

***** 사채의 장부금액(A)은 액면금액에서 사채할증발행차금 미환입액(E)을 가산하여 계산된다.

| | | | | |
|---|---|---|---|---|
| (2) | (차) 이자비용 | 841 | (대) 현금 | 1,000 |
| | 사채할증발행차금 | 159 | | |
| (3) | (차) 이자비용 | 828 | (대) 현금 | 1,000 |
| | 사채할증발행차금 | 172 | | |

위의 예제에서 보여지는 것처럼 사채가 할증발행된 경우 사채의 장부금액과 이자비용은 만기까지 걸쳐 감소하나, 사채할증발행차금 환입액은 만기에 걸쳐 증가한다는 사실을 알 수 있다.

이상에서 설명한 내용을 그림으로 표현하면 다음과 같다.

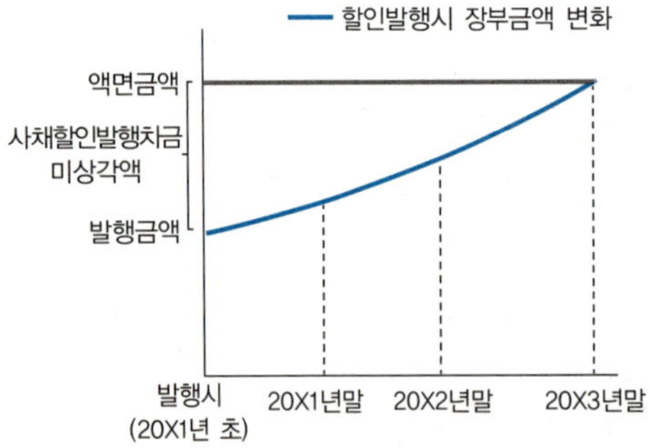


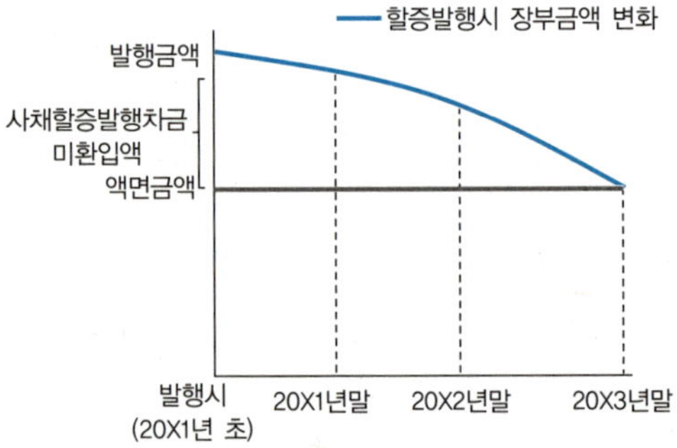


5)

| 연도 | 기초장부금액 | 유효이자 | 표시이자 | 상각액 | 기말장부금액 |
|---|---|---|---|---|---|
| 20X1년말 | ₩10,515 | ₩841 | ₩1,000 | ₩159 | ₩10,356 |
| 20X2년말 | 10,356 | 828 | 1,000 | 172 | 10,184 |
| 20X3년말 | 10,184 | 816 | 1,000 | 184 | 10,000 |

### (3) 상환시점의 회계처리

사채의 상환은 상환방식에 따라 만기상환, 연속상환, 조기상환 등으로 구분할 수 있다. 여기서 만기상환이란 사채의 만기에 액면금액을 일시 상환하는 것을 의미한다. 여기서는 사채의 만기상환과 조기상환을 다루도록 한다.

먼저 만기상환에 대한 회계처리를 설명하면 다음과 같다. 사채의 만기에는 사채의 발행방법에 상관없이 사채의 장부금액과 액면금액이 일치할 것이므로, 액면금액에 해당하는 금액을 상환하면 되므로 사채상환에 따른 손익이 발생하지 않는다.

[만기상환의 경우]

| | | | |
|---|---|---|---|
| (차) 사채 | XXX | (대) 현금 | XXX |

따라서 앞의 예에서 살펴본 사채를 만기에 상환하는 경우에 액면발행, 할인발행, 할증발행 여부과 관련 없이 다음과 같은 회계처리가 가능하다.

| | | | |
|---|---|---|---|
| (차) 사채 | 10,000 | (내) 현금 | 10,000 |

반면 조기상환은 사채의 만기 이전에 사채를 상환하는 방법으로 사채상환시 남아있는 사채발행차금을 전액 상각 또는 환입하여야 한다. 이 경우에 사채의 상환금액에 따라 사채상환손익이 발행하게 된다. 즉, 사채가 할인발행된 경우에는 상환대가가 사채의 장부금액(사채액면금액−사채할인발행차금잔액)보다 작거나 큰 경우에는 각각 **사채상환이익**(gains on bonds redemption)이나 **사채상환손실**(losses on bonds redemption)이 발생하고, 반대로 사채가 할증발행된 경우에는 상환대가가 사채의 장부금액(사채액면금액+사채할증발행차금잔액)보다 크거나 작은 경우에는 각각 사채상환손실이나 사채상환이익이 발생한다.

[사채가 할인발행된 경우 조기상환의 경우]

| | | | |
|---|---|---|---|
| (차) 사채 | XXX | (대) 현금 | XXX |
| 사채상환손실 | XXX | 사채할인발행차금 | XXX |

[사채가 할증발행된 경우 조기상환의 경우]

| | | | |
|---|---|---|---|
| (차) 사채 | XXX | (대) 현금 | XXX |
| 사채할증발행차금 | XXX | 사채상환이익 | XXX |

예를 들어 앞의 예에서처럼 20X1년초 액면금액 ₩10,000, 만기 3년, 표시이자율 10%(이자는 매년말 지급)에 해당하는 사채를(사채의 발행당시 유효이자율은 12%) 20X2년말 ₩9,800에 상환하였다고 가정해보자. 아래의 상각표에 나타나 있듯 20X2년말 사채의 이자비용을 인식한 후의 사채의 장부금액은 ₩9,821이다. 이러한 사채를 ₩9,800에 상환하였다면, 결국 기업의 입장에서 ₩21에 해당하는 이익이 발생하게 되고, 이를 사채상환이익이라고 한다. 또한 아직 남아있는 사채할인발행차금 미상각액(₩179)을 전액 장부에서 제거하여야 한다. 따라서 다음과 같은 회계처리가 가능하다.6)

| 날짜 | 이자 | | 사채할인발행차금 | | 사채의 장부금액(A) |
|---|---|---|---|---|---|
| | 유효이자(B) | 표시이자(C) | 상각액(D) | 미상각액(E) | |
| 20X1년초 | – | – | – | ₩480 | ₩9,520 |
| 20X1년말 | ₩1,142 | ₩1,000 | ₩142 | 338 | 9,662 |
| 20X2년말 | 1,159 | 1,000 | 159 | 179 | 9,821 |
| 20X3년말 | 1,179 | 1,000 | 179 | – | 10,000 |

| | | | |
|---|---|---|---|
| (차) 사채 | 10,000 | (대) 현금 | 9,800 |
| | | 사채할인발행차금 | 179 |
| | | 사채상환이익 | 21 |

반면 사채를 ₩9,900에 상환하였다면 기업의 입장에서 ₩79에 해당하는 손실이 발생하게 되고, 이를 사채상환손실이라고 한다. 또한 아직 남아있는 사채할인발행차금 미상각액(₩179)을 전액 장부에서 제거하여야 한다. 따라서 다음과 같은 회계처리가 가능하다.

6) 이를 정리하여 다음과 같이 상각표를 작성할 수도 있다.

| 연도 | 기초장부금액 | 유효이자 | 표시이자 | 상각액 | 기말장부금액 |
|---|---|---|---|---|---|
| 20X1년말 | ₩9,520 | ₩1,142 | ₩1,000 | ₩142 | ₩9,662 |
| 20X2년말 | 9,662 | 1,159 | 1,000 | 159 | 9,821 |
| 20X3년말 | 9,821 | 1,179 | 1,000 | 179 | 10,000 |

| | | | |
|---|---|---|---|
| (차) 사채 | 10,000 | (대) 현금 | 9,900 |
| 사채상환손실 | 79 | 사채할인발행차금 | 179 |

**예제 ⊸ 사채의 조기상환**

㈜경산은 20X1년초 액면금액 ₩10,000, 만기 3년, 표시이자율 10%에 해당하는 사채를 발행하였다. 사채의 발행당시 유효이자율은 8%이고, 이자는 매년 말 지급하기로 하였다.

**| 물음 |** ㈜경산이 20X2년말 사채 전액을 ₩11,000에 조기상환한 경우의 회계처리를 제시하시오.

**| 풀이 |**

| | | | |
|---|---|---|---|
| (차) 사채 | 10,000 | (대) 현금 | 11,000 |
| 사채할증발행치금 | 184 | | |
| 사채상환손실 | 816 | | |

사채발행금액의 계산
이자의 현재가치: ₩10,000×10%×2.5771=₩2,577
액면금액(원금)의 현재가치: ₩10,000×0.7938=₩7,938
따라서 사채의 발행금액은 ₩10,515
사채할증발행차금 환입표의 작성7)

| 날짜 | 이자 | | 사채할증발행차금 | | 사채의 장부금액(A) |
|---|---|---|---|---|---|
| | 유효이자(B) | 표시이자(C) | 환입액(D) | 미환입액(E) | |
| 20X1년초 | – | – | – | ₩515 | ₩10,515 |
| 20X1년말 | ₩841 | ₩1,000 | ₩159 | 356 | 10,356 |
| 20X2년말 | 828 | 1,000 | 172 | 184 | 10,184 |

따라서 20X2년말 사채의 장부금액은 ₩10,184[액면금액(₩10,000)+사채할증발행차금미환입액(₩184)]이다. 이 사채를 ₩11,000에 상환하기에 사채상환손실 ₩816이 발생하게 된다.

7)

| 연도 | 기초장부금액 | 유효이자 | 표시이자 | 상각액 | 기말장부금액 |
|---|---|---|---|---|---|
| 20X1년말 | ₩10,515 | ₩841 | ₩1,000 | ₩159 | ₩10,356 |
| 20X2년말 | 10,356 | 828 | 1,000 | 172 | 10,184 |

## 4. 기타비유동부채

### 1) 장기차입금

**장기차입금**은 기업이 은행 등과 같은 금융기관으로부터 자금을 차입한 것으로 보고기간 말로부터 12개월을 초과하여 상환해야 할 의무가 존재하는 부채이다. 앞서 설명한 바와 같이 이러한 장기차입금 중 보고기간 말로부터 상환기일이 12개월 이내에 존재하면, 유동성장기부채로 재분류하여 이를 유동부채에 포함시켜 보고한다.

일반적으로 장기차입금은 차입기간 동안 이자가 발생하게 되며, 만기에 차입금을 전액 상환하여야 하므로, 사채의 회계처리와 유사하다.

**예제 ● 장기차입금의 회계처리**

㈜경북은 20X1년 7월 1일 ㈜경상은행으로부터 현금 ₩1,000,000을 차입하였다. 차입금에 대한 만기는 3년이며, 표시이자율 및 시장이자율은 10%이고, 이자는 매년말 지급하기로 하였다.

**| 물음 |**

(1) 20X1년 7월 1일 자금차입시의 회계처리를 제시하시오.
(2) 20X1년 12월 31일 이자지급시의 회계처리를 제시하시오.
(3) 20X2년 12월 31일 이자지급시의 회계처리를 제시하시오.
(4) 20X3년 12월 31일 이자지급 및 유동성대체에 대한 회계처리를 제시하시오.

**| 풀이 |**

| | | | | | | |
|---|---|---|---|---|---|---|
| (1) | (차) | 현금 | 1,000,000 | (대) | 장기차입금 | 1,000,000 |
| (2) | (차) | 이자비용* | 50,000 | (대) | 현금 | 50,000 |
| (3) | (차) | 이자비용** | 100,000 | (대) | 현금 | 100,000 |
| (4) | (차) | 이자비용*** | 100,000 | (대) | 현금 | 100,000 |
| | | 장기차입금 | 1,000,000 | | 유동성장기부채**** | 1,000,000 |

* 이자비용의 계산: ₩1,000,000 × 10% × (6/12) = ₩50,000
** 이자비용의 계산: ₩1,000,000 × 10% = ₩100,000
*** 이자비용의 계산: ₩1,000,000 × 10% = ₩100,000
**** 장기차입금의 상환기일이 12개월 이내이므로 장기차입금을 유동부채인 유동성장기부채로 재분류한다.

## 2) 제품보증충당부채

충당부채란 당기의 수익에 대응하는 비용으로서 미래에 지출될 것이 확실하나 그 시기와 금액이 아직 확정되지 않은 부채를 의미한다. 이러한 충당부채에는 제품보증충당부채, 경품충당부채, 제품하자충당부채, 퇴직급여충당부채 등이 있다. 이하에서는 제품보증충당부채에 대하여 설명하도록 한다.

**제품보증충당부채**는 판매회사가 구매자에게 일정기간 제품을 보증하는 조건이 있을 때 발생한다. 판매회사는 추후 구매자에게 판매한 제품에 하자가 존재하는 경우 제품을 교환 혹은 수선해주어야 하는 의무가 발생하게 된다. 이에 따라 판매회사는 제품보증으로 발생하게 될 보증비용을 추정하여 이를 제품보증충당부채로 인식한다. 또한 추후에 제품보증활동으로 인해 지출이 발생하면 기존에 설정한 제품보증충당부채를 제거하여야 된다.

**예제 ─○ 제품보증충당부채**

㈜경북은 컴퓨터를 제조하여 판매하는 기업이다. 20X1년에 컴퓨터 100대를 대당 ₩50,000에 판매하였다. 컴퓨터에 대한 제품보증기간은 1년이며, 과거의 경험에 비추어 볼 때 컴퓨터 1대당 ₩1,000의 제품보증비가 발생할 것으로 합리적으로 추정하고 있다. 또한 20X2년 중 실제로 수행한 제품보증활동으로 인해 ₩10,000이 지출되었다.

**| 물음 |**

(1) 20X1년 ㈜경북의 제품보증비 추정에 대한 회계처리를 제시하시오.
(2) 20X2년 ㈜경북의 제품보증비 실제 지출에 대한 회계처리를 제시하시오.

**| 풀이 |**

| | 차변 | 금액 | 대변 | 금액 |
|---|---|---|---|---|
| (1) | (차) 제품보증비* | 100,000 | (대) 제품보증충당부채 | 100,000 |
| (2) | (차) 제품보증충당부채 | 10,000 | (대) 현금 | 10,000 |

* 제품보증비의 추정: ₩1,000 × 100대 = ₩100,000

## 핵심정리

| 구분 | 발행 | 보유(기말) | 상환 |
|---|---|---|---|
| 할인 | 발행금액<액면금액 | 표시이자<유효이자 | 사채상환이익:<br>장부금액>상환금액<br>사채상환손실:<br>장부금액<상환금액 |
| 액면 | 발행금액=액면금액 | 표시이자=유효이자 | |
| 할증 | 발행금액>액면금액 | 표시이자>유효이자 | |

1. 부채란 과거사건의 결과로 기업이 경제적 자원을 이전해야 하는 현재의 의무를 의미하고, 지급방식에 따라 금융부채와 비금융부채로 구분되며, 상환시기에 따라 유동부채와 비유동부채로 구분된다.

2. 유동부채는 기업의 정상영업주기 또는 보고기간 후 12개월 이내에 결제 또는 상환할 것으로 예상되는 부채로, 매입채무, 단기차입금, 미지급금, 선수금, 미지급비용, 선수수익, 유동성장기부채 등이 있다.

3. 비유동부채는 기업의 정상영업주기 또는 보고기간 후 12개월을 초과하여 결제 또는 상환할 것으로 예상되는 부채로, 사채와 장기차입금, 충당부채 등이 있다.

4. 화폐의 현재가치란 미래에 받게 될 화폐금액을 현재시점에서 측정한 가치를 의미하며, 현재가치를 산출하기 위하여 적절한 할인율을 이용한다.

5. 사채의 발행금액은 현재가치로 측정한다. 즉, 사채의 발행금액은 사채의 발행으로 미래에 지급하게 될 이자의 현재가치와 원금(액면금액)의 현재가치의 합으로 결정된다.

6. 사채의 발행형태에 따른 비교
   할인발행: 발행금액<액면금액
   할증발행: 발행금액>액면금액
   액면발행: 발행금액=액면금액

7. 유효이자율법이란 사채발행차금의 상각 또는 환입을 통해 만기시에 사채의 장부금액과 액면금액을 일치시키는 방법이다.

8. 사채가 할인발행되면 만기에 걸쳐 장부금액, 이자비용, 사채할인발행차금 상각액은 매년 증가한다.

9. 사채가 할증발행되면 만기에 걸쳐 장부금액과 이자비용은 감소하지만, 사채할증발행차금 환입액은 매년 증가한다.

10. 사채의 상환은 만기에 액면금액을 상환하는 만기상환과 만기이전에 상환하는 조기상환으로 구분된다. 조기상환의 경우 상환시점의 상환금액과 사채의 장부금액의 차이를 사채상환손익으로 인식한다.

## 연습문제

### ✪ 객관식 문제

**01.** 기업의 정상적인 영업주기 또는 보고기간 후 12개월 이내에 결제 또는 상환할 것으로 예상되는 부채에 해당하는 것은?

① 매출채권 ② 복리후생비 ③ 단기차입금
④ 제품보증충당부채 ⑤ 사채

**02.** 다음 (가)에 들어갈 통합계정과목이 나타나는 거래로 옳은 것은?

---

일반적인 상거래와 관련해서 발생하는 채무에 대해서는 ( 가 )계정을 사용하나, 그 이외의 거래에서 발생하는 채무에 대하여는 미지급금계정을 사용한다.

---

① 영업에 사용할 목적으로 건물을 ₩1,000,000에 취득하고 대금은 6개월 후에 지급하기로 하였다.
② 제품생산을 위해 원재료를 ₩100,000에 구입하고 대금은 2개월 만기의 약속어음을 발행하여 지급하였다.
③ 단기시세차익 목적으로 토지를 ₩2,000,000에 구입하고 대금은 3개월 후에 지급하기로 하였다.
④ 상품을 ₩500,000에 판매하고 대금은 전액 4개월 후에 수령하기로 하였다.
⑤ 종업원에게 급여 ₩100,000을 현금으로 지급하였다.

**03.** 사채에 관한 다음의 설명 중 옳지 않은 것은?

① 사채발행시 시장이자율이 액면이자율보다 클 경우에는 할인발행된다.
② 사채발행차금은 유효이자율법에 의하여 매기 상각 또는 환입한다.
③ 사채가 할증발행되면 사채할증발행차금 환입액은 매년 감소한다.
④ 사채의 발행금액은 사채의 미래현금흐름을 발행당시의 유효이자율로 할인한 현재가치로 결정된다.
⑤ 사채는 상환시기에 따라 조기상환사채, 만기상환사채로 구분된다.

**04.** ㈜경북은 20X1년 1월 1일에 만기가 3년인 액면금액 ₩100,000(표시이자율 10%, 이자는 매년말 지급)인 사채를 ₩95,196에 할인발행하였다. 사채발행 당시 유효이자율은 12%이다. ㈜경북의 20X1년 12월 31일 사채할인발행차금 상각액을 계산하면 얼마인가? 단, 이자비용 계산시 원단위 미만은 반올림할 것.

① ₩1,000　② ₩1,423　③ ₩9,519
④ ₩10,000　⑤ ₩11,423

**05.** 20X1년 1월 1일 ㈜경북은 만기가 3년인 액면금액 ₩2,000,000(표시이자율 10%, 이자는 매년말 지급)인 사채를 발행하였다. 발행당시 유효이자율은 12%였다. ㈜경북의 사채의 발행금액은 얼마인가?

| r | 일회금액 ₩1의 현가계수(n=3) | 기말연금 ₩1의 현가계수(n=3) |
|---|---|---|
| 10% | 0.7513 | 2.4869 |
| 12% | 0.7118 | 2.4018 |

① ₩1,999,980　② ₩1,961,079　③ ₩1,903,960
④ ₩1,846,926　⑤ ₩2,000,000

**06.** 사채가 할인발행된 경우에 대한 설명으로 옳지 않은 것은?

① 사채할인발행차금 상각액은 매기 증가한다.
② 사채의 장부금액은 매기 증가한다.
③ 사채이자비용은 매기 감소한다.
④ 사채발행시점에 발생한 사채발행비는 사채의 만기 동안에 걸쳐 유효이자율법을 적용하여 비용화한다.
⑤ 만기에 사채의 장부금액과 액면금액은 일치한다.

**07.** ㈜경북은 20X1년 1월 1일에 만기가 3년인 액면금액 ₩1,000,000(표시이자율 10%, 이자는 매년말 지급)인 사채를 ₩952,000에 할인발행하였다. 사채발행 당시 유효이자율은 12%이다. ㈜경북이 20X1년 12월 31일 사채 전부를 ₩960,000에 매입 상환하였다면 사채상환손익은 얼마인가? 단, 원단위 미만은 반올림할 것.

① 상환손실 ₩8,000　② 상환이익 ₩8,000
③ 상환손실 ₩6,240　④ 상환이익 ₩6,240
⑤ 상환손실 ₩48,000

**08.** ㈜대구는 20X1년초 액면금액 ₩1,000,000인 사채를 ₩875,650에 발행하였다. 발행당시 유효이자율은 연 10%이며, 이자는 매년말에 지급한다. 20X1년말 사채와 관련하여 사채할인발행차금상각액이 ₩27,565라면 사채의 표시이자율은 몇 %인가?

① 4% ② 5% ③ 6%
④ 7% ⑤ 8%

**09.** 다음은 ㈜경북의 사채 관련 자료이다. 이를 통해 알 수 있는 내용으로 옳은 것은?

• 20X1년 1월 1일 사채 발행시의 회계처리(만기 3년)

| | | | |
|---|---|---|---|
| (차) 현금 | 950,263 | (대) 사채 | 1,000,000 |
| 사채할인발행차금 | 49,737 | | |

• 20X1년 12월 31일 이자지급시의 회계처리

| | | | |
|---|---|---|---|
| (차) 이자비용 | 95,026 | (대) 현금 | 80,000 |
| | | 사채할인발행차금 | 15,026 |

① 이자비용은 만기까지 매년 감소한다.
② 사채의 장부금액은 만기까지 계속 증가한다.
③ 표시이자율은 연 10%이다.
④ 사채할인발행차금 상각액은 만기까지 매기 감소한다.
⑤ 사채는 할증발행되었다.

**10.** ㈜경북은 카메라를 제조하여 판매하는 기업이다. 20X1년에 카메라 10대를 대당 ₩40,000에 판매하였다. 카메라에 대한 제품보증기간은 1년이며, 과거의 경험에 비추어 볼 때 카메라 1대당 ₩2,000의 제품보증비가 발생할 것으로 합리적으로 추정하고 있다. 또한 20X1년중 실제로 수행한 제품보증활동으로 인해 ₩5,000이 지출되었다. 20X1년말 ㈜경북의 재무상태표상에 표시될 제품보증충당부채 금액은 얼마인가?

① ₩0 ② ₩5,000 ③ ₩10,000
④ ₩15,000 ⑤ ₩20,000

## ✪ 주관식 문제

**01.** 20X1년 1월 1일 ㈜경북은 표시이자율 12%, 액면금액 ₩300,000인 5년 만기 사채를 발행하였다. 이자는 매년 12월 31일에 지급된다. 발행당시 유효이자율은 10%이다. 아래의 물음에 답하시오.

(1) 20X1년 1월 1일 사채발행시의 회계처리를 제시하시오.

(2) 20X1년부터 20X3년까지의 사채발행차금 상각표를 작성하시오.

(3) 20X1년 12월 31일, 20X2년 12월 31일, 20X3년 12월 31일의 회계처리를 하시오.

**02.** 20X1년 1월 1일 ㈜경북은 표시이자율 12%, 액면금액 ₩300,000인 5년 만기 사채를 발행하였다. 이자는 매년 12월 31일에 지급된다. 발행당시 유효이자율은 14%이다. 아래의 물음에 답하시오. (단, 원단위 미만은 반올림할 것)

(1) 20X1년 1월 1일 사채발행시의 회계처리를 제시하시오.

(2) 20X1년부터 20X3년까지의 사채발행차금 상각표를 작성하시오.

(3) 20X1년 12월 31일, 20X2년 12월 31일, 20X3년 12월 31일의 회계처리를 하시오.

**03.** 20X1년 1월 1일 ㈜경북은 표시이자율 8%(이자는 매년말 지급), 액면금액 ₩100,000인 5년 만기 사채를 ₩92,400에 발행하였다. 발행당시 유효이자율은 10%이었다. 20X3년 1월 1일 동 사채 중 50%를 ₩50,000에 상환하였다. 20X3년 1월 1일 ㈜경북이 인식할 사채상환손익은 얼마인가?

## 정답 및 해설

### ✪ 객관식 문제

**01.** ③ 유동부채에 대한 설명으로 보기 중 유동부채에 해당하는 것은 '단기차입금'이다.

**02.** ② 일반적인 상거래와 관련된 채무는 받을어음 또는 외상매입계정을 사용하고, 받을어음과 외상매입금계정은 재무제표 작성시 매입채무계정으로 통합표시된다.

| | | | | | |
|---|---|---|---|---|---|
| ① | (차) 건물 | 1,000,000 | (대) 미지급금 | 1,000,000 |
| ② | (차) 원재료 | 100,000 | (대) 지급어음 | 100,000 |
| ③ | (차) 투자부동산 | 2,000,000 | (대) 미지급금 | 2,000,000 |
| ④ | (차) 외상매출금 | 500,000 | (대) 매출 | 500,000 |
| ⑤ | (차) 급여 | 100,00 | (대) 현금 | 100,000 |

**03.** ③ 사채가 할증발행되면 사채할증발행차금 환입액은 매년 증가한다.

**04.** ②

20X1년 이자비용: ₩95,196×12%=₩11,423

| | | | | |
|---|---|---|---|---|
| 20X1년 12월 31일 | (차) 이자비용 | 11,423 | (대) 현금 | 10,000 |
| | | | 사채할인발행차금 | 1,423 |

**05.** ③

원금의 현재가치: ₩2,000,000×0.7118=₩1,423,600

이자의 현재가치: ₩200,000×2.4018=₩480,360

따라서 사채의 발행금액은 ₩1,903,960이다.

**06.** ③ 사채가 할인발행되는 경우에 사채이자비용은 매기 증가한다.

**07.** ④

20X1년 사채이자비용: ₩952,000×12%=₩114,240

| | | | | |
|---|---|---|---|---|
| 20X1년 12월 31일 | (차) 이자비용 | 114,240 | (대) 현금 | 100,000 |
| | | | 사채할인발행차금 | 14,240 |

20X1년 12월 31일 사채의 장부금액: ₩952,000+₩14,240=₩966,240

따라서 사채상환이익 ₩6,240 발생(=₩966,240−₩960,000)

| | | | | |
|---|---|---|---|---|
| 사채상환에 따른 회계처리 | (차) 사채 | 1,000,000 | (대) 현금 | 960,000 |
| | | | 사채할인발행차금 | 33,760 |
| | | | 사채상환이익 | 6,240 |

**08.** ③

현금지급이자 = 이자비용 − 사채할인발행차금 상각액

= (₩875,650 × 0.1) − ₩27,565 = ₩60,000

따라서 표시이자율은 6%( = ₩60,000 ÷ ₩1,000,000)

**09.** ②

매기말 사채할인발행차금 상각액은 증가하며, 상각액을 사채장부금액에 가산하므로 사채장부금액과 이자비용도 증가한다.

총이자비용과 현금지급액을 통해 유효이자율(₩95,026 ÷ ₩950,263 = 10%)과 액면이자율(₩80,000 ÷ ₩1,000,000 = 8%)을 알 수 있다.

**10.** ④

제품보증충당부채의 추정: 10대 × ₩2,000 = ₩20,000

실제 보증활동비 지출액: ₩5,000

따라서 제품보증충당부채 잔액: ₩15,000( = ₩20,000 − ₩5,000)

## ✪ 주관식 문제

**01.** 사채의 발행금액 계산 = 원금의 현재가치 + 이자의 현재가치

= (₩300,000 × 0.6209) + (₩36,000 × ₩3.7908) = ₩322,739

(1) 발행시의 회계처리

| (차) 현금 | 322,739 | (대) 사채 | 300,000 |
|---|---|---|---|
| | | 사채할증발행차금 | 22,739 |

(2) 사채할증발행차금 환입표의 작성

| 연도 | 이자 | | 사채할증발행차금 | | 장부금액 |
|---|---|---|---|---|---|
| | 현금지급액 | 유효이자 | 당기환입액 | 미환입잔액 | |
| 20X1년 1월 1일 | − | − | − | ₩22,739 | ₩322,739 |
| 20X1년 12월 31일 | ₩36,000 | ₩32,274 | ₩3,726 | 19,013 | 319,013 |
| 20X2년 12월 31일 | 36,000 | 31,901 | 4,099 | 14,914 | 314,914 |
| 20X3년 12월 31일 | 36,000 | 31,491 | 4,509 | 10,405 | 310,405 |

또는

| 연도 | 기초장부금액 | 유효이자 | 표시이자 | 상각액 | 기말장부금액 |
|---|---|---|---|---|---|
| 20X1년말 | ₩322,739 | ₩32,274 | ₩36,000 | ₩3,726 | ₩319,013 |
| 20X2년말 | 319,013 | 31,901 | 36,000 | 4,099 | 314,914 |
| 20X3년말 | 314,914 | 31,491 | 36,000 | 4,509 | 310,405 |

(3) 이자지급시의 회계처리

| | | | | | |
|---|---|---|---|---|---|
| 20X1년 12월 31일 | (차) 이자비용 | 32,274 | (대) 현금 | 36,000 |
| | 사채할증발행차금 | 3,726 | | |
| 20X년 12월 31일 | (차) 이자비용 | 31,901 | (대) 현금 | 36,000 |
| | 사채할증발행차금 | 4,099 | | |
| 20X3년 12월 31일 | (차) 이자비용 | 31,491 | (대) 현금 | 36,000 |
| | 사채할증발행차금 | 4,509 | | |

**02.** 사채의 발행금액 계산＝원금의 현재가치＋이자의 현재가치

＝(₩300,000×0.5194)＋(₩36,000×3.4331)＝₩279,412

(1) 발행시의 회계처리

| | | | |
|---|---|---|---|
| (차) 현금 | 279,412 | (대) 사채 | 300,000 |
| 사채할인발행차금 | 20,588 | | |

(2) 사채할인발행차금 상각표의 작성

| 연도 | 이자 | | 사채할인발행차금 | | 장부금액 |
|---|---|---|---|---|---|
| | 현금지급액 | 유효이자 | 당기상각액 | 미상각잔액 | |
| 20X1년 1월 1일 | – | – | – | ₩20,588 | ₩279,412 |
| 20X1년 12월 31일 | ₩36,000 | ₩39,118 | ₩3,118 | 17,470 | 282,530 |
| 20X2년 12월 31일 | 36,000 | 39,554 | 3,554 | 13,916 | 286,084 |
| 20X3년 12월 31일 | 36,000 | 40,052 | 4,052 | 9,864 | 290,136 |

또는

| 연도 | 기초장부금액 | 유효이자 | 표시이자 | 상각액 | 기말장부금액 |
|---|---|---|---|---|---|
| 20X1년말 | ₩279,412 | ₩39,118 | ₩36,000 | ₩3,118 | ₩282,530 |
| 20X2년말 | 282,530 | 39,554 | 36,000 | 3,554 | 286,084 |
| 20X3년말 | 286,084 | 40,052 | 36,000 | 4,052 | 290,136 |

(3) 이자지급시의 회계처리

| | | | | | |
|---|---|---|---|---|---|
| 20X1년 12월 31일 | (차) 이자비용 | 39,118 | (대) | 현금 | 36,000 |
| | | | | 사채할인발행차금 | 3,118 |
| 20X2년 12월 31일 | (차) 이자비용 | 39,554 | (대) | 현금 | 36,000 |
| | | | | 사채할인발행차금 | 3,554 |
| 20X3년 12월 31일 | (차) 이자비용 | 40,052 | (대) | 현금 | 36,000 |
| | | | | 사채할인발행차금 | 4,052 |

**03.** 사채에 대하여 순차적으로 회계처리 하면 다음과 같다.

(1) 20X1년 1월 1일 사채 발행시의 회계처리

| | | | |
|---|---|---|---|
| (차) 현금 | 92,400 | (대) 사채 | 100,000 |
| 사채할인발행차금 | 7,600 | | |

(2) 이자지급시의 회계처리

| | | | | | |
|---|---|---|---|---|---|
| 20X1년 12월 31일 | (차) 이자비용 | 9,240 | (대) | 현금 | 8,000 |
| | | | | 사채할인발행차금 | 1,240 |
| 20X2년 12월 31일 | (차) 이자비용 | 9,364 | (대) | 현금 | 8,000 |
| | | | | 사채할인발행차금 | 1,364 |

20X2년 사채의 장부금액은 ₩95,004(=₩92,400+₩1,240+₩1,364)

20X3년 1월 1일 사채의 50%를 상환하므로 상환되는 사채의 장부금액은 ₩47,502이고, 이를 ₩50,000에 상환하므로 사채상환손실 ₩2,498이며, 다음과 같이 회계처리 한다.

(3) 20X3년 1월 1일 사채 50% 상환시의 회계처리

| | | | |
|---|---|---|---|
| (차) 사채 | 50,000 | (대) 현금 | 50,000 |
| 사채상환손실 | 2,498 | 사채할인발행차금 | 2,498 |

(추가설명) 20X2년말 사채관련 부분재무상태표는 다음과 같다.

| | | |
|---|---|---|
| **비유동부채** | | |
| 사채 | 100,000 | |
| 사채할인발행차금 | (4,996) | 95,004 |

이 사채의 50%가 상환되므로 사채금액의 50%에 해당하는 ₩50,000과 사채할인발행차금의 50%에 해당하는 ₩2,498이 장부에서 제거되어야 한다.

CHAPTER

# 11 자본

재무상태표

㈜서울 20X1년 12월 31일 현재 (단위: 원)

| 부채와자본 | |
|---|---|
| 자본 | |
| Ⅰ. 납입자본 | XXX |
| Ⅱ. 기타자본구성요소 | XXX |
| Ⅲ. 이익잉여금 | XXX |
| 자본총계 | XXX |

| 주석 | | |
|---|---|---|
| 20. 납입자본 | | |
| | 자본금 | XXX |
| | 자본잉여금 | XXX |
| | 합계 | XXX |
| 21. 기타자본구성요소 | | |
| | 기타포괄손익누계액 | XXX |
| | 자본조정 | XXX |
| | 합계 | XXX |
| 22. 이익잉여금 | | |
| | 법정적립금 | XXX |
| | 임의적립금 | XXX |
| | 미처분이익잉여금 | XXX |
| | 합계 | XXX |

## 학습목표

1. 자본의 분류에 대해 설명할 수 있다.
2. 주식의 발행에 대해 회계처리 할 수 있다.
3. 유상증자와 유상감자에 대해 설명할 수 있다.
4. 무상증자와 무상감자에 대해 설명할 수 있다.
5. 자기주식에 대해 회계처리 할 수 있다.
6. 이익잉여금의 처분에 대해 회계처리 할 수 있다.

## 제1절 자본의 의의 및 분류

법률적 관점에서 자본은 크게 법정자본과 잉여금으로 분류할 수 있다. 여기서 법정자본은 자본금으로서 채권자 보호를 위해 기업이 보유해야 할 최소한의 금액을 의미하며, 잉여금은 자본 중 법정자본을 초과하는 금액을 의미한다.

반면 경제적 관점에서 자본은 납입자본(또는 불입자본)과 가득자본인 이익잉여금으로 분류할 수 있다. 납입자본은 주주가 납입한 금액으로 자본금과 자본잉여금으로 구성되고, 이익잉여금은 기업의 경영활동으로 획득한 이익을 사외로 유출하지 않고 기업 내부에 유보한 금액으로 유보이익이라고도 한다.

여기서 법정자본이란 상법에서 언급하고 있는 자본으로, 발행주식수에 1주당 액면금액을 곱하여 계산하며 회계학에서는 이를 자본금이라고 한다. 예를 들어 다음과 같은 기업을 가정해보자.

---

A기업은 신주를 발행하여 사업확장에 필요한 자금을 조달하고자 한다. A기업의 주식 1주당 액면금액은 ₩5,000이다. A기업은 주식을 1주당 ₩7,000에 10주를 발행하여 필요한 자금을 조달하였다.

---

이 경우에 법정자본은 다음과 같이 계산되다.

발행주식수×액면금액=10주×₩5,000=₩50,000

반면 주주로부터 납입받는 납입자본은 다음과 같이 계산된다.

발행주식수×발행금액=10주×₩7,000=₩70,000

결국 법정자본과 납입자본 간에 ₩20,000의 차이가 발생하게 된다. 이 경우 법률적 관점에서는 ₩20,000은 잉여금에 해당하지만, 경제적 관점에서는 ₩20,000은 주주(소유주)와의 거래에서 발생한 잉여금이므로 자본잉여금으로 분류된다. 이렇듯 회계학에서는 잉여금을 주주와의 자본거래에서 발생한 잉여금인 자본잉여금과 손익거래에서 발생한 이익잉여금으로 명확하게 구분하고 있다.

한국채택국제회계기준에서는 자본을 다음과 같이 크게 납입자본, 기타자본구성요소, 이익잉여금의 3가지로 구분한다. 한국채택국제회계기준은 원칙중심회계로 기업이 한국채택국제회계기준 원칙에서 벗어나지 않는다면 다양한 분류기준을 적용할 수 있다.

**[자본의 분류와 종류]**

<table>
<tr><td rowspan="2">납입자본</td><td colspan="2">자본금</td><td>보통주자본금, 우선주자본금</td></tr>
<tr><td colspan="2">자본잉여금</td><td>자기주식처분이익, 감자차익, 주식발행초과금</td></tr>
<tr><td rowspan="3">기타자본구성요소</td><td colspan="2">기타포괄손익누계액</td><td>기타포괄손익－공정가치측정금융자산평가손익(OCI)</td></tr>
<tr><td rowspan="2">자본조정</td><td>자기주식</td><td>자기회사가 발행한 주식을 취득한 경우</td></tr>
<tr><td>기타자본조정</td><td>자기주식처분손실, 감자차손, 주식할인발행차금</td></tr>
<tr><td rowspan="3">이익잉여금</td><td colspan="2">법정적립금</td><td>이익준비금 등</td></tr>
<tr><td colspan="2">임의적립금</td><td>사업확장적립금, 감채적립금 등</td></tr>
<tr><td colspan="2">미처분이익잉여금</td><td>처분되지 않고 차기로 이월되는 이익잉여금</td></tr>
</table>

## 제2절 납입자본

### 1. 자본금

**자본금**(capital stock)은 법정자본금이라고 하며, 교부한 주식의 액면금액을 의미한다. 즉, 자본금은 발행한 주식의 총수에 주당 액면금액을 곱하여 계산할 수 있다.

기업이 발행하는 주식은 크게 우선주와 보통주로 구분할 수 있다. **보통주**(common stock)는 주식회사가 반드시 발행하여야 하는 기본적인 주식으로 보통주는 회사의 잔여재산에 대한 청구권을 지닌다. 반면 **우선주**(preferred stock)는 보통주에 비하여 배당을 우선적으로 받을 수 있는 권리가 부여되어 있는 주식을 의미한다. 일반적으로 우선주는 보통주와 달리 기업의 경영의사결정과정에 참여할 수 없으므로 의결권이 없다.

기업이 주식을 발행할 때 주식의 액면금액과 동일한 금액으로 주식이 발행되면, 이를 **액면발행**(issue at par)이라고 한다. 반면 주식의 발행금액이 액면금액을 초과하는 경우를 **할증발행**(issue on premium), 주식의 발행금액이 액면금액에 미달하는 경우를 **할인발행**(issue at discount)이라 한다.

주식이 할증발행된 경우 발행금액과 액면금액의 차이를 **주식발행초과금**(paid-in capital in excess of par value)이라고 한다. 주식발행초과금은 주주로부터 납입된 금액이 법정자본금을 초과하는 것으로 자본잉여금으로 분류되고, 이는 자본의 가산항목이다.

반면 주식이 할인발행된 경우에는 발행금액과 액면금액의 차이를 **주식할인발행차금**(discount on stock)이라고 한다. 주식할인발행차금은 납입된 금액이 법정자본금에 미달하는 것으로 기타자본구성요소로 분류하고 자본에서 차감하는 항목이다. 이러한 주식할인발행차금은 자본조정[1]으로 분류한다.

**주식발행의 형태**

액면발행: 주식의 발행금액 = 주식의 액면금액
할인발행: 주식의 발행금액 < 주식의 액면금액
할증발행: 주식의 발행금액 > 주식의 액면금액

따라서 주식이 액면발행, 할인발행, 할증발행되는 경우에는 기업이 수행하여야 할 회계처리는 다음과 같다.

1) 자본조정이란 당해 항목의 성격으로 보아 자본거래에 해당하나 최종 납입된 자본으로 볼 수 없거나 자본의 가감 성격으로 자본금이나 자본잉여금으로 분류할 수 없는 항목을 말한다.

[주식의 액면발행]

액면금액 ₩1,000인 보통주 1,000주와 액면금액 ₩1,000인 우선주 500주를 현금을 받고 액면가액으로 발행하였다면 다음과 같이 회계처리 한다.

| | | | | |
|---|---|---|---|---|
| (차) | 현금 | 1,500,000 | (대) 보통주자본금 | 1,000,000 |
| | | | 우선주자본금 | 500,000 |

[주식의 할인발행]

액면금액 ₩1,000인 보통주식 1,000주를 주당 ₩800에 발행한 경우 다음과 같이 회계처리 한다.

| | | | | |
|---|---|---|---|---|
| (차) | 현금 | 800,000 | (대) 보통주자본금 | 1,000,000 |
| | 주식할인발행차금 | 200,000 | | |

[주식의 할증발행]

액면금액 ₩1,000인 보통주식 1,000주를 주당 ₩1,200에 발행한 경우 다음과 같이 회계처리 한다.

| | | | | |
|---|---|---|---|---|
| (차) | 현금 | 1,200,000 | (대) 보통주자본금 | 1,000,000 |
| | | | 주식발행초과금 | 200,000 |

**예제 주식발행시의 회계처리**

다음은 ㈜인천의 자본관련 거래이며, 각 거래는 상호독립적이다.

(1) ㈜인천은 회사 설립시 ㈜대구로부터 현금 ₩20,000을 출자받고 그 대가로 액면 ₩5,000인 주식 3주를 발행하여 교부하다.

(2) ㈜인천은 회사 설립 후 ㈜서울로부터 현금 ₩10,000을 출자받고 그 대가로 액면 ₩5,000인 주식 3주를 발행하여 교부하다.

**| 물음 |**

위의 거래와 관련하여 ㈜인천이 수행할 회계처리를 하시오.

**| 풀이 |**

| | | | | | |
|---|---|---|---|---|---|
| (1) | (차) 현금 | 20,000 | (대) | 자본금 | 15,000 |
| | | | | 주식발행초과금 | 5,000 |
| (2) | (차) 현금 | 10,000 | (대) | 자본금 | 15,000 |
| | 주식할인발행차금 | 5,000 | | | |

## 2. 자본잉여금

**자본잉여금**은 증자나 감자 등 자본과 관련된 거래에서 발생하는 잉여금을 의미한다. 앞서 설명한 바와 같이 회계학에서는 손익거래를 통한 잉여금인 이익잉여금과 자본거래를 통한 잉여금인 자본잉여금을 명확하게 구분한다. 이러한 자본잉여금에는 주식발행초과금, 감자차익, 자기주식처분이익 등이 있으며, 자기주식의 경우에는 절을 달리하여 설명하도록 한다.

기업은 자금을 조달할 필요가 있을 때 주식을 발행하고, 자본을 감소시킬 필요할 필요가 있는 경우에 발행한 주식을 매입하여 소각한다. 주식을 발행하면 자본금이 증가하게 되고, 이를 **증자**라고 한다. 반면 발행한 주식을 매입소각하는 경우에 자본금이 감소하게 되고, 이를 **감자**라고 한다. 따라서 증자 및 감자가 이루어지면 자본금의 증가 및 자본금의 감소가 수반된다.

증자는 실질적 증자 및 형식적 증자로 구분되고, 감자의 경우에도 실질적인 감자와 형식적인 감자로 구뷴한다. 여기서 실질적이란 의미는 증자나 감자에서 실질적인 대가의 수반이나 지급이 이루어지는 경우를 의미하고, 형식적이란 의미는 실질적인 대가의 수반이나 지급 없이 자본의 구성항목 간의 변동을 발생시키는 것을 의미한다. 따라서 **실질적 증자**가 발생하면 자본금이 증가하고 동시에 자본총계가 증가한다. 반면 **형식적 증자**가 이루어지면 자본금은 증가하나 자본총계에는 변화가 없다. 이와 동일하게 **실질적 감자**가 이루어지면 자본금이 감소하고 동시에 자본총계가 감소하게 된다. 반면 **형식적 감자**가 이루어지면 자본금은 감소하나 자본총계에는 변화가 없다. 이하에서는 이러한 내용을 보다 구체적으로 살펴보도록 한다.

### 1) 자본금의 증가

앞서 설명한 바와 같이 자본금의 증가를 증자라고 하며, 증자에는 실질적인 증자와 형식적인 증자가 있다. 여기서 실질적인 증자를 **유상증자**라고 한다. 즉, 어떤 대가를 수령하고 주식을 발행하는 것을 실질적인 증자라고 한다. 앞의 예제에서 ㈜인천이 회사를 설립하고 ㈜대구로부터 현금 ₩18,000을 출자받고 그 대가로 액면금액 ₩5,000인 주식 2주를 발행하여 교부한 거래를 살펴보자, ㈜인천은 주식을 발행한 대가로 실제 현금

₩18,000을 수령하였다. 그리고 액면금액 ₩5,000인 주식 2주를 발행하였다. 이 경우에 ㈜인천 입장에서는 자본금이 ₩10,000 증가하고, 동시에 주식발행초과금이라는 자본잉여금이 ₩8,000 증가하게 된다. 결국 자본금이 ₩10,000 증가하면서 동시에 자본총계가 ₩18,000만큼 증가하게 된다. 이러한 증자를 실질적 증자라고 한다. 따라서 유상증자와 같은 실질적 증자가 발생하게 되면 자본금과 자본총계가 동시에 증가하게 된다.

| | | | |
|---|---|---|---|
| (차) 현금 | 18,000 | (대) 자본금 | 10,000 |
| | | 주식발행초과금 | 8,000 |

반면 형식적 증자는 주식을 발행하면서 어떤 대가를 수반하지 않는 것을 의미하고, 유상증자와 구분되는 용어로 무상증자라고도 한다. 기업은 주식을 발행하기 위하여 기존에 보유하고 있는 주식발행초과금이나 이익잉여금을 자본에 전입할 수 있다. 예를 들어, ㈜인천이 주식발행초과금 ₩10,000을 재원으로 하여 액면금액 ₩5,000인 주식 2주를 발행하였다고 가정해보자. 이 경우 ㈜인천은 다음과 같은 회계처리를 수행하게 된다.

| | | | |
|---|---|---|---|
| (차) 주식발행초과금 | 10,000 | (대) 자본금 | 10,000 |

이 경우 ㈜인천의 입장에서는 자본금이 ₩10,000 증가하므로 증자에 해당한다. 그러나 자본총계에는 변화가 없다. 왜냐하면 자본금이 ₩10,000 증가한 만큼 자본잉여금이 ₩10,000 감소하게 되므로 자본총계에는 변화가 없는 것이다. 이러한 증자를 형식적 증자라 한다.

이러한 형식적 증자와 유사한 성격으로 주식배당이 있다. 기업은 현금으로 배당하는 현금배당과 주식으로 배당하는 주식배당을 이용할 수 있다.

㈜인천이 발행하여 유통되고 있는 보통주식(액면금액 ₩5,000)이 1,000주이고, 1주당 0.1주에 해당하는 주식배당을 실행하였다고 가정해보자, 이 경우 ㈜인천은 이익잉여금을 재원으로 하여 100주(1,000주×0.1주)에 해당하는 주식을 추가로 발행하여 주주에게 교부할 것이다. 이 경우 ㈜인천은 다음과 같은 회계처리를 수행한다.

| | | | |
|---|---|---|---|
| (차) 미처분이익잉여금 | 500,000 | (대) 자본금 | 500,000 |

이처럼 주식배당의 경우에는 자본금은 증가하나 자본금이 증가하는 만큼 이익잉여금이 감소하므로 자본총계에는 변화가 없다. 따라서 주식배당의 경우에 무상증자와 동일한 효과가 나타나게 된다.

**예제 ○ 형식적 증자**

다음은 20X1년 12월 31일 ㈜경남의 자본계정이다.

| | | |
|---|---|---|
| 자본: | 자본금(액면 ₩500) | ₩2,000,000 |
| | 주식발행초과금 | 5,000,000 |
| | 이익준비금 | 1,000,000 |
| | 미처분이익잉여금 | 4,000,000 |
| | | ₩12,000,000 |

㈜경남은 20X2년 주주총회에서 1,000주의 주식배당과 주식발행초과금을 재원으로 무상주 1,000주를 교부하기로 하고, 이를 실행하였다.

**| 물음 |**

(1) 주식배당 및 무상주 교부시 ㈜경남이 수행하여야 할 회계처리를 제시하시오.
(2) 무상증자후 ㈜경남의 자본계정을 나타내시오.

**| 풀이 |**

| | | | | | |
|---|---|---|---|---|---|
| (1) | ① | (차) 주식발행초과금 | 500,000 | (대) 자본금 | 500,000 |
| | ② | (차) 미처분이익잉여금 | 500,000 | (대) 자본금 | 500,000 |

(2) 부분재무상태표

| | | |
|---|---|---|
| 자본: | 자본금(액면 ₩500) | ₩3,000,000 |
| | 주식발행초과금 | 4,500,000 |
| | 이익준비금 | 1,000,000 |
| | 미처분이익잉여금 | 3,500,000 |
| | | ₩12,000,000 |

### 2) 자본금의 감소

주식회사가 상법의 규정에 따라 필요한 자본금을 감소시키는 것을 감자라고 하며, 감자에는 실질적인 감자와 형식적인 감자가 있다. 여기서 실질적인 감자를 유상감자라고 한다.

**유상감자**는 기업이 발행한 주식 중 일부를 유상으로 매입 후 소각하는 것을 의미하며, 이 경우 발행주식의 취득금액에 따라 감자차익과 감자차손이 나타나게 된다. **감자차익**은 감자로 인한 이익으로 자본잉여금에 해당하며, **감자차손**은 감자로 인한 손실로 기타자본조정항목에 해당하는데 자본에서 차감해 주는 항목이다. 이러한 감자차익과 감자차손은 서로 상계함을 원칙으로 한다. 이러한 유상감자는 자본금이 감소하면서 동시에 자본총계가 감소하는 효과를 가져온다.

| | | | |
|---|---|---|---|
| (차) 자본금 | XXX | (대) 현금 | XXX |
| | | 감자차익 | XXX |

서로 상계함

| | | | |
|---|---|---|---|
| (차) 자본금 | XXX | (대) 현금 | XXX |
| 감자차익 | XXX | | |
| 감자차손 | XXX | | |

반면 형식적 감자는 자본금을 감소시키는데 어떤 대가를 지급하지 않는 것을 의미하며, 이를 **무상감자**라고 한다. 무상감자가 발생하면 자본금은 감소하지만, 자본총계는 변화하지 않는다. 무상감자의 대표적인 형태가 이월결손금을 보전(또는 전보)하기 위하여 자본금을 감소시키는 것이다. 무상감자의 회계처리에 대한 예시는 다음과 같다.

| | | | |
|---|---|---|---|
| (차) 자본금 | XXX | (대) 이월결손금 | XXX |
| | | 감자차익 | XXX |

# 제3절 기타자본구성요소

## 1. 자기주식

**자기주식**(treasury shares)이란 회사가 이미 발행한 주식을 매입한 것을 의미한다. 자기주식[2]을 보유하게 되면 시장에서 유통되는 기업의 주식수는 줄어들게 된다. 자기주식은 상법에 따라 소각하거나 재발행할 목적으로만 취득할 수 있다. 그리고 자기주식의 경우에는 자본에서 차감해주는 형태로 표시되므로 자기주식을 보유하면 자본총계는 감소하게 된다. 이러한 자기주식은 의결권이 없으며, 배당 또한 지급하지 않는다.

### 1) 자기주식의 취득

자기주식의 취득과 관련한 회계처리 방법에는 액면금액법과 원가법이 있다. 액면금액법은 자기주식의 취득원가를 액면금액으로 기록하는 방법이며, 이 경우에 실제 자기주식의 취득시에 실제 취득원가와 액면금액의 차이가 존재하게 된다. 반면 원가법은 자기주식의 실제 취득원가를 취득원가로 기록하는 방법이다. 예를 들어, 회사가 발행한 액면금액 ₩5,000의 주식 1주를 주당 ₩7,000에 취득하였다고 가정해보자. 이 경우 액면금액법을 적용하면 자기주식의 취득원가는 액면금액인 ₩5,000으로 기록된다. 반면 원가법을 적용하면 자기주식의 취득원가는 실제 취득원가인 ₩7,000으로 기록된다. 이 두 가지 방법 중 우리나라에서는 보편적으로 원가법을 사용하여 자기주식에 대한 회계처리를 수행한다.

### 2) 자기주식의 소각 및 재발행

자기주식은 소각 및 재발행을 목적으로 하여 취득할 수 있다. 자기주식의 소각은 결국 자본금을 감소시키게 되므로 앞서 설명한 감자와 관련한 회계처리와 동일하다.

자기주식을 재발행하는 경우에는 재발행가격(처분가격)이 취득원가보다 높으면 이 차이를 **자기주식처분이익**으로 기록한다. 자기주식처분이익은 자본거래를 통한 이익이

---

2) 일상생활에서는 자기주식이란 용어보다 자사주라는 용어가 보다 보편적으로 많이 사용되고 있다.

므로 자본잉여금에 해당한다. 반면 자기주식을 취득원가 이하로 처분했을 경우에는 그 손실을 **자기주식처분손실**로 기록하게 된다.[3)] 이러한 자기주식처분손실은 자본의 차감항목으로 기타자본조정으로 분류한다.

**예제 ○ 자기주식**

㈜대구가 자기주식 관련거래를 수행하기 전에 총계정원장에는 다음과 같은 계정잔액이 있었다. ㈜대구는 자기주식거래에 있어서 계속기록법에 의한 선입선출법을 적용하고 있다.

| | |
|---|---|
| 보통주자본금(액면 ₩50) | ₩180,000 |
| 주식발행초과금 | 54,000 |
| 이익잉여금 | 45,000 |

㈜대구의 당기중 자기주식 관련 거래는 다음과 같다.

(1) 주당 ₩95으로 자기주식 300주를 매입하다.
(2) 주당 ₩100으로 자기주식 225주를 매입하다.
(3) 주당 ₩99으로 자기주식 338주를 매각하다.
(4) 주당 ₩93으로 자기주식 180주를 매각하다.
(5) 보유하고 있는 자기주식 모두를 소각하다.

**| 물음 |** 위의 거래에 대한 회계처리를 수행하시오.

**| 풀이 |**

| |  |  |  |  |
|---|---|---|---|---|
| (1) | (차) 자기주식 | 28,500* | (대) 현금 | 28,500 |
| (2) | (차) 자기주식 | 22,500** | (대) 현금 | 22,500 |
| (3) | (차) 현금 | 33,462 | (대) 자기주식 | 32,300*** |
| | | | 자기주식처분이익 | 1,162 |
| (4) | (차) 현금 | 16,740 | (대) 자기주식 | 18,000**** |
| | 자기주식처분이익 | 1,162 | | |
| | 자기주식처분손실 | 98 | | |
| (5) | (차) (보통주)자본금 | 350 | (대) 자기주식 | 700***** |
| | 감자차손 | 350 | | |

* ₩95×300주=₩28,500
** ₩100×225주=₩22,500

3) 감자차익과 감자차손의 상계와 동일하게 자기주식처분손실도 자기주식처분이익과 상계한다. 따라서 자기주식처분으로 인해 손실이 발생하게 되는 경우에는 기존에 자본잉여금에 남아있는 자기주식처분이익과 먼저 상계한 후 나머지 잔액을 자기주식처분손실로 기록하게 된다.

*** ₩95×300주+₩100×38주=₩32,300
**** ₩100×180주=₩18,000
***** ₩100×7주=₩700

## 2. 기타포괄손익누계액

포괄손익은 기업실체가 일정기간 동안 소유자와의 자본거래를 제외한 모든 거래나 사건에서 인식한 자본의 변동을 의미하며 포괄손익계산서에 보고된다. 이러한 포괄손익은 당기손익과 기타포괄손익으로 구성된다. 일반적으로 당기손익은 손익거래를 통해 실현된 손익을 의미하고, 기타포괄손익은 미실현된 손익을 의미한다. 당기손익(NI: net income)은 이익잉여금으로, 기타포괄손익(OCI: other comprehensive income)은 **기타포괄손익누계액**(OCI누계액: accumulated other comprehensive income)으로 재무상태표의 자본항목으로 대체된다. 대표적인 기타포괄손익에 해당하는 것이 유형자산 재평가잉여금, 금융자산평가손익(OCI) 등이 있다.

예를 들어, 기초에 ₩100,000에 취득한 주식을 기타포괄손익-공정가치측정금융자산(FVOCI: fair value through other comprehensive income)으로 분류하고, 기말 공정가치가 ₩130,000이라고 가정하자. 이 경우 기업은 기말에 지분증권(FVOCI)을 ₩30,000 증가시키고, 동시에 지분증권평가이익(OCI) ₩30,000을 인식하는 회계처리를 수행하게 된다. 이에 따라 포괄손익계산서에는 기타포괄손익으로 ₩30,000을 보고하고 재무상태표에는 기타포괄손익누계액으로 ₩30,000을 보고해야 한다.

[평가손익 인식]

| (차) 지분증권(FVOCI) | 30,000 | (대) 지분증권평가이익(OCI) | 30,000 |
|---|---|---|---|

[마감분개]

| (차) 지분증권평가이익(OCI) | 30,000 | (대) 지분증권평가손익(OCI누계액) | 30,000 |
|---|---|---|---|

### 3. 기타자본조정

자본조정항목에는 자기주식뿐만 아니라 주식할인발행차금, 감자차손, 자기주식처분손실 등이 있다. 이 항목은 모두 자본의 차감항목으로 기타자본조정으로 통합하여 표시된다. 이러한 항목에 대해서는 위에서 언급한 바 있다.

## 제4절 이익잉여금

### 1. 이익잉여금의 의의

**이익잉여금**(retained earning)이란 기업의 경영활동 등 이익창출활동에 의해 획득된 이익으로서 배당금 등으로 사외에 유출되거나 무상증자로 자본금 등으로 대체되지 않고 기업 내부에 유보되어 있는 금액을 의미하며, 유보이익이라고도 한다.

이익잉여금을 변동시키는 가장 대표적인 원인은 당기순손익이다. 기업이 당기순이익을 보고하게 되면, 그 금액만큼 이익잉여금이 증가하게 되고, 당기순손실을 보고하게 되면 그 금액만큼 이익잉여금이 감소하게 된다.

또한 일반적으로 배당의 재원은 이익잉여금이므로 배당을 실시하게 되면 이익잉여금이 감소하게 된다. 그리고 이익잉여금을 주식할인발행차금 상각 등에 이용할 수도 있다. 따라서 배당과 주식할인발행차금 상각 등은 이익잉여금을 감소시키는 원인이다.

| (감소) 이익잉여금 | (증가) |
|---|---|
| ① 당기순손실<br>② 배당<br>③ 주식할인발행차금상각 등 | ① 당기순이익<br>② 결손금보전에 의한 이입액 등 |

## 2. 이익잉여금의 처분

이익잉여금은 다음과 같이 다양한 용도로 사용될 수 있으며, 이러한 이익잉여금의 사용을 이익잉여금의 처분이라고 한다. 이익잉여금의 처분은 크게 배당과 같이 사외로 유출되는 것과 적립금의 적립처럼 이익잉여금의 사용 용도를 제한하는 것으로 구분할 수 있다. 이익잉여금 처분계산서의 정형화된 양식은 다음과 같다.

이익잉여금처분계산서

제X기 20X1년 1월 1일부터 20X1년 12월 31일까지

처분예정일 20X2년 X월 X일

㈜울산 (단위: 천원)

| 구분 | 당기 | |
|---|---|---|
| **미처분이익잉여금** | | XXX |
| 전기이월미처분이익잉여금 (또는 전기이월미처리결손금) | XXX | |
| 회계정책변경누적효과 | – | |
| 전기오류수정 | – | |
| 중간배당액 | XXX | |
| 당기순이익(또는 당기순손실) | XXX | |
| **임의적립금등의이입액** | | XXX |
| XXX적립금 | XXX | |
| XXX적립금 | XXX | |
| **합 계** | | XXX |
| **이익잉여금처분액** | | (XXX) |
| 이익준비금 | XXX | |
| 기타법정적립금 | XXX | |
| 주식할인발행차금상각액 | XXX | |
| 배당금 | XXX | |
| 현금배당 | | |
| 주식배당 | | |
| 사업확장적립금 | XXX | |
| 감채적립금 | XXX | |
| …… | | |
| **차기이월미처분이익잉여금** | | XXX |

이익잉여금 처분의 첫 번째는 적립금의 적립이다. 이러한 적립금은 법정적립금과 임의적립금으로 구분된다. **법정적립금**은 법의 규정에 의해 의무적으로 적립해야 하는 것으로 대표적인 것이 이익준비금이다. 이익준비금은 상법에 따라 자본충실 목적으로 매 결산기에 금전배당금액의 1/10 이상을 자본금의 1/2에 달할 때까지 적립하여야 한다. 이러한 금전배당은 결산배당뿐만 아니라 중간배당도 포함한다.

**임의적립금**은 기업이 필요에 따라 배당금으로 사외유출되는 것을 방지하기 위해 설정하는 적립금으로 적극적 적립금과 소극적 적립금으로 구분할 수 있다. **적극적 적립금**은 기업이 미래의 투자나 차입금 상환 등의 목적에 대비하여 적립한 것으로 감채적립금, 신축적립금, 사업확장적립금 등이 있다. 반면 **소극적 적립금**은 장래에 발생할 손실이나 순자산의 감소에 대비할 목적으로 적립하는 것으로 배당평균적립금, 결손보전적립금, 재해손실적립금 등이 있다.

이러한 적립금을 설정할 때는 미처분이익잉여금을 감소시키고, 그만큼 적립금을 증가시키게 된다. 예를 들어 기업이 ₩10,000에 해당하는 이익준비금을 설정할 때 회계처리는 다음과 같다.

| (차) 미처분이익잉여금 | 10,000 | (대) 이익준비금 | 10,000 |
|---|---|---|---|

그런데 여기서 주의할 점은 이익잉여금을 처분하여 적립금을 적립한다고 하더라도 이익잉여금이 사외로 유출되는 것은 아니며, 미처분이익잉여금이 아닌 다른 계정과목으로 기업 내부에 남아있게 된다. 즉, 이익잉여금의 향후 사용 용도만 제한된다. 따라서 적립금의 적립은 배당과 같이 이익잉여금이 사외로 유출되는 것이 아님을 명확하게 이해하여야 한다.

다음으로 배당을 살펴보도록 하자. **배당**(dividend)은 주주에게 투자의 대가로 이익을 분배하는 것이다. 회계학을 처음 배우는 많은 학생들이 배당을 비용으로 인식하는데, 배당은 비용이 아니라 이익의 배분이다. 이러한 배당은 **현금배당**(cash dividend)과 같은 금전배당과 **주식배당**(stock dividend)으로 구분할 수 있다. 배당과 관련하여서는 크게 3가지 일자가 중요하다. 첫째는 배당기산일로 배당받을 주주를 확정하는 날로써, 일반적으로 회계기간 말이 된다. 배당기산일의 경우 배당받을 주주만 확정되고, 배당할 금액과 시기는 확정되지 않는다. 따라서 기업의 경우에 배당기산일에는 아무런 회계처리를 하지 않는다. 둘째는 배당결의일로 지급할 배당금이 확정되는 날로써, 일반적으로 정기주주총회일이 이에 해당한다. 배당결의일의 경우 지급할 배당금이 확정되므로 기업은 미처분이익잉여금을 감소시키고, 미지급배당금(현금배당의 경우)이나 미교부주식배당금(주식배당의 경우)을 인식한다.[4] 마지막은 배당지급일이다. 배당지급일에 비로소 배당금이 지급되므로 미지급배당금과 미교부주식배당금을 장부에서 제거하고 현금이나 자본금을 계상하게 된다.

[현금배당의 경우]

| | | | | |
|---|---|---|---|---|
| 배당기산일 | 회계처리 없음 | | | |
| 배당결의일 | (차) 미처분이익잉여금 | XXX | (대) 미지급배당금 | XXX |
| 배당지급일 | (차) 미지급배당금 | XXX | (대) 현금 | XXX |

**예제 ○ 현금배당**

㈜강원의 배당과 관련된 거래는 다음과 같다.
(1) 2월 25일: 정기주주총회에서 현금배당 ₩5,000을 지급하기로 결의하다.
(2) 3월 15일: 2월 25일 결의한 현금배당액 ₩5,000을 주주에게 지급하다.

**| 물음 |** 위의 거래에 대하여 ㈜강원의 입장에서 회계처리를 수행하시오.

**| 풀이 |**

| | | | | |
|---|---|---|---|---|
| (1) | (차) 미처분이익잉여금 | 5,000 | (대) 미지급배당금 | 5,000 |
| (2) | (차) 미지급배당금 | 5,000 | (대) 현금 | 5,000 |

[주식배당의 경우]

| | | | | |
|---|---|---|---|---|
| 배당기산일 | 회계처리 없음 | | | |
| 배당결의일 | (차) 미처분이익잉여금 | XXX | (대) 미교부주식배당금 | XXX |
| 배당지급일 | (차) 미교부주식배당금 | XXX | (대) 자본금 | XXX |

4) 미지급배당금의 경우에는 유동부채로 인식하고, 미교부주식배당금의 경우에는 자본에 가산하는 기타자본조정항목으로 인식한다.

**예제 주식배당**

㈜충북의 배당과 관련된 거래는 다음과 같다.

(1) 2월 25일: 정기주주총회에서 총 10주(액면금액 ₩5,000)를 배당하기로 결의하다.

(2) 3월 15일: 2월 25일 결의한 주식 10주를 주주에게 교부하다.

**| 물음 |** 위의 거래에 대하여 ㈜충북의 입장에서 회계처리를 수행하시오.

**| 풀이 |**

| | | | | | |
|---|---|---|---|---|---|
| (1) | (차) 미처분이익잉여금 | 50,000 | (대) | 미교부주식배당금 | 50,000 |
| (2) | (차) 미교부주식배당금 | 50,000 | (대) | 자본금 | 50,000 |

**예제 이익잉여금 처분**

다음은 20X1년 1월 1일 설립된 ㈜충남의 이익잉여금과 관련된 자료이다, ㈜충남의 결산일은 12월 31일이며, 보통주 주당 액면금액은 ₩1,000이다.

(1) 20X2년 2월 25일 주주총회에서 다음과 같이 이익잉여금을 처분하기로 결의하였다.

| | |
|---|---|
| 현금배당 | ₩450,000 |
| 주식배당 | 150,000 |
| 이익준비금 적립 | 45,000 |
| 사업확장적립금 적립 | 300,000 |

(2) 20X2년 3월 10일 현금배당금을 지급하였다.

(3) 20X2년 3월 15일 주식배당에 대한 주식을 교부하였다.

**| 물음 |** 위의 거래에 대하여 ㈜충남의 입장에서 회계처리를 수행하시오.

**| 풀이 |**

| | | | | | |
|---|---|---|---|---|---|
| (1) | (차) 미처분이익잉여금 | 945,000 | (대) | 이익준비금 | 45,000 |
| | | | | 미지급배당금 | 450,000 |
| | | | | 미교부주식배당금 | 150,000 |
| | | | | 사업확장적립금 | 300,000 |
| (2) | (차) 미지급배당금 | 450,000 | (대) | 현금 | 450,000 |
| (3) | (차) 미교부주식배당금 | 150,000 | (대) | 자본금 | 150,000 |

## 제5절 자본변동표

자본변동표(statement of changes in equity)는 자본의 크기와 그 변동에 관한 정보를 제공하는 재무제표로 자본을 구성하고 있는 각 항목의 변동에 대한 포괄적인 정보를 제공한다. 자본변동표에는 자본의 각 구성항목별로 기초잔액, 변동사항, 기말잔액을 표시한다. 자본금의 변동은 유상증자(감자), 무상증자(감자)와 주식배당 등에 의하여 발생하며, 자본금은 보통주자본금과 우선주자본금으로 구분하여 표시한다. 자본변동표의 기본양식은 다음과 같다.

자본변동표에는 먼저 자본변동표라는 명칭에 이어 기업명, 회계기간, 금액 단위가 표시된다. 또한 자본의 각 항목별 기초잔액과 기중 변동내역, 그리고 이를 통한 기말잔액이 표시된다. 자본금의 변동은 유상증자, 무상증자, 감자, 주식배당에 의해서 발생한다. 따라서 기중에 자본금을 변동시키는 원인이 발생하였다면 기초의 자본금에서 기중 자본금의 변동원인을 반영하여 기말 자본금 금액이 표시된다. 같은 논리로 자본의 각 구성항목에 대한 변동항목을 고려한 기말 금액이 표시된다.

자본변동표

20XX년 1월 1일부터 20XX년 12월 31일까지

㈜울산 (단위: 천원)

| 구분 | 자본금 | 자본 잉여금 | 자본조정 | 기타포괄 손익누계액 | 이익 잉여금 | 총계 |
|---|---|---|---|---|---|---|
| 20XX.1.1(보고금액) | XXX | XXX | XXX | XXX | XXX | XXX |
| 회계정책변경누적효과 | (XXX) | (XXX) | (XXX) | (XXX) | (XXX) | (XXX) |
| 전기오류수정 | (XXX) | (XXX) | (XXX) | (XXX) | (XXX) | (XXX) |
| 수정후 자본 | XXX | XXX | XXX | XXX | XXX | XXX |
| 연차배당 | | | | | (XXX) | (XXX) |
| 처분후 이익잉여금 | | | | | XXX | XXX |
| 중간배당 | | | | | (XXX) | (XXX) |
| 유상증자(감자) | XXX | XXX | | | | XXX |
| 당기순이익(손실) | | | | | XXX | XXX |
| 자기주식 취득 | | | (XXX) | | | (XXX) |
| 해외사업환산손익 | | | | (XXX) | | (XXX) |
| 20XX.12.31 | (XXX) | XXX | XXX | XXX | XXX | XXX |

## 핵심정리

| 구분 | 항목 | | 내용 |
|---|---|---|---|
| 납입자본 | 자본금 | | 보통주자본금, 우선주자본금 |
| | 자본잉여금 | | 자기주식처분이익, 감자차익, 주식발행초과금 |
| 기타자본구성요소 | 기타포괄손익누계액 | | 기타포괄손익－공정가치측정금융자산 평가손익 |
| | 자본조정 | 자기주식 | 자기회사가 발행한 주식을 취득한 경우 |
| | | 기타자본조정 | 자기주식처분손실, 감자차손, 주식할인발행차금 |
| 이익잉여금 | 법정적립금 | | 이익준비금 등 |
| | 임의적립금 | | 사업확장적립금, 감채적립금 등 |
| | 미처분이익잉여금 | | 처분되지 않고 차기로 이월되는 이익잉여금 |

1. 한국채택국제회계기준에서는 자본을 크게 납입자본, 기타자본구성요소, 이익잉여금으로 분류하고 있다.

2. 자본금의 증가를 증자라고 하며, 대가를 수반한 경우를 실질적 증자, 대가를 수반하지 않는 경우를 형식적 증자라고 한다. 실질적 증자가 발생하면 자본금도 증가하고, 자본총계도 증가한다. 반면 형식적 증자가 발생하면 자본금은 증가하지만, 자본총계는 변화하지 않는다.

3. 자본금의 감소를 감자라고 하며, 대가를 수반한 경우를 실질적 감자, 대가를 수반하지 않는 경우를 형식적 감자라고 한다. 실질적 감자가 발생하면 자본금도 감소하고, 자본총계도 감소한다. 반면 형식적 감자가 발생하면 자본금은 감소하지만, 자본총계는 변화하지 않는다.

4. 자본잉여금은 증자나 감자 등 자본과 관련된 거래에서 발생하는 잉여금을 의미하며 이익잉여금과는 명확하게 구분된다. 자본잉여금에는 주식발행초과금, 감자차익, 자기주식처분이익 등이 있다.

5. 자기주식이란 회사가 이미 발행한 주식을 매입한 것을 의미하며 일반적으로 원가법으로 취득원가를 측정한다. 자기주식은 소각 및 재발행의 목적 이외에는 사용할 수 없다.

6. 이익잉여금이란 기업의 경영활동 등 이익창출활동에 의해 획득된 이익으로서 배당금 등으로 사외에 유출되거나 무상증자 등으로 자본금에 대체되지 않고 기업 내부에 유보되어 있는 금액을 의미하며 유보이익이라고도 한다. 이러한 이익잉여금을 사용하는 것을 이익잉여금의 처분이라고 하며, 일반적으로 배당, 각종 적립금의 적립이 여기에 해당한다.

## 연습문제

### ✪ 객관식 문제

**01.** 다음 중 자본을 증가시키는 거래에 해당하는 것은?

① 고객에게 ₩10,000에 상당하는 용역을 제공하고 수익을 인식하였다.
② 정기주주총회에서 보통주 100주(액면금액 ₩5,000)에 해당하는 주식배당을 결의하였다.
③ 자기회사 주식 100주를 주당 ₩8,000에 취득하였다.
④ 미처분이익잉여금 ₩1,000,000을 이익준비금으로 적립하였다.
⑤ 장부금액 ₩1,000,000인 투자부동산을 ₩800,000에 처분하였다.

**02.** 자본을 구성하는 각 항목의 크기와 변동에 관한 정보를 제공하는 재무보고서에 해당하는 것으로 옳은 것은?

① 재무상태표 ② 포괄손익계산서 ③ 현금흐름표
④ 자본변동표 ⑤ 이익잉여금처분계산서

**03.** ㈜울산은 회사를 설립하고 주당 액면금액 ₩5,000인 보통주 10주를 주당 ₩8,000에 발행하고 대금은 현금으로 수취하였다. 이러한 유상증자가 ㈜울산의 재무제표에 미치는 영향으로 옳은 것은?

① 납입자본이 ₩80,000 증가한다.
② 이익잉여금이 ₩80,000 증가한다.
③ 당기순이익이 ₩30,000 증가한다.
④ 기타포괄손익누계액이 ₩80,000 증가한다.
⑤ 자본총계에는 변화가 없다.

**04.** 다음은 자본에 대한 설명이다. 옳지 않은 것은?

① 한국채택국제회계기준에서 자본은 크게 납입자본, 이익잉여금, 기타자본구성요소로 분류한다.
② 주식할인발행차금과 주식발행초과금은 서로 상계 처리한다.
③ 당기순이익이 발생하면 이익잉여금은 증가한다.

④ 회사가 이미 발행한 주식을 취득한 경우 자기주식의 취득원가는 취득한 주식의 액면금액으로 한다.
⑤ 무상증자를 실시하면 자본금이 증가하고, 이로 인해 자본총계에는 변화가 없다.

※ [문제 5~6] 다음은 ㈜제주의 20X0년말 재무상태표의 자본계정이다.

| 〈자본〉 | 20X0년말 | 비고 |
|---|---|---|
| 자본금 | ₩10,000,000 | 전액 보통주 자본금(액면금액 ₩5,000) |
| 자본잉여금 | 4,000,000 | 전액 주식발행초과금 |
| 자본조정 | (2,400,000) | 전액 자기주식 600주의 취득과 관련됨 |
| 기타포괄손익누계액 | 1,500,000 | |
| 이익잉여금 | 3,000,000 | |
| 총계 | ₩16,100,000 | |

또한 20X1년중 다음과 같은 거래가 발생하였다.

(1) 보통주 100주를 추가로 ₩6,000에 발행하고 현금을 수취하였다.
(2) 자기주식 100주를 주당 ₩3,000에 재발행하고 대금은 현금으로 수취하였다.
(3) 취득원가 ₩500,000인 토지(투자부동산)의 공정가치가 상승하여 ₩750,000이 되었으며, ㈜제주는 토지를 공정가치모형으로 평가하고 있다.
(4) ㈜제주는 20X1년중 ₩1,000,000의 당기순이익을 보고하였다.

**05.** ㈜제주의 20X1년말 자본조정 금액은 얼마인가?

① ₩1,900,000 ② ₩2,000,000 ③ ₩2,100,000
④ ₩2,200,000 ⑤ ₩2,400,000

**06.** ㈜제주의 20X1년말 자본총계는 얼마인가?

① ₩17,150,000 ② ₩17,250,000 ③ ₩18,000,000
④ ₩18,150,000 ⑤ ₩18,250,000

**07.** 다음 중 자본이 감소하는 경우에 해당하지 않는 것은?

① 형식적 감자 ② 실질적 감자 ③ 자기주식의 취득
④ 현금배당의 실시 ⑤ 당기순손실의 보고

**08.** ㈜대구는 누적된 이월결손금 ₩1,000,000을 보전하기 위하여 보통주 600주(액면금액 ₩5,000)를 2주당 1주의 비율로 감소시키기로 결의하였다. 감자 전 감자차손계정의 잔액이 ₩300,000인 경우 ㈜대구가 감자로 인하여 인식할 감차차익 금액은 얼마인가?

① ₩200,000 ② ₩300,000 ③ ₩500,000
④ ₩1,000,000 ⑤ ₩1,500,000

## ✪ 주관식 문제

**01.** 다음은 ㈜전남의 20X1년 자기주식 관련 거래이다. 각 날짜별로 ㈜전남이 수행할 회계처리를 제시하시오. 단, ㈜전남이 발행한 주식 1주당 액면금액은 ₩1,000이며, ㈜전남은 20X1년중 자기주식을 처음으로 취득하였다.

| 날짜 | 적요 | 금액 | 주식수 |
|---|---|---|---|
| 12월 1일 | 현금취득 | ₩1,100 | 100주 |
| 12월 13일 | 매각(현금수취) | 1,200 | 20주 |
| 12월 15일 | 매각(현금수취) | 1,000 | 80주 |

**02.** 다음은 ㈜전북의 주식발행 관련 자료이다. 이에 대해 ㈜전북이 수행할 회계처리를 제시하시오.

보통주 1,000주(주당 액면금액 ₩5,000)를 주당 ₩4,500에 발행하고, 주식발행 관련비용 ₩100,000을 차감한 잔액은 모두 현금으로 수취하였다. 단, 주식발행 당시 주식발행초과금 잔액은 ₩300,000이었다.

**03.** 다음은 ㈜부산의 자본 관련 자료이다. 이를 토대로 20X1년말 ㈜부산의 자본총계 금액을 계산하면 얼마인가?

- 20X1년초 자본총계 금액은 ₩5,000,000이다.
- 20X1년 2월중 정기주주총회에서 현금배당 ₩600,000을 지급하기로 결의하였다. (이익준비금은 상법에서 정한 최소한의 금액을 적립)
- 20X1년 7월 13일 유상증자를 실시하고 액면금액 ₩5,000인 보통주 200주를 주당 ₩8,000에 발행하였다.
- 20X1년 12월 1일 자기주식 100주를 주당 ₩6,000에 취득하였다.

**04.** 20X1년초 ㈜대구의 부채총계는 ₩300,000이었다. 20X1년중 ㈜대구는 총수익 ₩200,000과 총비용 ₩150,000을 보고하였다. 또한 ㈜대구의 20X1년말 자본총계는 200,000이다. ㈜대구의 20X1년초 자산총계를 계산하면 얼마인가?

## 정답 및 해설

### ✪ 객관식 문제

**01.** ①

① 수익을 인식하였으므로 당기순이익이 증가하고 결국 이익잉여금이 증가하여 자본이 증가하게 된다.
② 주식배당을 결의하면 미처분이익잉여금이 감소하고 미교부주식배당금이 증가하므로 자본에는 변화가 없다.
③ 자기주식을 취득하면 자본이 감소하게 된다.
④ 미처분이익잉여금이 감소하고, 이익준비금이 증가하므로 자본에는 변화가 없다.
⑤ 유형자산처분손실이 발생하므로 자본의 감소를 초래한다.

**02.** ④

자본변동표는 자본을 구성하는 각 항목의 크기와 변동에 관한 정보를 제공하는 재무보고서이다.

**03.** ①

㈜울산의 거래를 분개하면 다음과 같다.

| | | | | |
|---|---|---|---|---|
| (차) 현금 | 80,000 | (대) | 보통주자본금 | 50,000 |
| | | | 주식발행초과금 | 30,000 |

**04.** ④

자기주식은 실제 취득원가를 취득원가로 기록한다.

**05.** ③

(2) 자기주식의 재발행으로 인해 다음과 같은 회계처리가 이루어진다.

| | | | | |
|---|---|---|---|---|
| (차) 현금 | 300,000 | (대) | 자기주식 | 400,000 |
| 자기주식처분손실 | 100,000 | | | |

* 자기주식 취득원가: ₩2,400,000/600주＝₩4,000

따라서 자본조정 금액은 ₩2,100,000임[₩2,400,000－₩400,000(자기주식처분으로 인한 자본조정의 감소)＋₩100,000(자기주식처분손실로 인한 차본조정의 증가)]

나머지 회계처리는 다음과 같다.

| | | | | | |
|---|---|---|---|---|---|
| (1) | (차) 현금 | 600,000 | (대) 자본금 | 500,000 |
| | | | 주식발행초과금 | 100,000 |
| (3) | (차) 토지 | 250,000 | (대) 토지평가이익(NI) | 250,000 |
| (4) | (차) 집합손익<br>(당기순이익) | 1,000,000 | (대) 이익잉여금 | 1,000,000 |

**06.** ⑤

| 〈자본〉 | 20X0년말 | 20X1년중 | 20X1년말 |
|---|---|---|---|
| 자본금 | ₩10,000,000 | 유상증자로 자본금 ₩500,000 증가 | ₩10,500,000 |
| 자본잉여금 | 4,000,000 | 유상증자로 주식발행초과금 ₩100,000 증가 | 4,100,000 |
| 자본조정 | (2,400,000) | 자기주식처분으로 자본조정 ₩300,000 감소 | (2,100,000) |
| 기타포괄손익누계액 | 1,500,000 | 토지의 재평가로 기타포괄손익누계액 ₩250,000 증가 | 1,750,000 |
| 이익잉여금 | 3,000,000 | 당기순이익 보고로 이익잉여금 ₩1,000,000 증가 | 4,000,000 |
| 총계 | ₩16,100,000 | | ₩18,250,000 |

**07.** ① 형식적 감자는 자본금은 감소하나, 자본총계에는 변화가 없다.

**08.** ①

| | | | |
|---|---|---|---|
| (차) 자본금 | 1,500,000 | (대) 이월결손금 | 1,000,000 |
| | | 감자차손 | 300,000 |
| | | 감자차익 | 200,000 |

* 보통주 2주당 1주의 비율로 자본금을 감소하기에 감소되는 주식수는 300주이며, 차본금 ₩1,500,000(300주×₩5,000)이 감소된다.

** 감자차익과 감자차손은 서로 상계한다.

## ✪ 주관식 문제

**01.**

| | | | | | |
|---|---|---|---|---|---|
| 12/1 | (차) 자기주식* | 110,000 | (대) | 현금 | 110,000 |
| 12/13 | (차) 현금 | 24,000 | (대) | 자기주식** | 22,000 |
| | | | | 자기주식처분이익 | 2,000 |
| 12/15 | (차) 현금 | 80,000 | (대) | 자기주식*** | 88,000 |
| | 자기주식처분이익 | 2,000 | | | |
| | 자기주식처분손실 | 6,000 | | | |

* ₩1,100×100주=₩110,000

** ₩1,100×20=₩22,000

*** ₩1,100×80주=₩88,000

**02.**

| | | | |
|---|---|---|---|
| (차) 현금 | 4,400,000 | (대) 보통주자본금 | 5,000,000 |
| 주식발행초과금 | 300,000 | | |
| 주식할인발행차금 | 300,000 | | |

* 주식발행비용은 별도의 비용으로 인식하지 않고 주식발행초과금이나 주식할인발행차금에서 고려한다.

** 주식발행초과금과 주식할인발행차금은 서로 상계처리한다.

**03.** ₩5,400,000

- 20X1년 기초자본: ₩5,000,000
- 20X1년중 자본거래:
  - 현금배당: 현금배당으로 인해 미처분이익잉여금 ₩600,000 감소
  - 이익준비금 설정: 금전배당의 10%에 해당하는 ₩60,000의 이익준비금 설정(미처분이익잉여금 ₩60,000감소, 이익준비금 ₩60,000 증가로 자본 총계에는 변화가 없음)
  - 유상증자: 납입자본 ₩1,600,000증가(₩8,000×200주)
  - 자기주식 취득: ₩600,000(자본의 감소)

따라서 기말 자본총계는 ₩5,400,000임[₩5,000,000(기초자본)−₩600,000(현금배당으로 인한 미처분이익잉여금 감소)+₩1,600,000(유상증자로 인한 납입자본의 증가)−₩600,000(자기주식)]

- 회계처리:

| | | | | |
|---|---|---|---|---|
| 현금배당 | (차) 미처분이익잉여금 | 600,000 | (대) 미지급배당금 | 600,000 |
| 이익준비금 | (차) 미처분이익잉여금 | 600,000 | (대) 이익준비금 | 600,000 |

| | | | | | | |
|---|---|---|---|---|---|---|
| 유상증자 | (차) 현금 | 1,600,000 | | (대) | 자본금 | 1,000,000 |
| | | | | | 주식발행초과금 | 600,000 |
| 자기주식 | (차) 자기주식 | | 600,000 | (대) | 현금 | 600,000 |

## 04.

20X1년중 총수익이 ₩200,000이고, 총비용이 ₩150,000이므로 당기순이익은 ₩50,000으로 계산된다. 또한 기말 자본이 ₩200,000이므로 기초자본은 ₩150,000임을 알 수 있다(기초자본+당기순이익=기말자본).

여기서 기초부채가 ₩300,000이므로 기초자산은 ₩450,000(=₩300,000+₩150,000)이 된다.

# PART 04

# 회계정보의 활용

CHAPTER

# 12 현금흐름표

현금흐름표(직접법)

| ㈜XX | 20X1년 1월 1일부터 20X1년 12월 31일까지 | (단위: 원) |
|---|---|---|
| **Ⅰ. 영업활동 현금흐름** | | |
| 영업활동으로 인한 현금유입액 | XXX | |
| 영업활동으로 인한 현금유출액 | (XXX) | |
| 영업에서 창출된 현금 | XXX | |
| 법인세 등에 따른 현금흐름 | (XXX) | XXX |
| **Ⅱ. 투자활동 현금흐름** | | |
| 투자활동 현금유입액 | XXX | |
| 투자활동 현금유출액 | (XXX) | XXX |
| **Ⅲ. 재무활동 현금흐름** | | |
| 재무활동 현금유입액 | XXX | |
| 재무활동 현금유출액 | (XXX) | XXX |
| **Ⅳ. 현금및현금성자산의 순증가** | | XXX |
| **Ⅴ. 기초 현금및현금성자산** | | XXX |
| **Ⅵ. 기말 현금및현금성자산** | | XXX |

## 학습목표

1. 현금흐름표의 의의에 대해 설명할 수 있다.
2. 영업활동 현금흐름에 대해 설명할 수 있다.
3. 재무활동 현금흐름에 대해 설명할 수 있다.
4. 투자활동 현금흐름에 대해 설명할 수 있다.
5. 현금흐름표의 직접법과 간접법에 대해 비교·설명할 수 있다.

# 제1절 현금흐름표의 의의와 유용성

## 1. 현금흐름표의 의의

재무제표이용자는 기업이 현금및현금성자산을 어떻게 창출하고 사용하는지에 대해 관심을 가지고 있다. 이것은 기업활동의 성격이나 금융회사의 경우와 같이 현금이 그 기업의 상품으로 간주될 수 있는지의 여부와 관계없이 모든 기업에 적용된다. 기업의 주요 수익창출활동이 상이하더라도 본질적으로 현금을 필요로 하기 때문이다. 즉, 기업은 영업활동을 수행하고, 채무를 상환하며, 투자자에게 투자수익을 분배하기 위하여 현금이 필요하다.

재무제표이용자는 경제적 의사결정을 하기 위하여 현금및현금성자산의 창출능력 및 현금흐름의 시기와 불확실성을 평가해야 한다. 기업의 현금흐름정보는 재무제표이용자에게 현금및현금성자산의 창출능력과 현금흐름의 사용 용도를 평가하는 데 유용한 자료이다. **현금흐름표**(statement of cash flows)는 특정 회계기간 동안 발생한 현금흐름을 영업활동, 투자활동 및 재무활동으로 분류하고, 각 활동에 따른 현금및현금성자산의 변동에 관한 정보를 제공하는데 그 목적이 있다.

## 2. 현금흐름표의 유용성

현금흐름표는 다음과 같은 유용성을 제공한다.

첫째, 현금흐름표는 기업의 현금흐름의 금액과 시기를 조절하는 능력을 평가하는데 유용한 정보를 제공한다. 현금흐름표는 다른 재무제표와 같이 사용되는 경우 기업 순자산의 변화, 재무구조(유동성과 지급능력 포함), 그리고 변화하는 상황과 기회에 적응하기 위하여 현금흐름의 금액과 시기를 조절하는 기업의 능력을 평가하는데 유용한 정보를 제공한다.

둘째, 현금흐름표는 기업의 현금및현금성자산의 창출능력을 평가하는데 유용한 정보를 제공한다. 현금흐름정보는 현금및현금성자산의 창출능력을 평가하는데 유용할 뿐만 아니라, 서로 다른 기업의 미래현금흐름의 현재가치를 비교·평가할 수도 있다. 또한 현금흐름정보는 동일한 거래와 사건에 대하여 서로 다른 회계처리를 적용함에 따라 발생하는 영향을 제거하기 때문에 영업성과에 대한 기업 간의 비교가능성을 제공한다.

마지막으로 현금흐름표는 기업의 수익성과 순현금흐름 간의 관계를 분석하는데 유용한 정보를 제공한다. 역사적 현금흐름정보는 미래현금흐름의 금액, 시기 및 불확실성에 대한 지표로 자주 사용된다. 또한 과거에 추정한 미래현금흐름의 정확성을 검증하고, 수익성과 순현금흐름 간의 관계 및 물가변동의 영향을 분석하는 데 유용하다.

## 3. 현금의 범위

일반적으로 현금은 보유현금과 요구불예금으로, 현금성자산은 유동성이 매우 높은 단기투자자산으로써 확정된 금액의 현금으로 전환이 용이하고 가치변동의 위험이 경미한 자산을 의미한다. 이러한 현금과 현금성자산은 재무상태표상에는 **현금및현금성자산**으로 통합하여 표시한다. 따라서 현금흐름표에서 의미하는 현금흐름은 현금및현금성자산의 유입과 유출을 의미하며, 크게 다음과 같이 3가지로 분류한다.

① 영업활동 현금흐름: 기업의 주요 수익창출활동, 그리고 투자활동이나 재무활동이 아닌 기타의 활동에서 발생한 현금의 유입과 유출

② 투자활동 현금흐름: 장기성자산 및 현금성자산에 속하지 않는 기타 투자자산의 취득 및 처분과 관련된 현금의 유입과 유출

③ 재무활동 현금흐름: 기업의 납입자본과 차입금의 크기 및 구성내용에 변동을 가져오는 활동에서 발생한 현금의 유입과 유출

앞서 설명한 바와 같이 현금성자산은 투자나 다른 목적이 아닌 단기의 현금수요를 충족하기 위한 목적으로 보유한다. 투자자산이 현금성자산으로 분류되기 위해서는 확정된 금액의 현금으로 전환이 용이하고, 가치변동의 위험이 경미해야 한다. 따라서 투자자산은 일반적으로 만기일이 단기에 도래하는 경우(예를 들어, 취득일로부터 만기일이 3개월 이내인 경우)에만 현금성자산으로 분류된다. 반면 지분상품은 현금성자산에서 제외되지만, 상환일이 정해져 있고 취득일로부터 상환일까지의 기간이 단기인 우선

주와 같이 실질적인 현금성자산인 경우에는 예외로 한다.

그리고 은행으로부터의 자금을 조달하는 활동은 일반적으로 재무활동으로 간주된다.

## 제2절 현금흐름표의 표시

현금흐름표는 회계기간 동안 발생한 현금흐름을 영업활동, 투자활동 및 재무활동으로 분류하여 보고한다. 기업은 사업 특성을 고려하여 가장 적절한 방법으로 영업활동, 투자활동 및 재무활동에서 발생하는 현금흐름을 구분한다.

하나의 거래에는 서로 다른 활동으로 분류되는 현금흐름이 포함될 수 있다. 예를 들어 이자와 차입금을 함께 상환하는 경우, 이자지급은 영업활동으로 분류될 수 있고 원금을 상환하는 것은 재무활동으로 분류된다. 이하에서는 구체적으로 영업활동, 투자활동, 재무활동으로 구분되는 사례 등에 대하여 학습한다.

### 1. 영업활동 현금흐름

영업활동에서 발생하는 현금흐름은 기업이 외부의 재무자원에 의존하지 않고 영업을 통하여 차입금 상환, 영업능력의 유지, 배당금 지급 및 신규투자 등에 필요한 현금흐름을 창출하는 정도를 평가하는 데 있어 중요한 지표가 된다.

이러한 **영업활동 현금흐름**은 주로 기업의 주요 수익창출활동에서 발생한다. 따라서 영업활동 현금흐름은 일반적으로 당기순손익의 결정에 영향을 미치는 거래나 그 밖의 사건의 결과로 발생한다. 영업활동 현금흐름의 예는 다음과 같다.

① 재화의 판매와 용역제공에 따른 현금유입
② 로열티, 수수료, 중개료 및 기타수익에 따른 현금유입
③ 재화와 용역의 구입에 따른 현금유출
④ 종업원과 관련하여 직·간접으로 발생하는 현금유출
⑤ 법인세의 납부 또는 환급. 다만 재무활동과 투자활동에 명백히 관련되는 것은 제

외한다.

⑥ 단기매매목적으로 보유하는 계약에서 발생하는 현금유입과 현금유출

## 2. 투자활동 현금흐름

**투자활동 현금흐름**은 미래 수익과 미래 현금흐름을 창출할 자원의 확보를 위하여 지출된 정도를 나타내기 때문에 현금흐름을 별도로 구분 공시하는 것이 중요하다. 투자활동은 주로 현금및현금성자산과 영업활동의 결과로 발생하는 자산(매출채권 및 재고자산 등)을 제외한 자산의 취득 및 처분과 관련된 활동을 의미한다. 투자활동 현금흐름의 예는 다음과 같다.

① 유형자산, 무형자산 및 기타 장기성자산의 취득에 따른 현금유출과 처분에 따른 현금유입

② 다른 기업의 지분상품이나 채무상품의 취득에 따른 현금유출과 처분에 따른 현금유입

③ 제3자에 대한 선급금 및 대여금으로 인한 유출 및 회수에 따른 현금유입

## 3. 재무활동 현금흐름

**재무활동 현금흐름**은 미래현금흐름에 대한 자본제공자의 청구권을 예측하는 데 유용하기 때문에 현금흐름을 별도로 구분 공시하는 것이 중요하다. 재무활동은 기업이 필요한 자금을 조달하는 것(주식 및 사채발행 및 상환 등)과 관련된 활동을 의미한다. 재무활동 현금흐름의 예는 다음과 같다.

① 주식이나 기타 지분상품의 발행에 따른 현금유입

② 주식의 취득이나 상환에 따른 소유주에 대한 현금유출

③ 담보 · 무담보부사채 및 어음의 발행과 기타 장 · 단기차입에 따른 현금유입

④ 차입금의 상환에 따른 현금유출

# 제3절 현금흐름표의 작성

## 1. 현금흐름표의 작성방법

현금흐름표는 영업활동 현금흐름을 보고하는 방법에 따라 크게 직접법과 간접법으로 구분된다. **직접법**은 영업활동 현금흐름을 총현금유입과 총현금유출을 주요 항목별

현금흐름표(직접법)

㈜경북 20X2년 1월 1일부터 20XX년 12월 31일까지 (단위: 원)

| | | |
|---|---|---|
| **영업활동 현금흐름** | | |
| 고객으로부터의 유입된 현금 | XXX | |
| 공급자와 종업원에 대한 현금유출 | (XXX) | |
| 영업으로부터 창출된 현금 | XXX | |
| 이자수취[1] | XXX | |
| 배당금수취 | XXX | |
| 이자지급 | (XXX) | |
| 법인세의 납부 | (XXX) | |
| 영업활동 순현금흐름 | | XXX |
| **투자활동 현금흐름** | | |
| 유형자산의 취득 | (XXX) | |
| 설비의 처분 | XXX | |
| 투자활동 순현금흐름 | | XXX |
| **재무활동 현금흐름** | | |
| 유상증자 | XXX | |
| 장기차입금 | XXX | |
| 배당금지급 | (XXX) | |
| 재무활동 순현금흐름 | | XXX |
| **현금및현금성자산의 순증가** | | XXX |
| **기초 현금및현금성자산** | | XXX |
| **기말 현금및현금성자산** | | XXX |

1) 이자 및 배당금수취는 투자활동, 이자지급은 재무활동, 배당금지급은 영업활동으로 분류할 수 있다.

현금흐름표(간접법)

| ㈜경북 | 20X2년 1월 1일부터 20XX년 12월 31일까지 | (단위: 원) |
|---|---|---|
| **영업활동 현금흐름** | | |
| 법인세비용차감전순이익 | XXX | |
| 가감: | | |
| 감가상각비 | XXX | |
| 투자수익 | (XXX) | |
| 이자비용 | XXX | |
| 매출채권 및 기타채권의 증가 | (XXX) | |
| 재고자산의 감소 | XXX | |
| 매입채무의 감소 | (XXX) | |
| 영업에서 창출된 현금 | XXX | |
| 이자수취 | XXX | |
| 배당금수취 | XXX | |
| 이자지급 | (XXX) | |
| 법인세의 납부 | (XXX) | |
| 영업활동 순현금흐름 | | XXX |
| **투자활동 현금흐름** | | |
| 유형자산의 취득 | (XXX) | |
| 설비의 처분 | XXX | |
| 투자활동 순현금흐름 | | XXX |
| **재무활동 현금흐름** | | |
| 유상증자 | XXX | |
| 장기차입금 | XXX | |
| 배당금지급 | (XXX) | |
| 재무활동 순현금흐름 | | XXX |
| **현금및현금성자산의 순증가** | | XXX |
| **기초 현금및현금성자산** | | XXX |
| **기말 현금및현금성자산** | | XXX |

로 구분하여 표시하는 방법이며, **간접법**은 당기순손익에 현금을 수반하지 않는 거래 등과 투자활동이나 재무활동과 관련된 손익항목의 영향을 조정하여 표시하는 방법이다.

일반적으로 현금흐름표를 작성할 때 영업활동 현금흐름을 보고하는 경우에는 직접법을 사용하는 것이 권장된다. 왜냐하면 직접법을 적용하여 표시한 현금흐름은 간접법에 의한 현금흐름에서는 파악할 수 없는 정보를 제공하며, 미래 현금흐름을 추정하는

데 보다 유용한 정보를 제공하기 때문이다.

이하에서는 현금흐름표를 작성하기 위하여 다음과 같은 사례를 들어 설명하고자 한다. ㈜대구는 상품매매를 주목적으로 하는 기업이며, 20X1년 12월중 다음과 같은 거래가 발생하였다.

12월 1일 은행으로부터 필요한 자금 ₩400,000을 장기간 차입하였다.
12월 3일 액면금액 ₩5,000의 주식 100주를 액면발행하고 대금은 현금으로 받았다.
12월 5일 상품 100개를 개당 ₩5,000에 구입하고, 구입대금 중 ₩400,000은 현금으로 지급하고, 나머지는 외상으로 하였다.
12월 9일 상품 50개를 개당 ₩7,000(개당 원가 ₩5,000)에 판매하고, 대금 중 ₩160,000은 현금으로 받고, 나머지는 외상으로 하였다.
12월 10일 매출채권 ₩120,000을 현금으로 회수하였다.
12월 14일 매입채무 ₩40,000을 현금으로 상환하였다.
12월 16일 11월분 영업비용 ₩50,000을 현금으로 지급하였다.
12월 18일 건물(취득원가 ₩200,000, 감가상각누계액 ₩100,000)을 현금 ₩150,000에 처분하였다.
12월 21일 토지를 ₩300,000에 현금으로 구입하였다.
12월 24일 배당금 ₩80,000을 현금으로 지급하였다.
12월 31일 당기분 법인세 ₩16,000을 현금으로 납부하였다.
12월 31일 건물에 대한 당기분 감가상각비 ₩15,000을 계상하였다.

또한 ㈜대구의 20X1년 12월 1일 현재의 재무상태표에 위의 거래를 반영하여 작성된 비교재무상태표와 20X1년 12월 1일부터 20X1년 12월 31일까지의 손익계산서는 다음과 같다.

재무상태표

| ㈜대구 | 20X1년 12월 31일 현재 | (단위: 원) |
|---|---|---|
| | 20X1년 12월 31일 | 20X1년 12월 1일 |
| 현금및현금성자산 | ₩939,000 | ₩495,000 |
| 매출채권 | 138,000 | 68,000 |
| 재고자산 | 334,000 | 84,000 |
| 토지 | 410,000 | 110,000 |
| 건물 | 120,000 | 320,000 |
| (감가상각누계액) | (35,000) | (120,000) |
| 자산총계 | ₩1,906,000 | ₩957,000 |
| 매입채무 | ₩130,000 | ₩70,000 |
| 장기차입금 | 400,000 | – |
| 자본금 | 1,000,000 | 500,000 |
| 이익잉여금 | 376,000 | 387,000 |
| 부채와자본총계 | ₩1,906,000 | ₩957,000 |

손익계산서

| ㈜대구 | 20X1년 12월 1일부터 20X1년 12월 31일까지 | (단위: 원) |
|---|---|---|
| 매출액 | | ₩350,000 |
| 매출원가 | | (250,000) |
| 매출총이익 | | 100,000 |
| 판매비와관리비 | | |
| 감가상각비 | ₩15,000 | |
| 영업비용 | 50,000 | (65,000) |
| 기타수익 | | |
| 유형자산처분이익 | | 50,000 |
| 법인세비용차감전순이익 | | 85,000 |
| 법인세비용 | | (16,000) |
| 당기순이익 | | ₩69,000 |

## 2. 영업활동 현금흐름의 계산

영업활동 현금흐름은 기업의 주된 수익창출활동의 결과로 발생하며, 주로 유동자산 항목과 유동부채 중 매입채무와 선수금 등과 관련이 있다. 이러한 영업활동 현금흐름은 직접법과 간접법에 따라 각각 계산할 수 있다.

### 1) 직접법

직접법은 영업활동의 거래 유형별로 총현금유입과 총현금유출을 구분하여 표시하는 방법이다. 이를 위해 해당 기업의 회계기록으로부터 직접 현금의 유입과 유출액을 활동별로 구분한다. 이러한 활동은 아래의 표에 나타난 바와 같이 크게 고객으로부터의 현금유입액, 공급자와 종업원에 대한 현금유출액, 영업비용으로 인한 현금유출액, 법인세의 납부 등으로 구분할 수 있다.

현금흐름표(직접법)

| ㈜대구 | 20X1년 12월 1일부터 20X1년 12월 31일까지 | (단위: 원) |
|---|---|---|
| **영업활동 현금흐름** | | |
| 고객으로부터의 유입된 현금 | XXX | |
| 공급자와 종업원에 대한 현금유출 | (XXX) | |
| 영업비용 | (XXX) | |
| 영업으로부터 창출된 현금 | XXX | |
| 법인세의 납부 | (XXX) | |
| 영업활동 순현금흐름 | | XXX |

㈜대구의 12월중 거래로부터 직접법에 따라 영업활동 현금흐름을 산출해보자.

#### (1) 고객으로부터의 현금유입액

고객으로부터의 현금유입액은 ㈜대구가 12월중 상품을 판매하고 이를 현금으로 회수한 거래를 의미한다. 따라서 12월중 다음의 거래로 인한 현금유입액이 고객으로부터의 현금유입액에 해당한다. 따라서 고객으로부터 현금유입액은 ₩280,000으로 계산된다.

[거래]

12월 9일: 상품 50개를 개당 ₩7,000(개당 원가 ₩5,000)에 판매하고, 대금 중 ₩160,000은 현금으로 받고, 나머지는 외상으로 하였다.

[거래의 분석]

| | | | | | |
|---|---|---|---|---|---|
| (차) 현금 | **160,000** | (대) 매출 | 350,000 | → | 고객으로부터의 현금유입 ₩160,000 발생 |
| 매출채권 | 190,000 | | | | |
| (차) 매출원가 | 250,000 | (대) 재고자산 | 250,000 | | |

[거래]

12월 10일: 매출채권 ₩120,000을 현금으로 회수하였다.

[거래의 분석]

| | | | | | |
|---|---|---|---|---|---|
| (차) 현금 | **120,000** | (대) 매출채권 | 120,000 | → | 고객으로부터의 현금유입 ₩120,000 발생 |

이는 다음과 같이 계산할 수도 있다. 발생기준하의 당기매출액은 현금매출과 외상매출로 구분할 수 있다. 반면 현금기준하의 당기매출액은 현금매출액과 외상매출액 중 당기 회수분이다. 따라서 현금기준하의 당기매출액은 결국 발생기준하의 당기 매출액에서 매출채권의 변동액[2]을 고려한 것이다. ㈜대구의 경우 12월중 발생기준하의 당기 매출액은 ₩350,000이고, 12월 31일 기준 매출채권은 ₩70,000 증가하였으며, 이를 바탕으로 하여 현금기준 매출액을 계산하면 ₩280,000(₩350,000－₩70,000)이 된다.

### (2) 공급자와 종업원에 대한 현금유출액

공급자와 종업원에 대한 현금유출액은 ㈜대구가 12월중 상품을 매입하고 매입대금을 현금으로 지급한 거래를 의미한다. 따라서 12월중 다음의 거래로 인한 현금유출액이 공급자와 종업원에 대한 현금유출액에 해당한다. 따라서 공급자와 종업원에 대한 현금유출액은 ₩440,000으로 계산된다.

---

2) 매출채권의 변동액에서 매출채권 금액이 증가하면 이를 차감하고, 반대로 매출채권 금액이 감소하면 이를 가산한다.

[거래]

12월 5일: 상품 100개를 개당 ₩5,000에 구입하고, 구입대금 중 ₩400,000은 현금으로 지급하고, 나머지는 외상으로 하였다.

[거래분석]

| (차) 재고자산 | 500,000 | (대) 현금 | **400,000** |
|---|---|---|---|
| | | 매입채무 | 100,000 |

→ 공급자에 대한 현금유출 ₩400,000 발생

[거래]

12월 14일: 매입채무 ₩40,000을 현금으로 상환하였다.

[거래분석]

| (차) 매입채무 | 40,000 | (대) 현금 | **40,000** |
|---|---|---|---|

→ 공급자에 대한 현금유출 ₩40,000 발생

이는 다음과 같이 계산할 수도 있다. 발생기준하의 당기매입액은 현금매입과 외상매입으로 구분할 수 있다. 반면 현금기준하의 당기매입액은 현금매입액과 외상매입액 중 당기 지급분이다. 따라서 현금기준하의 당기매입액은 결국 발생기준하의 당기 매입액에서 매입채무의 변동액[3]을 고려한 것이다. ㈜대구의 경우 12월중 발생기준하의 당기매입액은 ₩500,000이고, 12월 31일 기준 매입채무는 ₩60,000 증가하였으며, 이를 바탕으로 하여 현금기준 매출액을 계산하면 ₩440,000(₩500,000－₩60,000)이 된다.

### (3) 영업비용의 지급 등

현금흐름표를 직접법에 따라 작성하는 경우 실제로 현금으로 지급한 비용만을 고려한다. ㈜대구는 12월중 영업비용 ₩50,000과 법인세비용 ₩16,000을 현금으로 지급하였다.

---

3) 매입채무의 변동액에서 매입채무 금액이 증가하면 이를 차감하고, 반대로 매입채무 금액이 감소하면 이를 가산한다.

[거래]

12월 16일: 11월분 ₩50,000을 현금으로 지급하였다.

[거래분석]

| (차) 영업비용 | 50,000 | (대) 현금 | **50,000** | → 현금유출 ₩50,000 발생 |
|---|---|---|---|---|

[거래]

12월 31일: 당기분 법인세 ₩16,000을 현금으로 납부하였다.

[거래분석]

| (차) 법인세비용 | 16,000 | (대) 현금 | **16,000** | → 현금유출 ₩16,000 발생 |
|---|---|---|---|---|

이상을 종합하여 ㈜대구의 20X1년 12월중 영업활동 현금흐름과 현금흐름표를 직접법으로 작성하면 다음과 같다.

현금흐름표(직접법)

| ㈜대구 | 20X1년 12월 1일부터 20X1년 12월 31일까지 | (단위: 원) |
|---|---|---|
| 고객으로부터의 유입된 현금 | ₩280,000 | |
| 공급자와 종업원에 대한 현금유출 | (440,000) | |
| 영업비용 | (50,000) | |
| 법인세의 납부 | (16,000) | |
| 영업활동 순현금흐름 | | (₩226,000) |

## 2) 간접법

**간접법**은 발생기준하의 당기순이익과 현금주의하의 당기순이익의 차이의 원인을 조정하여 영업활동 현금흐름을 계산하는 방법이다. 이러한 간접법에서 영업활동 현금흐름은 발생주의하에서 계산된 법인세비용차감전순이익에서 여러 항목들을 조정하여 계산된다. 구체적으로 조정되는 항목들은 다음과 같다.

① 현금유출이 없는 비용 등 가산 및 현금유입이 없는 수익의 차감

② 투자와 재무활동으로 인한 비용 및 수익의 가감

③ 영업활동으로 인한 자산 및 부채의 변동액 가감

④ 법인세비용의 차감

현금흐름표(간접법)

| ㈜XX | 20X1년 1월 1일부터 20X1년 12월 31일까지 | (단위: 원) |
|---|---|---|
| **영업활동 현금흐름** | | |
| 법인세비용차감전순이익 | XXX | |
| 가감: | | |
| 현금유출이 없는 비용 | XXX | |
| 현금유출이 없는 수익 | (XXX) | |
| 투자 및 재무활동으로 인한 비용 | XXX | |
| 투자 및 재무활동으로 인한 수익 | (XXX) | |
| 영업활동 관련 자산의 증가 | (XXX) | |
| 영업활동 관련 자산의 감소 | XXX | |
| 영업활동 관련 부채의 증가 | XXX | |
| 영업활동 관련 부채의 감소 | (XXX) | |
| 영업에서 창출된 현금 | XXX | |
| 법인세의 납부 | (XXX) | |
| 영업활동순 현금흐름 | | XXX |

## (1) 현금유출이 없는 비용 및 현금유입이 없는 수익의 가감

현금주의에서는 현금의 유입이 있는 경우 수익으로 인식하고, 현금의 유출이 있는 경우 비용으로 인식한다. 반면 발생주의에서는 현금의 유입과 유출과 관련 없이 수익 및 비용을 인식한다. 즉, 발생주의에서는 현금의 유입 및 유출이 없더라도 수익 및 비용의 인식요건을 충족하면 수익과 비용으로 인식한다. 따라서 발생주의하에서 계산된 당기순이익에는 현금유출이 없는 비용과 현금유입이 없는 수익이 포함되어 있다. 이러한 비용과 수익은 현금흐름을 수반하지 않는다. 따라서 현금의 유출이 없는 비용은 가산해주어야 하고, 반대로 현금의 유입이 없는 수익은 차감해주어야 한다. 현금유출이 없는 대표적인 비용에는 앞의 장에서 학습하였던 감가상각비, 무형자산상각비 등이 있다.

㈜대구의 12월에는 현금유출이 없는 비용인 다음의 감가상각비가 있다.

[거래]

12월 31일: 건물에 대한 당기분 감가상각비 ₩15,000을 계상하였다.

[거래분석]

| (차) 감가상각비 | **15,000** | (대) 감가상각누계액 | 15,000 | → | 현금유출이 없는 비용 ₩15,000 |
|---|---|---|---|---|---|

감가상각비는 현금유출이 없는 비용이므로 영업활동 현금흐름을 산출할 때 가산해주어야 한다. 따라서 감가상각비 ₩15,000은 법인세비용차감전순이익에 가산해주어야 한다.

## (2) 투자 및 재무활동으로 인한 비용 및 수익의 가감

영업활동 현금흐름을 산출할 때에는 투자 및 재무활동으로 인한 비용과 수익을 고려해서는 안 된다. 그러나 당기순이익에는 투자 및 재무활동으로 인한 비용과 수익이 포함되어 있으므로 영업활동 현금흐름 산출에는 이러한 항목을 제외하여야 한다. 따라서 투자 및 재무활동으로 인한 비용은 가산해주어야 하고, 반대로 투자 및 재무활동으로 인한 수익은 차감해주어야 한다.

㈜대구의 12월 거래 중에 투자 및 재무활동으로 인한 수익과 비용항목은 다음과 같은 유형자산처분이익이 있다.

[거래]

12월 18일: 건물(취득원가 ₩200,000, 감가상각누계액 ₩100,000)을 현금 ₩150,000에 처분하였다.

[거래분석]

| (차) 현금 | 150,000 | (대) 건물 | 200,000 | | |
|---|---|---|---|---|---|
| 감가상각누계액 | 100,000 | 유형자산처분이익 | **50,000** | → | 투자활동으로 인한 수익 ₩50,000 |

유형자산처분이익은 투자활동으로 인한 수익에 해당하므로 영업활동 현금흐름을 산출할 때 포함해서는 안 된다. 따라서 유형자산처분이익 ₩50,000은 법인세비용차감전순이익에서 차감해주어야 한다.

### (3) 영업활동으로 인한 자산 및 부채의 변동액 가감

영업활동과 관련된 자산 및 부채의 증감은 간접법에 따른 영업활동 현금흐름을 산출할 때 고려해주어야 한다. 이러한 영업활동 관련 자산 및 부채에는 매출채권, 재고자산, 매입채무 등이 있다.

㈜대구의 12월중 영업활동 관련 자산 및 부채의 증감을 살펴보면 다음과 같다.

| | 20X1년 12월 31일 | 20X1년 12월 1일 | 증감 |
|---|---|---|---|
| 매출채권 | ₩138,000 | ₩68,000 | ₩70,000 |
| 재고자산 | 334,000 | 84,000 | 250,000 |
| 매입채무 | 130,000 | 70,000 | 60,000 |

㈜대구는 12월중 매출채권이 ₩70,000, 재고자산이 ₩250,000, 매입채무가 ₩60,000만큼 증가하였다. 이러한 영업활동 자산, 부채의 증감은 간접법에 따른 영업활동 현금흐름을 계산할 때 고려되어야 한다. 자산이 증가하거나 부채가 감소하였다는 것은 결국 자산취득 또는 부채상환으로 인해 현금이 사용되었다는 의미이므로 현금유출이 발생하게 된다. 이와 반대로 자산이 감소하거나 부채가 증가하였다는 것은 자산처분 또는 부채발행으로 인해 현금유입이 발생하였다는 것을 의미한다. 따라서 영업활동 관련 자산이 증가하고, 부채가 감소하면 현금유출이 발생하고, 영업활동 관련 자산이 감소하고, 부채가 증가하게 되면 현금유입이 발생하게 되는 것이다.

| | | | |
|---|---|---|---|
| 매출채권 | ₩70,000 증가 | → | 현금유출 ₩70,000 발생 |
| 재고자산 | 250,000 증가 | → | 현금유출 ₩250,000 발생 |
| 매입채무 | 60,000 증가 | → | 현금유입 ₩60,000 발생 |

결국 ㈜대구는 매출채권 ₩70,000 증가에 따른 현금유출이 ₩70,000 발생하고, 재고

자산 ₩250,000 증가에 따른 현금유출이 ₩250,000 발생하며, 매입채무 ₩60,000 증가에 따른 현금유입이 ₩60,000 발생하게 된다.

### (4) 법인세비용의 납부

법인세비용은 현금납부액에 해당하는 금액만큼을 현금유출로 처리한다.

[거래]
12월 31일: 당기분 법인세 ₩16,000을 현금으로 납부하였다.

[거래의 분석]

| (차) 법인세비용 | 16,000 | (대) 현금 | **16,000** | → 현금유출 ₩16,000 |
|---|---|---|---|---|

이상의 내용을 종합하며 ㈜대구의 영업활동으로 인한 현금흐름을 간접법에 따라 작성하면 다음과 같다.

현금흐름표(간접법)

| ㈜대구 | 20X1년 12월 1일부터 20X1년 12월 31일까지 | (단위: 원) |
|---|---|---|
| **영업활동 현금흐름** | | |
| 법인세비용차감전순이익 | ₩85,000 | |
| 가감: | | |
| 감가상각비 | 15,000 | |
| 유형자산처분이익 | (50,000) | |
| 매출채권 증가 | (70,000) | |
| 재고자산 증가 | (250,000) | |
| 매입채무 증가 | 60,000 | |
| 영업에서 창출된 현금 | (₩210,000) | |
| 법인세의 납부 | (16,000) | |
| 영업활동순 현금흐름 | | (₩226,000) |

이를 직접법에 따라 계산된 영업활동 현금흐름과 비교하면 그 결과가 동일하다는 것을 알 수 있다.

## 3. 투자활동 현금흐름의 계산

투자활동은 현금성자산에 포함되지 않는 금융자산과 유형자산, 무형자산, 기타의 투자자산의 취득 및 처분과 관련된 활동을 의미하며, 주로 비유동자산 및 유동자산 일부[4]와 관련된다. 투자활동 순현금흐름은 투자활동 현금유입액에서 투자활동 현금 유출액을 차감하여 계산된다. 투자활동 현금유입에는 유형자산의 처분으로 인한 현금유입, 무형자산의 처분으로 인한 현금유입 등이 있고, 투자활동 현금유출에는 유형자산의 취득으로 인한 현금유출, 무형자산의 취득으로 인한 현금유출, 자금의 대여로 인한 현금유출 등이 있다.

| **투자활동 현금흐름** | | |
|---|---|---|
| 투자자산의 취득 | (XXX) | |
| 투자자산의 처분 | XXX | |
| 투자활동 순현금흐름 | | XXX |

12월중 ㈜대구의 투자활동과 관련된 거래를 분석하면 다음과 같다.

[거래]

12월 18일: 건물(취득원가 ₩200,000, 감가상각누계액 ₩100,000)을 현금 ₩150,000에 처분하였다.

[거래의 분석]

| (차) 현금 | **150,000** | (대) 건물 | 200,000 | → 투자활동으로 인한 현금유입 ₩150,000 |
|---|---|---|---|---|
| 감가상각누계액 | 100,000 | 유형자산처분이익 | 50,000 | |

4) 당기손익-공정가치측정금융자산 등을 의미한다.

[거래]

12월 21일: 토지를 ₩300,000에 현금으로 구입하였다.

[거래의 분석]

| (차) 토지 | 300,000 | (대) 현금 | **300,000** | → 투자활동으로 인한 현금유출 ₩300,000 |
|---|---|---|---|---|

㈜대구는 건물의 처분으로 ₩150,000을 현금으로 수령하였고, 토지의 취득으로 ₩300,000을 현금으로 지급하였다. 따라서 ㈜대구의 투자활동으로 인한 현금유입액은 ₩150,000이고, 투자활동으로 인한 현금유출액은 ₩300,000이므로 투자활동으로 인한 순현금흐름은 (₩150,000)이 된다.

| **투자활동 현금흐름** | | |
|---|---|---|
| 건물의 처분 | ₩150,000 | |
| 토지의 취득 | (300,000) | |
| 투자활동 순현금흐름 | | (₩150,000) |

## 4. 재무활동 현금흐름의 계산

재무활동이란 기업이 필요한 자금을 조달하는 활동이다. 따라서 주식의 발행, 차입금의 차입 및 상환, 사채의 발행 및 상환 등과 관련된 활동을 의미한다. 재무활동 순현금흐름은 재무활동 현금유입액에서 재무활동 현금유출액을 차감하여 계산된다. 재무활동 현금유입에는 유상증자, 차입금의 차입, 사채의 발행 등이 있고, 재무활동 현금유출에는 자기주식의 취득, 차입금의 상환, 사채의 상환, 배당금의 지급[5] 등이 있다.

5) 배당금의 지급은 영업활동으로 분류될 수도 있다. 그러나 여기에서는 배당금의 지급을 재무활동에 포함시켜 설명한다.

| **재무활동 현금흐름** | | |
|---|---|---|
| 유상증자 등 | XXX | |
| 장기차입금 차입 등 | XXX | |
| 배당금지급 | (XXX) | |
| 재무활동 순현금흐름 | | XXX |

12월중 ㈜대구의 재무활동과 관련된 거래를 분석하면 다음과 같다. ㈜대구는 자금의 차입 및 주식의 발행으로 ₩900,000이 현금유입되었고, 배당금이 지급으로 ₩80,000의 현금유출이 발생하였다. 따라서 재무활동으로 인한 순현금흐름은 ₩820,000이 된다.

[거래]

12월 1일: 은행으로부터 필요한 자금 ₩400,000을 장기간 차입하였다.

[거래의 분석]

| (차) 현금 | **400,000** | (대) 장기차입금 | 400,000 | → | 재무활동으로 인한 현금유입 ₩400,000 |
|---|---|---|---|---|---|

[거래]

12월 3일: 액면금액 ₩5,000의 주식 100주를 액면발행하고 대금은 현금으로 받았다.

[거래의 분석]

| (차) 현금 | **500,000** | (대) 자본금 | 500,000 | → | 재무활동으로 인한 현금유입 ₩500,000 |
|---|---|---|---|---|---|

[거래]

12월 24일: 배당금 ₩80,000을 현금으로 지급하였다.

[거래의 분석]

| (차) 배당금 | 80,000 | (대) 현금 | **80,000** | → | 재무활동으로 인한 현금유출 ₩80,000 |
|---|---|---|---|---|---|

| **재무활동 현금흐름** | | |
|---|---|---|
| 장기차입금 차입 | ₩400,000 | |
| 유상증자 | 500,000 | |
| 배당금지급 | (80,000) | |
| 재무활동 순현금흐름 | | ₩820,000 |

## 5. 현금흐름표의 작성

지금까지 현금흐름표의 구성요소와 작성방법 등에 대하여 설명하였다. 이상을 바탕으로 하여 ㈜대구의 현금흐름표를 직접법과 간접법에 따라 작성하면 다음과 같다.

현금흐름표(직접법)

㈜대구 20X1년 12월 1일부터 20X1년 12월 31일까지 (단위: 원)

| | | |
|---|---|---|
| **영업활동 현금흐름** | | |
| 고객으로부터의 유입된 현금 | ₩280,000 | |
| 공급자와 종업원에 대한 현금유출 | (440,000) | |
| 영업비용 | (50,000) | |
| 법인세의 납부 | (16,000) | |
| 영업활동 순현금흐름 | | (₩226,000) |
| **투자활동 현금흐름** | | |
| 투자활동으로 인한 현금유입 | | |
| 건물의 처분 | 150,000 | |
| 투자활동으로 인한 현금유출 | | |
| 토지의 취득 | (300,000) | |
| 투자활동 순현금흐름 | | (₩150,000) |
| **재무활동 현금흐름** | | |
| 재무활동으로 인한 현금유입 | | |
| 장기차입 | 400,000 | |
| 유상증자 | 500,000 | |
| 재무활동으로 인한 현금유출 | | |
| 배당금 지급 | (80,000) | |
| 재무활동 순현금흐름 | | ₩820,000 |
| **현금및현금성자산의 순증가** | | ₩444,000 |
| **기초 현금및현금성자산** | | 495,000 |
| **기말 현금및현금성자산** | | ₩939,000 |

현금흐름표(간접법)

㈜대구　　20X1년 12월 1일부터 20X1년 12월 31일까지　　(단위: 원)

| | | |
|---|---|---|
| **영업활동 현금흐름** | | |
| 법인세비용차감전순이익 | ₩85,000 | |
| 현금의 유출이 없는 비용 등의 가산 | | |
| 감가상각비 | 15,000 | |
| 투자와 재무활동으로 인한 수익의 차감 | | |
| 유형자산처분이익 | (50,000) | |
| 영업활동 관련 자산, 부채의 변동 | | |
| 매출채권의 증가 | (70,000) | |
| 재고자산의 증가 | (250,000) | |
| 매입채무의 증가 | 60,000 | |
| 법인세의 납부 | (16,000) | |
| 영업활동 순현금흐름 | | (₩226,000) |
| **투자활동 현금흐름** | | |
| 투자활동으로 인한 현금유입 | | |
| 건물의 처분 | 150,000 | |
| 투자활동으로 인한 현금유출 | | |
| 토지의 취득 | (300,000) | |
| 투자활동 순현금흐름 | | (₩150,000) |
| **재무활동 현금흐름** | | |
| 재무활동으로 인한 현금유입 | | |
| 장기차입 | 400,000 | |
| 유상증자 | 500,000 | |
| 재무활동으로 인한 현금유출 | | |
| 배당금 지급 | (80,000) | |
| 재무활동 순현금흐름 | | ₩820,000 |
| **현금및현금성자산의 순증가** | | ₩444,000 |
| **기초 현금및현금성자산** | | 495,000 |
| **기말 현금및현금성자산** | | ₩939,000 |

## 핵심정리

| | |
|---|---|
| **Ⅰ. 영업활동 현금흐름** | |
| 고객으로부터의 현금유입액 | 매출액 등 |
| 공급자와 종업원에 대한 현금유출액 | 매입액, 급여 등 |
| 영업비용 등 유출액 | 판매비용 등 |
| 법인세 등 유출액 | 법인세지급액 |
| **Ⅱ. 투자활동 현금흐름** | |
| 투자활동으로 인한 현금유입액 | 대여금 회수, 유형자산 및 무형자산의 처분 |
| 투자활동으로 인한 현금유출액 | 금융자산의 취득, 유형자산과 무형자산의 취득 |
| **Ⅲ. 재무활동 현금흐름** | |
| 재무활동으로 인한 현금유입액 | 사채발행, 유상증자 |
| 재무활동으로 인한 현금유출액 | 장기차입금상환, 배당금지급 |

1. 현금흐름표는 특정 회계기간 동안 발생한 현금흐름을 영업활동, 투자활동 및 재무활동으로 분류하고, 각 활동에 따른 현금및현금성자산의 변동에 관한 정보를 제공하는데 그 목적이 있다.

2. 영업활동 현금흐름은 주로 기업의 주요 수익창출활동에서 발생한다. 따라서 영업활동 현금흐름은 일반적으로 당기순손익의 결정에 영향을 미치는 거래나 그 밖의 사건의 결과로 발생한다.

3. 투자활동 현금흐름은 주로 현금및현금성자산과 영업활동의 결과로 발생하는 자산(매출채권 및 재고자산 등)을 제외한 자산의 취득 및 처분과 관련된 활동의 결과로 발생한다.

4. 재무활동 현금흐름은 기업이 필요한 자금을 조달하는 것(주식 및 사채발행 및 상환 등)과 관련된 활동의 결과로 발생한다.

5. 영업활동 현금흐름에 대한 현금흐름표는 직접법과 간접법으로 작성할 수 있다.
   ① 직접법: 영업활동의 거래 유형별로 총현금유입과 총현금유출을 다음과 같이 구분하여 표시한다.
   - 고객으로부터의 현금유입액
   - 공급자와 종업원에 대한 현금유출액
   - 영업비용의 지급

② 간접법: 발행기준하의 당기순이익과 현금주의하의 당기순익이의 차이를 발생시키는 다음과 같은 원인을 조정하여 영업활동 현금흐름을 계산한다.

- 현금유출이 없는 비용 및 현금유입이 없는 수익 가감
- 투자 및 재무활동으로 인한 비용 및 수익의 가감
- 영업활동으로 인한 자산 및 부채의 변동액 가감
- 법인세비용의 납부

## 연습문제

### ✪ 객관식 문제

**01.** 현금흐름표에 대한 설명으로 옳지 않은 것은?

① 영업활동 현금흐름은 직접법 또는 간접법을 이용하여 계산할 수 있다.
② 기업의 주요 수익창출활동은 영업활동에 해당한다.
③ 기업의 납입자본과 차입금의 크기 및 구성내용에 변동을 가져오는 활동은 재무활동에 해당한다.
④ 투자자산의 취득, 처분과 관련된 활동은 투자활동에 해당한다.
⑤ 발생기준회계에 근거하여 작성된다.

**02.** 현금흐름표의 유용성에 대한 설명으로 옳지 않은 것은?

① 현금흐름표는 기업의 현금흐름의 금액과 시기를 조절하는 능력을 평가하는데 유용한 정보를 제공한다.
② 현금흐름표는 기업의 현금및현금성자산의 창출능력을 평가하는데 유용한 정보를 제공한다.
③ 현금흐름표는 기업의 수익성과 순현금흐름 간의 관계를 분석하는데 유용한 정보를 제공한다.
④ 영업활동 현금흐름과 당기순이익과의 관계를 분석하여, 이익의 질(quality)을 평가하는데 유용한 정보를 제공한다.
⑤ 영업활동 현금흐름과 당기순이익의 차이에 대한 원인을 파악할 수 있는 정보는 제공하지 못한다.

**03.** 영업활동 현금흐름에 대한 설명으로 옳지 않은 것은?

① 직접법은 영업활동의 거래 유형별로 총현금유입과 총현금유출을 구분하여 표시하는 방법이다.
② 간접법은 발생기준하의 당기순이익과 현금주의하의 당기순이익의 차이의 원인을 조정하여 영업활동 현금흐름을 계산하는 방법이다.
③ 간접법에서 현금유출이 없는 비용은 법인세비용차감전순이익에서 차감하는 항목이다.

④ 간접법에서 투자 및 재무활동으로 인한 비용은 법인세비용차감전순이익에서 가산해주어야 한다.

⑤ 간접법에서 영업활동 관련 자산의 증가는 법인세비용차감전순이익에서 차감해주는 항목이다.

**04.** 다음 중 현금흐름표상의 투자활동 현금흐름에 포함되는 항목은?

① 재고자산의 현금 구입
② 미지급비용의 현금 지급
③ 종업원급여의 현금 지급
④ 사용 중인 기계장치의 현금 처분
⑤ 법인세의 현금 지급

**05.** 다음 중 현금흐름표상의 재무활동 현금흐름에 포함될 수 없는 항목은?

① 유상증사
② 장기차입금의 상환
③ 배당금의 수취
④ 배당금의 지급
⑤ 장기차입금의 차입

※ [문제 6~7] 다음은 ㈜전북의 20X1년초 및 20X1년말 재무자료와 20X1년 포괄손익계산서의 일부이다.

| 부분재무상태표 | 20X1년초 | 20X1년말 | 비고 |
|---|---|---|---|
| 매출채권 | ₩300,000 | ₩380,000 | △₩80,000 |
| 재고자산 | 1,000,000 | 950,000 | ▽50,000 |
| 매입채무 | 500,000 | 600,000 | △100,000 |
| 부분포괄손익계산서 | | | |
| 매출액 | ₩1,800,000 | | |
| 매출원가 | ₩1,200,000 | | |

**06.** 매출로 인한 현금유입액은 얼마인가?

① ₩600,000
② ₩1,720,000
③ ₩1,750,00
④ ₩1,800,000
⑤ ₩1,880,000

**07.** 매입으로 인한 현금유출액은 얼마인가?

① ₩1,050,000
② ₩1,100,000
③ ₩1,150,000
④ ₩1,250,000
⑤ ₩1,300,000

## ✪ 주관식 문제

**01.** 다음은 ㈜대구의 20X1년 재무자료이다. ㈜대구의 현금흐름표를 작성하시오. 단, 영업활동 현금흐름은 간접법에 따라 작성한다.

| | 20X1/1/1 | 20X1/12/31 |
|---|---|---|
| 현금및현금성자산 | 250,000 | 270,000 |
| 매출채권 | 400,000 | 450,000 |
| 토지 | 600,000 | 670,000 |
| 건물 | 500,000 | 600,000 |
| 감가상각누계액 | (180,000) | (200,000) |
| 자산총계 | 1,570,000 | 1,790,000 |
| 매입채무 | 400,000 | 420,000 |
| 자본금 | 800,000 | 800,000 |
| 이익잉여금 | 370,000 | 570,000 |
| 부채와자본총계 | 1,570,000 | 1,790,000 |

[추가자료]

㈜대구의 20X1년 법인세비용차감전순이익은 ₩320,000이며, 법인세지급액은 ₩70,000이다.

㈜대구의 20X1년 감가상각비는 ₩20,000이며, 현금배당액은 ₩50,000이다.

## 정답 및 해설

### ✪ 객관식 문제

**01.** ⑤

현금흐름표는 발생기준회계가 아닌 현금주의 회계에 따라 작성된다.

**02.** ⑤

현금흐름표는 당기순이익과 현금흐름 간의 차이의 원인에 대한 정보를 제공하여, 일반적으로 당기순익과 현금흐름 간의 관련성이 높을 경우 이익의 질(quality)이 높다고 판단한다.

**03.** ③

영업활동 현금흐름을 간접법으로 측정할 때 현금유출이 없는 비용 등은 법인세비용차감전순이익에서 가산해주어야 한다.

**04.** ④

**05.** ③

배당금의 수취는 영업활동 현금흐름이나 투자활동 현금흐름에 포함시킬 수 있으나, 대부분의 기업이 배당금의 수취는 영업활동 현금흐름에 포함시킨다.

**06.** ②

매출로부터의 현금유입액은 매출액에서 매출채권의 증감을 고려하여 계산한다. 이때 매출채권이 증가하면 그에 해당하는 금액만큼 현금수취가 이루어지지 않았으므로 매출액에서 차감하고, 반대로 매출채권이 감소하게 되면 그에 해당하는 금액만큼 현금수취가 이루어졌으므로 매출액에서 가산한다. 따라서 매출액(₩1,800,000)에서 매출채권의 증가(₩80,000)를 차감하면 매출로 인한 현금유입액은 ₩1,720,000이 된다.

**07.** ①

매입으로 인한 현금유출액은 매출원가에서 재고자산의 증감 및 매입채무의 증감을 고려하여 계산한다. 재고자산이 증가하게 되면 그에 해당하는 금액만큼 현금유출이 발행한 것이므로 매출원가에서 가산하고, 그 반대의 경우에는 매출원가에서 차감한다. 또한 매입채무가 증가하면 그에 해당하는 금액만큼 현금유출이 이루어지지 않았으므로 매출원가에서 치감하고, 그 반대의 경우에는 매출원가에서 가산한다. 따라서 매출원가(₩1,200,000)에서 재고자산의 감소(₩50,000)는 차감하고, 매입채무의 증가(₩100,000)는 차감하게 된다. 따라서 매입으로 인한 현금유출액은 ₩1,050,000이 된다.

## ✪ 주관식 문제

현금흐름표(간접법)

㈜대구 20X1년 1월 1일부터 20X1년 12월 31일까지 (단위: 원)

| | | | |
|---|---|---|---|
| 영업활동 현금흐름 | | | ₩240,000 |
| 법인세비용차감전순이익 | 320,000 | | |
| 현금의 유출이 없는 비용이 가산 | | | |
| 감가상각비 | 20,000 | | |
| 영업활동으로 인한 자산, 부채의 변동 | | | |
| 매출채권의 증가 | (50,000) | | |
| 매입채무의 증가 | 20,000 | | |
| 영업에서 창출된 현금 | | 310,000 | |
| 법인세 납부 | | (70,000) | |
| 투자활동 현금흐름 | | | |
| 투자활동으로 인한 현금의 유출액 | | | (₩170,000) |
| 토지의 취득 | (70,000) | | |
| 건물의 취득 | (100,000) | | |
| 재무활동 현금흐름 | | | (₩50,000) |
| 재무활동으로 인한 현금의 유출액 | | | |
| 배당금의 지급 | (50,000) | | |
| 현금및현금성자산의 증가 | | | ₩20,000 |
| 기초 현금및현금성자산 | | | ₩250,000 |
| 기말 현금및현금성자산 | | | ₩270,000 |

CHAPTER

# 13 재무제표분석

포괄손익계산서

㈜대구 각 년도 1월 1일부터 12월 31일까지 (단위: 원)

| | 20X2 | 구성비율 | 20X1 | 전년 대비 증가(감소)율 |
|---|---|---|---|---|
| 매출액 | ₩5,000,000 | 100.0% | ₩4,000,000 | 25.0% |
| (매출원가) | 3,000,000 | 60.0% | 2,400,000 | 25.0% |
| 매출총이익 | 2,000,000 | 40.0% | 1,600,000 | 25.0% |
| 판매비와관리비 | | | | |
| (감가상각비) | 450,000 | 9.0% | 400,000 | 12.5% |
| (기타판매비와관리비) | 1,200,000 | 24.0% | 750,000 | 60.0% |
| 영업이익 | 350,000 | 7.0% | 450,000 | (22.2%) |
| 기타수익 | 200,000 | 4.0% | 100,000 | 100.0% |
| (기타비용) | 180,000 | 3.6% | 60,000 | 200.0% |
| 법인세비용차감전순손익 | 370,000 | 7.4% | 490,000 | (24.5%) |
| (법인세비용) | 200,000 | 4.0% | 240,000 | (16.7%) |
| 당기순이익 | ₩170,000 | 3.4% | ₩250,000 | (32.0%) |

## 학습목표

1. 재무제표분석기법에 대해 설명할 수 있다.
2. 수직적 분석을 활용하여 재무상태표와 손익계산서를 분석할 수 있다.
3. 수평적 분석을 활용하여 재무상태표와 손익계산서를 분석할 수 있다.
4. 재무자료를 활용하여 비율분석을 할 수 있다.

# 제1절 재무제표분석의 의의와 방법

## 1. 재무제표분석의 의의

앞서 설명한 바와 같이 회계학의 가장 기본적인 목적은 이해관계자의 의사결정에 유용한 정보를 산출하여 제공하는 것이며, 앞선 장에서는 주로 회계정보의 산출에 초점을 맞추어 왔다. 일반적으로 인정된 회계원칙에 따라 작성된 회계정보는 유용하다고 간주하기 때문에 우리는 앞선 장에서 유용한 정보를 산출할 수 있는 기준에 대하여 학습하였다고 봐도 무방하다. 이번 장에서는 산출된 정보의 활용에 대하여 다루며, 그중 가장 대표적인 분야가 바로 재무제표분석이다.

**재무제표분석**은 기업이 공시한 재무자료를 이용하여 과거 및 현재의 재무상태 및 재무성과를 분석하고, 미래의 재무상태와 재무성과를 예측하는데 유용한 수단이 될 수 있다. 실제로 많은 금융기관에서 기업의 재무제표를 기초로 신용평가 및 대출심사 등을 진행한다는 점에서 알 수 있듯이 재무제표분석은 우리의 실생활에서 널리 활용되고 있다.

## 2. 재무제표분석방법 및 분석자료의 수집

### 1) 재무제표분석방법

재무제표분석을 위해서는 비교대상이 필요하다. 여러분이 현재 A기업의 주주라고 가정하고 주식을 매도할지 말지에 대한 의사결정상황에 직면해 있다고 하자. 주어진 정보는 다음과 같다.

---

A기업의 당기순이익은 10억원이다.

---

여러분은 이 정보에 기반하여 의사결정을 하여야 한다. 여러분은 A기업의 주식을 매

도할 것인가? 아니면 계속 보유할 것인가?. 어떤 사람은 A기업이 높은 당기순이익을 달성했다고 여겨 주식을 계속 보유하기를 원할 것이다. 반면 또 다른 사람은 A기업이 낮은 수준의 당기순이익을 달성했다고 여겨 주식을 매도하고자 할 것이다.

그런데 사실 위의 정보만으로 효과적인 의사결정을 하기에는 불충분하다. 왜냐하면 비교대상이 없기 때문이다. 우리가 어떤 의사결정을 수행하기 위해서는 비교대상 또는 기준이 필요하다.

앞서 A기업의 사례에서 다음과 같은 추가적인 정보를 고려해보자.

---

A기업의 전기 당기순이익은 4억원이다.

---

위와 같은 비교대상 정보가 주어지면 우리는 훨씬 합리적으로 의사결정을 수행할 수 있을 것이다. 전기의 당기순이익이 4억원이고, 당기의 당기순이익은 10억원이기 때문에 다른 조건을 고려하지 않고 당기순이익만을 비교한다면, A기업의 당기 성과는 우수하다고 할 수 있다.

이렇듯 재무제표분석에서 효과적인 분석이 수행되려면 비교분석이 필요하다. 이러한 비교분석 방법으로는 특정 기업의 과거 정보와 현재 정보를 비교하는 기간별 비교방법과 특정 기업과 다른 기업의 정보를 비교하는 기업 간 비교방법이 있다. 또한 특정 기업과 특정 기업이 속한 산업의 평균을 비교하는 방법도 있다.

| 구분 | 내용 |
|---|---|
| 기간별 비교 | 기업의 재무제표 항목 또는 비율을 동일한 기업의 전년도 또는 그 이전 연도의 항목 또는 비율과 비교하는 방법 |
| 산업평균과 비교 | 특정 기업의 재무제표에 나타난 항목 또는 재무비율을 동종산업에 속해있는 기업들의 평균치, 즉 산업평균치와 비교하는 방법 |
| 기업 간 비교 | 기업의 재무제표항목 또는 재무비율을 특정 기업, 즉 선도기업(leading company)이나 주된 경쟁기업의 항목이나 비율과 비교하는 방법 |

### 2) 분석자료의 수집

본격적으로 재무제표분석을 수행하기 위해서는 분석에 필요한 기업의 재무자료를 입수하여야 한다. 이러한 재무자료는 각 기업의 홈페이지에 공시된 IR(investor relations) 자료를 활용할 수도 있고, 각종 신용평가회사에서 제공하는 자료를 활용할 수도 있다. 그러나 재무자료를 획득하는 가장 손쉬운 방법은 우리나라의 금융감독원이 운영하는 전자공시시스템을 이용하는 것이다. 금융감독원의 전자공시시스템을 활용하면 누구나 손쉽게 기업의 재무자료를 이용할 수 있다.

금융감독원 전자공시시스템(dart.fss.or.kr)

## 제2절 수평적 분석과 수직적 분석

재무제표분석기법은 크게 수평적 분석, 수직적 분석, 비율분석으로 구분할 수 있다. 수평적 분석은 주로 기간별 분석을 수행하는데 널리 활용되는 방법이다. 따라서 수평적 분석을 수행하려면 최소한 동일한 기업의 2기간 이상의 재무자료가 필요하며, 보통 5년 또는 그 이상의 다기간을 비교한 분석이 주로 수행된다. 반면 수직적 분석은 기업 간 비교분석 또는 기간별 비교분석에 활용 가능한 방법이고, 비율분석은 기업 간 비교 또는 기간별 비교 전체에 이용할 수 있는 방법이다.

## 1. 수평적 분석

수평적 분석(horizontal analysis)의 목적은 기간별로 특정한 재무제표 구성요소가 증가 또는 감소하였는가를 분석하기 위하여 수행하는 방법이다. 수평적 분석은 결국 재무정보의 과거부터 현재까지 흐름을 파악하는 것이므로 다른 말로 추세분석(trend analysis)이라고도 한다.

수평적 분석에서는 증가 또는 감소한 금액 자체를 이용하여 분석할 수도 있고, 증가 또는 감소한 비율을 활용한 분석도 가능하다. 이러한 분석을 위해서는 기준이 되는 연도가 필요하며, 주로 과거의 특정 시점의 기준연도를 많이 활용한다.

아래에 제시된 ㈜대구의 재무상태표를 이용하여 수평적 분석기법을 보다 자세하게 살펴보자. 분석하고자 하는 대상연도는 20X2년이고, 비교대상인 기준연도는 20X1년이라고 가정한다. ㈜대구는 20X1년도에 비하여 총자산은 ₩700,000 증가하였고, 총부채는 ₩500,000 증가하였다. 이로 인해 자본은 ₩200,000 증가하였음을 알 수 있다. 부채가 증가한 원인은 ₩300,000의 장기차입금 증가와 ₩200,000의 매입채무 증가에 기인한다는 사실도 추가적으로 파악할 수 있다.

재무상태표

㈜대구 각 년도 12월 31일 현재 (단위: 원)

| | 20X2/12/31 | 20X1/12/31 | 20X2년도 증가(감소) 금액 | 20X2년도 증가(감소) 비율 |
|---|---|---|---|---|
| 자산 | | | | |
| 유동자산 | | | | |
| 현금 | ₩600,000 | ₩400,000 | ₩200,000 | 50.0% |
| 매출채권 | 1,100,000 | 1,000,000 | 100,000 | 10.0% |
| 재고자산 | 800,000 | 700,000 | 100,000 | 14.3% |
| 합계 | 2,500,000 | 2,100,000 | 400,000 | 19.0% |
| 비유동자산 | | | | |
| 투자자산 | 800,000 | 1,000,000 | (200,000) | (20.0%) |
| 유형자산(순액) | 4,500,000 | 4,000,000 | 500,000 | 12.5% |
| 합계 | 5,300,000 | 5,000,000 | 300,000 | 6.0% |
| 자산총계 | ₩7,800,000 | ₩7,100,000 | ₩700,000 | 9.9% |

| | | | | |
|---|---|---|---|---|
| 부채와자본 | | | | |
| 부채 | | | | |
| 유동부채 | | | | |
| 매입채무 | ₩1,600,000 | ₩1,400,000 | ₩200,000 | 14.3% |
| 비유동부채 | | | | |
| 장기차입금 | 1,800,000 | 1,500,000 | 300,000 | 20.0% |
| 부채총계 | 3,400,000 | 2,900,000 | 500,000 | 17.2% |
| 자본 | | | | |
| 보통주자본금 | 800,000 | 500,000 | 300,000 | 60.0% |
| 자본잉여금 | 2,400,000 | 2,000,000 | 400,000 | 20.0% |
| 이익잉여금 | 1,200,000 | 1,700,000 | (500,000) | (29.4%) |
| 자본총계 | 4,400,000 | 4,200,000 | 200,000 | 4.8% |
| 부채와자본총계 | ₩7,800,000 | ₩7,100,000 | ₩700,000 | 9.9% |

다음으로 ㈜대구의 포괄손익계산서를 활용한 수평적 분석을 수행해보자.

포괄손익계산서

㈜대구 각 년도 1월 1일부터 12월 31일까지 (단위: 원)

| | | | 20X2년도 증가(감소) | |
|---|---|---|---|---|
| | 20X2 | 20X1 | 금액 | 비율 |
| 매출액 | ₩5,000,000 | ₩4,000,000 | ₩1,000,000 | 25.0% |
| (매출원가) | 3,000,000 | 2,400,000 | 600,000 | 25.0% |
| 매출총이익 | 2,000,000 | 1,600,000 | 400,000 | 25.0% |
| 판매비와관리비 | | | | |
| (감가상각비) | 450,000 | 400,000 | 50,000 | 12.5% |
| (기타판매비와관리비) | 1,200,000 | 750,000 | 450,000 | 60.0% |
| 영업이익 | 350,000 | 450,000 | (100,000) | (22.2%) |
| 기타수익 | 200,000 | 100,000 | 100,000 | 100.0% |
| (기타비용) | 180,000 | 60,000 | 120,000 | 200.0% |
| 법인세비용차감전순손익 | 370,000 | 490,000 | (120,000) | (24.5%) |
| (법인세비용) | 200,000 | 240,000 | (40,000) | (16.7%) |
| 당기순이익 | ₩170,000 | ₩250,000 | (₩80,000) | (32.0%) |

먼저 매출액은 분석대상연도인 20X2년도의 경우 ₩5,000,000으로 비교연도인 20X1년도의 ₩4,000,000에 비하여 ₩1,000,000 증가한 것을 알 수 있고, 매출액과 매출원가

의 증가율이 모두 25%이기 때문에 매출총이익 역시 25% 증가한 ₩2,000,000임을 알 수 있다. 그런데 당기순이익의 경우는 오히려 비교연도인 20X1년도에 비하여 ₩80,000 감소하였다. 왜 이런 상황이 발생한 것일까? 자세히 살펴보면 기타판매비와관리비 및 기타비용이 큰 폭으로 증가하였고, 결국 이러한 비용의 증가가 매출액의 증가를 상쇄하였다는 사실을 알 수 있다. 즉, 이렇게 비교연도와 분석연도의 재무정보의 차이를 분석하는 데 널리 활용되는 방법이 바로 수평적 분석이다.

그렇다면 ㈜대구의 재무상태표와 포괄손익계산서를 수평적 분석기법을 활용하여 위와 같은 결과가 나타난 원인을 한번 설명해보자. ㈜대구의 경우 20X2년에 제품판매를 증가시키기 위하여 신용판매를 확대하고, 마케팅활동을 적극적으로 수행하였다. 이로 인해 판매량이 증대되었고, 매출채권 또한 증가하였다. 또한 판매량 확대를 위하여 필요한 자금을 추가로 장기차입하였고, 적극적인 마케팅활동으로 판매비와관리비가 증가하였다. 물론 이 외의 다른 해석도 충분히 가능하다. 따라서 재무제표분석을 실시할 때 가능하면 재무제표와 같은 계량적인 재무정보뿐만 아니라 다양한 비재무정보 또는 정량적인 정보를 활용하게 되면 보다 구체적이고 적절한 분석이 가능하게 된다.

## 2. 수직적 분석

수직적 분석(vertical analysis)은 재무제표를 구성하고 있는 각 재무제표 항목의 상대적 크기를 나타내는 분석방법으로 공통형 분석 또는 요소구성비율분석이라고 한다. 재무상태표의 경우에는 모든 구성요소를 총자산으로 나누어 계산하고, 포괄손익계서는 모든 구성요소를 매출액으로 나누어 계산한다. 이렇게 분석하는 이유는 일반적으로 특정한 사건이 없다면, 재무제표 구성요소의 상대적인 비중은 큰 변동이 없을 것이기 때문이다.

예를 들어, 원가가 ₩60인 제품을 ₩100에 판매한다고 가정해보자. 이 경우 매출원가가 매출액에서 차지하는 비율은 60%(₩60/₩100)일 것이다. 원재료의 가격변동이나 노무원가의 상승폭이 아주 크지 않다면, 또한 원가를 감소시키는 생산기술이 획기적으로 발전하지 않는다면, 이 60%라는 원가율은 과거나 현재나 크게 차이가 나지 않을 것이다. 반면 생산기술의 획기적인 발전 등으로 인해 ₩60에 생산하던 제품을 ₩40에 생산할 수 있다면 원가율은 현저히 낮아질 것이다. 그러나 앞서 설명한 바와 같이 일반적으로 구성요소의 비율은 크게 변화하지 않는다.

아래는 ㈜대구의 재무상태표상의 각 구성요소를 각 연도의 총자산으로 나눈 비중을 나타내고 있다. 수직적 분석 결과 총자산 중 부채가 차지하는 비중이 약 2.8% 정도 증가하였다. 또한 자산 구성요소의 구성비율을 살펴보면 비유동자산의 구성비율이 소폭 감소하고 유동자산의 구성비율이 소폭 증가하였다는 것을 알 수 있다. 이는 부채의 증가로 결국 유동자산이 증가되었다는 것을 의미한다.

**재무상태표**

㈜대구 각 년도 12월 31일 현재 (단위: 원)

| | 20X2/12/31 | 비율 | 20X1/12/31 | 비율 |
|---|---|---|---|---|
| 자산 | | | | |
| 유동자산 | | | | |
| 현금 | ₩600,000 | 7.7% | ₩400,000 | 5.6% |
| 매출채권 | 1,100,000 | 14.1% | 1,000,000 | 14.1% |
| 재고자산 | 800,000 | 10.3% | 700,000 | 9.9% |
| 합계 | 2,500,000 | 32.1% | 2,100,000 | 29.6% |
| 비유동자산 | | | | |
| 투자자산 | 800,000 | 10.2% | 1,000,000 | 14.1% |
| 유형자산(순액) | 4,500,000 | 57.7% | 4,000,000 | 56.3% |
| 합계 | 5,300,000 | 67.9% | 5,000,000 | 70.4% |
| 자산총계 | ₩7,800,000 | 100.0% | ₩7,100,000 | 100.0% |
| 부채와자본 | | | | |
| 부채: | | | | |
| 유동부채 | | | | |
| 매입채무 | ₩1,600,000 | 20.5% | ₩1,400,000 | 19.7% |
| 비유동부채 | | | | |
| 장기차입금 | 1,800,000 | 23.1% | 1,500,000 | 21.1% |
| 부채총계 | 3,400,000 | 43.6% | 2,900,000 | 40.8% |
| 자본 | | | | |
| 보통주자본금 | 800,000 | 10.2% | 500,000 | 7.1% |
| 자본잉여금 | 2,400,000 | 30.8% | 2,000,000 | 28.2% |
| 이익잉여금 | 1,200,000 | 15.4% | 1,700,000 | 23.9% |
| 자본총계 | 4,400,000 | 56.4% | 4,200,000 | 59.2% |
| 부채와자본총계 | ₩7,800,000 | 100.0% | ₩7,100,000 | 100.0% |

다음으로 ㈜대구의 포괄손익계산서를 이용하여 수직적 분석을 수행해보자. 포괄손익계산서는 수직적 분석을 위하여 모든 구성요소를 순매출액으로 나누어 각 구성요소의 상대적인 비율을 계산한다. 포괄손익계산서의 경우 매출액에서 매출총이익이 차지하는 비율은 동일한 것을 알 수 있다. 일반적으로 매출액에서 매출원가가 차지하는 비중[1)]은 크게 변화하지 않는다. 물론 급격한 원재료 가격의 상승 등으로 인해 원가율이 변화할 수도 있다. 반면 기타 판매비와관리비가 매출액에서 차지하는 비중이 급격하게 증가(18.8%→24.0%)하였다. 이로 인하여 전반적으로 영업이익이 매출액에서 차지하는 비중과 당기순이익이 매출액에서 차지하는 비중이 크게 하락하여 수익성이 악화되었다는 사실을 알 수 있다.

포괄손익계산서

㈜대구　　　　각 년도 1월 1일부터 12월 31일까지　　　　(단위: 원)

| | 20X2 | 비율 | 20X1 | 비율 |
|---|---|---|---|---|
| 매출액 | ₩5,000,000 | 100.0% | ₩4,000,000 | 100.0% |
| (매출원가) | 3,000,000 | 60.0% | 2,400,000 | 60.0% |
| 매출총이익 | 2,000,000 | 40.0% | 1,600,000 | 40.0% |
| 판매비와관리비 | | | | |
| (감가상각비) | 450,000 | 9.0% | 400,000 | 10.0% |
| (기타 판매비와관리비) | 1,200,000 | 24.0% | 750,000 | 18.8% |
| 영업이익 | 350,000 | 7.0% | 450,000 | 11.2% |
| 기타수익 | 200,000 | 4.0% | 100,000 | 2.5% |
| (기타비용) | (180,000) | 3.6% | 60,000 | 1.5% |
| 법인세비용차감전순이익 | 370,000 | 7.4% | 490,000 | 12.2% |
| (법인세비용) | 200,000 | 4.0% | 240,000 | 6.0% |
| 당기순이익 | ₩170,000 | 3.4% | ₩250,000 | 6.2% |

1) 이를 일반적으로 매출원가율이라고 한다.

# 제3절 비율분석

비율분석은 기업의 재무제표에 나타난 정보를 정보이용자의 목적에 맞는 정보를 산출하기 위하여 재무제표정보를 가공하고, 기업의 현재 상황이나 추세 등을 분석하는 방법이다. 이러한 분석은 크게 수익성 분석, 성장성 분석, 지급능력 분석, 활동성 분석 등으로 구분할 수 있다.

## 1. 수익성 분석

수익성 분석이란 기업의 특정 회계연도 동안의 성과를 파악하기 위한 것으로 주로 수익성 비율을 이용하여 분석을 한다. 수익성 비율(profitability ratio)은 기업이 특정 회계연도 동안 달성한 이익을 분자로 하고, 분모에는 매출액이나 총자산 또는 자기자본을 주로 활용한다. 매출액순이익률, 매출총이익률, 매출액영업이익률, 총자산순이익률, 자기자본순이익률 등이 수익성 비율에 해당한다. 대표적인 수익성 분석비율인 매출액순이익률은 기업의 전반적인 이익창출 능력을 의미하고, 매출액총이익률은 제조원가의 절감 여부 등을 파악하는데 활용할 수 있다.

수익성 분석을 수행할 때 다음과 같은 사실을 염두에 두어야 한다. 앞의 장에서 설명한 바와 같이 당기순이익, 매출총이익, 영업이익과 같은 이익지표와 매출액은 특정 기간을 대상으로 하는 측정되는 유량(flow) 개념이다. 반면 총자산과 자기자본은 특정 시점(주로 보고기간말)에 측정되는 저량(stock) 개념이다. 따라서 매출액을 분모로 하는 수익성 비율은 분자와 분모가 둘 다 특정 기간 동안 측정한 금액을 대상으로 하므로 문제가 없지만, 총자산이나 자기자본을 분모로 하는 수익성 비율은 분자는 특정 기간 동안 측정된 금액이고, 분모는 특정 시점에 측정된 금액이므로 문제가 발생한다. 이러한 문제를 완화하기 위하여 분모가 총자산 또는 자기자본일 때 평균을 활용하기도 한다.[2)]

---

2) 총자산순이익률을 예로 들어 설명하면, 평균 개념을 활용하면 총자산순이익률은 당기순이익/[(기초총자산+기말총자산)/2]로 계산할 수 있다. 이와 같이 수익성 분석을 수행하려면 2개년도의 회계자료가 필요하다. 본 교재에서는 편의상 평균개념을 사용하지 않고, 기말 총자산과 기말 자기자본만을 이용하여 분석을 실시하도록 한다.

| 구분 | 계산산식 |
|---|---|
| 매출액순이익률 | 당기순이익/매출액 |
| 매출총이익률 | 매출총이익/매출액 |
| 매출액영업이익률 | 영업이익/매출액 |
| 총자산순이익률 | 당기순이익/총자산 |
| 총자산영업이익률 | 영업이익/총자산 |
| 자기자본순이익률 | 당기순이익/자기자본 |

앞서 제시된 ㈜대구의 재무상태표와 포괄손익계산서를 이용하여 ㈜대구의 수익성을 분석하면 다음과 같다.

| 수익성 비율 | 계산근거(천원) | 20X2년 | 계산근거(천원) | 20X1년 |
|---|---|---|---|---|
| 매출액순이익률 | ₩170/₩5,000 | 0.034 | ₩250/₩4,000 | 0.062[3] |
| 매출총이익률 | ₩2,000/₩5,000 | 0.400 | ₩1,600/₩4,000 | 0.400 |
| 매출액영업이익률 | ₩350/₩5,000 | 0.070 | ₩450/₩4,000 | 0.112[4] |
| 총자산순이익률 | ₩170/₩7,800 | 0.022 | ₩250/₩7,100 | 0.035 |
| 총자산영업이익률 | ₩350/₩7,800 | 0.045 | ₩450/₩7,100 | 0.063 |
| 자기자본순이익률 | ₩170/₩4,400 | 0.039 | ₩250/₩4,200 | 0.060 |

이는 다음과 같이 해석할 수 있다. ㈜대구는 20X2년 매출액 ₩1당 ₩0.4의 매출총이익과 ₩0.07의 영업이익, ₩0.034의 당기순이익을 획득하였다는 것을 알 수 있고, 자산 ₩1당 ₩0.045의 영업이익, ₩0.022의 당기순이익을 획득하였다는 것을 알 수 있다. 일반적으로 수익성 비율은 높을수록 수익성이 우수한 것으로 판단한다.

## 2. 성장성 분석

성장성 분석이란 당해 연도 기업활동의 규모와 성과가 전년도에 비하여 얼마나 증가하였는가를 측정하는 비율로 매출액증가율, 순이익증가율, 영업이익증가율, 총자산증

3) 0.0625로 반올림하면 0.063이나 수직적 분석(6.2%)에서 단수차이를 조정한 비율이다.
4) 0.1125로 반올림하면 0.113이나 수직적 분석(11.2%)에서 단수차이를 조정한 비율이다.

가율, 재고자산증가율, 자기자본증가율 등이 있다.

| 구분 | 계산산식 |
|---|---|
| 매출액증가율 | (당기매출액 − 전기매출액)/전기매출액 |
| 순이익증가율 | (당기순이익 − 전기순이익)/전기순이익 |
| 영업이익증가율 | (당기영업이익 − 전기영업이익)/전기영업이익 |
| 총자산증가율 | (당기총자산 − 전기총자산)/전기총자산 |
| 재고자산증가율 | (당기재고자산 − 전기재고자산)/전기재고자산 |
| 자기자본증가율 | (당기자기자본 − 전기자기자본)/전기자기자본 |

앞서 제시된 ㈜대구의 재무상태표와 포괄손익계산서를 이용하여 ㈜대구의 성장성을 분석하면 다음과 같다.

| 구분 | 계산근거(천원) | 20X2년 |
|---|---|---|
| 매출액증가율 | (₩5,000 − ₩4,000)/₩4,000 | 0.250 |
| 순이익증가율 | (₩170 − ₩250)/₩250 | (0.320) |
| 영업이익증가율 | (₩350 − ₩450)/₩450 | (0.222) |
| 총자산증가율 | (₩7,800 − ₩7,100)/₩7,100 | 0.099 |
| 재고자산증가율 | (₩800 − ₩700)/₩700 | 0.143 |
| 자기자본증가율 | (₩4,400 − ₩4,200)/₩4,200 | 0.048 |

이는 다음과 같이 해석할 수 있다. ㈜대구는 20X1년에 비하여 20X2년 매출액은 25.0% 증가하였고, 영업이익은 22.2% 감소하였다. 일반적으로 성장성 비율이 양(+)이면 기업이 꾸준히 성장하고 있는 것으로 해석한다. 또한 총자산은 9.9%, 재고자산은 14.3% 증가하였지만, 자기자본은 4.8% 증가하는 데 그쳤다. 다른 자산에 비하여 자기자본이 크게 증가하지 않은 이유는 상대적으로 높은 매출액증가율에 비하여 영업이익이 크게 감소하였기 때문이다.

## 3. 지급능력 분석

지급능력 분석은 기업이 채무를 상환할 수 있는 능력을 평가하는 것으로 기업의 단기적인 지급능력을 평가하는 유동성비율과 기업의 장기적인 지급능력을 평가하는 부채비율로 구분할 수 있다.

유동성 비율(liquidity ratio)은 유동자산을 유동부채로 나누어 측정한 유동비율, 유동자산에서 유동부채를 차감한 순운전자본, 당좌자산[5]을 유동부채로 나누어 계산한 당좌비율 등이 있다.

유동비율과 당좌비율은 1보다 클수록 단기적인 지급능력이 높은 것으로 해석한다. 반면 유동비율과 당좌비율이 1보다 작다면 단기적인 지급능력의 부족으로 부도의 가능성이 존재한다. 반면 순운전자본은 일반적으로 0보다 크면 단기적인 지급능력이 있는 것으로 해석된다.

| 구분 | 계산산식 |
|---|---|
| 유동비율 | 유동자산/유동부채 |
| 순운전자본 | 유동자산－유동부채 |
| 당좌비율 | 당좌자산/유동부채 |

앞서 제시된 ㈜대구의 재무상태표를 이용하여 단기지급능력을 분석하면 다음과 같다.

| 구분 | 계산근거(천원) | 20X2년 | 계산근거(천원) | 20X1년 |
|---|---|---|---|---|
| 유동비율 | ₩2,500/₩1,600 | 1.563 | ₩2,100/₩1,400 | 1.500 |
| 순운전자본 | ₩2,500－₩1,600 | 900,000 | ₩2,100－₩1,400 | 700,000 |
| 당좌비율 | ₩1,700/₩1,600 | 1.063 | ₩1,400/₩1,400 | 1.000 |

이는 다음과 같이 해석할 수 있다. ㈜대구는 20X1년에 비하여 20X2년 유동비율은 소

5) 당좌자산은 현금및현금성자산, 매출채권, 미수금 등 금융자산으로 구성되며, 일반적으로 유동자산에서 재고자산을 차감하여 계산할 수 있다. 따라서 유동비율보다 보다 엄격하게 유동성을 측정할 수 있는 지표이다.

폭 증가하였다. 유동비율이 1보다 크므로 단기적인 지급능력은 양호한 것으로 파악된다. 또한 당좌비율도 1보다 커서 유동성에 문제가 없음을 알 수 있다.

기업의 장기적인 지급능력을 평가하는 지표로 부채비율을 사용한다. **부채비율**은 부채총액을 자기자본으로 나누어 계산하며, 일반적으로 이 값이 2 이하이면 재무상태가 양호한 것으로 해석한다.

앞서 제시된 ㈜대구의 재무상태표를 이용하여 장기지급능력을 분석하면 다음과 같다.

| 구분 | 계산근거(천원) | 20X2년 | 계산근거(천원) | 20X1년 |
|---|---|---|---|---|
| 부채비율 | ₩3,400/₩4,400 | 0.773 | ₩2,900/₩4,200 | 0.690 |

이는 다음과 같이 해석할 수 있다. ㈜대구는 20X1년에 비하여 20X2년 부채비율은 상대적으로 소폭 증가하였지만, 아직 부채비율이 2 미만이므로 ㈜대구의 장기적인 지급능력은 크게 문제가 없다고 판단할 수 있다.

## 4. 활동성 분석

**활동성 분석**은 기업이 보유하고 있는 자산의 물리적인 이용도(활용도)를 분석하는 것을 목적으로 하며, 주로 회전율이라는 비율을 이용하여 분석을 수행한다. 예로는 총자산회전율, 매출채권회전율, 재고자산회전율 등이 있다. **총자산회전율**은 기업 전체의 활동성을 측정하는 지표로, 순매출액을 총자산으로 나누어 계산하고, 투자된 자산규모에 비해 매출액의 수준을 비교하는데 활용된다. **매출채권회전율**은 순매출액(순외상매출액)을 매출채권으로 나누어 계산하고, 주로 매출채권이 현금화되는 속도와 매출채권의 효율성을 나타낸다. 또한 **재고자산회전율**은 매출원가를 재고자산으로 나누어 계산하고, 기업이 재고자산을 얼마나 효율적으로 활용하고 있는지를 나타낸다. 매출채권회전율과 재고자산회전율은 1년 기간이므로 여기에 1년 365일을 매출채권회전율과 재고자산회전율로 나누면, 매출채권회수기간과 재고자산회전기간을 계산할 수 있다.

| 구분 | 계산산식 |
|---|---|
| 총자산회전율 | 순매출액/총자산 |
| 매출채권회전율 | 순매출액/매출채권 |
| 매출채권회수기간 | 365/매출채권회전율 |
| 재고자산회전율 | 매출원가/재고자산 |
| 재고자산회전기간 | 365/재고자산회전율 |

앞서 제시된 ㈜대구의 재무상태표와 포괄손익계산서를 이용하여 ㈜대구의 활동성을 분석하면 다음과 같다.

| 구분 | 계산근거(천원) | 20×2년 | 계산근거(천원) | 20×1년 |
|---|---|---|---|---|
| 총자산회전율 | ₩5,000/₩7,800 | 0.641 | ₩4,000/₩7,100 | 0.563 |
| 매출채권회전율 | ₩5,000/₩1,100 | 4.545 | ₩4,000/₩1,000 | 4.000 |
| 매출채권회수기간 | 365/₩4.545 | 80.308일 | 365/₩4.000 | 91.250일 |
| 재고자산회전율 | ₩3,000/₩800 | 3.750 | ₩2,400/₩700 | 3.429 |
| 재고자산회전기간 | 365/3.750 | 97.333일 | 365/3.429 | 106.445일 |

## 5. 기타 비율분석

지금까지 설명한 비율분석 이외에도 자본시장과 관련된 비율들이 기업분석에 사용되고 있다. 주요한 몇 가지를 살펴보면 다음과 같다.

**주가수익비율**(PER: price earning ratio)은 주식의 시장가격을 주당순이익으로 나눈 값으로, 투자자들이 기업의 단위당 이익에 지불하고자 하는 금액을 나타낸다. **주가장부가치비율**(PBR: price bookvalue ratio)은 보통주 주당 시장가치를 보통주 주당 장부가치로 나누어 측정하는데, 기업의 시장가치와 기업의 장부상 금액을 비교할 수 있다. 따라서 새로 취득한 자산이 많은 기업의 경우 주가장부가치비율이 낮게 나타난다. **배당성향**은 당기순이익에 대한 현금배당액의 비율로, 우선주를 제외한 보통주에 대한 배당금을 보통주주이익으로 나누어 계산한다. 배당성향을 통해 기업의 당기순이익 중 얼마를 배당하고, 얼마를 유보하였는지를 알 수 있다.

| 구분 | 계산산식 |
| --- | --- |
| 주가수익비율 | 주당 시장가격/주당순이익 |
| 주가장부가치비율 | 주당 시장가격/주당 장부가치 |
| 배당성향 | 현금배당액/당기순이익 |

## 핵심정리

수평적 분석 – 비율분석 – 수직적 분석

| 수익성 분석 | 성장성 분석 | 지급능력 분석 | 활동성 분석 | 기타 비율분석 |
|---|---|---|---|---|
| 매출액순이익률<br>매출총이익률<br>매출액영업이익률<br>총자산순이익률<br>총자산영업이익률<br>자기자본순이익률 | 매출액증가율<br>순이익증가율<br>영업이익증가율<br>총자산증가율<br>재고자산증가율<br>자기자본증가율 | 유동비율<br>순운전자본<br>당좌비율<br>부채비율 | 총자산회전율<br>매출채권회전율<br>매출채권회수기간<br>재고자산회전율<br>재고자산회전기간 | 주가수익비율<br>주가장부가치비율<br>배당성향 |

1. 재무제표분석은 기업이 공시한 재무자료를 이용하여 과거 및 현재의 재무상태 및 재무성과를 분석하고, 미래의 재무상태와 재무성과를 예측하는데 유용한 수단이다.

2. 수평적 분석은 기간별로 특정한 재무제표 구성요소가 증가 또는 감소되었는가를 알기 위하여 수행하는 방법으로 결국 재무정보의 과거부터 현재까지 흐름을 파악하는 것으로 추세분석이라고도 한다.

3. 수직적 분석은 재무제표를 구성하고 있는 각 재무제표 항목의 상대적 크기를 나타내는 분석방법으로 공통형 분석 또는 요소구성비율분석이라고 한다. 재무상태표의 경우에는 모든 구성요소를 총자산으로 나누어 계산하고, 포괄손익계서는 모든 구성요소를 매출액으로 나누어 계산한다.

4. 비율분석은 기업의 재무제표에 나타난 정보를 정보이용자의 목적에 맞는 정보를 산출하기 위하여 재무제표정보를 가공하고, 기업의 현재 상황이나 추세 등을 분석하는 기법으로 수익성 분석, 성장성 분석, 지급능력 분석, 활동성 분석 등으로 구분된다.

5. 수익성 분석이란 기업의 특정 회계연도 동안의 성과를 파악하기 위한 것으로 수익성 비율을 이용하여 분석을 실시한다.

6. 성장성 분석이란 당해 연도 기업활동의 규모와 성과가 전년도에 비하여 얼마나 증가하였는가를 측정하는 비율로 재무비율을 이용하여 분석한다.

7. 지급능력 분석은 기업이 채무를 상환할 수 있는 능력을 평가하는 것으로 기업의 단기적인 지급능력을 평가하기 위해 유동성비율 등을 이용하고, 기업의 장기적인 지급능력을 평가하기 위해 부채비율을 활용한다.

8. 활동성 분석은 기업이 보유하고 있는 자산의 물리적인 이용도(활용도)를 분석하는 것을 목적으로 하며, 주로 회전율이라는 비율을 이용하여 분석을 수행한다.

9. 자본시장과 관련된 시장가치비율은 투자자들이 투자회사를 결정하기 위해 직접적으로 활용하는 비율이다.

## 연습문제

### ✪ 객관식 문제

**01.** 다음 중 기업의 당좌비율을 높일 수 있는 방법에 해당하는 것은?

① 상품을 외상으로 구입한다.
② 외상매출금을 현금으로 회수한다.
③ 불필요한 투자자산을 현금으로 처분한다.
④ 장기차입금을 상환하다.
⑤ 사채를 조기에 상환한다.

※ [문제 2~3] 다음 자료를 이용하여 아래의 물음에 답하시오.

• 20X1년 매출총이익률: 25%
• 20X1년 매출원가: ₩600,000
• 20X1년말 매출채권 잔액: ₩50,000

**02.** 20X1년도 매출채권회전율을 계산하면 얼마인가?

① 6 ② 8 ③ 12
④ 15 ⑤ 16

**03.** 20X1년도 매출채권회수기간을 계산하면 얼마인가? 단, 편의상 1년은 360일을 가정한다.

① 22.5일 ② 24.3일 ③ 30.4일
④ 45.6일 ⑤ 60.8일

**04.** 다음 중 기업이 부채비율을 낮출 수 있는 방법으로 옳지 않은 것은?

① 사채를 상환한다.
② 신규투자를 위하여 장기차입금을 차입한다.
③ 유상증자를 통해 운영자금을 조달한다.
④ 장부금액 ₩1,000,000의 투자부동산을 ₩1,500,000에 처분한다.
⑤ 불필요한 경비를 줄여 순이익을 증가시킨다.

**05.** ㈜경북의 20X1년말 유동자산은 ₩1,000,000이고 비유동자산은 ₩300,000이다. 또한 부채비율은 160%이며, 유동비율은 200%이다. 이 경우 ㈜경북의 20X1년말 비유동부채 금액은 얼마인가?

① ₩300,000 ② ₩400,000 ③ ₩500,000
④ ₩700,000 ⑤ ₩800,000

**06.** 전년도에 비하여 매출액영업이익률은 동일하나 매출액순이익률이 증가한 경우에 해당하는 설명으로 옳은 것은?

① 이자비용이 크게 증가하였다.
② 기타수익이 크게 증가하였다.
③ 판매비와관리비가 크게 증가하였다.
④ 매출원가가 크게 감소하였다.
⑤ 법인세비용이 크게 증가하였다.

**07.** ㈜대구는 장기차입금 ₩1,000,000을 차입하여 단기차입금 ₩1,000,000을 상환한 거래를 회계담당자의 실수로 장부에서 누락하였다. 이러한 결과로 인하여 영향을 받는 재무비율에 해당하는 것은?

① 유동비율 ② 재고자산증가율 ③ 총자산증가율
④ 부채비율 ⑤ 매출액영업이익률

## ✪ 주관식 문제

**01.** 다음은 ㈜울산의 비교표시 재무상태표와 손익계산서이다. 물음에 답하시오.

| | 20X2년 | 20X1년 |
|---|---|---|
| 자산 | | |
| 유동자산 | | |
| 현금및현금성자산 | ₩850,000 | ₩600,000 |
| 매출채권 | 450,000 | 400,000 |
| 재고자산 | 400,000 | 300,000 |
| 합계 | 1,700,000 | 1,300,000 |
| 비유동자산 | | |
| 투자자산 | 300,000 | 300,000 |
| 유형자산(순액) | 1,200,000 | 1,200,000 |
| 합계 | 1,500,000 | 1,500,000 |
| 자산총계 | ₩3,200,000 | ₩2,800,000 |
| 부채와자본 | | |
| 유동부채 | | |
| 매입채무 | ₩1,300,000 | ₩1,200,000 |
| 비유동부채 | | |
| 장기차입금 | 1,200,000 | 1,000,000 |
| 부채총계 | 2,500,000 | 2,200,000 |
| 자본 | | |
| 보통자자본금 | 100,000 | 100,000 |
| 자본잉여금 | 300,000 | 300,000 |
| 이익잉여금 | 300,000 | 200,000 |
| 자본총계 | 700,000 | 600,000 |
| 부채와자본총계 | ₩3,200,000 | ₩2,800,000 |

| | 20X2년 | 20X1년 |
|---|---|---|
| 매출액 | ₩2,000,000 | ₩1,500,000 |
| (매출원가) | 1,200,000 | 1,000,000 |
| 매출총이익 | 800,000 | 500,000 |
| 판매비와관리비 | | |
| (감가상각비) | 60,000 | 40,000 |
| (기타판매비와관리비) | 200,000 | 140,000 |
| 영업이익 | 540,000 | 320,000 |
| 기타수익 | 100,000 | 100,000 |
| (기타비용) | 320,000 | 210,000 |
| 법인세비용차감전순이익 | 320,000 | 210,000 |
| (법인세비용) | 140,000 | 120,000 |
| 당기순이익 | ₩180,000 | ₩90,000 |

(1) ㈜울산의 20X2년 매출액순이익률, 매출총이익률, 총자산순이익률, 자기자본순이익률을 계산하시오.

(2) ㈜울산의 20X2년 매출액증가율, 순이익증가율, 재고자산증가율을 계산하시오.

(3) ㈜울산의 20X2년 유동비율과 당좌비율을 계산하시오.

(4) ㈜울산의 20X2년 총자산회전율, 매출채권회전율, 매출채권평균회수기간, 재고자산회전율, 재고자산평균회전기간을 계산하시오.

# 정답 및 해설

## ✪ 객관식 문제

**01.** ③

① 상품을 외상으로 구입하면 재고자산이 증가하고, 외상매입금(유동부채)이 증가하게 되므로 당좌비율은 감소한다.

② 외상매출금을 현금으로 회수하게 되면 매출채권(당좌자산)이 감소하고, 동일한 금액만큼 현금및현금성자산(당좌자산)이 증가하므로 당좌비율에는 영향이 없다.

③ 불필요한 투자자산을 현금으로 처분하면 현금및현금성자산(당좌자산)이 증가하므로 당좌비율은 증가한다.

④ 장기차입금을 상환하면 현금및현금성자산(당좌자산)이 감소하고, 장기차입금(비유동부채)이 감소하므로 당좌비율은 감소한다.

⑤ 사채를 조기에 상환하면 현금및현금성자산(당좌자산)이 감소하고, 비유동부채가 감소하므로 당좌비율은 감소한다.

**02.** ⑤

매출총익률이 25%이고, 매출원가가 ₩600,000이므로 매출액은 ₩800,000이다. 따라서 매출채권회전율은 16(₩800,000/₩50,000)이다.

**03.** ①

매출채권회전율이 16이므로 매출채권회수기간은 22.5일(360일/16)이다.

**04.** ②

**05.** ①

㈜경북의 총자산은 ₩1,300,000이고, 부채비율이 160%이므로 자기자본(S)은 ₩500,000이고, 부채총계(B)는 ₩800,000이다. 또한 유동비율이 200%이므로 유동부채는 ₩500,000이다. 따라서 비유동부채는 ₩300,000이다.

S+B=A, S+B=1,300,000, B/S=160%, S=500,000, B=800,000

**06.** ②

① 이자비용(기타비용)이 증가하면 순이익이 감소하여 매출액순이익률은 하락한다.

② 기타수익이 증가하면 순이익이 증가하여 매출액순이익률이 증가한다.

③ 매출액영업이익률이 동일하다고 가정하였기에 판매비와관리비의 증가는 해당하지 않는다.

④ 매출액영업이익률이 동일하다고 가정하였기에 매출원가의 증가는 해당하지 않는다.

⑤ 법인세비용이 증가하면 순이익이 감소하여 매출액순이익률은 하락한다.

**07. ①**

유동부채의 감소와 비유동부채의 증가라는 거래를 누락하였으므로 유동부채와 비유동부채를 활용한 재무비율에만 영향을 미치게 된다.

① 유동부채의 감소가 누락되었으므로 영향을 받는다.
② 재고자산에 영향을 미치지 않으므로 재고자산증가율에는 영향이 없다.
③ 자산항목에 영향을 미치지 않으므로 총자산증가율에는 영향이 없다.
④ 부채총계가 변화하지 않으므로 부채비율에는 영향이 없다.
⑤ 매출액과 영업이익에는 영향을 미치지 않으므로 매출액영업이익률에는 영향이 없다.

## ✪ 주관식 문제

(1) 매출액순이익률: 9.0%, ₩180,000/₩2,000,000 = 0.090
매출총이익률: 40.0%, ₩800,000/₩2,000,000 = 0.400
총자산순이익률: 5.6%, ₩180,000/₩3,200,000 = 0.056
자기자본순이익률: 25.7%, ₩180,000/₩700,000 = 0.257

(2) 매출액증가율: 33.3%, (₩2,000,000 − ₩1,500,000)/₩1,500,000 = 0.333
순이익증가율: 100.0%, (₩180,000 − ₩90,000)/₩90,000 = 1.000
재고자산증가율: 33.3%, (₩400,000 − ₩300,000)/₩300,000 = 0.333

(3) 유동비율: 130.8%, ₩1,700,000/₩1,300,000 = 1.308
당좌비율: 100.0%, ₩1,300,000/₩1,300,000 = 1.000

(4) 총자산회전율: 0.625, ₩2,000,000/₩3,200,000 = 0.625
매출채권회전율: 4.444, ₩2,000,000/₩450,000 = 4.444
매출채권회수기간: 82.133일, 365/4.444 = 82.133
재고자산회전율: 3.000, ₩1,200,000/₩400,000 = 3.000
재고자산회전기간: 121.667일, 365/3.000 = 121.667

# 부록: 현가표

〈표 1〉 일회금액 1원의 미래가치

〈표 2〉 일회금액 1원의 현재가치

〈표 3〉 기말현금 1원의 미래가치

〈표 4〉 기말현금 1원의 현재가치

〈표 5〉 기초연금 1원의 현재가치

## 〈표 1〉 일회금액 1원의 미래가치

$(1+r)^n$

| $n$ | 1% | 1.5% | 2% | 2.5% | 3% | 4% | 5% | 6% | 8% | 10% | 12% | 16% | 20% |
|---|---|---|---|---|---|---|---|---|---|---|---|---|---|
| 1 | 1.0100 | 1.0150 | 1.0200 | 1.0250 | 1.0300 | 1.0400 | 1.0500 | 1.0600 | 1.0800 | 1.1000 | 1.1200 | 1.1600 | 1.2000 |
| 2 | 1.0201 | 1.0302 | 1.0404 | 1.0506 | 1.0609 | 1.0816 | 1.1025 | 1.1236 | 1.1664 | 1.2100 | 1.2544 | 1.3456 | 1.4400 |
| 3 | 1.0303 | 1.0457 | 1.0612 | 1.0769 | 1.0927 | 1.1249 | 1.1576 | 1.1910 | 1.2597 | 1.3310 | 1.4049 | 1.5609 | 1.7280 |
| 4 | 1.0406 | 1.0614 | 1.0824 | 1.1038 | 1.1255 | 1.1699 | 1.2155 | 1.2625 | 1.3605 | 1.4641 | 1.5735 | 1.8106 | 2.0736 |
| 5 | 1.0510 | 1.0773 | 1.1041 | 1.1314 | 1.1593 | 1.2167 | 1.2763 | 1.3382 | 1.4693 | 1.6105 | 1.7623 | 2.1003 | 2.4883 |
| 6 | 1.0615 | 1.0934 | 1.1262 | 1.1597 | 1.1941 | 1.2653 | 1.3401 | 1.4185 | 1.5869 | 1.7716 | 1.9738 | 2.4364 | 2.9860 |
| 7 | 1.0721 | 1.1098 | 1.1487 | 1.1887 | 1.2299 | 1.3159 | 1.4071 | 1.5036 | 1.7138 | 1.9487 | 2.2107 | 2.8262 | 3.5832 |
| 8 | 1.0829 | 1.1265 | 1.1717 | 1.2184 | 1.2668 | 1.3686 | 1.4775 | 1.5983 | 1.8509 | 2.1436 | 2.4760 | 3.2784 | 4.2998 |
| 9 | 1.0937 | 1.1434 | 1.1951 | 1.2489 | 1.3048 | 1.4233 | 1.5513 | 1.6895 | 1.9990 | 2.3579 | 2.7731 | 3.8030 | 5.1598 |
| 10 | 1.1046 | 1.1605 | 1.2190 | 1.2801 | 1.3439 | 1.4802 | 1.6289 | 1.7908 | 2.1589 | 2.5937 | 3.1058 | 4.4114 | 6.1917 |
| 11 | 1.1157 | 1.1779 | 1.2434 | 1.3121 | 1.3842 | 1.5395 | 1.7103 | 1.8983 | 2.3316 | 2.8531 | 3.4786 | 5.1173 | 7.4301 |
| 12 | 1.1268 | 1.1956 | 1.2682 | 1.3449 | 1.4258 | 1.6010 | 1.7959 | 2.0122 | 2.5182 | 3.1384 | 3.8960 | 5.9360 | 8.9161 |
| 13 | 1.1381 | 1.2136 | 1.2936 | 1.3785 | 1.4685 | 1.6651 | 1.8856 | 2.1329 | 2.7196 | 3.4523 | 4.3635 | 6.8858 | 10.6993 |
| 14 | 1.1495 | 1.2318 | 1.3195 | 1.4130 | 1.5126 | 1.7317 | 1.9799 | 2.2609 | 2.9372 | 3.7975 | 4.8871 | 7.9875 | 12.8392 |
| 15 | 1.1610 | 1.2502 | 1.3459 | 1.4483 | 1.5580 | 1.8009 | 2.0789 | 2.3966 | 3.1722 | 4.1772 | 5.4736 | 9.2655 | 15.4070 |
| 16 | 1.1726 | 1.2690 | 1.3728 | 1.4845 | 1.6047 | 1.8730 | 2.1829 | 2.5404 | 3.4259 | 4.5950 | 6.1304 | 10.7480 | 18.4884 |
| 17 | 1.1843 | 1.2880 | 1.4002 | 1.5216 | 1.6528 | 1.9479 | 2.2920 | 2.6928 | 3.7000 | 5.0545 | 6.8660 | 12.4677 | 22.1816 |
| 18 | 1.1961 | 1.3073 | 1.4282 | 1.5597 | 1.7024 | 2.0258 | 2.4066 | 2.8543 | 3.9960 | 5.5599 | 7.6900 | 14.4625 | 26.6233 |
| 19 | 1.2081 | 1.3270 | 1.4568 | 1.5987 | 1.7535 | 2.1068 | 2.5270 | 3.0256 | 4.3157 | 6.1159 | 8.6128 | 16.7765 | 31.9480 |
| 20 | 1.2202 | 1.3469 | 1.4859 | 1.6386 | 1.8061 | 2.1911 | 2.6533 | 3.2071 | 4.6610 | 6.7275 | 9.6463 | 19.4608 | 38.3376 |
| 21 | 1.2324 | 1.3671 | 1.5157 | 1.6796 | 1.8603 | 2.2788 | 2.7860 | 3.3996 | 5.0338 | 7.4002 | 10.8039 | 22.5745 | 46.0051 |
| 22 | 1.2447 | 1.3876 | 1.5460 | 1.7216 | 1.9161 | 2.3699 | 2.9253 | 3.6035 | 5.4365 | 8.1403 | 12.1003 | 26.1864 | 55.2061 |
| 23 | 1.2572 | 1.4084 | 1.5769 | 1.7646 | 1.9736 | 2.4647 | 3.0715 | 3.8198 | 5.8715 | 8.9543 | 13.5523 | 30.3762 | 66.2474 |
| 24 | 1.2697 | 1.4295 | 1.6084 | 1.8087 | 2.0328 | 2.5633 | 3.2251 | 4.0489 | 6.3412 | 9.8497 | 15.1786 | 35.2364 | 79.4969 |
| 25 | 1.2824 | 1.4509 | 1.6406 | 1.8539 | 2.0938 | 2.6658 | 3.3864 | 4.2919 | 6.8485 | 10.8347 | 17.0001 | 40.8742 | 95.3962 |
| 30 | 1.3478 | 1.5631 | 1.8114 | 2.0976 | 2.4273 | 3.2434 | 4.3219 | 5.7435 | 10.0627 | 17.4494 | 29.9599 | 85.8499 | 237.3763 |
| 50 | 1.6446 | 2.1052 | 2.6916 | 3.4371 | 4.3839 | 7.1067 | 11.4674 | 18.4204 | 46.9016 | 117.3909 | 289.0022 | 1670.7038 | 9100.4382 |

## <표 2> 일회금액 1원의 현재가치

$(1+r)^{-n}$

| n | 1% | 1.5% | 2% | 2.5% | 3% | 4% | 5% | 6% | 8% | 10% | 12% | 16% | 20% |
|---|---|---|---|---|---|---|---|---|---|---|---|---|---|
| 1 | 0.9901 | 0.9852 | 0.9804 | 0.9756 | 0.9709 | 0.9615 | 0.9524 | 0.9434 | 0.9259 | 0.9091 | 0.8929 | 0.8621 | 0.8333 |
| 2 | 0.9803 | 0.9707 | 0.9612 | 0.9518 | 0.9426 | 0.9246 | 0.9070 | 0.8900 | 0.8573 | 0.8264 | 0.7972 | 0.7432 | 0.6944 |
| 3 | 0.9706 | 0.9563 | 0.9423 | 0.9286 | 0.9151 | 0.8890 | 0.8638 | 0.8396 | 0.7938 | 0.7513 | 0.7118 | 0.6407 | 0.5787 |
| 4 | 0.9610 | 0.9422 | 0.9238 | 0.9060 | 0.8885 | 0.8548 | 0.8227 | 0.7921 | 0.7350 | 0.6830 | 0.6355 | 0.5523 | 0.4823 |
| 5 | 0.9515 | 0.9283 | 0.9057 | 0.8839 | 0.8626 | 0.8219 | 0.7835 | 0.7473 | 0.6806 | 0.6209 | 0.5674 | 0.4761 | 0.4019 |
| 6 | 0.9420 | 0.9145 | 0.8880 | 0.8623 | 0.8375 | 0.7903 | 0.7462 | 0.7050 | 0.6302 | 0.5645 | 0.5066 | 0.4104 | 0.3349 |
| 7 | 0.9327 | 0.9010 | 0.8706 | 0.8413 | 0.8131 | 0.7599 | 0.7107 | 0.6651 | 0.5835 | 0.5132 | 0.4523 | 0.3538 | 0.2791 |
| 8 | 0.9235 | 0.8877 | 0.8535 | 0.8207 | 0.7894 | 0.7307 | 0.6768 | 0.6274 | 0.5403 | 0.4665 | 0.4039 | 0.3050 | 0.2326 |
| 9 | 0.9143 | 0.8746 | 0.8368 | 0.8007 | 0.7664 | 0.7026 | 0.6446 | 0.5919 | 0.5002 | 0.4241 | 0.3606 | 0.2630 | 0.1938 |
| 10 | 0.9053 | 0.8617 | 0.8203 | 0.7812 | 0.7441 | 0.6756 | 0.6139 | 0.5584 | 0.4632 | 0.3855 | 0.3220 | 0.2267 | 0.1615 |
| 11 | 0.8963 | 0.8439 | 0.8043 | 0.7621 | 0.7224 | 0.6496 | 0.5847 | 0.5268 | 0.4289 | 0.3505 | 0.2875 | 0.1954 | 0.1346 |
| 12 | 0.8874 | 0.8364 | 0.7885 | 0.7436 | 0.7014 | 0.6246 | 0.5568 | 0.4970 | 0.3971 | 0.3186 | 0.2567 | 0.1685 | 0.1122 |
| 13 | 0.8787 | 0.8240 | 0.7730 | 0.7254 | 0.6810 | 0.6006 | 0.5303 | 0.4688 | 0.3677 | 0.2897 | 0.2292 | 0.1452 | 0.0935 |
| 14 | 0.8700 | 0.8118 | 0.7579 | 0.7077 | 0.6611 | 0.5775 | 0.5051 | 0.4423 | 0.3405 | 0.2633 | 0.2046 | 0.1252 | 0.0779 |
| 15 | 0.8613 | 0.7999 | 0.7430 | 0.6905 | 0.6419 | 0.5553 | 0.4810 | 0.4173 | 0.3152 | 0.2394 | 0.1827 | 0.1079 | 0.0649 |
| 16 | 0.8528 | 0.7880 | 0.7284 | 0.6736 | 0.6232 | 0.5339 | 0.4581 | 0.3936 | 0.2919 | 0.2176 | 0.1631 | 0.0930 | 0.0541 |
| 17 | 0.8444 | 0.7764 | 0.7142 | 0.6572 | 0.6050 | 0.5134 | 0.4363 | 0.3714 | 0.2703 | 0.1978 | 0.1456 | 0.0802 | 0.0451 |
| 18 | 0.8360 | 0.7649 | 0.7002 | 0.6412 | 0.5874 | 0.4936 | 0.4155 | 0.3505 | 0.2502 | 0.1799 | 0.1300 | 0.0691 | 0.0376 |
| 19 | 0.8277 | 0.7536 | 0.6864 | 0.6255 | 0.5703 | 0.4746 | 0.3957 | 0.3305 | 0.2317 | 0.1635 | 0.1161 | 0.0596 | 0.0313 |
| 20 | 0.8195 | 0.7425 | 0.6730 | 0.6103 | 0.5537 | 0.4564 | 0.3769 | 0.3118 | 0.2145 | 0.1486 | 0.1037 | 0.0514 | 0.0261 |
| 21 | 0.8114 | 0.7315 | 0.6598 | 0.5954 | 0.5375 | 0.4388 | 0.3589 | 0.2942 | 0.1987 | 0.1351 | 0.0926 | 0.0443 | 0.0217 |
| 22 | 0.8034 | 0.7207 | 0.6468 | 0.5809 | 0.5219 | 0.4220 | 0.3418 | 0.2775 | 0.1839 | 0.1228 | 0.0826 | 0.0382 | 0.0181 |
| 23 | 0.7954 | 0.7100 | 0.6342 | 0.5667 | 0.5067 | 0.4057 | 0.3256 | 0.2618 | 0.1703 | 0.1117 | 0.0738 | 0.0329 | 0.0151 |
| 24 | 0.7876 | 0.6995 | 0.6217 | 0.5529 | 0.4919 | 0.3901 | 0.3101 | 0.2470 | 0.1577 | 0.1015 | 0.0659 | 0.0284 | 0.0126 |
| 25 | 0.7798 | 0.6892 | 0.6095 | 0.5394 | 0.4776 | 0.3751 | 0.2953 | 0.2330 | 0.1460 | 0.0923 | 0.0588 | 0.0245 | 0.0105 |
| 30 | 0.7419 | 0.6398 | 0.5521 | 0.4767 | 0.4120 | 0.3083 | 0.2314 | 0.1741 | 0.0994 | 0.0573 | 0.0334 | 0.0116 | 0.0042 |
| 50 | 0.0680 | 0.4750 | 0.3715 | 0.2909 | 0.2281 | 0.1407 | 0.0872 | 0.0543 | 0.0213 | 0.0085 | 0.0035 | 0.0006 | 0.0001 |

## 〈표 3〉 기말연금 1원의 미래가치

$$\frac{(1+r)^n-1}{r}$$

| n | 1% | 1.5% | 2% | 2.5% | 3% | 4% | 5% | 6% | 8% | 10% | 12% | 16% | 20% |
|---|---|---|---|---|---|---|---|---|---|---|---|---|---|
| 1 | 1.0000 | 1.0000 | 1.0000 | 1.0000 | 1.0000 | 1.0000 | 1.0000 | 1.0000 | 1.0000 | 1.0000 | 1.0000 | 1.0000 | 1.0000 |
| 2 | 2.0100 | 2.0150 | 2.0200 | 2.0250 | 2.0300 | 2.0400 | 2.0500 | 2.0600 | 2.0800 | 2.1000 | 2.1200 | 2.1600 | 2.2000 |
| 3 | 3.0301 | 3.0452 | 3.0604 | 3.0756 | 3.0909 | 3.1216 | 3.1525 | 3.1836 | 3.2464 | 3.3100 | 3.3744 | 3.5056 | 3.6400 |
| 4 | 4.0604 | 4.0909 | 4.1216 | 4.1525 | 4.1836 | 4.2465 | 4.3101 | 4.3746 | 4.5061 | 4.6410 | 4.7793 | 5.0665 | 5.3680 |
| 5 | 5.1010 | 5.1523 | 5.2040 | 5.2563 | 5.3091 | 5.4163 | 5.5256 | 5.6371 | 5.8666 | 6.1051 | 6.3528 | 6.8771 | 7.4416 |
| 6 | 6.1520 | 6.2296 | 6.3081 | 6.3877 | 6.4684 | 6.6330 | 6.8019 | 6.9753 | 7.3359 | 7.7156 | 8.1152 | 8.9775 | 9.9299 |
| 7 | 7.2135 | 7.3230 | 7.4343 | 7.5474 | 7.6625 | 7.8983 | 8.1420 | 8.3938 | 8.9228 | 9.4872 | 10.0890 | 11.4139 | 12.9159 |
| 8 | 8.2857 | 8.4328 | 8.5830 | 8.7361 | 8.8923 | 9.2142 | 9.5491 | 9.8975 | 10.6366 | 11.4359 | 12.2997 | 14.2401 | 16.4991 |
| 9 | 9.3685 | 9.5593 | 9.7546 | 9.9545 | 10.1591 | 10.5828 | 11.0266 | 11.4913 | 12.4876 | 13.5795 | 14.7757 | 17.5185 | 20.7989 |
| 10 | 10.4622 | 10.7027 | 10.9497 | 11.2034 | 11.4639 | 12.0061 | 12.5779 | 13.1808 | 14.4866 | 15.9374 | 17.5487 | 21.3215 | 25.9587 |
| 11 | 11.5668 | 11.8633 | 12.1687 | 12.4835 | 12.8078 | 13.4864 | 14.2068 | 14.9716 | 16.6455 | 18.5312 | 20.6546 | 25.7329 | 32.1504 |
| 12 | 12.6825 | 13.0412 | 13.4121 | 13.7956 | 14.1920 | 15.0258 | 15.9171 | 16.8699 | 18.9771 | 21.3843 | 24.1331 | 30.8502 | 39.5805 |
| 13 | 13.8093 | 14.2368 | 14.6803 | 15.1404 | 15.6178 | 16.6268 | 17.7130 | 18.8821 | 21.4953 | 24.5227 | 28.0291 | 36.7862 | 48.4966 |
| 14 | 14.9474 | 15.4504 | 15.9739 | 16.5190 | 17.0863 | 18.2919 | 19.5986 | 21.0151 | 24.2149 | 27.9750 | 32.3926 | 43.6720 | 59.1959 |
| 15 | 16.0969 | 16.6821 | 17.2934 | 17.9319 | 18.5989 | 20.0236 | 21.5786 | 23.2760 | 27.1521 | 31.7725 | 37.2797 | 51.6595 | 72.0351 |
| 16 | 17.2579 | 17.9324 | 18.6393 | 19.3802 | 20.1569 | 21.8245 | 23.6575 | 25.6725 | 30.3243 | 35.9497 | 42.7533 | 60.9250 | 87.4421 |
| 17 | 18.4304 | 19.2014 | 20.0121 | 20.8647 | 21.7616 | 23.6975 | 25.8404 | 28.2129 | 33.7502 | 40.5447 | 48.8837 | 71.6730 | 105.9306 |
| 18 | 19.6148 | 20.4894 | 21.4123 | 22.3864 | 23.4144 | 25.6454 | 28.1324 | 30.9057 | 37.4502 | 45.5992 | 55.7497 | 84.1407 | 128.1167 |
| 19 | 20.8109 | 21.7967 | 22.8406 | 23.9460 | 25.1169 | 27.6712 | 30.5390 | 33.7600 | 41.4463 | 51.1591 | 63.4397 | 98.6032 | 154.7400 |
| 20 | 22.0190 | 23.1237 | 24.2974 | 25.5447 | 26.8704 | 29.7781 | 33.0660 | 36.7856 | 45.7620 | 57.2750 | 72.0524 | 115.3797 | 186.6880 |
| 21 | 23.2392 | 24.4705 | 25.7833 | 27.1833 | 28.6765 | 31.9692 | 35.7193 | 39.9927 | 50.4229 | 64.0025 | 81.6987 | 134.8405 | 225.0256 |
| 22 | 24.4716 | 25.8376 | 27.2990 | 28.8629 | 30.5368 | 34.2480 | 38.5052 | 43.3923 | 55.4568 | 71.4027 | 92.5026 | 157.4150 | 271.0307 |
| 23 | 25.7163 | 27.2251 | 28.8450 | 30.5844 | 32.4529 | 36.6179 | 41.4305 | 46.9958 | 60.8933 | 79.5430 | 104.6029 | 183.6014 | 326.2369 |
| 24 | 26.9735 | 28.6335 | 30.4219 | 32.3490 | 34.4265 | 39.0826 | 44.5020 | 50.8156 | 66.7648 | 88.4973 | 118.1552 | 213.9776 | 392.4842 |
| 25 | 28.2432 | 30.0630 | 32.0303 | 34.1578 | 36.4593 | 41.6459 | 47.7271 | 54.8645 | 73.1059 | 98.3471 | 133.3339 | 249.2140 | 471.9811 |
| 30 | 34.7849 | 37.5387 | 40.5681 | 43.9027 | 47.5754 | 56.0849 | 66.4389 | 79.0582 | 113.2832 | 164.4940 | 241.3327 | 530.3117 | 1181.8816 |
| 50 | 64.4632 | 73.6828 | 84.5794 | 97.4844 | 112.7969 | 152.6671 | 209.3480 | 290.3359 | 573.7702 | 1163.9085 | 2400.0183 | 10435.6488 | 45497.1910 |

## 〈표 4〉 기말연금 1원의 현재가치

$$\frac{1-(1+r)^{-n}}{r}$$

| $n$ | 1% | 1.5% | 2% | 2.5% | 3% | 4% | 5% | 6% | 8% | 10% | 12% | 16% | 20% |
|---|---|---|---|---|---|---|---|---|---|---|---|---|---|
| 1 | 0.9901 | 0.9852 | 0.9804 | 0.9756 | 0.9709 | 0.9615 | 0.9524 | 0.9434 | 0.9259 | 0.9091 | 0.8929 | 0.8621 | 0.8333 |
| 2 | 1.9704 | 1.9559 | 1.9416 | 1.9274 | 1.9135 | 1.8861 | 1.8594 | 1.8334 | 1.7833 | 1.7355 | 1.6901 | 1.6052 | 1.5278 |
| 3 | 2.9410 | 2.9122 | 2.8839 | 2.8560 | 2.8286 | 2.7751 | 2.7232 | 2.6730 | 2.5771 | 2.4869 | 2.4018 | 2.2459 | 2.1065 |
| 4 | 3.9020 | 3.8544 | 3.8077 | 3.7620 | 3.7171 | 3.6299 | 3.5460 | 3.4651 | 3.3121 | 3.1699 | 3.0373 | 2.7982 | 2.5887 |
| 5 | 4.8534 | 4.7826 | 4.7135 | 4.6458 | 4.5797 | 4.4518 | 4.3295 | 4.2124 | 3.9927 | 3.7908 | 3.6048 | 3.2743 | 2.9906 |
| 6 | 5.7955 | 5.6972 | 5.6014 | 5.5081 | 5.4172 | 5.2421 | 5.0757 | 4.9173 | 4.6229 | 4.3553 | 4.1114 | 3.6847 | 3.3255 |
| 7 | 6.7282 | 6.5982 | 6.4720 | 6.3494 | 6.2303 | 6.0021 | 5.7864 | 5.5824 | 5.2064 | 4.8684 | 4.5638 | 4.0386 | 3.6046 |
| 8 | 7.6517 | 7.4859 | 7.3255 | 7.1701 | 7.0197 | 6.7327 | 6.4632 | 6.2098 | 5.7466 | 5.3349 | 4.9676 | 4.3436 | 3.8372 |
| 9 | 8.5660 | 8.3605 | 8.1622 | 7.9709 | 7.7861 | 7.4353 | 7.1078 | 6.8017 | 6.2469 | 5.7590 | 5.3283 | 4.6065 | 4.0310 |
| 10 | 9.4713 | 9.2222 | 8.9826 | 8.7521 | 8.5302 | 8.1109 | 7.7217 | 7.3601 | 6.7101 | 6.1446 | 5.6502 | 4.8332 | 4.1925 |
| 11 | 10.3676 | 10.0711 | 9.7868 | 9.5142 | 9.2526 | 8.7605 | 8.3064 | 7.8869 | 7.1390 | 6.4951 | 5.9377 | 5.0286 | 4.3271 |
| 12 | 11.2551 | 10.9075 | 10.5753 | 10.2578 | 9.9540 | 9.3851 | 8.8633 | 8.3838 | 7.5361 | 6.8137 | 6.1944 | 5.1971 | 4.4392 |
| 13 | 12.1337 | 11.7315 | 11.3484 | 10.9832 | 10.6350 | 9.9856 | 9.3936 | 8.8527 | 7.9038 | 7.1034 | 6.4235 | 5.3423 | 4.5327 |
| 14 | 13.0037 | 12.5434 | 12.1063 | 11.6909 | 11.2961 | 10.5631 | 9.8986 | 9.2950 | 8.2442 | 7.3667 | 6.6282 | 3.4675 | 4.6106 |
| 15 | 13.8651 | 13.3432 | 12.8493 | 12.3814 | 11.9379 | 11.1184 | 10.3797 | 9.7122 | 8.5595 | 7.6061 | 6.8109 | 5.5755 | 4.6755 |
| 16 | 14.7179 | 14.1313 | 13.5777 | 13.0550 | 12.5611 | 11.6523 | 10.8378 | 10.1059 | 8.8514 | 7.8237 | 6.9740 | 5.6685 | 4.7296 |
| 17 | 15.5623 | 14.9077 | 14.2919 | 13.7122 | 13.1661 | 12.1657 | 11.2741 | 10.4773 | 9.1216 | 8.0216 | 7.1196 | 5.7487 | 4.7746 |
| 18 | 16.3983 | 15.6726 | 14.9920 | 14.3534 | 13.7535 | 12.6593 | 11.6896 | 10.8276 | 9.3719 | 8.2014 | 7.2497 | 5.8178 | 4.8122 |
| 19 | 17.2260 | 16.4262 | 15.6785 | 14.9789 | 14.3238 | 13.1339 | 12.0853 | 11.1581 | 9.6036 | 8.3649 | 7.3658 | 5.8775 | 4.8435 |
| 20 | 18.0456 | 17.1686 | 16.3514 | 15.5892 | 14.8775 | 13.5903 | 12.4622 | 11.4699 | 9.8181 | 8.5136 | 7.4694 | 5.9288 | 4.8696 |
| 21 | 18.8570 | 17.9001 | 17.0112 | 16.1846 | 15.4150 | 14.0292 | 12.8212 | 11.7641 | 10.0168 | 8.6487 | 7.5620 | 5.9731 | 4.8913 |
| 22 | 19.6604 | 18.6208 | 17.6581 | 16.7654 | 15.9369 | 14.4511 | 13.1630 | 12.0416 | 10.2007 | 8.7715 | 7.6446 | 6.0113 | 4.9094 |
| 23 | 20.4558 | 19.3309 | 18.2922 | 17.3321 | 16.4436 | 14.8568 | 13.4886 | 12.3034 | 10.3711 | 8.8832 | 7.7184 | 6.0442 | 4.9245 |
| 24 | 21.2434 | 20.0304 | 18.9139 | 17.8850 | 16.9355 | 15.2470 | 13.7986 | 12.5504 | 10.5288 | 8.9847 | 7.7843 | 6.0726 | 4.9371 |
| 25 | 22.0232 | 20.7196 | 19.5235 | 18.4244 | 17.4132 | 15.6221 | 14.0939 | 12.7834 | 10.6748 | 9.0770 | 7.8431 | 6.0971 | 4.9476 |
| 30 | 25.8077 | 24.0158 | 22.3965 | 20.9303 | 19.6004 | 17.2920 | 15.3725 | 13.7648 | 11.2578 | 9.4269 | 8.0552 | 6.1772 | 4.9789 |
| 50 | 39.1961 | 34.9997 | 31.4236 | 28.3623 | 25.7298 | 21.4822 | 18.2559 | 15.7619 | 12.2335 | 9.9148 | 8.3045 | 6.2463 | 4.9995 |

## 〈표 5〉 기초연금 1원의 현재가치

$$1+\frac{1-(1+r)^{-(n-1)}}{r}$$

| n | 1% | 5% | 6% | 7% | 8% | 9% | 10% | 11% | 12% | 13% | 14% | 15% | 16% |
|---|---|---|---|---|---|---|---|---|---|---|---|---|---|
| 1 | 1.0000 | 1.0000 | 1.0000 | 1.0000 | 1.0000 | 1.0000 | 1.0000 | 1.0000 | 1.0000 | 1.0000 | 1.0000 | 1.0000 | 1.0000 |
| 2 | 1.9901 | 1.9524 | 1.9434 | 1.9346 | 1.9259 | 1.9174 | 1.9091 | 1.9009 | 1.8929 | 1.8850 | 1.8772 | 1.8696 | 1.8621 |
| 3 | 2.9704 | 2.8594 | 2.8334 | 2.8080 | 2.7833 | 2.7591 | 2.7355 | 2.7125 | 2.6901 | 2.6881 | 2.6467 | 2.6257 | 2.6052 |
| 4 | 3.9410 | 3.7233 | 3.6730 | 3.6243 | 3.5771 | 3.5313 | 3.4869 | 3.4437 | 3.4018 | 3.3612 | 3.3217 | 3.2832 | 3.2459 |
| 5 | 4.9020 | 4.5460 | 4.4651 | 4.3872 | 4.3121 | 4.2397 | 4.1699 | 4.1025 | 4.0374 | 3.9745 | 3.9137 | 3.8550 | 3.7982 |
| 6 | 5.8534 | 5.3295 | 5.2124 | 5.1002 | 4.9927 | 4.8897 | 4.7908 | 4.6959 | 4.6048 | 4.5172 | 4.4331 | 4.3522 | 4.2743 |
| 7 | 6.7955 | 6.0757 | 5.9173 | 5.7665 | 5.6229 | 5.4859 | 5.3553 | 5.2305 | 5.1114 | 4.9976 | 4.8887 | 4.7845 | 4.6847 |
| 8 | 7.7282 | 6.7864 | 6.5824 | 6.3893 | 6.2064 | 6.0330 | 5.8684 | 5.7122 | 5.5638 | 5.4226 | 5.2883 | 5.1604 | 5.0386 |
| 9 | 8.6517 | 7.4632 | 7.2098 | 6.9713 | 6.7466 | 6.5348 | 6.3349 | 6.1461 | 5.9676 | 5.7988 | 5.6389 | 5.4873 | 5.3436 |
| 10 | 9.5660 | 8.1078 | 7.8017 | 7.5152 | 7.2489 | 6.9953 | 6.7590 | 6.5371 | 6.3283 | 6.1317 | 5.9464 | 5.7716 | 5.6065 |
| 11 | 10.4713 | 8.7217 | 8.3601 | 8.0236 | 7.7101 | 7.4177 | 7.1446 | 6.8892 | 6.6502 | 6.4262 | 6.2161 | 6.0188 | 5.8332 |
| 12 | 11.3676 | 9.3064 | 8.8869 | 8.4987 | 8.1390 | 7.8052 | 7.4951 | 7.2065 | 6.9377 | 6.6869 | 6.4527 | 6.2337 | 6.0286 |
| 13 | 12.2551 | 9.8633 | 9.3838 | 8.9427 | 8.5361 | 8.1607 | 7.8137 | 7.4924 | 7.1944 | 6.9177 | 6.6603 | 6.4206 | 6.1971 |
| 14 | 13.1337 | 10.3936 | 9.8527 | 9.3577 | 8.9038 | 8.4869 | 7.1034 | 7.7499 | 7.4236 | 7.1218 | 6.8424 | 6.5832 | 6.3423 |
| 15 | 14.0037 | 10.8986 | 10.2950 | 9.7455 | 9.2443 | 8.7862 | 8.3667 | 7.9819 | 7.6282 | 7.3025 | 7.0021 | 6.7245 | 6.4675 |
| 16 | 14.8651 | 11.3797 | 10.7123 | 10.1079 | 9.5595 | 9.0607 | 8.6061 | 8.1909 | 7.8109 | 7.4624 | 7.1422 | 6.8474 | 6.5755 |
| 17 | 15.7179 | 11.8378 | 11.1059 | 10.4467 | 9.8514 | 9.3126 | 8.8237 | 8.3792 | 7.9740 | 7.6039 | 7.2651 | 6.9542 | 6.6685 |
| 18 | 16.5623 | 12.2741 | 11.4773 | 10.7632 | 10.1216 | 9.5436 | 9.0216 | 8.5488 | 8.1196 | 7.7291 | 7.3729 | 7.0472 | 6.7486 |
| 19 | 17.3983 | 12.6896 | 11.8276 | 11.0591 | 10.3719 | 9.7556 | 9.2014 | 8.7016 | 8.2497 | 7.8399 | 7.4674 | 7.1280 | 6.8179 |
| 20 | 18.2260 | 13.0853 | 12.1581 | 11.3356 | 10.5036 | 9.9501 | 9.3649 | 8.8393 | 8.3658 | 7.9380 | 7.5504 | 7.1982 | 6.8775 |
| 21 | 19.0456 | 13.4622 | 12.4699 | 11.5940 | 10.8182 | 10.1286 | 9.5136 | 8.9633 | 8.4694 | 8.0248 | 7.6231 | 7.2593 | 6.9288 |
| 22 | 19.8570 | 13.8212 | 12.7641 | 11.8355 | 11.0168 | 10.2922 | 9.6487 | 9.0751 | 8.5620 | 8.1016 | 7.6870 | 7.3125 | 6.9731 |
| 23 | 20.6604 | 14.1630 | 13.0416 | 12.0612 | 11.2007 | 10.4424 | 9.7715 | 9.1757 | 8.6447 | 8.1695 | 7.7429 | 7.3587 | 7.0113 |
| 24 | 21.4558 | 14.4886 | 13.3034 | 12.2722 | 11.3711 | 10.5802 | 9.8832 | 9.2664 | 8.7184 | 8.2297 | 7.7921 | 7.3988 | 7.0443 |
| 25 | 22.2434 | 14.7986 | 13.5504 | 12.4693 | 11.5288 | 10.7088 | 9.9847 | 9.3481 | 8.7843 | 8.2829 | 7.8351 | 7.4338 | 7.0726 |
| 30 | 25.0658 | 16.1411 | 14.5907 | 13.2777 | 12.1584 | 11.1983 | 10.3696 | 9.6501 | 9.0218 | 8.4701 | 7.9830 | 7.5509 | 7.1656 |
| 50 | 39.5881 | 19.1687 | 14.7076 | 14.7668 | 13.2122 | 11.9482 | 10.9063 | 10.0362 | 9.3010 | 8.6730 | 8.1312 | 7.6596 | 7.2457 |

# | 찾아보기 |

## | 저자약력 |

**박선영(朴宣映)**

경북대학교 졸업(경영학 박사)
한국과학기술기획평가원 근무
한국연구재단 지원 오리건대학교 방문교수
경북대학교 재정부처장 역임
2009년 경북대학교 「우수교육교수」로 선발
2018년 한국국제회계학회 「우수논문상」 수상
2023년 경북대학교 경영대학원 우수강의상 수상
현재, 한국회계정보학회 부회장
경북대학교 경영학부 교수

**황성현(黃盛泫)**

경북대학교 졸업(경영학 박사)
한국전자통신연구원(ETRI) 근무
한국은행 대구경북본부 자문교수 역임
현재, 대구가톨릭대학교 회계세무학과 교수

**배한수(裵漢秀)**

경북대학교 졸업(경영학 박사)
2016년 한국경영학회 창립 60년 기념 논문공모 최우수논문상
현재, 동국대학교 WISE캠퍼스 회계세무학과 조교수

## IFRS 회계원리(제2판)

2021년 8월 30일 1판 1쇄 발행
2025년 8월 25일 2판 2쇄 발행

저 자 | 박선영 · 황성현 · 배한수
발행인 | 이수영
발행처 | 도서출판 청람
서울시 마포구 독막로 288(대흥동, 세양상가 109호)
전 화 | 02)3272-2601~2
팩 스 | 02)3272-2603
홈페이지 | www.crbooks.co.kr
이메일 | crbooks@daum.net
등 록 | 2000년 8월 26일 제6-0509호

ISBN 978-89-5972-939-5 93320 [정가 25,000원]